中国社会科学论坛

光被四表 格于上下

——早期都邑文明的发现研究与保护传承暨陶寺四十年发掘与研究国际论坛论文集

中国社会科学院考古研究所
临汾市文物局 编

科学出版社
北京

内 容 简 介

本论文集收录了中国社会科学论坛·早期都邑文明的发现研究与保护传承暨陶寺四十年发掘与研究国际论坛论文25篇，主要讨论陶寺文化、陶寺遗址的遗迹或遗物，涉及陶器、玉器、天文、动物考古、植物考古以及早期都邑与文明的相关认识。

本书适合文物考古、历史等方面的专家学者及相关专业师生参考、阅读。

图书在版编目（CIP）数据

光被四表　格于上下：早期都邑文明的发现研究与保护传承暨陶寺四十年发掘与研究国际论坛论文集 / 中国社会科学院考古研究所，临汾市文物局编. —北京：科学出版社，2021.3

ISBN 978-7-03-068493-6

Ⅰ. ①光…　Ⅱ. ①中…②临…　Ⅲ. ①文化遗址-襄汾县-文集②出土文物-襄汾县-文集　Ⅳ. ①K878.04-53

中国版本图书馆CIP数据核字（2021）第054805号

责任编辑：李　茜 / 责任校对：邹慧卿

责任印制：肖　兴 / 封面设计：张　放

科学出版社 出版

北京东黄城根北街16号

邮政编码：100717

http://www.sciencep.com

北京汇瑞嘉合文化发展有限公司 印刷

科学出版社发行　各地新华书店经销

*

2021年3月第　一　版　开本：787×1092　1/16

2021年3月第一次印刷　印张：21

字数：498 000

定价：218.00元

（如有印装质量问题，我社负责调换）

《光被四表　格于上下》编委会

目　录

查看陶寺遗址出土文物精粹
请扫二维码

陶寺遗址考古引发的几点思考（代序）

李伯谦

（北京大学考古文博学院）

1978年，陶寺遗址正式开始发掘。第二年，北京大学考古专业在陶寺遗址以南的曲沃县曲村，发掘了晋国的遗址，即晋国早期都邑的所在地。从那时候开始，陶寺和曲村这两个考古工地就互有来往。陶寺遗址考古队首任队长一直到现在的队长，都与我们是很好的朋友。我对陶寺遗址的考古发掘与研究，一直很关注。记得2015年，也是在陶寺开的会，我曾经有过一个发言，题为“从中国文明演进的历史看陶寺”，后以《略论陶寺遗址在中国古代文明演进中的地位》为题发表[①]。2016年我在郑州市文物考古研究院华夏文明论坛上又写了一篇《陶寺遗址——中原地区最早出现的王国都城所在地》[②]，基本概括了我的观点。我今天利用这样一个机会，想谈一谈对早期都邑的研究，包括对陶寺遗址研究的一些体会。所以，在此想谈谈陶寺遗址考古发掘与研究，引发我对早期都邑和陶寺遗址问题的一些思考。

一、方　法　论

早期都邑的研究，包括陶寺遗址的研究，要从方法论的角度来做一些考虑。我们回忆了20世纪20年代“疑古”思潮起来以后，对中国的古史传说，包括一些早期的文献著作，基本上给予了彻底否定，它们被认为是靠不住的。毋庸置疑，顾颉刚先生所倡导的“疑古思潮”对中国历史研究是起过积极作用的，是对两千多年以来禁锢思想的一种突破。但是现在来看，顾颉刚先生所采用的方法，我认为不够科学。所以，我

① 李伯谦：《略论陶寺遗址在中国古代文明演进中的地位》，《华夏考古》2015年第4期，第17～20页；中共临汾市委宣传部：《帝尧之都中国之源——尧文化暨德廉思想研讨会文集》，中国社会科学出版社，2015年，第27～33页。

② 李伯谦：《陶寺遗址——中原地区最早出现的王国都城所在地》，《华夏文明》2016年第8期，第3、4页。

根据现在对“疑古问题”的反思和对中国古代文明起源、国家起源形成发展研究的一些体会，从方法论上来思考一下。

这个方法论，最近我在几篇文章当中都提到过。我认为，史学的形成有三个渠道：一是口口相传的传说到有文献记载的狭义史学；二是现代考古学兴起以后，田野调查发掘对遗留下来的遗迹和遗物来进行历史的正确性的研究；三是从摩尔根《古代社会》当中所讲到的，从野蛮到文明，发展到马克思、恩格斯的原始社会、奴隶社会、封建社会等一直下来的社会形态，这三个系统都是形成史学的需要。过去的研究，这三个系统基本是割裂的，各自为战，各有各的特点。我们来回忆一下这样各自为战行还是不行，我觉得我们可以看一看，如此这般地把古代的传说变为信史行不行？答案显然是不行的，因为后来的文献史学很多都是从一代一代口口相传下来的传说变成了有文字记录以后形成的历史，所以它两个是不能分开的。

我重点谈的第二个渠道就是考古学。考古学从1840年前后在欧洲兴起以后，一直到现在取得了非常重要的发现和研究成果。但是我们知道，考古唯一留下来的遗迹也好，遗物也好，必定是残缺不全的，是不完整的。要从这些不完整的、残缺遗迹遗物当中来构建完整的历史，难度很大。现在有人认为，只有考古挖出来的不算数，没有文字什么都不算数。其实我觉得这是一种极端的观点，如果那样的话，考古就完了，考古学没有存在的意义与价值了。从摩尔根的三个阶段，即蒙昧社会、野蛮社会和文明社会，及其相关的一些研究成果来看，也是人类学兴起以后对古代社会的认识，特别是对古代社会发展规律的认识做出了重要的贡献，但是摩尔根研究缺乏史学和考古学的支撑。所以说，我认为研究古代的问题，特别是对古代的文明与国家起源形成发展的问题，必须将考古学与史学、社会学很好地结合起来。

传说和文献史学可以提供线索，考古学是基础，而社会学提供了一个很重要的方向，所以说把这三个很好地结合起来，才能够对不管是中国的还是其他地方的文明起源、国家起源，有一个清醒的认识。我特别强调结合，考古不能排斥文献，文献当然也不能排斥考古。文献和考古都要和社会学研究取得的成果密切结合，这样看待古代的问题可能会更清楚一点。所以说，对现在学术界出现的各种各样的说法，都可以认真的思考。就陶寺来讲，如果不和传说、不和文献记载结合起来，哪儿来的陶寺是尧的都城呢？尧的都城不都是文献里才有的吗？不是传说里才有的吗？没有结合，陶寺就是陶寺，陶寺就不会是尧都。另外，仅凭文献记载的尧都，也难说清，尧都的记载好几个地方都有，究竟是现在哪个地方，文献当中便互相打架，也得不出一个可靠的结论。因此和考古结合是很重要的。接下来再看一看你研究的这个对象，在整个社会发展的过程当中，它处在哪个阶段，把它结合起来以后才能做出判断。

二、研究视野要广阔

我认为，要站在更广的视域当中来看待我们研究的问题。一个是地域方面的，中国现在陆地面积960万平方千米，是这么一个大国。我们的研究对象，必须放在这么一个广大的地域背景之内来认识。最近我在读有关中国考古学从旧时代晚期到早期青铜时代的一本书，把中国从生态学角度分为七个区。当然，还有搞地理的和其他领域的学者，分别从考古学和文物方面分了六大区系，后来有人说是八个区系，甚至十个区系。总而言之，从文化角度也可以分不同区系，应当在这样一个大的背景之下来看待考古研究。

同时，还要从时间上，从发展的角度来看待问题，至少要从新石器时代开始来看文明起源形成发展的问题。我们研究中国的文明起源，我们有百万年的基础，万年的起步，万年前后进入了新石器时代，五千年文明就是社会的重大转型时期，接下来就是帝都，这是非常宏观的一个角度。所以我们看问题的视角一定要非常广大，不仅从地域上要广，从时间上也要长，从长时段当中看看我们文明的起源、国家的起源以及形成和发展是怎样的一个过程，这样我们研究的问题才能够落到实处。

从具体的问题来讲，要从广泛的角度，要慢慢把它变成实在的学问，微观的研究。比如说山西襄汾陶寺和陕西神木石峁的关系问题，现在这两个地方都有很重要的发现，但是这两个重要的城址究竟有什么样的关系？首先得搞清楚它们的年代。年代的构建不仅从陶寺，而且要从石峁，双管齐下，两地都要拿出典型的地层、典型的单位及典型的标本，在此基础上进行细致的对比研究，这样才能够看清楚它们存在怎样的关系，处在一个什么样的发展阶段。现在都说陶寺可以分早、中、晚三期，石峁也可以分早、中、晚三期。这个早、中、晚三期怎么分，细致的工作我们还是要做。到现在为止，我们能不能说陶寺的发掘者和研究者，一提陶寺一定要知道有哪几个典型地层，有哪些典型的单位，有哪些典型的标本。我们心中有了这些东西作为标准，才好再去看石峁。我觉得这个问题要将宏观和微观结合起来，这样才能更好地回答研究的问题。

三、文化交流的视角

我们研究的问题都不是孤立的，要把它放在这样一个地域、这样一个时间段之内，看它和东西南北不同的区域、不同文化之间的交流和影响，要从这个角度来构建研究，这样我们才能够看得更清楚。

回想起苏秉琦先生1985年在太原，后来又到侯马开的“晋文化研究会”上讲的内容[①]，我觉得真是太精彩了！他从地域和时间考虑，在这样一个大的背景之下，构建了包括陶寺、晋国在内的重大学术问题，看得比较清楚，而不是把它们孤零零的来看待。我觉得这个视角也是对我们非常有启发的。这是我对都邑研究的一些不成熟的体会和看法。

陶寺挖掘了四十年，正如中国考古学会王巍理事长所强调的那样，之所以陶寺能有这么大的成果，第一个是遗址选得很好，第二个是考古工作的坚持。考古工作没有坚持下来，就不可能有这么大的成果。相比之下，在中原地区已经发现了很多古城，但是能从开始发掘到现在坚持下来的考古工作并不太多，陶寺当然是其中的一个。如果说陶寺在1978～1985年第一期考古发掘以后就完事，就不可能有后来一系列的成绩，也不可能有现在这么深刻的认识。而其他一些地区可能就有这个问题。

比如河南已发现了很多史前古城遗迹，但是没有一个像陶寺这样把考古工作坚持下来。多数是城墙找出来了，城门出来了，道路还不知道，水系也不知道，就算是一个重大发现。但是仅有城墙和城门是不行的，城里没有内涵，我们对它的性质认识不清楚。对于陶寺这样的都邑遗址研究来讲，必须要坚持下去。考古学最讲实际，从你不断发现出来的东西，对它进行持续的研究之后，才能达到一定的研究高度。

我认为，当今中国的考古学已经走到了第三个阶段。这是我的个人看法，如果不对请大家批评。第一个阶段，构建了考古学的文化区系类型，这是苏秉琦先生从20世纪80年代提出来的，到现在为止基本上是清楚的，当然还有一些细节有待完善。第二个阶段，对挖出来的遗迹遗物所反映的社会结构、社会发展规律进行研究。文明的起源、国家的起源，都是在这样一个思想指导之下来开展的，应该说以中华文明探源工程为标志，也取得了很多新的成绩。但是目前来讲，这个还不是太够，还应该继续和普遍地来开展这方面的研究，特别是与社会研究相结合。现在我们已经进入了第三个阶段，要从精神文明的角度来考虑，对这些遗址、遗存反映的精神文化、思想观念、宗教观点等方面的研究应该加强。我特别推崇何驽先生写的一本书《怎探古人何所思——精神文化考古理论与实践探索》[②]，他的脑子里头想得很多。因为我对何驽很了解，他确实有这方面的优点，勤于思考。他会动脑子想很多很多问题，比如我们现代人看古人是怎么考虑问题的？为什么建这个房子？墓葬为什么要这么埋？为什么不那么埋？这些都是由许多观念指导的。现在来讲，考古学的研究应当考虑这些问题。

---

① 苏秉琦：《谈“晋文化”考古（序一）》，《三晋考古（第一辑）》，山西人民出版社，1994年；苏秉琦：《满天星斗——苏秉琦论远古中国》，中信出版集团，2016年，第215～235页。

② 何驽：《怎探古人何所思——精神文化考古理论与实践探索》，科学出版社，2015年。

如果陶寺考古按照一般的考古发掘，挖出了城，挖出来了大墓，也就完事大吉了，真若是那样的话，什么陶寺宫城和宫殿，什么观象台，这些后续的重要发现就都没有了。观象台的认识经历了很曲折的过程。最初挖出来谁也不知道是干什么的，它是半圆形的三层夯土基址。后来何驽他们受到了天文史学家的启发，怀疑和古代观测天象有关。因为在国外这样的例子有的是。很多人去过伦敦，伦敦的西边索尔兹伯里镇上由石头构建的闻名于世的巨石阵，也是有弧度的半圆形，也是可看日出。在南美秘鲁等地也有这样的地方。中国为什么不可能有呢？这些问题放在脑子里想，结合关于尧的记载当中所讲的，帝尧让羲和氏观象制定历法，关注农时，几个方面的材料凑起来，可以推测这个奇特的建筑可能是古代人观测太阳运行，用来制定历法，搞农业活动的。陶寺观象台就是一座这样的特殊建筑基址，虽可以看得出来它的地基痕迹，但如果不从更广的角度来考虑，那就只是一个遗迹而已。好的考古工作者会知道记录下来，但到此为止，存疑了。而何驽并没有停留在这个基础上，又进一步从天文功能方面思考。如今很多人越来越趋向于同意这个观点。从陶寺的发掘研究过程当中可以看出，中国考古学开始进入第三个阶段，从精神文明这个层面来考虑遗迹遗物反映的问题，我觉得逐渐成熟了。如果其他很多地方的类似的这些遗存，都能从这个角度多想一想，多考虑考虑，可能会发现更多的、过去不知道的一些重大的问题。

四、关于陶寺遗址的定性

陶寺考古队认为，陶寺是最早的都邑遗址。我同意这个看法。中国都邑遗址考古几十年以来，我们的认识逐步在加深，最后出现了分化，出现了大型聚落、中心聚落。在中心聚落的基础之上，就出现了城墙，在城内建立了宫殿，建立了道路、水系，同时也出现了大墓，出现了特殊的手工业作坊遗址。在这个城里，除了很多本族的人，还有外来的居民等，这大概是在距今5500年社会出现了重大的转型。到什么程度才说可能进入了文明，进入了早期国家呢？在郑州召开的第一次聚落考古的大会上我曾作了一个发言，对什么遗址可以达到早期文明、早期国家，提出了四个标准。我是如何提炼出这四个标准的呢？说实在话，我都是从陶寺的发现得到的启发。因为陶寺这几十年的发掘，大城圈有了，宫城有了，南边还有一个附属的小城。宫城里面大型的宫殿遗址有了，大型仓储以前不知道，现在有了。手工业作坊出来了，一些非常贵重的具有礼制性的遗物出来了。而且根据体质人类学的研究，尤其是埋在陶寺的骨头鉴定和牙齿锶同位素研究，表明居住在陶寺城里的人群，是由不同的人群构成的，不是单纯的本地人，这样的人口结构，都是都城才有的现象。所以，根据这些研究，何驽他们得出结论，陶寺已经进入了早期国家阶段。说到早期国家，必须要提到苏秉琦先生关于中国文明演进的古国、方国、帝国三个阶段论。在1985年前后，苏公看到红山文化的发现非常兴奋，他说这就是古国。后来他写了文章[①]。这个古国除了红山的标准，还有其他的。比如说最近这几年考古所挖的河南灵宝西坡遗址，也出现了大墓，也出现了随葬礼钺的大墓，也进入了这个阶段。当然，长江流域的良渚文化、石家河文化都到了这个阶段。

古国阶段需要有个界定，是高于部落的、政治上独立的实体，所以说“古国”这个词是非常必要的，诚然，大家可以有不同的解读。我认为古国就是邦国，古国大体相当于国际学术界所使用的酋邦这个阶段。在中国古文献当中用到了邦国这个词，也是可以用的。至于酋邦是不是国家，这有争论。严格意义上来讲，酋邦可能还不到真正意义上国家这个阶段。再下一步，如果从内部结构来看确实有了王，王就是一个社会组织最高的首长，有了官吏，有了一定的制度，有了一定的统治范围，这就是早期的国家。中原地区距今四千多年前后，只有陶寺达到了这个标准，进入早期国家阶段。河南挖到的那些城址，因为挖了半截儿就停了，是不是进入早期国家阶段不敢说。但是长江流域的良渚，有那么大的城，还有那么大的宗教祭祀的遗迹，还有那么复杂的水利设施，所以它是早期国家没问题。但是就中原地区来讲，最早的国家就是陶寺。所以，陶寺是最早的中国，我觉得也可以这么说了。我认为，良渚再早再发达也不是早期的中国，只有中原地区从几个方面综合起来看，可以跟中国挂上钩，可以说最早的中国或最初的中国，陶寺是够格的。

用世界标准来看，陶寺进入了信史阶段。这里面就牵涉到，尧都定在陶寺了，舜都在哪儿？陶寺考古队认为，可能舜都也在陶寺，对此我稍微有点不同的看法。从文献来看，当时比较发达的国家，由于它们之间经常有各种冲突，在谁也吃不掉谁的情况之下，就产生了轮流坐庄的办法，所以就有了“禅让制”。河南的东部、山西的南部，这些地方关于舜的传说更多。有次我到山东，山东的一个副省长成立了一个研究会，他说尧舜禹都在山东。山东与尧舜禹有关系，这很清楚，但是不一定都在山东，还要继续讨论。不过就现有考古材料来讲，不一定支持这个观点。

以上提出一些个人不成熟的想法。我们回顾陶寺遗址考古四十年，取得了这么大的成果，一定会载入史册。随着今后的发掘与研究，我想还会有很多问题需要我们来回答。其中最重要的一个问题是，陶寺和石峁究竟有什么关系，我觉得这个问题是非常敏感的。

换句话说，要把陶寺放在一个更加宽广的范围、地理范围、时间跨度范围来看。陶寺的前身是谁？是谁演变成陶寺的？再看陕西石峁，再往上追是哪儿？在内蒙古、

---

① 苏秉琦：《中国文明起源新探》，生活·读书·新知三联书店，1999年，第129～167页。

山西北部龙山时期，它的前身是什么？其实我觉得，陶寺也好，石峁也好，它们的根都是尧都，一路从河北往内蒙古走；一路顺着山西走，在内蒙古这个地方会合，形成了不同的文化类型。总而言之，它们的根都是一样的。既要看到它们现在有那么大的文化差别，也要看到它们的共同点，至少在来源上来讲，它们有共同性。当然，在各自的不同发展当中，受到的外来文化影响可能更多，陶寺受到内蒙古的影响，也受到山东大汶口的影响。陶寺当中的彩绘陶，我想跟大汶口彩绘陶的影响有很大关系。

陶寺在取得新的成果基础之上，对新提出来的问题，还要在新的时代利用更好的方法来深入的研究。我想，再过十年，可能还会有新的成果，我希望能够看到这一天的到来！

附记：根据中国社会科学论坛·早期都邑文明的发现研究与保护传承暨陶寺四十年发掘与研究国际论坛主旨发言整理成文。

军事贵族化及其地缘政治意义简论

钱耀鹏

（西北大学文化遗产学院）

春秋时期的车战固然具有贵族化特征，却已是贵族式战争的尾声。作为历史人物，宋襄公之所以能够立足于历史转折的风口浪尖，并不在于他能否列为春秋五霸之一，而在于其所坚守的不合时宜的军事道德及行为准则，所谓“古之伐国，不杀黄口，不获二毛，于古为义，于今为笑”（《淮南子·氾论训》）。而这种“仁义道德”的思想根源，当是夏商周以来礼制规范下的“贵族精神”[①]。遵循从已知到未知的一般认知规律，夏商周时期普遍存在的军事贵族化现象能否追溯到史前时期，地缘政治因素是否随之不断增强，甚或直接促进了国家形成的文明化进程，无疑也是考古学值得探讨的问题之一。

一、守礼无诈的贵族式偏战

贵族式“守礼偏战”：据研究，“春秋时代的车战，是一种贵族式的战争……离不开礼的约束”[②]。无论如何评价宋襄公泓水之战失败的原因，都无法否定其贵族式战争的基本属性。

《谷梁传·僖二十三年》注引何休之言：“《春秋》贵偏战而恶诈战，宋襄公所以败于泓者，守礼偏战也。”[③]事实上，“偏战”的战争形式屡见于春秋时期，如《公羊传·桓公十年》记载：“冬，十有二月丙午，齐侯、卫侯、郑伯来战于郎……此偏战也。”所谓偏战，当如东汉何休所言：“偏，一面也。结日定地，各居一面，鸣鼓

① 黄朴民：《贵族优雅精神的绝唱：宋襄公之死》，《最是高处不胜寒：黄朴民解读历史人物》，岳麓书社，2011年；张宏杰：《春秋时代的“贵族精神”》，《领导文萃》2016年第11期。

② 黄仁宇：《赫逊河畔谈中国历史》，生活·读书·新知三联书店，1992年，第3页。

③ （东晋）范宁注，（唐）杨士勋疏：《春秋谷梁传注疏》卷九，《四库全书》第145册，北京出版社，2012 年，第680页。

而战，不相诈。”[1]较之这一时期的“诈战”或“疑战”，偏战的具体日期非常明确，明显具有约战的性质。不仅如此，偏战过程中还需遵守基本的交战原则，即“军法以鼓战，以金止，不鼓不战……君子不战未成陈之师”[2]。陈乃陈兵布阵之意。可以肯定，偏战就是符合礼制及军法（或军礼）的君子之战，明显具有贵族式战争的性质，甚至不乏诸多仪式化的特点。事实上，《春秋》三传中所涉及的具体交战原则远不止于此。不过，贵族式战争未必仅限于车战，也应涉及贵族掌控下的“徒兵”步战。

贵族的军事化特权：“守礼偏战”似乎还不能准确概括贵族式战争的全部特点。在贵族式战争中，诸侯国君及各级贵族拥有绝对的军事特权，并构成以车战为主导的核心军事力量，平民仅限于“徒兵”类普通战士角色。

春秋时期，管子曾谏言齐桓公，“制国以为二十一乡，商工之乡六、士农之乡十五。公帅十一乡，高子帅五乡，国子帅五乡”；“五家为轨，五人为伍……十连为乡，故二千人为旅，乡良人率之。五乡一师，故万人一军，五乡之师率之”。五乡万人为一军，说明国君控制的“商工六乡”无涉军队构成，齐国三军的基础无疑是“士农之乡”。而且，士农之“乡有行伍，卒长则其制令，且以田猎因以赏罚，则百姓通于军事矣”，此乃“作内政而寓军令焉”[3]。姑且不论“寓兵于农”的制军特点，军政合一的将帅之职也见于吴晋“黄池之会”。所谓“吴王昏乃戒……陈士卒百人，以为彻行百行。行头皆官师……十行一嬖大夫……十旌一将军”。据韦昭注：彻即通，以百人通为一行，百行为万人，谓之方陈；官师“宜为士”，嬖大夫即下大夫[4]。显然，无论春秋各国的军制是否合于《周礼》，似乎都没有达到质变的程度，因为这种军队建制特点与《周礼·夏官·司马》的记载甚为类似，即如“凡制军……军将皆命卿……师帅皆中大夫……旅帅皆下大夫”[5]，尤其军政合一的建制特点，充分体现出贵族所拥有的军事特权。

正是基于这种军事特权，诸侯国君直接参战的事例屡见不鲜，并非仅限于宋襄公。甚至贵为天子，也不乏直接参战的实例。进而，从周武王伐纣的史籍记载来看，

---

① （东汉）何休注，（唐）徐彦疏：《春秋公羊传注疏》卷五，《四库全书》第145册，北京出版社，2012年，第94页。

② （东汉）何休注，（唐）徐彦疏：《春秋公羊传注疏》卷十二《僖公二十二年》“不鼓不成列”注，《四库全书》第145册，北京出版社，2012年，第226页。

③ 《管子》卷八《小匡》，《四库全书》第729册，北京出版社，2012年，第89、90页。

④ 上海师范大学古籍整理研究所校点：《国语》卷十九《吴语》，上海古籍出版社，1998年，第608、609页。

⑤ （汉）郑玄注，（唐）贾公彦疏：《周礼注疏》卷二十八，《四库全书》第90册，北京出版社，2012年，第517页。

“二月甲子昧爽，武王朝至于商郊牧野，乃誓……诸侯兵会者四千乘，陈师牧野”，时间、地点具体而明确，且列阵以战，与春秋“偏战”的特征极为相似。与此同时，战争过程中似乎也不乏礼仪化的行为特征。尤其商纣因战败而自焚身亡后，周武王至纣死所，依然需要“自射之，三发而后下车，以轻剑击之，以黄钺斩纣头，县大白之旗”①。若非仪式化的战争行为，则很难理解。由此来看，春秋时期的“守礼偏战”理应源于夏商及西周时期的常态化战争形式。

崇礼尚武的贵族精神：战争的贵族化特征说明，其社会权利并非简单地源于世袭，主要还在于是否具备贵族精神，能否承担相应的社会责任。也就是说，以家族世袭为基础的军事贵族化进程，还需通过贵族化教育进一步培养“贵族精神”，从而有效减少了“贵二代”的出现概率。所谓“师氏掌以媺诏王。以三德教国子，一曰至德，以为道本；二曰敏德，以为行本；三曰孝德，以知逆恶。教三行，一曰孝行，以亲父母；二曰友行，以尊贤良；三曰顺行，以事师长……掌国中失之事，以教国子弟，凡国之贵游子弟学焉”（《周礼·地官·师氏》）。所谓“保氏养国子以道，乃教之六艺：一曰五礼，二曰六乐，三曰五射，四曰五御，五曰六书，六曰九数。乃教之六仪：一曰祭祀之容，二曰宾客之容，三曰朝廷之容，四曰丧纪之容，五曰军旅之容，六曰车马之容”（《周礼·地官·保氏》）。其中，除了军事技能方面的“射”和“御”，五礼中也包括“军礼”（大师之礼、大均之礼、大田之礼、大役之礼、大封之礼）等。

不难看出，贵族不仅需要具备崇礼而尚武的道德精神，还需要具备超凡的军事技能。唯有如此，贵族才有资格和能力承担相应的社会责任。否则，即便贵为天子，周厉王也会因施行暴政而引发“国人暴动”，最终“出奔于彘”（今山西霍州东北）②。再如《周礼·春官·冢人》所言：“凡死于兵者，不入兆域。”郑玄注曰：“战败无勇，投诸茔外以罚之。”③《释名·释丧制》亦云：“战死曰兵，言死为兵所伤也。”④类似的说法也见于《白虎通义》⑤等史籍记载。

---

① 《史记》卷四《周本纪》，中华书局，1959年，第124页。

② 《史记》卷四《周本纪》，中华书局，1959年，第142页。

③ （汉）郑玄注，（唐）贾公彦疏：《周礼注疏》卷二十二，《四库全书》第90册，北京出版社，2012年，第400页。

④ （汉）刘熙：《释名》卷第八，中华书局，2016年，第119页。

⑤ （汉）班固：《白虎通义》卷下《丧服》，《四库全书》第850册，北京出版社，2012年，第68、69页。

二、军事贵族化的诸多特征

器以藏礼的军事化标识物：斧钺象征王权①，而斧钺制度则是“器以藏礼”的军事化标识物②。夏商周甚至史前时期形成的斧钺制度，一直延续到两汉乃至宋代。斧钺制度的礼仪化形式可能就是用圭制度，如同“化干戈为玉帛”之意。据《周礼·春官·大宗伯》记载：“大宗伯之职……以玉作六瑞，以等邦国：王执镇圭，公执桓圭，侯执信圭，伯执躬圭，子执谷璧，男执蒲璧。”郑玄注曰：“谷所以养人，蒲为席所以安人。不执圭者，未成国也。”③从立国为君者方可执圭的礼制规范来看，若将“圭”字的构成理解为两个“土”字上下叠置，似乎有些费解。从金文来看，“士”字也可见下边一横稍长者，而且“士”与“王”字的形态结构甚为相近④。如此一来，“圭”字很可能是由上下两个“士”字叠置而成，并非上下两个“土”字。再结合用圭制度的礼仪规范，或可理解为士上之士或士中之士，故而立国之君方可执圭，类似于斧钺但礼仪化特性更为突出。

国力或地位的军事化象征：西周时期的公、侯、伯、子、男五等爵制无须赘言，商代的分封制似乎也可得到肯定⑤。不唯爵位，立国者的成军数量也是其国之大小的军事化表现。如《周礼·夏官·司马》所云：“凡制军，万有二千五百人为军，王六军，大国三军，次国二军，小国一军，军将皆命卿。”然而，在以车战为主导的社会背景下，战车数量常常也是国力大小或家族地位的重要标志。如荀子所谓：“人主用俗人，则万乘之国亡。用俗儒，则万乘之国存。用雅儒，则千乘之国安。用大儒，则百里之地久，而后三年，天下为一，诸侯为臣。”⑥又如《孟子·梁惠王上》所云：“万乘之国，弑其君者，必千乘之家；千乘之国，弑其君者，必百乘之家。”⑦

不仅如此，《左传》所记春秋战事，凡涉及车战者，主将及御者与护卫甲士多

① 林沄：《说“王”》，《考古》1965年第6期。

② 钱耀鹏：《中国古代斧钺制度的初步研究》，《考古学报》2009年第1期。

③ （汉）郑玄注，（唐）贾公彦疏：《周礼注疏》卷二十八，《四库全书》第90册，北京出版社，2012年，第517页。

④ 参阅周法高主编：《金文诂林》第十三册第7461页，第一册第300～304、183～188页，香港中文大学，1974年。

⑤ 参阅李雪山、韩燕彪：《分封制起源与形成问题研究综述》，《中国史研究动态》2018年第2期。

⑥ 《荀子》卷四《儒效》，《四库全书》第695册，北京出版社，2012年，第158页。

⑦ 《孟子》卷一《梁惠王上》，《四库全书》第195册，北京出版社，2012年，第17页。

具名以载。如《昭公二十一年》：“十一月癸未，公子城以晋师至……与华氏战于赭丘……子禄御公子城，庄堇为右。干犨御吕封人华豹，张丐为右。”[①]又《哀公二年》：“秋八月……甲戌，将战，邮无恤御（赵）简子，卫太子为右。”[②]由此不难窥知车兵非同一般的地位和作用，进而揭示出“六艺”中“射”和“御”的重要意义。因此，在赵武灵王“胡服骑射”的军事改革之前，战车数量也约定俗成地用以表示国力大小或家族地位高低。

贵族墓葬中的军事化特征：商周时期流行的车战，从军备到战争形式均凸显出军事贵族化特征。这种军事贵族化特征在丧葬制度中的具体反映，就是以兵器、车马或车马器随葬，实例比比皆是，无须赘言。虽然制作各类车辆需要相应的工具，诚如《管子·海王篇》所言：“行服连（輂）、轺、辇者，必有一斤、一锯、一锥、一凿，若其事立。不尔而成事者，天下无有。”[③]但基于车战的流行以及快速奔驰中木质战车的使用特点，与之共出的青铜斧、斤、凿、锯等更具修理而非制作工具的属性，实际也应是不可或缺的军备物资，军事化用途甚为明显，或可谓古代的军用工具。与之相反的是，普通士兵所用兵器应属战时临时配发，无法据为己有并用来随葬。如《吕氏春秋》所载，楚国大夫叶公平息白公之乱时，“乃发太府之货以予众，出高库之兵以赋民，因攻之”[④]，其中“高库”即为“武库”，所藏兵器因平乱之需而配发于国人。《左传·哀公十六年》也有白公拒绝下属石乞“焚库弑王”建议的相关内容[⑤]，说明《吕氏春秋》之说较为可信。

即便夏代及史前时期尚无战车的实例发现，高等级墓葬中也普遍随葬青铜或玉石制斧、钺等兵器。因而可以认为，丧葬制度中的军事贵族化现象出现于史前时期，夏商周时期不过是把军事化丧葬特征推向了前所未有的巅峰。

三、贵族化战争与地缘政治

区域政治联盟的地缘因素：区域政治联盟可分平等式和不平等式两大类，前者

① （战国）左丘明撰，（西晋）杜预集解：《左传·昭公二十一年》，上海古籍出版社，1997年，第1475页。

② 《左传·哀公二年》，上海古籍出版社，1997年，第1716、1717页。

③ 《管子·海王篇》卷二十二，《四库全书》第729册，北京出版社，2012年，第232页。

④ （战国）吕不韦撰，陈奇猷校释：《吕氏春秋新校释》卷二十五《似顺论·分职》，上海古籍出版社，2002年，第1667页。

⑤ （战国）左丘明撰，（西晋）杜预集解：《左传·哀公十六年》，上海古籍出版社，1997年，第1821页。

如尧舜禹联盟，后者如夏商周联盟等。无论联盟形式及其发展趋势如何，原有各社会集团难免会一定程度地丧失其政治上的独立性，从而使地缘政治因素逐渐得以加强。虽然生存需要及经济利益等因素是产生地缘政治的直接诱因，但具体却是通过婚姻（氏族外婚制下的部落应是以婚姻为纽带的姻亲性地缘社会）和军事两种主要方式实现的，尤其军事方式所导致的地缘政治因素更为复杂。所谓“弱国无外交”就是以军事为核心而论的，并非基于面积大小及人口多少，甚至经济文化发展水平，如宋代的国势积弱主要在于军事而非其他。事实上，“国之大事在祀与戎”的核心也应在于军事（《左传·成公十三年》）。亦即若无军事保障则国将不国，祭祀活动也就无从谈起，理同“枪杆子里面出政权”。

贵族殖民统治的地缘因素：据《通志·氏族略》记载，“三代以前，姓氏分而为二，男子称氏，妇人称姓”；尤其“氏所以别贵贱，贵者有氏，贱者有名无氏”[①]。不难看出，中国古代史籍中所谓的“氏族”，明显是指父系家庭或家族，有别于文化人类学上的母系氏族。需要强调的是，即便文化人类学上的母系氏族，也不是纯粹的血缘集团，原因在于父系血缘传承于其他氏族而非本氏族的男性成员。进而，即便父系“氏族”源于姻亲性地缘社会的母系氏族，也应是地缘社会裂变及其形态演进的结果之一，父系家族的权力逐渐凌驾于母系氏族之上。这种社会裂变的直接诱因固然离不开经济发展，但裂变的途径及主要方式仍在于军事贵族化。从古文字来看，汉字“父”字的象形之本应是持斧（或戈）者，如商代“”爵铭文[②]等。这一事实暗示出，最初唯有持斧者方可称“父”，并非社会成员中的所有成年男性。以父系家族为特征、以世袭制为基础的军事贵族化现象，势必打破姻亲性地缘社会的权力结构形式。

随着社会政治权力逐渐为军事化、贵族化父系家庭所主导，婚姻在地缘社会关系中的纽带作用渐趋弱化。虽然联姻现象始终是构建地缘社会政治关系的有效方式之一，但历朝历代的“和亲”政策多属无奈之举。显然，构建和维系地缘社会政治的主导因素，逐渐由集团婚姻转变为区域经济。换言之，以集团婚姻为基础的姻亲性地缘关系逐渐为以区域经济为基础的军事性地缘关系（不排除宗教因素）所取代。不难设想，世袭制父系家庭及其贵族化军事特权，较大程度地改变了地缘政治权力的构建模式，以婚姻为纽带的姻亲性社会权力逐渐让位于以经济为基础的阶层性社会权力。而超越姻亲性地缘社会关系的殖民统治，似乎也是阶层性地缘政治的显著特点之一。所谓分封制不过是殖民统治的制度化、规范化表现形式，而殖民方式则可涵盖直接征服

① （宋）郑樵：《通志》卷二十五《氏族略·氏族序》，中华书局，1987年，第439页。

② （清）冯云鹏、冯云鹓：《金石索（上）》卷一，书目文献出版社，1996年，第4页。

与主动臣服等。

比较而言，在缺乏文字记载的史前阶段，跨文化殖民统治现象如花厅墓地较易确定[①]，而同一文化内部的殖民统治则很难确认（考古学文化突出体现的是地域文化而非血源性族群或地缘性政权文化[②]）。虽说如此，但基于跨文化殖民统治现象的存在，则同一考古学文化内部的殖民统治现象便难以完全排除。亦即在军事贵族化背景下，类似陶寺墓地等高等级墓葬中存在的毁墓现象，最大的可能就是同一文化内部"外来人"殖民统治所导致的文化现象之一[③]，目的在于终结原有最高权力拥有者祖先神灵的宗教号召力。无论如何，军事贵族化背景下的殖民统治现象，也是地缘政治因素产生的重要途径之一。

文字功能背后的地缘因素：有关文字的功能，古代苏美尔人将其归纳为三个主要方面，一是记录语言，二是帮助记忆，三是跨越时空的传递信息[④]。比较而言，文字的初始功能可能主要在于跨时空的传递信息。因为文字不同于语言，并不直接影响人类种群的繁衍，考古学、民族学及历史学证据反复验证了这一事实。那么，人类究竟基于何种需要而发明跨时空传递信息的文字呢?

无论《孙子兵法》所谓"不战而屈人之兵"[⑤]还是楚庄王所言"止戈为武"[⑥]，都揭示出战争的目的主要在于征服或抵御而非消灭对方。即便作为征服的一方，一般也仅限于消灭对方的有生抵抗力量，通过摧毁其抵御能力以达到征服的目的。然而，终结战争则需要达成双方均可接受的和解条件，并以此构建新的社会秩序，所以还需要确立维持和解条件的保障措施。《周易·系辞下》有云"上古结绳而治，后世圣人易之以书契。"《周易集解》："约誓之事，事大，大其绳；事小，小其绳。结之多少，随物众寡。各执以相考，亦足以相治也。"[⑦]显然，约誓之事由结绳转为书契，记事内容理应更为具体而精确。

尤其重要的是，约誓之事通常发生在邻近的不同社会集团或群体之间，无论约誓之后的政治关系是否平等。因此，跨时空传递信息的文字记录方式，无疑应是基于大

① 严文明：《碰撞与征服》，《史前考古论集》，科学出版社，1998年，第262～266页。

② 钱耀鹏：《略谈考古学文化与史前社会研究》，《中原文物》2005年第3期。

③ 高江涛：《试析陶寺遗址的"毁墓"现象》，《三代考古（七）》，科学出版社，2017年，第345～354页。

④ 拱玉书、颜海英、葛英会：《苏美尔、埃及及中国古文字比较研究》，科学出版社，2009年，第37页。

⑤ 《孙子·谋攻》，《四库全书》第726册，北京出版社，2012年，第47页。

⑥ （战国）左丘明撰，（西晋）杜预集解：《左传·宣公十二年》，上海古籍出版社，1997年，第590页。

⑦ （唐）李鼎祚：《周易集解》卷十五，《四库全书》第7册，北京出版社，2012年，第844页。

范围、长时段的政治统合、权利分配、社会管理需要而产生的，亦即文字及文字制度本身就应隐含着日趋复杂的地缘政治因素，秦始皇统一文字的原因盖在于此。如果排除了田野考古发现的偶然性因素，龙山时代的文字化现象似乎可以获得初步的肯定，不宜排除其中的地缘政治因素。

四、涟漪效应下的早期国家

1. 多样化国家形态的启示

在以象形文字为基础的汉语体系中，“国”字本身就是对特定社会形态及其突出特征的高度概括。除了象征王权的斧钺，金文中的国字为“”（何尊）[①]、“”（保卣）[②]，当是繁体“國”字的雏形。显然，“國”字的构成要素主要包括都邑、四至即疆域和武备即常备军事力量。军事贵族、职业战士、高级手工业者等非农业人口聚居的都邑难以独立存在，必须拥有能够维持都邑存续发展的鄙野腹地。当如管子所言：“圣王之治天下也，参其国而伍其鄙。”韦昭注：“参，三也。国，郊以内也。伍，五也。鄙，郊以外也。谓三分国以为三军，五分其鄙以为五属。”[③]这种由都邑和鄙野（也可合称“国野”）所构成的政体，称之为“城邦”或“都鄙”皆无不可[④]。

无论如何界定“国家”的概念，都不能忽视国家形态及政治体制的多样化特征。即便当今的联合国成员国，其国土面积也有大有小，政治体制千差万别，管理层级不尽相同。具体到历史研究领域，姑且不论西周时期的天子之国，就是诸侯国也有公、侯、伯的等级差异，国家形态及管理层级未必完全一致。即便是取代分封制的郡县制，同一行政层级时常也有上、中、下之分（如上县、中县、下县），职官的设置数量及品级也不完全相同。也就是说，有关早期国家及其形成问题，不能拘泥于某种“理论”一概而论，即不能简单地采用同一判断标准，还需要参考诸多时代性演化特征给予综合分析。

① 马承源：《何尊铭文初释》，《文物》1976年第1期。

② 郭沫若：《保卣铭释文》，《考古学报》1958年第1期。

③ 上海师范大学古籍整理研究所校点：《国语》卷六《齐语》，上海古籍出版社，1998年，第224页。

④ 林沄：《商代的国家形式》，《商史三题》，“中央研究院”历史语言研究所，2018年，第2页。

2. 政权与族群的交织演进

从生物学的角度来看，无论血缘世系如何计算，哺乳动物、尤其灵长类动物基本不存在纯粹的血缘性群体，亦即无论氏族还是家族或宗族，通常都是单系血缘关系的延续。相反，父系和母系血缘共同延续的现象，当是特定社会观念作用下的“畸形”生物学现象。进而，当代所界定的“民族”，更应属于文化意义上的“血缘性”共同体。也就是说，通常被理解为“血缘性”共同体的各种族群概念，本身就包含着以婚姻为纽带的姻亲性地缘因素。客观而言，历史上的族群与政权之间，往往存在着交织演进的特点，最典型的事例就是从汉政权到汉人再到汉族的历史演进。而且，特定范围内社会交往的身份认定，往往是以最高层级的社会归属即行政性籍贯为基础的。

具体到史籍记载中，政权名称往往居于优先地位，如同《史记》记载的西域三十六国，再如今天的中国人未必全是汉族。从尧舜禹的相关记载来看，感天而生的故事往往发生于早期政权更迭，尤其政权规模扩大之际，都是针对新的统治对象而刻意营造的宗教性法理依据，即宗教观念下的“王权神授”思想①。因而，感生故事本身也应是地缘政治形成或发展演变的重要标志之一。

3. 涟漪效应的国家化进程

涟漪效应即模仿效应。在人类社会发展历程中，以经验为基础的制度或政治体制创新往往是非常有限的。在特定的区域范围内，一旦出现了制度或体制创新，且社会实践效果良好，便很快会引起持续性的涟漪效应即模仿效应。中国古代政治体制对东亚及东南亚的影响，实际就是涟漪效应的直接反映。涟漪效应说明，在特定区域范围内，只要存在可以确认的早期国家形态，周边或邻近地区很快就会加以借鉴和模仿。但基于涟漪效应而形成的国家实体，规模与管理层级未必等同于引发涟漪效应的原生型国家形态，犹如《左传·哀公七年》所载“禹合诸侯于涂山，执玉帛者万国”。尽管“万国”之说可能在于强调数量之多，各国的社会结构、管理体制以及所辖空间范围、人口数量等未必完全相同，但不妨理解为涟漪效应下的早期国家。

总之，军事贵族化逐渐导致贵族与庶人的社会分化，所谓“礼不下庶人、刑不上大夫”（《礼记·曲礼上》），当是这种二元社会结构的政治表现。军事贵族化过程始终伴随着地缘政治因素，极大地促进了早期国家的形成与发展。及至商鞅变法，则彻底打破了贵族的军事特权，宣告了军事贵族化的时代性终结。基于国家形态的多样化特点，以及血缘性与地缘性因素的交织作用，因而不宜简单地以地缘政治因素作为

---

① 钱耀鹏：《感生故事与早期政权的更迭》，《中原文物》2006年第3期。

判断国家形成与否的依据。尤其值得注意的是，军事贵族化现象在仰韶文化中晚期以来日益显著，诸如河南灵宝西坡墓地[①]、江苏张家港东山村遗址[②]、山东章丘焦家遗址[③]等一系列考古发现，均已暗示出军事化地缘政治因素的发生时间和进程可能远远超出了人们的想象。

① 中国社会科学院考古研究所、河南省文物考古研究所：《灵宝西坡墓地》，文物出版社，2010年。

② 南京博物院、张家港市文物管理委员会、张家港博物馆：《张家港东山村新石器时代遗址发掘报告》，《考古学报》2015年第1期。

③ 王芬等：《古城初现棺椁俱全礼器齐备——济南章丘焦家遗址考古获重要发现》，《中国文物报》2018年2月9日第8版。

早期国家和陶寺遗址

宫本一夫

（九州大学大学院人文科学研究院）

一、引　　言

当今考古学界一般使用人类学中新进化主义的方法区分社会发展的阶段。普遍使用的是埃尔曼・塞维斯将社会发展划分为游团、部落、酋邦、国家等阶段的概念[①]。张光直曾使用这个概念划分考古学中的中国社会，指出仰韶文化是部落社会、龙山文化是酋邦社会，商代以后是国家[②]。笔者也曾整理早期国家的概念，认为二里头文化以后属早期国家[③]，二里头文化至殷墟属未完成早期国家，西周至战国前半期属典型早期国家，战国后半期属过渡性早期国家，秦汉帝国属成熟国家[④]。

近年，有人将新石器时代晚期大型夯土基址认定为宫殿建筑，并将其视作中国国家文明起源的上限[⑤]。这样的大型夯土基址建筑包括山西襄汾陶寺遗址、河南新密市古城寨大型建筑基址等。前者相当于陶寺文化中期，后者相当于中原龙山文化晚期。有

---

① Service, Elman. R. *Primitive Social Organization: An Evolutionary Perspective*. second edition. New York: Random House, 1971.

② 张光直：《中国青铜时代》，生活・读书・新知三联书店，1983年。

③ 宮本一夫：「中国における初期国家形成過程を定義づける」『東アジア古代国家論　プロセス・モデル・アイデンティティー』すいれん社，2006：247-274頁。

④ 宮本一夫：「中国における初期国家形成過程を定義づける」『東アジア古代国家論—プロセス・モデル・アイデンティティー』すいれん社，2006：247-274頁；宮本一夫.漢と匈奴の国家形成と周辺地域—農耕社会と遊牧社会の成立//九州大学21世紀COEプログラム「東アジアと日本　交流と変容」統括ワークショップ報告書，2008：111-121頁。

⑤ 许宏：《宫室建筑与中国国家文明的形成》，《三代考古（五）》，科学出版社，2013年，第3～18页。

人认为陶寺遗址是中国最早的城市（都城），二里头遗址是成熟的城市（都城）[①]。因此，陶寺遗址进入早期国家阶段的观点[②]成为中国考古学界的新趋势。本文将重新讨论陶寺遗址是否已经进入早期国家阶段。

二、早期国家的概念

根据考古材料判断评价社会发展是否已经达到早期国家阶段的问题并不简单。亨利·怀特认为酋邦和国家最大的不同是社会内部是否形成统治的特殊性及官僚制度，这种不同体现在居住聚落的大小以及聚落阶层的差异。根据比较研究，他将阶层差超过五级的聚落定义为早期国家[③]。

早期国家的概念由H. 克拉森和P. 斯卡尔尼克提出[④]。此后，都出比吕志将这个概念介绍到日本[⑤]。在克拉森和斯卡尔尼克早期国家的概念中有51个指标。都出比吕志将其总结为七个特征：①阶层社会；②支撑阶层社会形成的大量人口；③存在社会恒常性的剩余；④基于地域成员而非血亲；⑤有中央政府；⑥具有避免社会分裂强制力的政府；⑦保障支配正统性的共同意识。

再者，岩永省三根据恩格斯的唯物史观，从东亚整体社会发展的角度，主张严格的国家定义，指出国家的成立是氏族制的解体[⑥]。就中国古代而言，氏族制的解体相当于战国时期领域国家阶段的中央集权化，其完成是秦汉帝国的形成。历史学家渡边信一郎认为，从氏族制支配者共同体的解体到官僚性君臣关系的形成，秦汉已经进入国家阶段[⑦]。氏族制的解体相当于克拉森、斯卡尔尼克的④基于地域成员而非血亲。仅将成熟国家阶段的秦汉帝国称作国家的狭义概念，不能够被划分年代及其社会的考古学

---

① 何驽：《都城考古的理论与实践探索——从陶寺城址和二里头遗址都城考古分析看中国早期城市化进程》，《三代考古（三）》，科学出版社，2009年，第3～5页。

② 高江涛：《中国文明与早期国家起源的陶寺模式》，《三代考古（五）》，科学出版社，2013年，第38～46页。

③ Wright, Henry. Recent research on the origin of the state. *Annual Review of Anthropology*, 1977, 6: 379-397.

④ Claessen, Henri J, Skalnik, Peter. *The Early State.* Paris & New York: Mouton publishers, 1978.

⑤ 都出比吕志：「日本古代の国家形成—前方後円墳体制の提唱—」『日本史研究』第343号，1991：5-39頁。

⑥ 岩永省三：「国家形成の東アジアモデル」『東アジア古代国家論—プロセス・モデル・アイデンティティー』すいれん社，2006：87-119頁。

⑦ 渡辺信一郎：「百姓の成立－中国における国家の形成に寄せて－」『国家形成の比較研究』学生社，2005：213-231頁。

所接受。因为，除④外，二里头文化已经达到满足所有条件的社会阶段，其物质文化的发达程度足以令人瞋目。笔者认为中国的早期国家的氏族制并未解体，满足其他早期国家的条件，在世界上具有特殊性[①]。

三、陶寺遗址是否满足早期国家的概念

陶寺文化早期和中期的城址结构不同，尤其城墙规模及宫殿区、贵族墓地的位置各异（图一）。相当于庙底沟第二期的陶寺文化早期，建有小城，南北1000米，东西560米。小城内南部设宫殿建筑区。城外南侧营建墓地。陶寺文化中期，小城扩充成大城，东西1800米，南北1500米。大城南附设小城，有贵族墓地和观象祭祀台。大城内有宫殿区（贵族阶层居住区）、平民居住区、手工业作坊区、大型储藏区、祭祀区等城市功能的分工[②]。

本文将考察克拉森、斯卡尔尼克的早期国家的条件与考古学现象间的对应关系。除④外，有关①～⑦的特征，笔者已经根据①～⑥的定义将二里头遗迹视作早期国家[③]。比较早期国家阶段的二里头遗址，根据陶寺遗址的考古学现象，本文将检讨陶寺遗址是否达到早期国家的条件。

（1）圆锥形阶层结构以统合其他地区圆锥形阶层结构的形式，形成多层次圆锥形阶层结构。陶寺文化早期墓地的墓坑大小、陪葬品数量、陪葬品种类、墓葬数量等具有明显的阶层差异，形成圆锥形的阶层结构（图二）。结合陶寺文化山西临汾下靳村墓地[④]、山西芮城清凉寺墓地[⑤]等，根据墓葬规模和陪葬品组合，中心的陶寺遗址与周边的下靳村遗址、清凉寺遗址具有明显的地域间的阶层差异，形成多层次的圆锥形阶层结构。

（2）圆锥形阶层结构中最高位阶的所在地即是政治的中心。在陶寺文化中，只有

---

① 宫本一夫：「中国における初期国家形成過程を定義づける」『東アジア古代国家論—プロセス・モデル・アイデンティティー』すいれん社，2006：247-274頁。

② 何驽：《都城考古的理论与实践探索——从陶寺城址和二里头遗址都城考古分析看中国早期城市化进程》，《三代考古（三）》，科学出版社，2009年，第3～5页。

③ 宫本一夫：「中国における初期国家形成過程を定義づける」『東アジア古代国家論—プロセス・モデル・アイデンティティー』すいれん社，2006：247-274頁。

④ 山西省临汾行署文化局、中国社会科学院考古研究所山西工作队：《山西临汾下靳村陶寺文化墓地发掘报告》，《考古学报》1999年第 4 期，第459～486页。

⑤ 山西省考古研究所、运城市文物局、芮城县文物局：《山西芮城清凉寺新石器时代墓地》，《文物》2006年第 3 期，第4～16页。

陶寺遗址可以找见带有城墙的城址（图一）。带有夯土基址建筑的宫殿区说明可能存在⑤有中央政府。陶寺文化中期约430万平方米的城址说明拥有②支撑阶层社会形成的大量人口。与约300万平方米的二里头遗址相比，陶寺文化的城址规模可能更大。尽管陶寺文化阶段的聚落规模差被分为三级，二里头文化阶段的聚落规模差达到四级[①]，但是陶寺遗址也可能和二里头遗址一样，拥有差异更加明显的早期国家阶段的阶层结构。

（3）手工业区（图一）的存在显示阶层结构发展中的社会分工，然而其是否明确从属王等阶层上位者不得而知。大型储藏区位于陶寺文化早期城址外的东南部，或陶寺文化中期城址的内部，长100米，宽10米，暗示③存在社会恒常性的剩余。大型储藏区有容积100～400立方米的大型储藏窖穴[②]。

（4）陶寺遗址中，维持圆锥形阶层结构，显示正统性的祖先祭祀的礼仪化的情况不明。陶寺文化早期城址外北部的特殊夯土建筑是祭祀区。陶寺文化中期小城内有半圆形大型夯土建筑。陶寺文化中期观象祭祀台附近圆形建筑基址伴有人殉，是祭祀遗迹，构成包含观象祭祀台的祭祀区[③]。然而，观象祭祀台进行的是和历法以及农耕相关的祭祀。尽管显示了酋长（王）的权威或祭祀权，然而其是否相当于显示王权正统性的祖先祭祀不明。

（5）作为拟制性同族关系，二里头文化第四期存在表现统合周边酋长的青铜礼器的分配[④]。二里头文化第四期与周边酋长具有共同的宗教和祭祀礼仪。满足⑦保障支配正统性的共同意识和⑥具有避免社会分裂强制力的政府。再者，陶寺遗址发现早期青铜器[⑤]，包括铜齿轮形器等，显示出和石峁文化的关系。也有人认为陶寺文化青铜器的最初渊源来自欧亚草原东部的赛伊玛—图尔宾诺文化[⑥]。陶寺文化中期宫殿区还出土青铜容器的残片。陶寺文化晚期的铜铃（图三）模仿黄河中游仰韶文化、龙山文化的陶

---

① Liu Li, Chen Xingcan. *State Formation in Early China*. London: Duckworth, 2003.

② 何驽：《都城考古的理论与实践探索——从陶寺城址和二里头遗址都城考古分析看中国早期城市化进程》，《三代考古（三）》，科学出版社，2009年，第3～5页。

③ 何驽：《都城考古的理论与实践探索——从陶寺城址和二里头遗址都城考古分析看中国早期城市化进程》，《三代考古（三）》，科学出版社，2009年，第3～5页。

④ 宫本一夫：《二里头文化青铜彝器的演变及意义》，《二里头遗址与二里头文化研究：中国·二里头遗址与二里头文化国际学术研讨会论文集》，科学出版社，2006年，第205～221页。

⑤ 何驽：《都城考古的理论与实践探索——从陶寺城址和二里头遗址都城考古分析看中国早期城市化进程》，《三代考古（三）》，科学出版社，2009年，第3～5页。

⑥ 林梅村：《塞伊玛—图尔宾诺文化与史前丝绸之路》，《文物》2015年第10期，第49～63页。

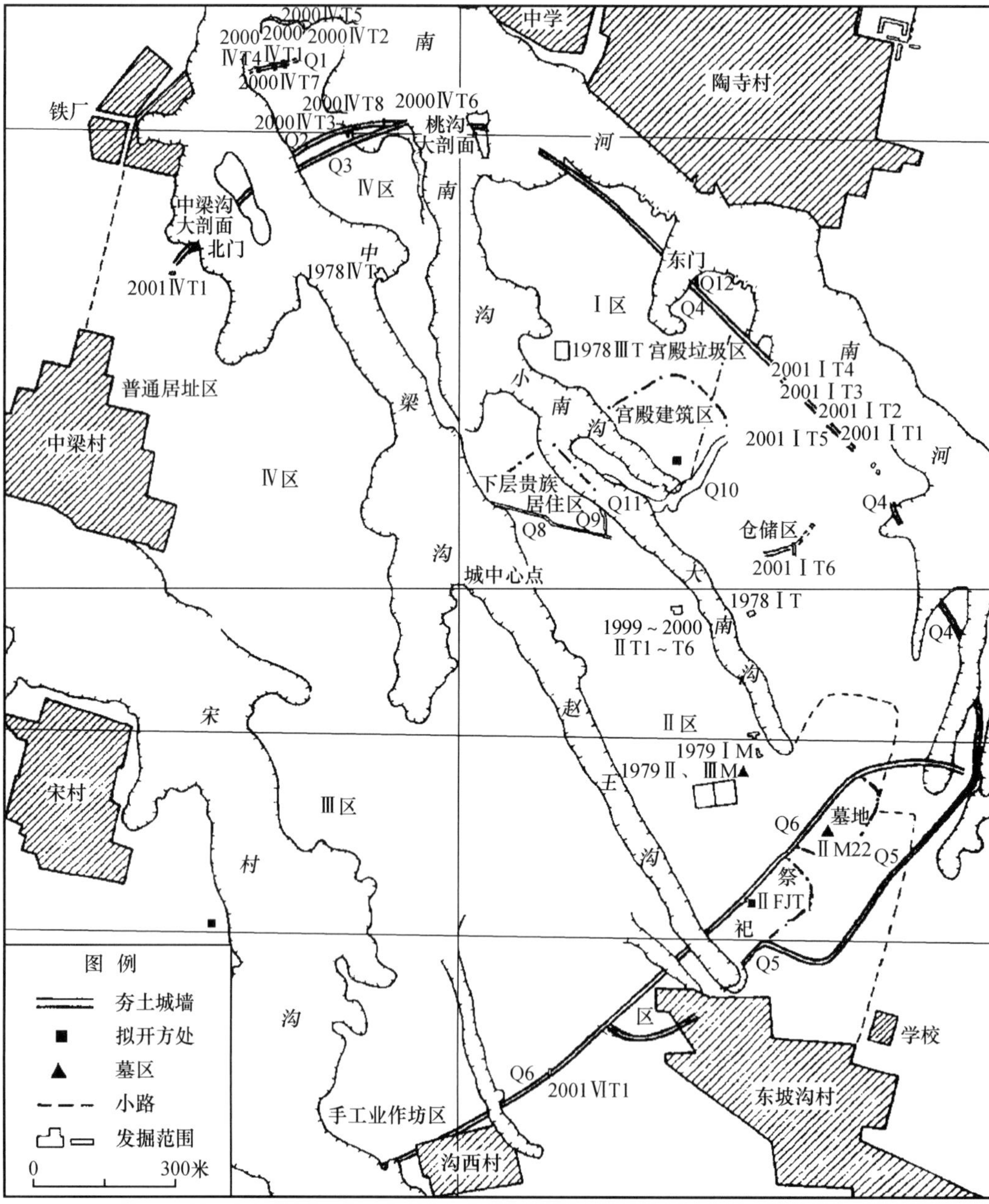

图一　陶寺遗址的城址示意图

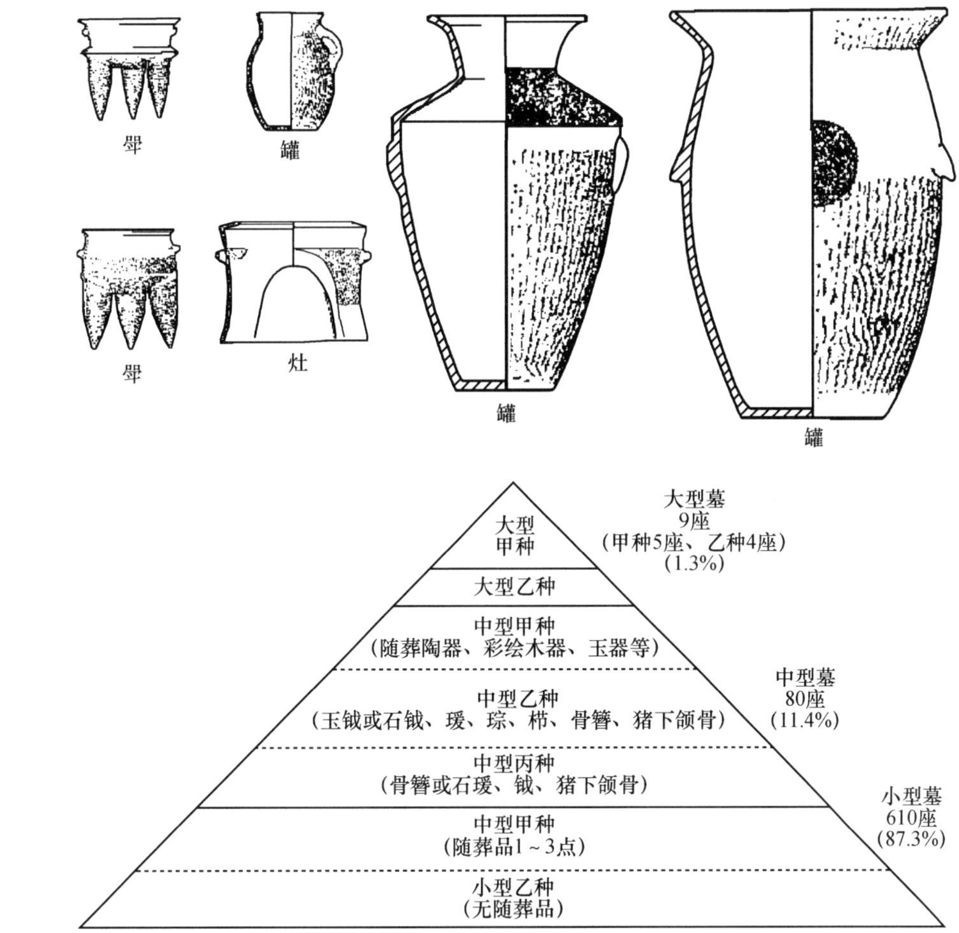

图二　陶寺遗址墓葬的附层结构和陪葬陶器

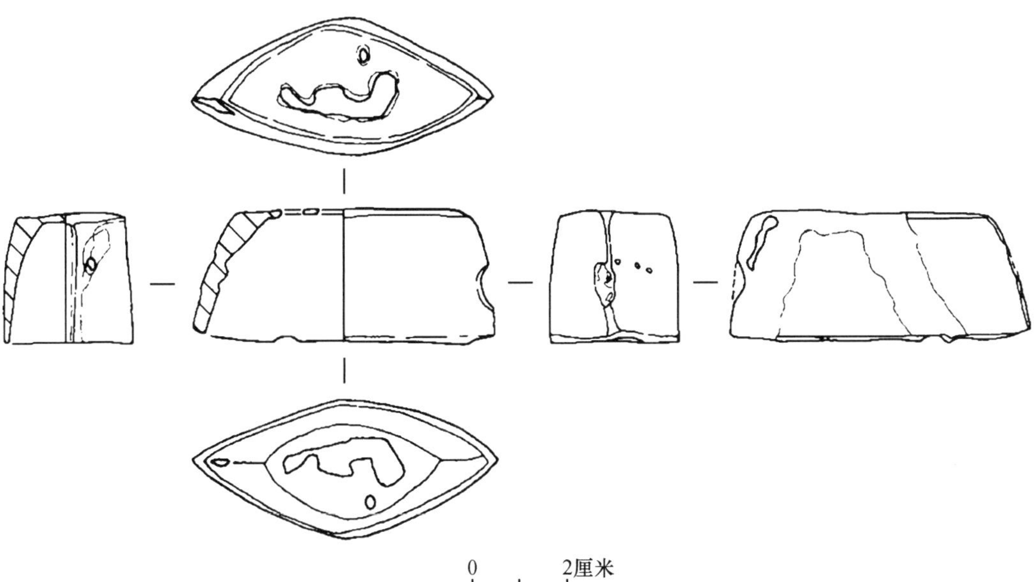

图三　陶寺遗址出土的铜铃

铃，使用贵重的铜来制作祭祀用具，具有威信财（prestige goods）的性质[①]。除受赛伊玛—图尔宾诺等北方青铜器文化的影响外，作为商周青铜文化的源头，陶寺文化的青铜器还显示出中原青铜文化的独特性[②]。但是，陶寺文化不存在将陶寺遗址作为中心的青铜器或玉器等威信财的分配，不满足⑥⑦的条件。

（6）陶寺文化未发现确立广域支配系统的宗教与精神体系的统合。二里头文化的玉璋、玉刀来自其他地区。玉璋源自黄河下游骨铲形玉器，玉刀源自长江下游薛家岗文化石刀形玉器[③]。作为二里头文化的威信财和礼仪用具，广泛使用的玉璋和玉刀源自其他地区，包含统合其他地域的宗教和精神体系的寓意，满足⑥⑦的条件。陶寺遗址中未见具有统合意味的器物。陶寺遗址中，鼍鼓、石磬等乐器对应酋长和王的权威，并在祭祀的过程中发明了铜铃[④]。陶寺文化的玉钺、玉刀、玉璧、玉琮等玉器与山东地区大汶口—龙山文化存在关联，然而这些玉器在陶寺文化中始终处于次要位置。陶寺文化并未将这些玉器作为主体，采用山东地区的宗教和精神体系。陶寺文化早期陶器受到山东大汶口文化的影响[⑤]。然而，河南龙山文化也曾受到以酒器为主的大汶口文化的影响[⑥]。陶寺文化在这一过程中只是单纯地受到了大汶口文化的影响，而未采用其他地区的宗教和精神体系。

四、结　　语

近年，根据城址结构和宫室建筑的存在，认为陶寺遗址已经达到早期国家或文明社会阶段的观点在增多。早期国家的概念由克拉森和斯卡尔尼克提出。本文利用这

① 宫本一夫：《二里头文化铜铃的来源与发展》，《夏商都邑与文化（一）——“夏商都邑考古暨纪念偃师商城发现30周年国际学术研讨会”论文集》，中国社会科学出版社，2014年，第329～341页。

② 宫本一夫：《二里头文化青铜彝器的演变及意义》，《二里头遗址与二里头文化研究：中国·二里头遗址与二里头文化国际学术研讨会论文集》，科学出版社，2006年，第205～221页；宫本一夫：《二里头文化铜铃的来源与发展》，《夏商都邑与文化（一）——“夏商都邑考古暨纪念偃师商城发现30周年国际学术研讨会”论文集》，中国社会科学出版社，2014年，第329～341页。

③ 宫本一夫著、吴菲译：《从神话到历史：神化时代夏王朝》，广西师范大学出版社，2014年。

④ 宫本一夫：《二里头文化铜铃的来源与发展》，《夏商都邑与文化（一）——“夏商都邑考古暨纪念偃师商城发现30周年国际学术研讨会”论文集》，中国社会科学出版社，2014年，第329～341页。

⑤ 中国社会科学院考古研究所、山西省临汾市文物局：《襄汾陶寺——1978～1985年考古发掘报告》，文物出版社，2015年。

⑥ 宫本一夫著、吴菲译：《从神话到历史：神化时代夏王朝》，广西师范大学出版社，2014年。

个定义再次评价陶寺文化阶段是否达到早期国家阶段。结果认为，陶寺遗址不具备克拉森和斯卡尔尼克的⑥具有避免社会分裂强制力的政府、⑦保障支配正统性的共同意识的考古学证据。因此，陶寺文化阶段尚未达到早期国家阶段，依旧处于酋邦社会阶段。陶寺文化位于酋邦社会最发达的阶段。

陶寺早期都市的认定以及相关的早期文明问题

王妙发

（日本和歌山大学）

一、陶寺龙山文化聚落的“都市”定位问题

陶寺龙山文化聚落，作为中国最早期的都市之一，今天讲应该没有问题。

这句话看起来很简单，许多学者都这么认为，但是在笔者这里，这个“认定”是有一个过程的。

此次会议题目叫“早期都邑文明的发现研究与保护传承”，可能组织者在决定会议名称时是通盘考虑过的，没有用“城市（都市）”而是用了“都邑”。

何为“都邑”？《说文》：“都，有先君之旧宗庙曰都。”现在已经明确知道除了规模巨大的外（郭）城以外，陶寺是有宫城的，则“筑城以卫君，造郭以守民”（《吴越春秋》），城郭之制可能不只是雏形而是已经接近于成熟了。大概“王”级别的大人物居住在这里应该没有问题，则为“有先君之旧宗庙”的“都”同样也应该没有问题。

邑呢？《说文》：“邑，国也。”那么国是什么呢？《说文》：“国，邦也。”再查，“邦，国也”，所谓邦国互训。则邑也就是国或邦，应是权力中心所在地。

陶寺还有巨大的城（墙），《说文》：“城，以盛民也。”是的，如此规模的城墙内外，无疑应该有相当数量的居民，而且是从事不同职业的居民。

因而说会议组织者特意用“都邑”，或许是有过深思熟虑的，意指此地为王都，为王室或政权所在地并进入了文明阶段。

面对如此大型聚落并可能是王都，笔者的问题则是抽象的地理学意义上的，即是否就可以将其定位为地理学意义上的“都市”？——当然这立刻就涉及了何为“都市”的定义问题了，判断依据是什么呢？可能需要略展开谈。

此处的“都市”即通常所说的“城市”，英文city。这个单词使用频率很高，但是坦率地说，这个概念或单词的定义或内涵可能未必很明确很清晰。笔者多年研究史前聚落和早期都市，因为无法回避如何界定“都市”概念的问题，于是下了一点工夫马马虎虎形成了自己的都市的判断基准（定义）并应用在研究实践中，或可称“王氏暂定基准”。探索过程此处从略，“定义”表述如下。

“非季节性的定居人口占居民的绝大多数，并具有两种以上非季节性机能，其中包括一种中心地机能的人群聚落。”

所谓中心地机能，是指不仅服务于本聚落的，而且对周围聚落包括远程聚落有影响力的聚落机能。

可能有必要强调用“都市”而非通常用的“城市”的理由。理由之一是“城市”一词比较容易引导（误导）研究者（包括笔者）将注意力较多地集中到那一圈“（城）墙”上去。比方当年河南登封王城岗发现了一圈（加半圈）龙山晚期城墙[①]，引起议论甚至轰动，许多研究者就认为这是“中国最早的城市”。当然还有一个原因是因为根据文献这里可能是“禹都阳城”。但事实上，该遗址除了那一圈（一圈半）城墙外，文化面貌和同时期其他遗址没有什么不同，即便确实被证明此地是“禹都阳城”，是否就可以认定为“中国最早的城市”？理由仅仅是那一圈（半圈）城墙而已？笔者对此是持否定态度的。笔者意识到城墙的瞩目，但是不认为城墙是判断都市与否的主要甚至唯一标志，因而建议避用“城市”而用“都市”表述。“都市”比较强调人群“集中”聚居、多种聚落功能聚集，比较接近社会生活中枢的“都会”的意味[②]。

笔者的博士学位论文研究了陶寺遗址，当时也检讨了该遗址“都市”与否的问题，但是没有结论。一直到2012年博士学位论文正式出版时，对是否认定陶寺为都市，仍然持“暂时保留”态度。理由很简单，认为判断依据不足。

当时大体是这样判断陶寺都市与否的——

先推定了人口，按中期大城280万平方米为明确居住区推算，可能的人口数在5.25万～7.14万的范围内（推测方法从略）。又做了聚落机能的推测。如此巨大，并且是可能的“王都”，作为集聚多种（两种以上）聚落机能的大规模的地理学意义上的“都市”的可能性应该非常之大。然而虽经大规模发掘，正式发掘报告尚未发表，所能够获得的数据信息还比较零星，因而是否推断为都市，暂做保留。等待更多发掘资料的

① 安金槐、李京华：《登封王城岗遗址的发掘》，《文物》1983年第3期。

② 王妙发、郁越祖：《关于“都市”概念的地理学定义考察》，《历史地理（第十辑）》，上海人民出版社，1992年。

公布以及关注更多的关联研究，再做判断。

其实可以说当时差不多就已经要认定为都市了，只差“临门一脚”，只是感觉支撑的资料还略缺，而比较谨慎地持保留态度。

事实上20世纪90年代是有过“考古学专刊丁种第五十五号《陶寺发掘报告》”的出版计划的，但是很遗憾并没有出版。

2015年正式出版了四大本的《襄汾陶寺——1978～1985年发掘报告》，非常详尽地提供了陶寺遗址的发掘和研究成果。然而美中不足的是1985年以后的正式发掘报告还需要等待。

当然陶寺不时有新的发现，期间最重大的收获无疑是陶寺宫城的发现，即最为核心的聚落功能区的被确认。特别是于笔者而言，这明确了一个聚落机能即作为王都的行政中心机能，对于认定陶寺为地理学意义上的都市无疑是有临门一脚或者更高的效用。

综合近年来的发掘成果如下。

1）最早的测日影天文观测系统；

2）发现了到遗址发掘为止最早的文字；

3）发现了中国最古老的乐器；

4）发现了中原地区最早的龙图腾；

5）发现了到遗址发掘为止世界上最早的建筑材料——板瓦；

6）发现了黄河中游史前最大的墓。

根据上述资料对陶寺遗址做聚落地理学的综合分析并判断地理学意义上的都市与否。

推测人口没有变化，为5.25万～7.14万人。加上四周，总人口应该比这个数字更多。

这个数量的人口集中居住在一个虽然庞大但毕竟有限的空间内，都从事什么职业呢？首先可以排除这些人全部都是农林牧业等季节性职业劳动者，即便今天，也很难想象这么大的围有城墙的“村落”，有这么多的人汇聚在一起集中从事农林牧等季节性产业。因而毫无疑问，这里有大量人员是从事非季节性职业的。证据很多，城—郭结构、宫殿区、手工业区、仓储区、居住区、墓地、天文观测系统等。

虽然陶寺是否为“尧都”还不能最后确定，然而是否为“王都”？即便此前持谨慎态度的笔者，在13万平方米规模的宫城被发现后，也认为已经不必怀疑了。或者即便不是王都也应该是类似的最高等级的综合性聚落。

就聚落机能而言，强化或证实了一个重要功能，即作为“王都”的“行政中心”机能。当然，作为“王都”的其他各种非季节性的聚落机能如各种产业中心机能、军事中心机能、交换（商业？）中心机能、文化中心机能、教育中心机能等，都是应该存在的。

面对这样的陶寺，已经可以有结论了。

非季节性的定居人口占居民的绝大多数——符合；

具有两种以上非季节性机能——符合；

其中包括一种中心地机能——符合或者远远超过“一种”。

结论：陶寺是一个综合性多机能的地理学意义上的中心都市。

二、相关的早期“文明”问题

陶寺龙山文化时代聚落是否进入了文明阶段？可能大多数人的回答是肯定的，笔者也倾向肯定。但是，这里有一个问题颇难回答，即我们说陶寺已经进入了文明阶段是用什么标尺在衡量的呢？

“文明”一词类似“文化”，使用频率非常高，但是“定义”却不那么明确。比方《汉语大辞典》中有8种解释，其中“谓文治教化”“文教昌明”“社会发展水平较高有文化的状态”三种其实类似。《辞海》有两种解释，分别是“犹言文化。如物质文明，精神文明”“指人类进步状态，与‘野蛮’相对”。更有如百度百科的“人类现代文明在4.4万年前就已出现”的“解释”——此说颇为惊人，按此说法则“现代文明”产生在旧石器时代？未知根据何在。此外，还有一些相关的表述或用语也是很难明确把握的。比方“文明（化）”是否就是所谓“复杂（化）”？“酋邦”是否就是“古国”？还有文明和国家是否同步？等等。坦率地说，这些表述本身就很有点“复杂化”，当然也就是说“文明”的内涵本身不好把握。

看到过一个报道，在良渚遗址，有中国学者问来访的国外学者，这里（良渚）是否进入了文明阶段？某国外学者回答是“当然，良渚怎么还不是！”——笔者的理解，这不是在具体探讨良渚，实际是中外学者在探讨或者“对接”“文明”的概念。

李学勤先生有一个说法或许比较平实：“考察一种古文化看其是不是属于文明，国际公认有几个标准：①这个时代应该有城市；②应该有文字；③应该有大型礼仪性建筑；④应该有金属器的存在，即有发达的冶金术。”[①]这几个“标准”当然可以讨论，更难说这就是具普遍意义的国际公认标准。笔者关心的是这个说法对已经结项的文明探源工程是否有直接或间接的影响。现在 “中国五千多年文明史”差不多已经成了口头禅，不知道是否都是在明确了“文明”的定义以后的判断呢。

当然大家都希望有定义并且在探索定义，但是，“定义”姗姗来迟或者迟迟不

① 李学勤：《辉煌的中华早期文明》，在中国科学与人文论坛的演讲。光明日报网，2019年2月27日。

来。苏秉崎先生曾说过“不要局限于定义”，其实即是承认定义之难。

事实上，学者们是从各自领域不同角度有意或无意地遵循着各不相同的文明判断标准的。换一句话说，即至今为止还没有公认的统一的“标准”。接下来，就是一起继续探索。不知道是不是有一天会探索出大家都能够接受的共同基准。

笔者也并没有形成关于“文明”的所谓“自身的定义”。然而笔者想指出的是，有不少学者在讨论文明问题时会不时引用所谓“经典作家”的有关论述，特别是恩格斯的那段著名论断或者“标准”：“在新的设防城市的周围屹立着高峻的墙壁并非无故：它们的壕沟深陷为氏族制度的墓穴，而它们的城楼已经耸入文明时代了。”①

这里都市（城市）、城墙、文明三者都谈到了。有不少学者即以此为“根据”直截了当将这三者连在一起并视为同步。

其实另有一段可能也属“经典作家”，是摩尔根的，“到了高级野蛮社会，在人类经验中，首次出现以垣壕围绕的城市，最后则围绕以整齐叠砌石块的城郭。……这种城市使社会状况发生变化，从而对政治艺术产生了新的要求。人们逐渐感到需要行政长官和法官，需要大大小小的文武官吏，还要有一套措施来征募军队和维持兵役，那就需要向公众征收赋税”②。

这里没有直接谈到“文明”，而是“行政长官和法官”之类代表公权力的职位，是否可以理解为指的就是“文明现象”呢？如果是，则摩尔根论述的都市（城市）、城墙、文明三者的出现并非同步，而是有明确的先后（因果）关系的，即先有“垣壕围绕”即防御设施还比较简陋的都市（城市），技术的继续进步（整齐叠砌石块的城郭），才促成了文明（官吏、政府、兵役、税收等）。

上面两段话不一致，然而后面一段却不大被引用甚至不大为人所知。

流行过很长时间的一个模式是，城墙、城市（都市）、文明、国家还有阶级等概念之间几乎被画了等号，近年来这样认为的人可能是少了一些。笔者很多次表示过对此（模式或观点）颇不以为然。并强调如果说城墙的主要功能是防御的话，那么就和都市（城市）也罢、阶级分化也罢、国家和文明的出现也罢全无关系，因为人类在最原始的聚落产生的同时就有防御的需要，包括防御野兽以及防御其他人类集团。至于防御设施的形式比如壕沟或围墙或“整齐叠砌石块的城郭”，在本质上实在是没有什么不同的。然而在不少探讨早期都市（城市）问题的论著中，史前聚落中经常可以看到的壕沟却是基本上被无视的。事实上城墙不过只是壕沟的延长，有时不过只是壕沟的副产品，这

① 恩格斯：《家庭、私有制和国家的起源》，《马克思恩格斯选集（第四卷）》，人民出版社，1972年，第88页。

② 〔美〕路易斯·亨利·摩尔根：《古代社会》，商务印书馆，1977年，第114页。

一点，长江中游的澧县八十垱[①]和应城门板湾[②]两个史前城址是很好的例证。

城墙（围墙）当然是史前聚落发展进程中的一个重要参照指标，理由是城墙（围墙）的建造需要大量的劳动力，以及有可能由此引导专业分工并由此引出聚落机能的多样化而逐渐向地理学意义上的都市定义接近并由此接近“文明”。

三、结　　语

笔者分析了陶寺龙山文化聚落（遗址）作为地理学意义上的都市与否的问题，并做出了肯定的回答。但是笔者对陶寺是否已经进入了文明时代的问题，倾向承认，但仅止于分析，困惑于“文明”的定义，因而并没有结论。

① 裴安平：《澧县八十垱遗址出土大量珍贵文物》，《中国文物报》1998年2月8日第1版。

② 陈树祥、李桃元：《应城门板湾遗址发掘获重要成果》，《中国文物报》1999年4月4日第1版。

谈谈早期都邑遗址的认定标准

张国硕

（郑州大学历史学院）

早期都邑即早期国家阶段的都邑。中国早期都邑主要是指新石器时代晚期至夏商时期的都邑。在没有明确的传世文献记载和出土文字标明为何都邑的情况下，以考古发现的各类遗存来判断一个大型遗址的性质是必由之路。

长期以来，以哪种遗存的发现为标准确定早期都邑，学界有不同的选择。部分学者主张以大型城垣的发现为标准，没有城垣就不往都邑方面考虑。有的学者以宫殿宗庙的发现为标准，有者即为都邑。或者以遗址的较大规模为圭臬，凡是大型遗址即考虑为都邑或中心聚落性质，而较少深究聚落的内涵。也有以聚落的道路网络的形成为都邑形成的标志。

诚然，上述判断标准都有其合理的一面，但实际上也有片面性、不准确性，或缺乏可操作性。如有的都邑自始至终没有大型城垣，或者有的都邑早期没有大型城垣、后期才建造大型城垣。判断大型夯土建筑是否为宫殿宗庙有一定的难度，何况都邑、别都、离宫别馆，甚至王陵区都可能建有大型建筑。由于现今考古调查技术和手段的局限性，划定的遗址范围很难达到精确的地步，所谓的遗址面积数据往往是不同时期遗址范围的连接或叠加、交错，而非单一时期的平面规模大小，甄别同一时期的遗址面积和前后阶段的发展变化难度较大。

那么，以哪些遗存的发现作为判断中国早期都邑的标准较为适宜？或是说早期都邑遗址认定所遵循的物化标准或遗存化标准是什么？亦即早期都邑形成的标志究竟有哪些？

笔者认为不能简单地以某一种遗存的发现为唯一的标准，也不能一味地强调没有某种遗存就一定不是都邑性质，应注重证据链的构建，分析观察各类遗存的情况综合判断，并注重具体问题具体分析。

从中国考古实际出发，整体上讲，应以大型城垣、宫殿与宗庙、王陵、高等级的手工业作坊等遗迹的发现为主要标准，以精美的青铜礼器、玉器、绿松石器等“重器”的使用以及遗址的较大规模、辐射力与影响力等作为参考标准。

大型城垣的建造，尤其是内外城或城郭之制的布局，目的是保卫最高统治者和居民的安全，应是中国古代都城的重要标志之一，早期都邑也不例外，如陶寺城址、郑州商城有内外城垣。这个时期的大型城垣应是夯筑或版筑而成，也有石砌城墙，宽度一般为15～20米。城垣圈围面积应在四五十万平方米以上，有的达数百万平方米，如陶寺城址面积在280万平方米以上，郑州商城内城面积超过300万平方米。遗址中心区域还应建造有宫城，如偃师商城、洹北商城之宫城。因种种原因，有的都邑一直没有建造大型城垣，如二里头遗址、小屯殷墟不见大型城垣。或因建造顺序的原因，都邑早期阶段没有建造城垣而后期建造大型城垣，如二里头遗址二、三期之交始建宫城。

宫殿是最高统治者举行政治活动和居住之所，而宗庙则是最高统治者举行祭祀和大型礼仪活动的场所，二者一般是伴存的，是中国古代国家的标志和都邑的重心，应为确定一个大型遗址是否为都邑性质的重要条件，也是必备条件。《左传·庄公二十八年》对都邑与一般城邑的区别解释甚明，其云："凡邑，有宗庙先君之主曰都，无曰邑。"这里是说都邑要有宗庙设施。宗庙是一个国家政权的象征。中国古代灭人之国，往往毁其宗庙。宫殿宗庙区的毁灭，往往标志着一代政权的覆灭或转移。在考古实际中，宫殿与宗庙基址有时很难区别，不排除一些大型夯土基址原本兼有宫殿、宗庙功能的可能性，或先为宫殿后为宗庙，故可笼统称作"宫殿宗庙区"，或简称作"宫殿区"。判断大型建筑是否为宫殿宗庙区的标准主要有三方面：一是建筑基址为夯土，且高台化，即存在夯土台基；二是单体建筑规模大，主体建筑面积达数千甚至逾万平方米，如二里头一号宫殿基址面积9585平方米；三是有大型建筑群、祭祀区、池苑区，整体面积达数万平方米，甚至在10万平方米以上，如陶寺、二里头宫城面积超过10万平方米。

中国古代王陵一般分布于都邑附近，而一个遗址一旦发现有大型、高规格的墓葬，则预示着其附近应有都邑存在。殷商时期的王陵规模较大，墓室平面形状为矩形或"亚"字形，有一个、两个或四个不等的墓道。墓室面积在20～50平方米，部分王陵面积甚至逾百平方米。随葬品丰富且规格高，有大量殉人，大墓附近有祭祀坑。目前虽然尚未发现确凿无疑的史前至商代前期的王陵遗存，但早期都邑应具备规模大、规格高、随葬品丰富的王陵当无疑问。

分工细、规格高、规模大的高等级手工业作坊如铸铜、制玉作坊以及制作绿松石作坊等，往往是为都邑内最高统治者所需而设立的。这类遗存范围较大，遗迹、遗物较为丰富，后代破坏、盗掘的可能性较小，留存的概率很大，一般都邑遗址多见这类遗存，如二里头遗址南部发现有逾万平方米的铸铜作坊遗址、宫城东南隅外侧发现有绿松石作坊遗址，郑州商城存在数处铸铜作坊遗址。

只要一个遗址具备以上4项遗存，一般可以考虑把这个遗址向都邑性质上归类。但由于种种原因，在实际的考古工作中，有的大型遗址不具备或尚未发现上述4项物化标准中除了宫殿区、高规格手工业作坊以外的另外一至二项遗存，但这并不影响我们对遗址都邑性质的整体判断，如二里头遗址、小屯殷墟没有发现大型城垣遗迹，郑州商城、偃师商城等城址尚不见明确的王陵区，人们并未因此而完全否定这些遗址的早期都邑性质。

在史前夏商时期，以鼎、觚、爵为代表的大型青铜礼器，以璧、圭、琮、璋等为代表的精美玉器，一般应为国王、贵族或方国内最高统治者所拥有的“重器”，可作为判断遗址性质的参考标准。一个大型遗址一旦发现有使用此类遗物的迹象，那么其性质很可能与都邑有密切关系。但由于青铜器、玉器具有可移动性和流动性，特定情况下可分散到都邑以外的地方，致使非都邑遗址也可能见到高规格的精美遗物。故高规格的遗物只能作为都邑遗址主要标准的补充，或作为主要标准有缺项情况下的重要参考，没有主要物化标准，单独的高规格遗物是不能贸然作为都邑遗址的标志的。

在主要物化标准有缺项的情况下，遗址面积和规模大小也是判断遗址性质的参考标准，那些面积大、规模宏伟并经实际验证无误的大型遗址很可能与都邑有关。一般来讲，早期都邑遗址的面积多在100万平方米以上，大的都邑面积在二三十平方千米，如二里头遗址面积超过300万平方米。部分早期都邑的范围有发展变化，早期面积可能要小一些，如二里头遗址一期面积只有100万平方米，二期以后增至300万平方米。一些方国都邑面积可能要小一些，但也应在数十万平方米左右，大的方国都邑面积也有超过百万平方米的。

此外，遗址的文化辐射性和对周边的影响力也是认定都邑的参考因素。以某一大型遗址为代表的考古学文化，有着明显的较大范围的分布区域；区域内文化面貌同一性强，文化因素与这个大型遗址的关系密切；且这种文化因素对周边地区其他文化的形成与发展产生了一定的影响，如此遗址现象，即便在没有或尚未发现一些都邑遗址主要物化标准的情况下，仍可以考虑其为都邑的可能性。

综上所述，都邑遗址认定的主要物化标准包括大型城垣、宫殿宗庙、王陵、高等级手工业作坊等4项，参考标准包括“重器”的使用、遗址的较大规模、辐射力与影响力等3项。其中宫殿宗庙遗存是都邑遗址认定的必备条件。一个大型遗址只要具备全部四项主要物化标准，或者具备主要标准中的宫殿宗庙但缺少其他一或二项，抑或具备主要标准中的宫殿宗庙等一两项和参考标准的全部或部分，即可被认定为都邑遗址。

陶寺遗址发现有大型城垣、宫城与宫殿区、大型墓葬（王墓）、独立的仓储区和官方管理的专门的手工业作坊区，出土有铜、玉、陶质礼器和石磬、彩绘木器等精美遗物，建造有大型礼仪建筑，遗址规模大，对周围较大区域产生重要影响，整体上符合我国早期都邑的主要标准和参考标准，应属于早期都邑性质。

早期政治中心型都城的范例

——陶寺遗址聚落与精神文化研究概述

何　驽

（中国社会科学院考古研究所山西队）

一、引　　言

山西襄汾陶寺遗址位于临汾市襄汾县城东北约7千米的陶寺镇。20世纪50年代，考古调查发现陶寺遗址。60年代经过小规模考古试掘，判定了陶寺遗址的时代以及其为一处面积约300万平方米的龙山时代大型遗址。1978～1985年，为了寻找中国历史上夏王朝早期都城的遗存，中国社会科学院考古研究所山西队与山西临汾行署文化局合作，发掘了与文献所谓的“夏墟”有联系的陶寺遗址。揭露了居住区和早期王族墓地，发掘墓葬1000余座。其中早期王墓6座，出土了陶龙盘、陶鼓、鼍鼓、大石磬、玉器、彩绘木器等精美文物，震惊海内外，确定了陶寺文化面貌和分期与年代①。

1999年开始，中国社会科学院考古研究所山西队与山西省考古研究所、临汾市文物局合作，开展陶寺的考古工作，以寻找城墙为中心。2000年终于发现了陶寺文化中期城址的北墙，2001年确定了东墙和南墙。陶寺文化中期城址得以确定。陶寺中期城址呈圆角长方形，东西长1800米，南北宽1500米，中期城址总面积至少为280万平方米②，其中南部中期小城10万平方米。方向225°。

2002年开始，陶寺遗址考古发掘纳入国家科技支撑项目“中华文明探源工程”之“中华文明起源过程中三大都邑性聚落综合研究”（课题编号2013BAK08B04）。2013年，“中华文明探源工程”阶段性结束后，陶寺遗址考古发掘同时被纳入国家文物局

---

① 中国社会科学院考古研究所、山西省临汾市文物局：《襄汾陶寺——1978～1985年考古发掘报告》，文物出版社，2015年。

② 何驽：《陶寺：中国早期城市化的重要里程碑》，《中国文物报》2004年9月3日第7版。

“陶寺大遗址保护考古”项目和中国社会科学院“哲学社会科学创新工程”之“陶寺遗址发掘与研究”。自2002年至今，陶寺遗址发掘面积约10000平方米。

至2018年，陶寺遗址考古发掘历经40年，陶寺遗址考古发掘出土完整或可复原文物5000余件，有关陶寺遗址的研究成果超过百余篇，使我们对陶寺遗址的聚落形态包括都城兴衰、性质及其功能区划、大路、水系等，都有了初步认识。这些功能区包括宫城、下层贵族居住区（即早期外城）、王陵区、祭天祭地礼制建筑区、仓储区、手工业作坊区、普通居民区。每个功能区，都已获得或多或少的考古资料。

40年来陶寺遗址考古发掘与研究成果，展示了早期政治中心型都城的典型案例，极大地丰富了世界史前文明与早期都城与国家的考古学理论内涵，对世界早期文明与早期国家和都邑考古理论建设，做出了重要贡献。

我们曾经提出，中国早期城市或都城的九项指标：①规整的城市形态；②排他的宫庙区（甚至宫城）的存在；③排他的王族墓地；④排他的祭祀区；⑤官营手工业作坊区；⑥政治宗教寡头垄断的大型仓储；⑦初具规模的规范的道路系统和城门系统；⑧明确的城市布局规划理念；⑨多样性的都市文化面貌。前八项可以从聚落形态考古的角度来探讨，最后一项属于特殊的考古学文化的范畴[①]。通过近年来基于陶寺遗址的考古发掘与研究，结合良渚城址、陕西神木石峁城址的新成果，我们进一步认识到，上述九项中国早期城市或都城的考古指标，更加符合政治中心型都城考古判别。所谓政治中心型城市或都城，以政治中心为首要功能，其次才是军事、经济、宗教中心。因此，这种类型的都城是政治挂帅，都城从选址到规划布局，再到物质文化、精神文化包括宗教生活，均突出政治，强调正统思想意识形态在城市聚落形态与文化中的主导地位。以下概述40年来，我们对陶寺遗址作为政治中心型都城的聚落与文化研究成果，求教于方家。

二、陶寺都城的选址

根据陶寺文化谱系研究，我们认为陶寺文化早期的母体是晋南地区确切说是垣曲盆地的庙底沟二期文化，以釜灶、斝、小口折肩罐为主要文化特征[②]。垣曲盆地的庙底沟二期文化中的一支，北上进入临汾盆地北部，另行建立了一个政治中心性都邑。这

① 何驽：《都城考古的理论与实践探索——从陶寺遗址和二里头遗址都城考古分析看中国早期城市化进程》，《三代考古（三）》，科学出版社，2009年，第3～58页。

② 何驽：《陶寺文化谱系研究综论》，《古代文明（第3卷）》，文物出版社，2004年；高天麟：《关于庙底沟二期文化及相关的几个问题——兼与卜工同志商榷》，《文物》1992年第3期。

次文化上的分裂，主要出于政治目的——脱离故居旧的政治中心聚落，在庙底沟二期文化的边地临汾盆地，寻找新的政治中心生长点。因为临汾盆地北部，一过洪洞、浮山一带，便是老虎山文化即石峁政治集团的势力范围——以双鋬鬲为文化特征①。

陶寺文化从母体中分裂出来北上至临汾盆地北部边缘，有明显向石峁政治集团即老虎山文化靠拢的意图（图一）。那么陶寺早期的政治势力从垣曲盆地旧中心分离出来，作为新兴的政治势力，试图倚仗强大的石峁政治集团意图十分明显。这便决定了陶寺早期都城选址的大致范围，出于这样的政治目的，大致确定在临汾盆地北部一带。

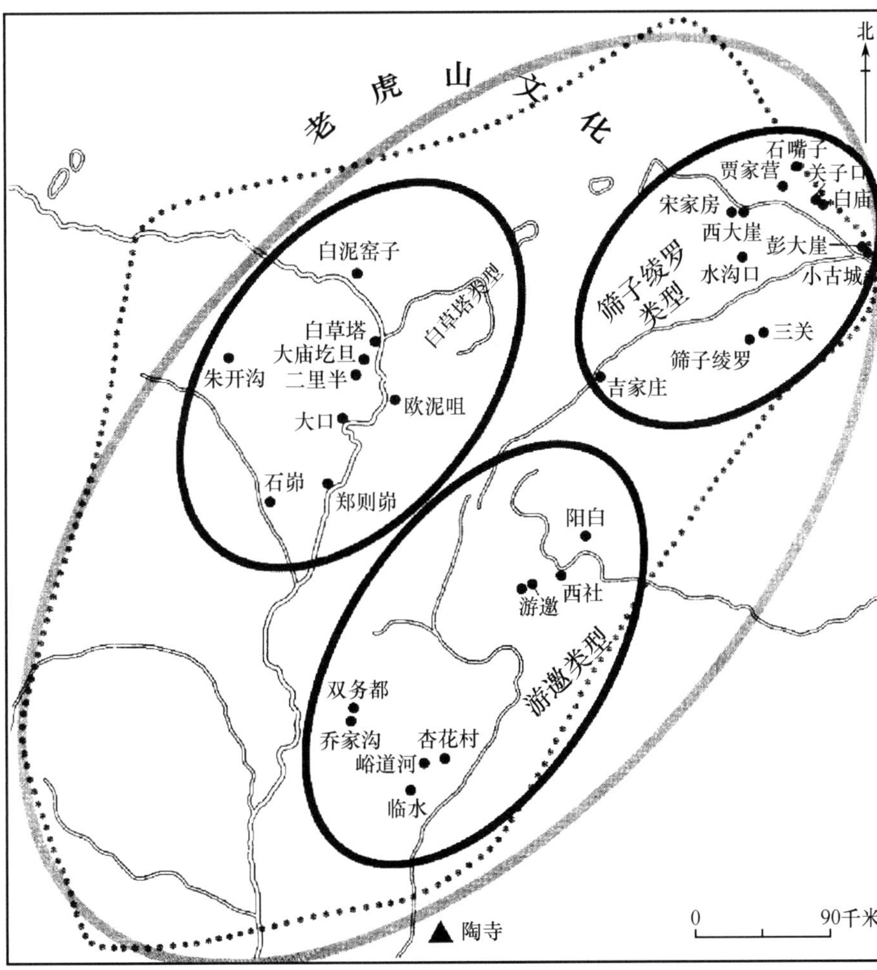

图一　老虎山文化分布区与陶寺遗址的空间位置关系

① 韩建业：《中国北方地区新石器时代文化研究》，文物出版社，2003年，第126～155页；陕西省考古研究院、榆林市文物考古勘探工作队、神木县文体局：《陕西神木县石峁遗址》，《考古》2013年第7期，第15～24页；何驽：《对于陶寺文化晚期聚落形态与社会变化的新认识》，《新世纪的中国考古学（续）——王仲殊先生九十华诞纪念论文集》，科学出版社，2015年，第158～171页。

根据陶寺中期王墓ⅡM22出土圭尺和早期贵族墓M2200出土立表研究，陶寺文化的“王者居中”正统意识形态的“地中”标准一尺六寸夏至晷影，秉承的是垣曲盆地旧政治中心传统的夏至晷影标准[①]。陶寺早期政治集团北上，试图向石峁集团南部边缘靠拢，但是不能完全偏离夏至晷影一尺六寸地中标准，限定了陶寺早期都城选址也只能在临汾盆地北部，若再向北则会超过地中夏至晷影至一尺七寸，与“地中”标准不合，则名不正言不顺，不符合“王者居中”的理念。

根据陶寺观象台地平历研究，崇山主峰塔儿山是临汾盆地周围群山的最高峰，海拔1493米，也是陶寺遗址东面背靠的“祖山”。塔儿山主峰日出的节令（四千年前上半年3月16日、下半年10月31日）是陶寺文化的重要节令[②]（图二），不可变动。

由此决定了陶寺都城观象祭祀台的核心点——观测点的位置，不可变动。观象祭祀台的位置决定了陶寺选址的唯一性。

三、聚落形态

陶寺遗址从考古学分期上，总体可分为早、中、晚三期。陶器相对年代与^{14}C绝对年代综合分析，陶寺早期约距今4300～4100年，中期约距今4100～4000年，晚期约距今4000～3900年[③]。尽管陶寺早期^{14}C测年数据有两个数据可达距今4400年，陶寺晚期也有两个标本数据可迟至距今3800年前后，但是都由于数据量过少，难以遽然定论。

而陶寺遗址即陶寺文化早中晚三期划分，大致与陶寺都城遗址的兴衰同步，也就是说陶寺遗址的分期不仅是陶器的分期，也是都城聚落形态大变化的时代划分。因此，陶寺遗址聚落形态的分析，以时间轴进行展开，方可比较清晰地展示陶寺都城聚落兴衰的动态图景。

（一）陶寺遗址早期聚落形态分析

陶寺早期的聚落形态已初步具备了上述都城聚落形态的要素，但有些稚嫩。

据考古发掘与研究，陶寺早期城址由宫城、外城构成，总面积大约20万平方

① 何驽：《山西襄汾陶寺城址中期王级大墓ⅡM22出土漆杆“圭尺”功能试探》，《自然科学史研究》2009年第3期，第261～276页；何驽：《陶寺圭尺补正》，《自然科学史研究》2011年第3期，第278～287页；何驽：《陶寺圭尺“中”与“中国”概念由来新探》，《三代考古（四）》，科学出版社，2011年，第85～128页。

② 何驽：《陶寺中期观象台实地模拟观测资料初步分析》，《古代文明（第6卷）》，文物出版社，2007年，第83～115页。

③ 何驽：《陶寺文化谱系研究综论》，《古代文明（第3卷）》，文物出版社，2004年。

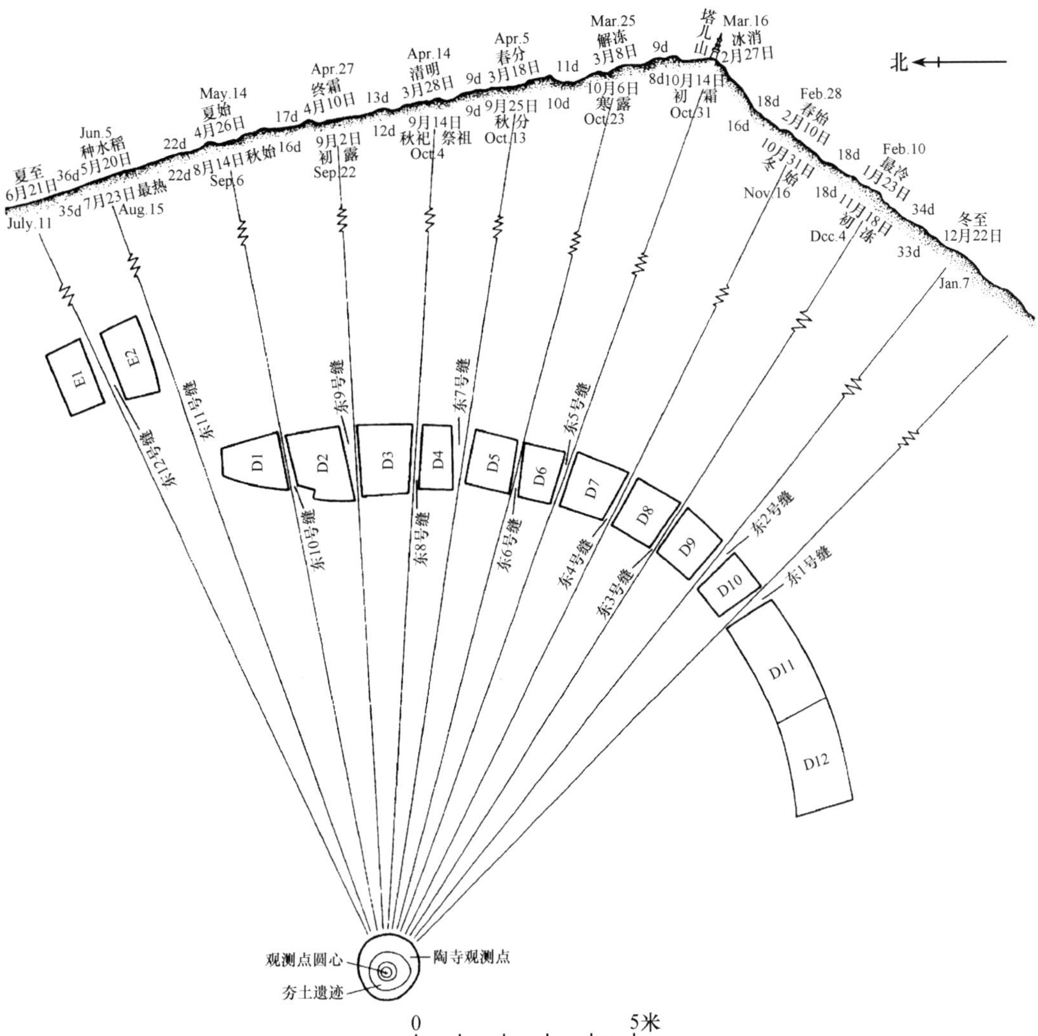

图二 陶寺观象台地平历历法图解

（观测点至崇山距离为示意。E1、E2、D1～D11为夯土柱基础。
英文日期和天数表示四千年前的日期和间隔天数）

米。宫城东、西两侧为普通居民区。东部普通居民区的东侧为仓储区。早期王族墓地位于宫城的东南部。遗址的北端为祭祀地祇的“地坛”（图三）。陶寺早期遗址面积大约160万平方米，年代为至少距今4300～4100年。在当时也是中国境内名列前茅的超大型遗址。

1. 陶寺早期宫城

宫城位于遗址的中部偏北。陶寺文化早期，宫殿区确立之后，首先用堑壕将宫殿区围护起来，平面呈长方形，南北约270米，东西470米，面积近13万平方米（图

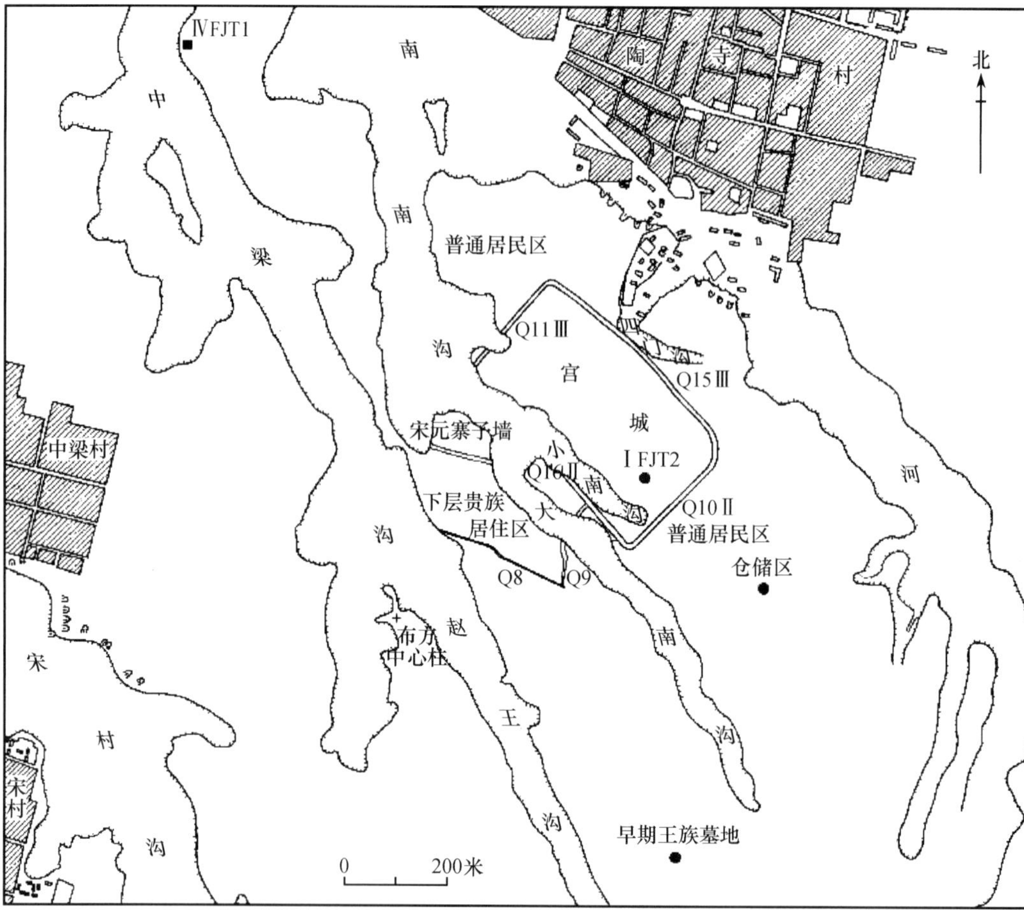

图三　陶寺文化早期遗址平面图

三）。方向225°。使用一段时间后，随着早期城址外城Q8和Q9的建设，宫殿区壍壕被填平并夯筑起宫墙，此时宫城出现。陶寺宫城城垣由北墙Q15、东墙Q10、南墙Q16和西墙Q11构成。建筑的方法是在底部填土1～2米，然后再打夯土。早期沟槽现存开口宽7～12米，个别残宽5米左右，底宽3.5～4米，残深1.5～5米，复原（到原始生土地表）深度在8～9米（图四）。

目前已了解在宫城东北角、东南角各有一个结构复杂的曲尺形生土过道式角门。陶寺宫城东南角门大致呈曲尺形。生土过道宽10余米。过道内侧处靠Q10内侧接出一夯土基址，长约10米，宽11米，很有可能是侧门Q10上“内墩台”基础（图五）。军事防御性一览无余。东南角门在宫城最初构筑环壕时便预留下来，随着陶寺宫城城垣的构筑而完善。内侧墩台可能为稍晚加筑。此门应当与陶寺宫城休戚相关。这是仰韶文化姜寨遗址环壕豁口形制的发展，在中国古代建筑史上具有重大进步意义。

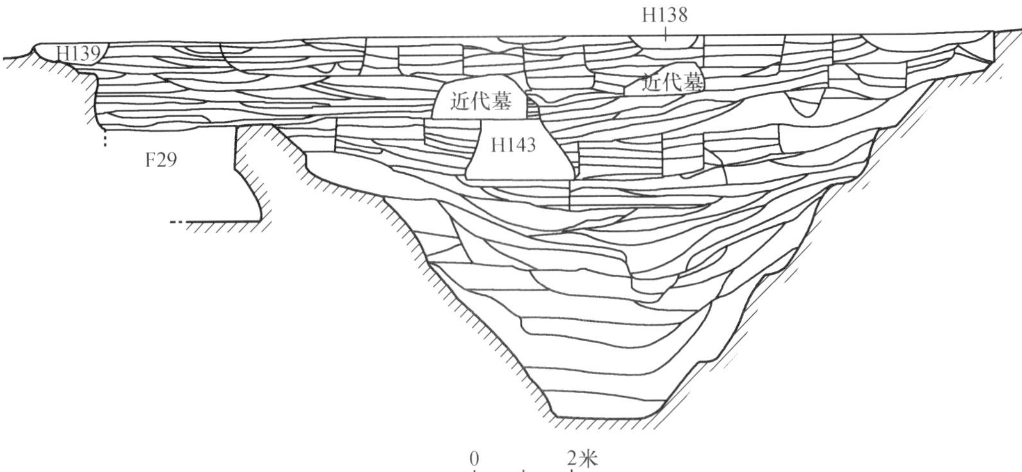

图四　ⅠTG35宫城北墙Q15剖面图

图五　陶寺宫城东南角门航拍照片（上为西）

2. 陶寺宫城早期凌阴建筑ⅠFJT2

目前在陶寺宫城钻探，初步了解陶寺宫城内部有十余座夯土基址基础，但是无法确定哪座为陶寺文化早期基址，仅通过考古发掘确定一座陶寺早期的凌阴俗称冰窖建筑基址，编号为ⅠFJT2。

ⅠFJT2位于陶寺宫城内东部，被叠压在陶寺中期核心宫殿建筑ⅠFJT3之下。大约呈长方形坑状，长30米，宽20米，深9米。坑中心有长方形储冰池（图六）。储冰池内有木桩栈道便于冰块的存取。栈道连接冰窖南侧之字形夯土坡道。顶部原来很可能有草拌泥盖顶，以用于保温。

陶寺ⅠFJT2作为凌阴建筑，附属于陶寺文化早期宫殿建筑，存在背景关系上更为合理，与陶寺城址早期宫殿区的宫廷生活方式更加匹配。纳冰，是大贵族才能享受到的特殊生活和祭祀特权，是大贵族奢靡生活方式的重要组成部分。涉及祭祀、丧葬、宴宾、食品保鲜等，因此凌阴建设，才引起陶寺统治者的高度重视，ⅠFJT2建筑中才会使用非常先进的建筑技术以解决建筑上的难题。

凌阴建筑的存在，不仅彰显着陶寺文化早期王室贵族享受着前所未有的奢华生活

图六　陶寺早期凌阴建筑基址ⅠFJT2西视

方式，标志着身份等级的差别，暗示颁冰的礼仪制度已经发端，更宣扬着一种“美食革命”理念，以作为“文明生活方式”冲击力极强的广告。陶寺早期凌阴ⅠFJT2是中国迄今考古发现最早的宫廷冰窖，无论在中国古代宫室制度、宫廷生活，还是在中国古代建筑史上，都具有开创性的意义。

陶寺宫城早期凌阴ⅠFJT2虽然不是宫殿基址本身，却暗示陶寺早期宫殿建筑的存在。ⅠH38是直接叠压在早期凌阴建筑ⅠFJT2坑内陶寺中期的建筑垃圾坑，很可能是毁坏早期宫殿建筑及其用器的垃圾堆积。因此ⅠH38堆积内包含一些宫廷生活及宫殿建筑遗存应间接来自早期宫殿，是早期宫殿建筑存在的间接证据。

3. 早期外城

陶寺早期外城由东墙Q9和南墙Q8构成，北墙借用宫城南墙Q16，西墙尚在探索中。早期外城围护的是下层贵族居住区（见图三）。

东墙Q9长约567米，宽4～8米，残高2米左右，兴建并使用于陶寺文化早期偏早，兴建前没有清理地基，于是保留了淤积层第9层（图七）。与ⅠT3402Q8建筑基础处理技术不同，ⅠT3404～ⅠT3504Q9没有做基槽，平底起建，采取“直立挡土墙式”建筑技术，使用平夯方法建筑而成。这种省工省时省料、因地制宜的“直立挡土墙式”建筑技术在现代工程建设中普遍采用，足见陶寺夯土建筑工程建筑技术的先进性与科学性在当时首屈一指。

早期外城南墙Q8残长约274米，西端被中梁沟冲断，宽4～8米。兴建并使用于陶寺文化早期偏早阶段，残存从基坑底部至基坑顶部最高2.95米。墙体为花夯土，基槽部分堆积较墙体松软，有大块生土。墙体夯层为平夯技术，夯层明显，厚5～45厘米，一般厚15厘米左右。夯层均由两侧向中心略微倾斜。基槽部分夯层堆积倾斜度较大，有较大的起伏（图八）。

4. 陶寺早期下层贵族居住区

陶寺早期下层贵族居住区位于宫城的南部外城内，由东墙Q9和南墙Q8围护，北墙借用宫城南墙Q16，西墙有待确定，总面积应接近10万平方米。已探出面积较大的夯土建筑多座。其形制简单，多为正方形或长方形。该外城内，建筑相对周匝密集，房子周围垃圾灰坑环绕，打破关系复杂。居住环境相对较差，等级似乎不很高。但是，大型基坑建筑方式、相对考究的白灰面房子表面处理、有最大的白灰面浅半地穴式单体房子和双连间房子及小区内和ⅠT2017F9-F11周围灰坑里浮选出足贵弥珍的大米粒等信息，都说明该区的居民也不是普通的平民，而更有可能是早期小城外东南600米远的早期墓地中丙种中型墓和甲种小型墓的主人，即下层贵族。

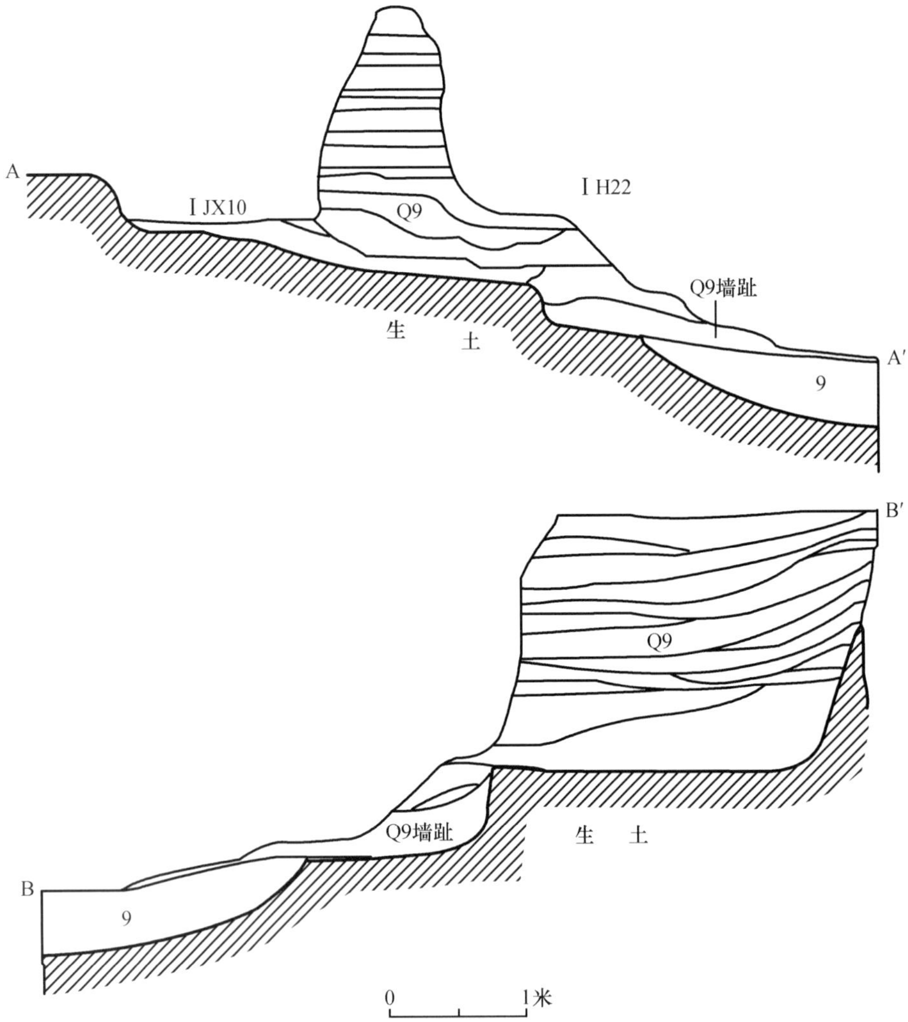

图七　Q9剖面图

9. 淤泥层

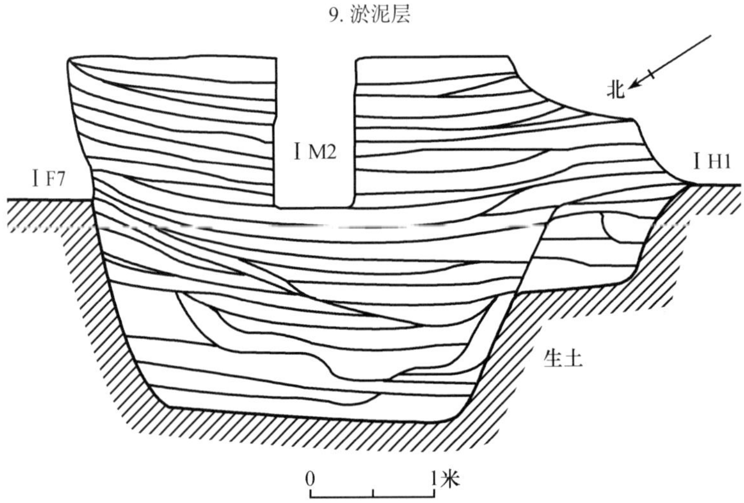

图八　Q8剖面图

ⅠT2017解剖的房子F9–F11时代为陶寺文化早期，基坑呈长方形，总面积为300平方米，中央是两间并列的半地穴式圆角方形房子ⅠF9–F11，可能是一套双连间的房子，边长各5米，两间室内总面积约50平方米（图九）。

图九 ⅠF9–F11东视

5. 早期王族墓地

陶寺城址早期王族墓地位于陶寺早期城址外东南部，面积4万平方米以上，发掘清理了1379座[①]。墓地实际早、中、晚三期皆在沿用，只是原报告未能分辨出中期的墓葬。

（1）早期王墓

一类为王墓，6座，全部为早期。长3米，宽2米，残深0.7～2.1米。有葬具。随葬品100～200件。由玉石器、彩绘陶器、彩绘木器构成礼器组合。玉石器组合为钺、斧、锛、凿、厨刀等（图一〇）。

彩绘陶礼器组合为龙盘（图一一）、折腹盆、壶、大口罐、尊、小口折肩罐、豆。

---

① 中国社会科学院考古研究所、山西省临汾市文物局：《襄汾陶寺——1978～1985年考古发掘报告》，文物出版社，2015年。

图一〇　早期王墓平面图

图一一　陶龙盘（M3016∶9）

彩绘木器为大盘、大案、俎、几、豆形器、杯、觚杯、仓形器等组成。礼乐器由土鼓、鼍鼓、石磬组成（图一二）。

日用陶器以斝、灶、大口罐、豆、单耳罐、小口折肩罐、浅腹盆为组合。

1

2

图一二　早期一类王墓出土礼乐器

1. 鼍鼓（M3015∶15）　2. 陶鼓（M3032∶1）

（2）早期二类大贵族墓葬

早期二类大贵族墓葬仅见于早期。30座，墓圹长2.5米，宽2米左右，有葬具。随葬器物20～40件（图一三）。器物组合与王墓多数类同，但是缺少龙盘、鼍鼓、石磬等重器。

（3）中型墓葬贵族与官僚体制

《尧典》帝曰："咨！四岳，汤汤洪水方割，荡荡怀山襄陵，浩浩滔天。下民其咨，有能俾乂？"佥曰："於！鲧哉。"帝曰："吁！咈哉，方命圮族。"岳曰："异哉！试可乃已。"

1

2

图一三　早期二类大贵族墓出土器物

1. 石钺（M2168：39）　2. 彩绘折腹盆（M2063：4）

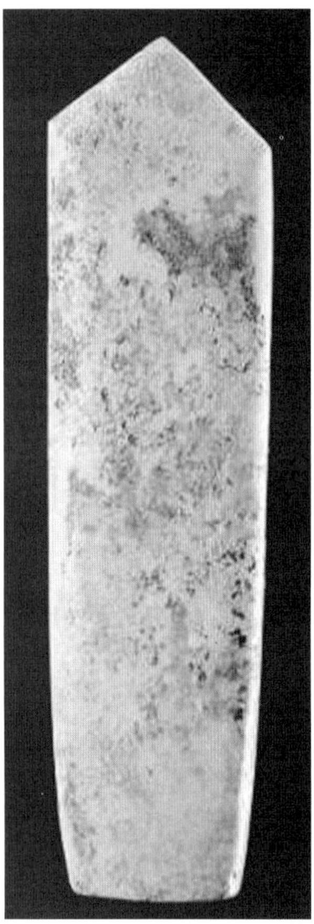

图一四　陶寺出土玉石圭

陶寺早期和中期的中型贵族墓葬，很有可能是官僚墓葬，其中职官包括农官、天文官等。陶寺早期贵族墓葬随葬的玉石圭，是官僚委任的凭信。根据陶寺早期王族墓地贵族中型墓出土的玉石圭形态看，圭的顶端皆钝角，即所谓的琰，明显一边刃长，一边刃短，并非等腰三角形，呈乀状，象征每年春天小苗将地面拱起，此所谓“兑上，象物始生见于上也”，“圭锐，象春物初生”。每年春天小苗萌发，象征守信，此所谓“信莫著于作见”。那么，《舜典》所谓的辑五瑞、班群后，应当说是指帝舜对四岳群后等官员进行定期考核时，收集和颁发玉圭作为委任凭信。《史记·五帝本纪》说尧使舜摄政时，“五岁一巡狩，群后四朝”，《集解》郑玄曰：“巡狩之年，诸侯见于方岳之下。其间四年，四方诸侯分来朝于京师也。”也就是群后诸侯进京考核。于是五瑞之一的圭，就相当于后世的官印符节、委任状。考核前一律收缴玉圭委任凭信符节，考核合格才能再颁发。玉圭出自陶寺早期王族墓地贵族中型墓中，表明这些随葬玉圭的中型墓墓主确应是官僚，更表明陶寺文化存在比较完善的官僚委任和考核制度（图一四）。

（4）三、四类墓葬

陶寺早期王族墓地三、四类下层贵族或富有平民墓葬2/3为中晚期。墓葬长2米，宽1米左右。有葬具。三类墓149座，出少量玉石器及装饰品，很少随葬陶器，数量在数件。四类墓29座，使用木棺，但不随葬器物甚至饰品。

M3296系陶寺早期王族墓地内陶寺晚期下葬的三类墓。该墓除了随葬于墓主腰际的铜铃外，无任何其他随葬品（图一五）。该铜铃出土时缺失铃舌，无法发声，因此暗示M3296墓主并非铜铃原有的主人。铜铃最终如何落入M3296墓主的手中，背后可能有非常曲折的故事，但早已不得而知了。

图一五　M3296出土铜铃

陶寺早期王族墓地里的M2384随葬双耳罐和小口折肩罐形制皆为陶寺中期偏早特征，其年代很可能已进入陶寺中期偏早了（图一六）。暗示陶寺中期偏早时期，早期王族还有少量的人员混迹于统治阶层的下层。但早已失早期王权在握家族高高在上的地位与荣耀了。

1　　2

图一六　M2384出土器物

1. 双耳罐（M2384：4）　2. 小口折肩罐（M2384：2）

（5）五、六类平民墓葬

陶寺早期王族墓地里五、六类平民墓葬在三期中都占很大比例。五类墓254座，六类墓302座。墓圹长2米左右，宽不足1米，无葬具，仅容尸。绝大部分墓葬不随葬器物。五类墓多随葬少量的随身装饰品，六类墓葬无任何随葬品。

陶寺早期王族墓地虽然是以血缘为纽带的王族墓地，但是等级制度已十分明确而森严，明确无误地表现出金字塔式的社会等级结构。这意味着陶寺早期王族墓地在血缘政治的躯壳之内，早已孕育了“亲不亲阶级分”的地缘政治的质变。血缘政治已成为空洞的形式。

6. 王权控制的仓储区

仓储区位于宫城以东，面积约1000平方米，相对独立。时代以陶寺早中期为主（图一七）。仓储区内仅有大型窖穴，直径5～10米，深4～5米。曾发现有的窖穴有岗哨看护出入口。这里的窖穴不属于某个家庭或某个村社，而应当属于王权直接掌控的仓储设施，相当于“国库”。这是一个国家政权不可或缺的行政设施，用于储藏国家的赋税（很可能主要是粮食），备战备荒。

图一七　大型窖穴

7. 陶寺早期平民居住区

陶寺早期平民居址主要分布在陶寺早期宫城的东、西两侧。以单间的半地穴式和窑洞式住宅为主（图一八、图一九）。居住区内有大量的垃圾坑，出土大量的日常生活陶器、石器等。

陶寺早期日用陶寺组合为釜灶、缸、斝、扁壶、大口罐、小口折肩罐、盆、盘、钵、罐、甑、豆等。

图一八　陶寺早期地穴式房子

图一九　陶寺早期窑洞式房子

8. 早期都城的纪念性大道

根据地质地貌勘察结果，陶寺早期城址南部的大南沟—南沟，应该是陶寺早期城址的纪念性大道，联通陶寺早期王族墓地至北部祭地的泽中之方丘，经过宫城南侧，穿过外城下层贵族居住区。陶寺早期遗址的分布范围基本以这条纪念性大道为界，大道以北为主要分布区，以南几乎没有被占据，因而具有交通与城市外围空间分割的作用。

（二）中期城址

陶寺中期（距今4100～4000年）陶寺城址聚落形态有了巨大的变化。虽然宫城继续使用，但是早期小外城即下层贵族居住区被废弃，增建了面积至少280万平方米的外郭城，方向依然为225°，所有都城功能区划一应俱全，完成了宫城—郭城“都城双城制”的华丽转身，奠定了中国古代都城“双城制”主流模式制度基础，完整构建了卫君与卫民相结合的国家都城规划政治理念，开中国历代都城规划政治理念制度之先河。

1. 陶寺中期外郭城

（1）中期外郭城墙

陶寺中期外郭城周长约7000米，由北墙Q4、东墙Q5—Q6、西墙Q3—Q2围成，钻探显示南墙大约在宋村一带可能还有线索。Q5与Q6合围城中期东南小城，用于“鬼神区”——中期王族墓地和郊天祭日礼制建筑群。西墙Q3建于陶寺中期偏早，不久毁于洪水，在其外侧另建Q2（图二〇）。

（2）桃沟大断面Q4

Q4北段由两大部分组成。Q4内侧为夯土版块城墙，外侧为“碎石素填土”墙体。Q4夯土墙体亦是“直立挡土墙”式城墙，但夯土部分采取小版块错缝技术夯成。夯土版块共分三层堆砌，底层平铺7块，其中北外侧的第1、2块作为墙趾，中层有5块，上层有5块，总计17块。剖面上暴露底长约7米，顶宽约3米，总高3米。每块夯土体积大小不等，最大者约1×0.5×1立方米，最小者约0.5×0.5×1立方米。夯土版块之间界面留有夹板痕，宽15～20厘米。中层第9块板块发现南北向的横木穿棍痕一处，直径16厘米，其长度在50厘米以上，留有木灰。桃沟剖面Q4夯土坚硬致密，经测定，其夯土密实度为1.9吨/立方米。夯层明显，有密集集束圆形夯窝，夯窝直径3～5厘米，深1～2厘米（图二一）。

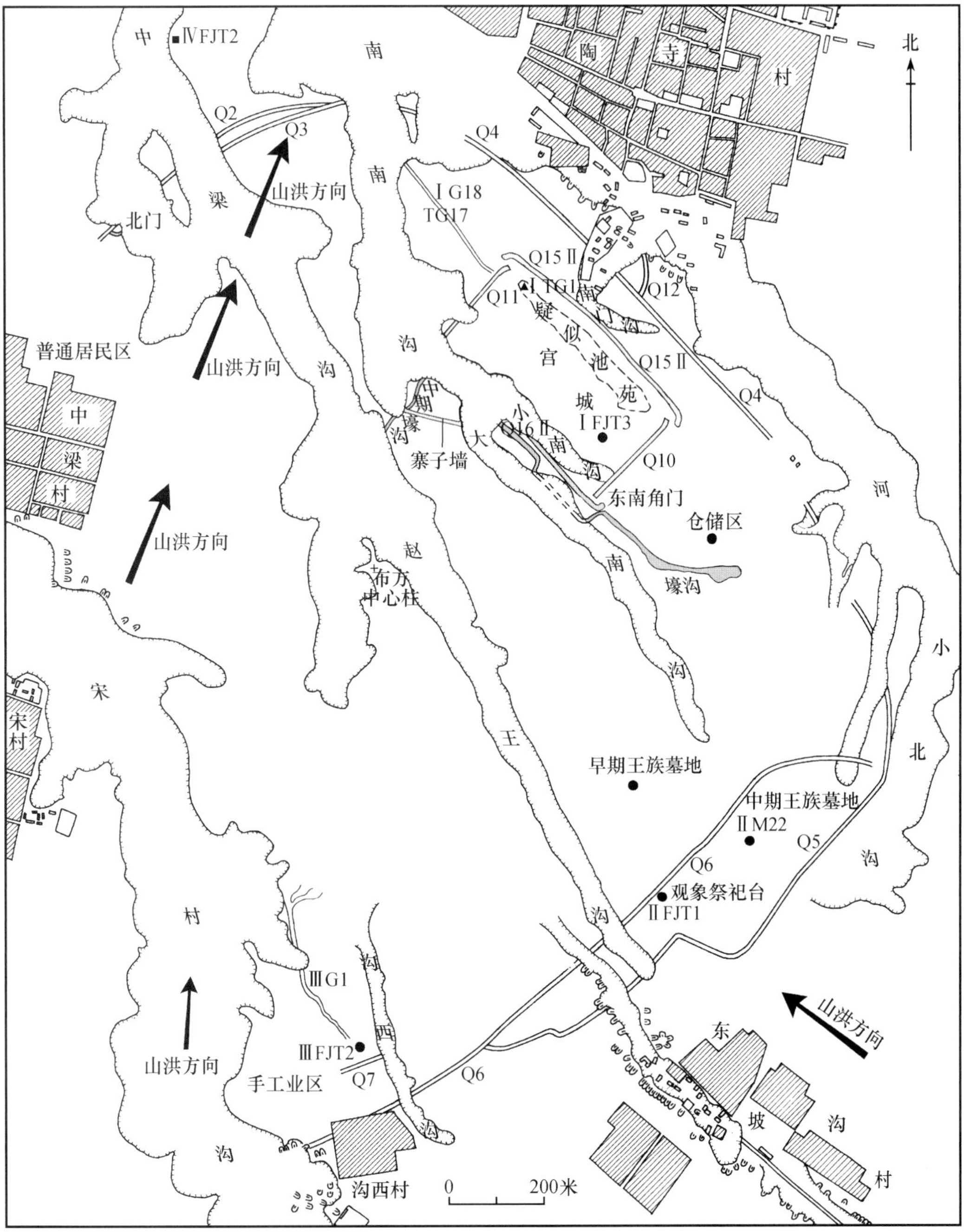

图二〇 陶寺中期城址平面图

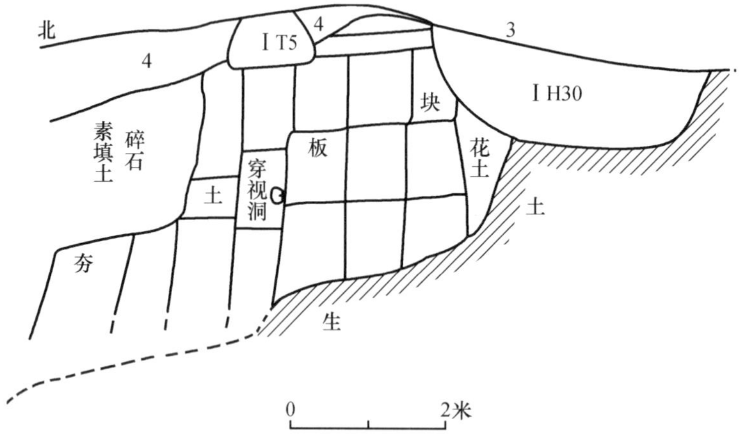

图二一　桃沟断面Q4剖面图

（3）陶寺中期外郭城北墙Q4

始建于陶寺文化中期，中晚期之际被夷为平地。Q4基槽宽约19米，残深3.3米左右（图二二）。

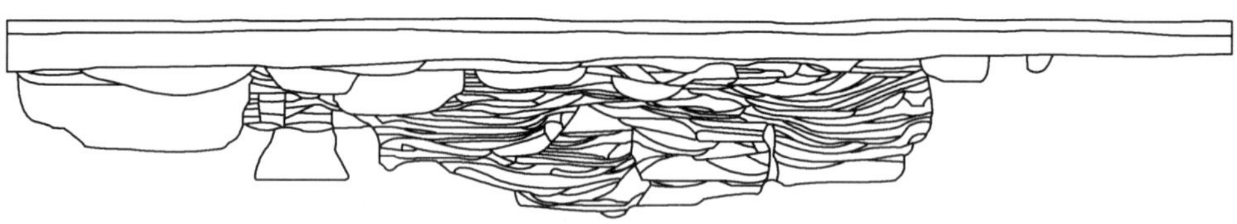

图二二　Ⅰ TG33Q4剖面图

（4）中期外郭城西墙Q3

根据考古解剖分析，陶寺中期城址外郭城内道西墙Q3始建于陶寺中期偏早，因洪水毁坏而在建成不久便废弃，在其外侧另建陶寺中期的外郭城外道西墙Q2（图二三）。

（5）中期外郭城西门瓮城结构

位于陶寺中期外郭城西墙Q2的中段，呈C形豁口状。这是中国迄今考古发现最早的瓮城之一，开后世中国古代都城外郭城瓮城形制之先河，在都城制度以及中国古代建筑史上具有重大意义（图二四）！

2. 陶寺中期宫城及宫殿

宫城在陶寺中期继续沿用，但是宫城北墙Q15和西墙Q11在早期宫墙原址上全面拓宽，现存开口宽度13～20米，个别处8米左右，底宽7～9米。基槽变浅，残深1～4米，复原深度2～4米。陶寺中期宫城东南角门继续使用。始建于早期的宫城南门可能沿用

图二三　Q3部分平面照片

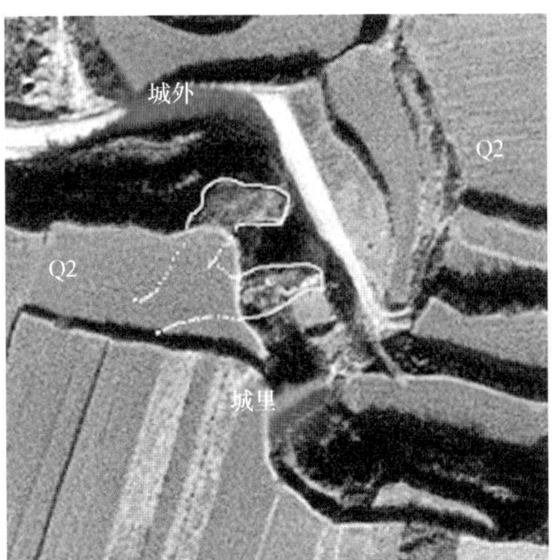

图二四　陶寺中期外郭城西城门瓮城结构航拍示意图

至中期偏早。宫城内经钻探、试掘和解剖，发现了部分陶寺中期夯土建筑基址和一个“御膳房”似的“东厨”建筑。

（1）陶寺文化中期核心宫殿建筑基址ⅠFJT3

陶寺宫城内最大的夯土建筑基址是陶寺中期的核心建筑ⅠFJT3，位于宫城东部。ⅠFJT3基址呈长方形，方向约225°，系满堂红夯土基础坑，面积8000平方米，深0.4～3米。夯土小版块夯筑法地基处理。长约100米，宽约80米。ⅠFJT3兴建于陶寺中期偏早，其下可能叠压早期宫殿建筑基址。陶寺中晚期之际被平毁（图二五）。

ⅠFJT3主殿建筑于陶寺晚期被平毁，仅剩柱网结构遗存，位于台基基坑的中部。柱网覆盖范围长23.5米，宽12.2米，面积286.7平方米。方向225°。三排18个柱基础构成柱网结构，大致可看出东西三开间。

陶寺ⅠFJT3前主殿柱基础由柱坑、柱洞、柱础石构成。柱坑直径在0.8～1米，残深0.4米左右。柱洞直径在0.4～0.5米。柱洞底部垫柱础石，直径在0.3米左右。夏商时期宫殿建筑柱子直径在0.3米左右。陶寺主殿ⅠFJT3柱子直径0.3米应当是宫殿柱子直径

图二五　ⅠFJT3航拍照片（上为北）

规制的奠定阶段。ⅠFJT3主殿内东南部夯土板块内，出土一件铜器口沿残片。从器形来推测，很可能原为一件铜盆的口沿残块（图二六）。

陶质地漏出土时封顶的顶部向上，垂直埋在ⅠFJT3前主殿的夯土基础里。管体有三个不对称的圆孔，推测为防倒灌的地漏。足见陶寺中期宫殿主殿建筑十分考究。排水系统设计与施工已非常成熟（图二七）。

图二六　ⅠFJT3主殿建筑基址夯土里出土的铜盆口沿

图二七　ⅠFJT3前主殿地基内地漏（ⅠT5023H52：1）

陶寺宫殿区清理过程中，我们曾经发现一定数量弧缘三角形陶板，夹砂灰陶，少数陶质夹砂很少，看似泥质陶。多数底边微弧，底边唇缘多戳印纹饰。多见有三条完整边，顶边总为断碴，背面均没有白灰浆或泥垢附着。我们曾经认为有可能是陶护椽，相当于后来中国古代建筑中的瓦当或滴水。

2013年冬季，考古队在对陶寺遗址宫城东墙Q10的解剖时，在城墙破坏基槽的表界面上即ⅠTG35③A层底界面上，发现一圈陶板，有数件完整者，可知其为三角形楔状陶板，形同等分的披萨饼。且外缘较厚，尖端角薄。这些三角楔形陶板很可能平铺在地上，平面上拼圆形。进而上下层叠摞起来（图二八）。

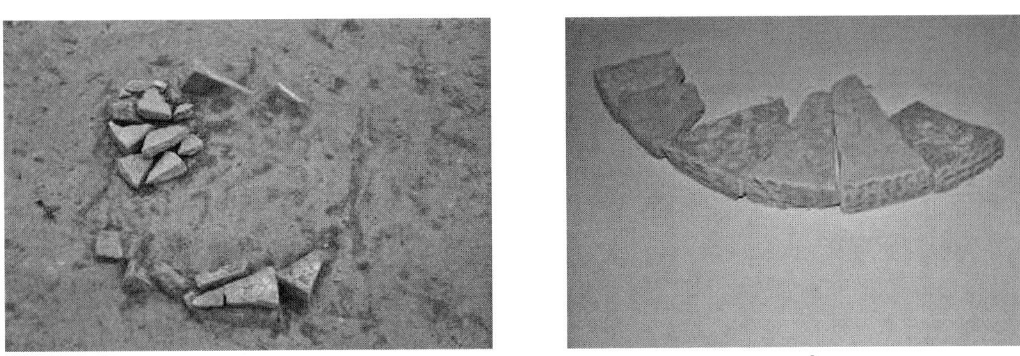

1　2

图二八　出土陶板

1. 陶“祖”组件三角楔形陶板出土现状　2. 三角楔形陶板可拼成圆形

这些组件水平摆放和向上码放行为，得到一个“且”（祖）的造型。陶寺三角楔形陶板码出的“且”造型，与甲骨文中象形“祖”字即“”如出一辙。，尖锥顶，底部封口线长，象征地面。体部象形画两道横杠，说明“祖”是在地面分层搭建的。由陶寺王族各有资格的家族，每家族贡献一片三角楔形陶板，共建一个“且”，强调的是认同一个王族祖先，并归入同一宗法体制内部。每一个家族都是王族的一分子，缺一不可，共同支撑王族存在于世，并且共同孝敬共同的祖先。构建的“且”顶象征着王族的共同祖先。而同一个祖先，逐步分支出以下的各大宗、小宗家支，家族乃至核心家庭，形成宗法关系塔形模式。所以陶寺的三角楔形陶板，原本很可能用于宫城祖庙内，王族共建“且”造型象征物。

图二九　陶寺宫城出土的铜蟾蜍

在陶寺宫城东北角门陶寺晚期地层里发现一件完整的片状铜蟾蜍。蟾蜍呈蹲踞状，腹部有两个圆穿。横截面略有弧度，似原本镶嵌在某物上。用途不甚明了，但大致可以判定为与祭祖有关的礼仪用品。经初步检测蟾蜍为红铜铸造。蟾蜍图案在仰韶文化彩陶中比较流行，与生殖崇拜或祖先崇拜有关。蟾蜍母题艺术品在商周时期仍比较流行。陶寺宫城出土的铜蟾蜍或许是出于子孙繁盛寓意的祭祖礼器之一部分（图二九）。

（2）宫廷东厨

ⅠFJT3东侧有一处宫廷厨房建筑群，以竖窑炮制肉炉最有特色，开创了夏商周三代“东厨”的宫室制度（图三〇）。而炮制肉的饮食方式，显然不是黄河中游地区传统的饮食习惯，而明显带有西北游牧族群的“异域”风格。如今类似竖窑烤炉仍流行于新疆地区，维吾尔族人用这样的炉子烤馕和烤肉。如此带有“异域风味”的炮制肉，仅限于宫城内，似乎在暗示此种炮制肉是元首们的禁脔，其他人没有资格享用。由是，原本在西北游牧或半游牧地区普通人日常享用的竖窑烤肉，引入陶寺城址便成为标志君权与等级地位的“高级”生活方式。

3. 陶寺中期王族墓地

陶寺城址的王族墓地分为早期王族墓地和中期王族墓地两个茔域。其余普通居民的墓地大致以家族为单位，毗邻居址分布。

陶寺中期的王族墓地位于陶寺中期城址东部的小城北半部。总面积约1万平方米。未经大规模发掘。清理了20余座墓葬。以中期为主，少量晚期墓葬。无早期墓葬。

图三〇 炮制肉炉群及其操作坑

（1）陶寺中期王墓ⅡM22

陶寺中期王墓仅清理1座，编号ⅡM22。位于陶寺中期王族墓地的南端。

ⅡM22呈圆角长方形，形制十分规整。墓圹开口长5米，宽3.6米，自深7米，加上后期堆积层，至现在地表深8.4米，是陶寺文化已发掘最大的墓葬，在中国新石器时代大墓中也处于前列。

ⅡM22墓壁陡直，四壁有五周手抹草拌泥宽带，带宽15厘米，间距100厘米，厚1厘米，用途不明，但视觉装饰效果很好（图三一）。

ⅡM22棺是由一根整木挖凿出来的船形棺，长约2.7米，宽1.2米，残高0.16～0.3米，板厚0.3米。头端挡板与壁板、底板连为一体，系整体挖凿一次成型。脚端挡板向里缩回0.9米，嵌入棺体成为挡板。棺底两边横截面为弧形。棺内外皆施红彩。船棺底上平嵌一层衬板做尸床，墓主尸骨与残余绿松石嵌片、玉钺碎块、木柄、货贝等总计46件残余随葬品，凌乱地散见其上。棺底与墓底之间有厚约0.1厘米的絮状朽灰，面积略大于棺体，经科学鉴定为树皮纤维。

ⅡM22残留随葬品十分丰富，玉器、漆木器、彩绘陶器质量精美（图三二）。墓室未扰动部分出土随葬品72件，包括彩绘陶器8件、玉石器18件套、骨角器8组、漆木器25件、红彩草编物2件、猪10头、公猪下颌骨1具。

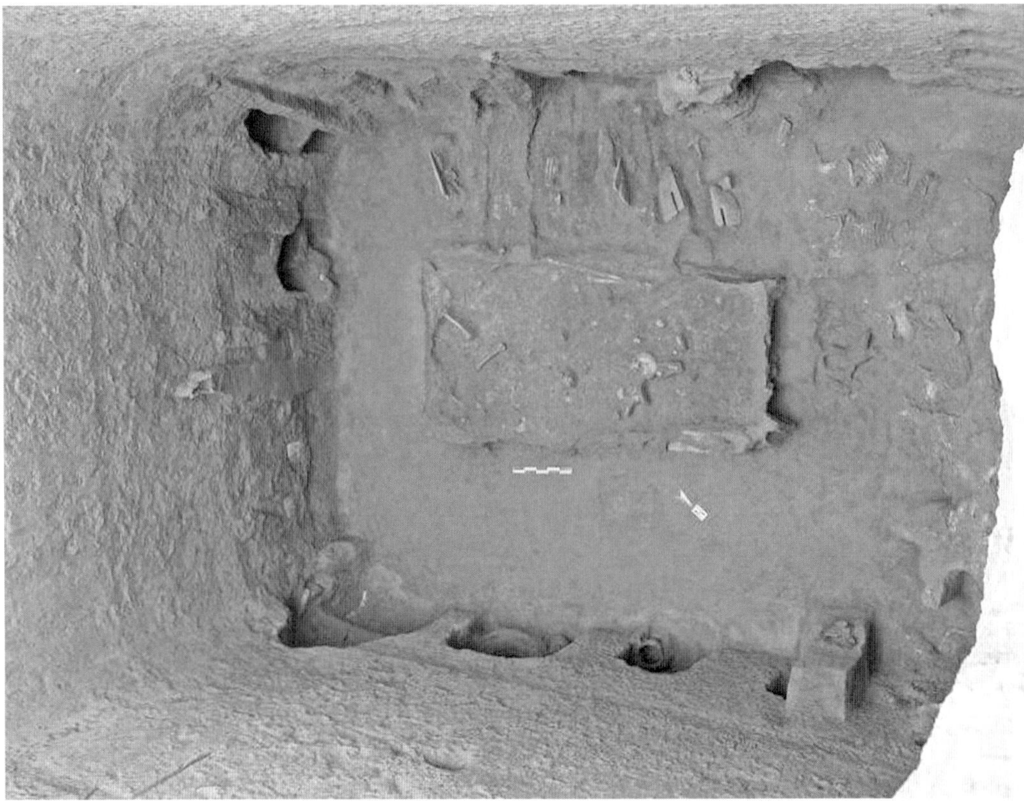

图三一　ⅡM22平面

ⅡM22出土玉兽面一对，此类玉兽面多产自江汉平原肖家屋脊文化（距今4300～3900年）。其狰狞的面目、夸张的双角，表明这类兽面神格很接近传说中的兵主战神“蚩尤”的描述。陶寺ⅡM22出土的这对蚩尤神像，大概也是作为兵主神像“进口”或接受“国礼”得到的（图三二，3）。

陶寺ⅡM22扰坑、棺床上残留大量的绿松石片、管等。绿松石管很可能原本是墓主身上佩戴的串饰。而大量绿松石小片，形状有规则的矩形，也有大量不规则形状，厚薄也不统一，大小也有差别，怀疑原本是墓主身上佩戴的绿松石镶嵌的佩饰，被捣毁后散乱成为绿松石片。

陶寺中期王墓ⅡM22随葬的四柄青石厨刀，大小依次排成一列，摆放在木棺的南侧，下面全有木案板，部分刀下还残留着猪肋骨与大椎骨，表明下葬时举行过猪肉献祭仪式，而后一同埋葬（图三三）。ⅡM22四柄厨刀由大到小，显示出“列厨刀”的观念开始出现。列厨刀不仅排出了君王奢侈饮食生活的豪华阵容，更显示王者生活方式的尊贵、奢华、殷实，令人向往。

陶寺ⅡM22：25大漆箱长60厘米，高40厘米，宽25厘米，体量为陶寺文化漆器中

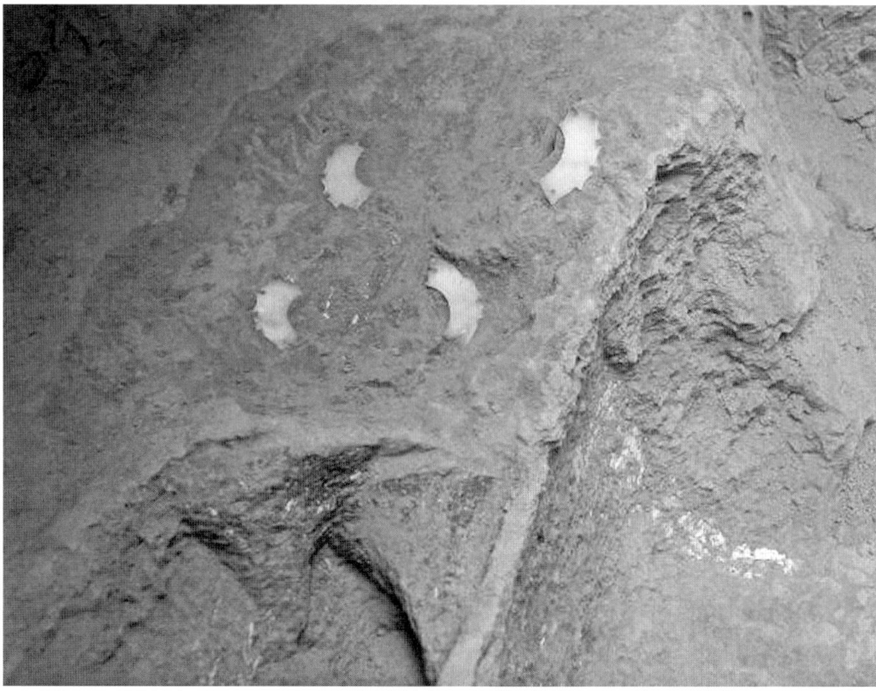

1

2

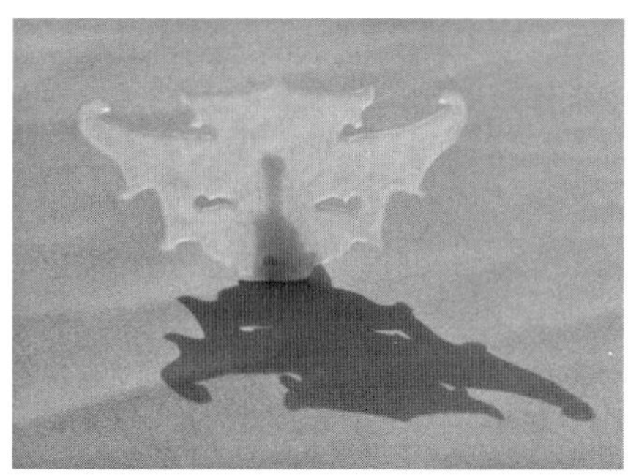

3

图三二 ⅡM22出土玉器

1. 玉璜形珮出土现状 2. 玉璧（ⅡM22：18） 3. 玉蚩尤（ⅡM22：136）

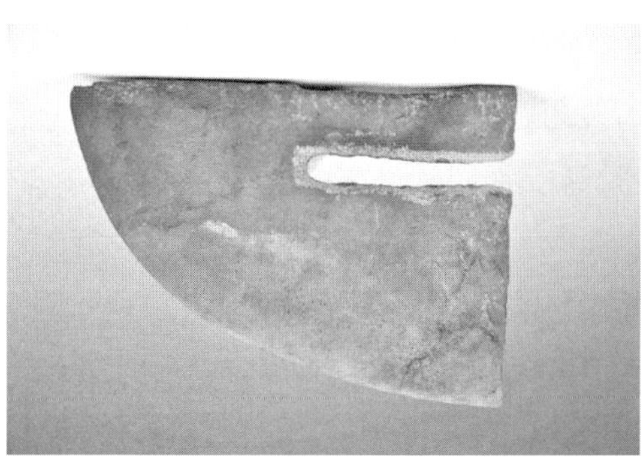

图三三 石厨刀（ⅡM22：7）

最大的。内外皆髹漆彩绘，制作精美。内盛的5件喇叭口形礼器，造型独特，制作与彩绘也十分精美。下葬时，该漆箱顶部和背后还随葬了玉璜一组2件、玉璜形珮两组4件、玉蚩尤一组2件，足见该漆箱及其内盛漆器功能的重要性与高规格（图三四）。

图三四　大漆箱（ⅡM22：25）

陶寺中期王墓ⅡM22随葬的漆器皆为木胎彩漆绘，器类皆为祭祀用礼器。制作精美，等级很高。史前漆器及其制作费工耗时、外观精美、工艺水平要求高等，成为当时贵族生活中的奢侈品。随葬漆器的数量与漆器的精美程度标志着墓主的身份等级与地位。陶寺中期王墓ⅡM22随葬的漆器无论在数量上（27件）还是在制作工艺水平上都在陶寺文化墓葬中独占鳌头，无疑彰显其王者身份与地位。

ⅡM22墓室东南角竖立一根漆杆ⅡM22：43，通过研究和实验证明这是陶寺文化测日影立中的圭尺①。漆杆残余全长171.8厘米，下端保存完好，上端清理时略有残损，中段有一段26.4厘米残朽无迹。经分析复原长度为187.5厘米，折合为7.5陶寺尺。

① 何驽：《山西襄汾陶寺城址中期王级大墓ⅠM22出土漆杆“圭尺”功能试探》，《中国科技史杂志》2009年第3期。

按照红、绿、黑色带段的区分，自漆杆底部到顶部对每一段色带编号，其中漆杆中段残朽无迹的部分整个编一个号17，顶端发掘中残损段编号为44。每个刻度均可用于表影测量的标定。经过天文史学计算分析，可以判定陶寺圭尺No.12刻度彩带使用于夏至影长判断，No.34用于春分、秋分影长判断，No.33用于公元前2000年秋分影长判断，移杆后No.37用于冬至影长判断。陶寺圭尺是考古发现迄今世界上最早的圭尺仪器实物，在世界天文史上具有重大意义（图三五）。

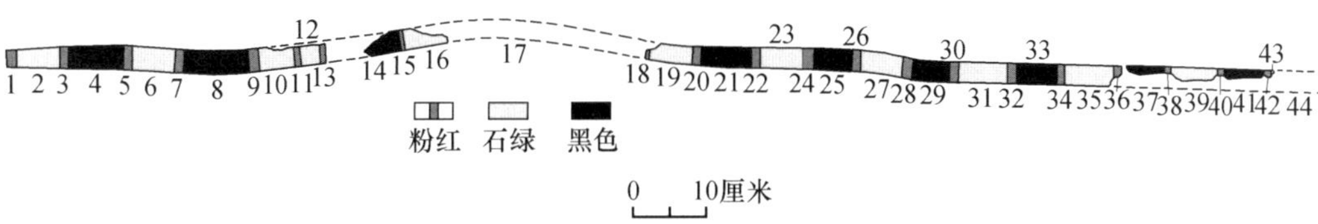

图三五　陶寺圭尺漆杆测绘图

圭尺是与立表配套使用的。虽然ⅡM22没有随葬立表，但是陶寺早期王族墓地二类大贵族墓M2200出土一件红彩木质立表，原高225厘米，插入地下25厘米（即1陶寺尺），地表以上8陶寺尺，暗示陶寺遗址早期和中期都使用圭表测影。M2200立表为木质，通身涂朱，可能是朱砂。一头尖，用于插于地下；一头平，用于立表测量（图三六）。元代郭守敬在河南颍川即今河南登封告成被视为天下之中确切地点的唐代周公测影台所在地，修建建筑作为巨大圭表，至今仍可使用。

ⅡM22墓室东南角S1龛内放置漆盒1件，编号22，形状和尺寸已因朽坏不详。器内放置玉器3件，玉琮改制游标1件，玉戚转做的景符1件，玉戚转做垂悬（垂球）1件，组成一组工具套（图三七、图三八）。22号木器即为工具箱。而南S1龛口西侧便立着圭尺ⅡM22：43，这样的考古存在背景关系显示出该工具箱与圭尺之间的密切关系。

129号玉琮位于128号玉戚旁，玉色青白，正方形，射部被锯掉磨平。边长5.2厘米，高2.8厘米（图三九）。玉琮129号射部被锯掉磨平，已经完全失去了玉琮应有的宗教寓意，更适合套在圭尺上，作为游标，观测时把握日影消长的进度，从而判断日影

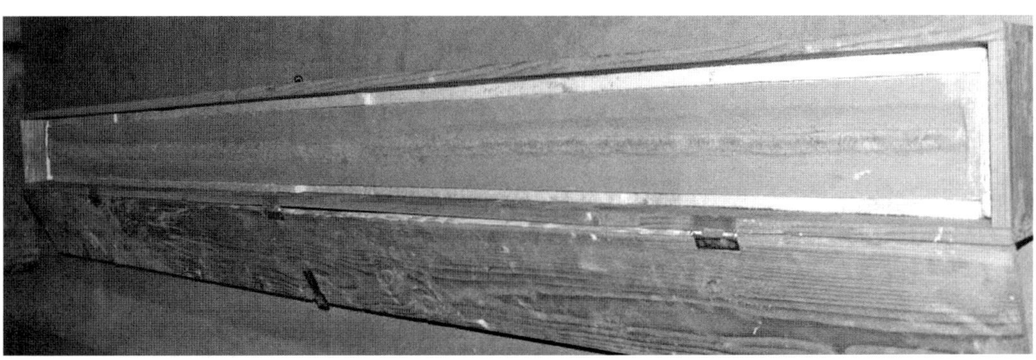

图三六　陶寺M2200木质立表

图三七　玉琮游标与垂悬出土现状

图三八　玉戚改做景符出土照片

与预计刻度之间的差距。因此129号玉琮被改作圭尺游标。游标孔径4.4厘米，壁中段最薄处0.4厘米，刚好套在直径2～3厘米的圭尺上。经过模拟实验发现，在测影操作中，游标是追逐随时移动表影的不可或缺的部件。否则观测者根本无法准确把握表影在圭尺上的移动位置。

图三九　玉琮游标（ⅡM22：129）

23号玉戚位于漆盒下部，玉色青白，玉质上乘，长条形，全长13.8厘米，刃端至穿孔中心点11.15厘米，刃宽2.6厘米，尾端宽3.2厘米，刃厚0.2厘米，尾端厚0.45厘米，孔口径0.85厘米，孔底径0.7厘米（图四〇）。玉戚23号被去掉漆木柄放置在工具箱内，表明其使用功能已同头端墓壁上倒立的玉戚2号使用有所不同，也就是说丧失了玉礼兵的功能。众所周知，表影越长，表端影越虚。陶寺冬至正午晷影最长，8尺200厘米高的立表，晷影可长达343.5厘米，迫切需要“景符”将表端的影子，通过小孔成像的原理，准确地标定在圭尺上。玉戚23号器形窄长，长度13.8厘米，比较适中合手，单孔孔径0.85～0.7厘米，完全可以改用做景符。通过实验我们判定，玉戚圆穿在表影之内没有光点，恰在表影端点露出淡光圆斑，超出表影端点则出现亮斑，因而以淡光圆斑为判定表影端点。

128号玉戚出自玉琮129号的左侧，玉色糖色，玉质上乘，长条形，一面略凸，一面平。长16.6厘米，刃宽5.1厘米，尾端宽4.3厘米，厚0.1～0.3厘米。前孔口径1.1厘米，底径0.9厘米，后孔口径1.1厘米，底径0.7厘米。前后孔心相距2.8厘米。前孔心至刃端11.2厘米，后孔心至刃端14.1厘米。前后孔不在一条直线上。该玉戚因有前后两孔不能用于景符，却又应用于测影，于是最大的可能是改作垂悬（图四一）。

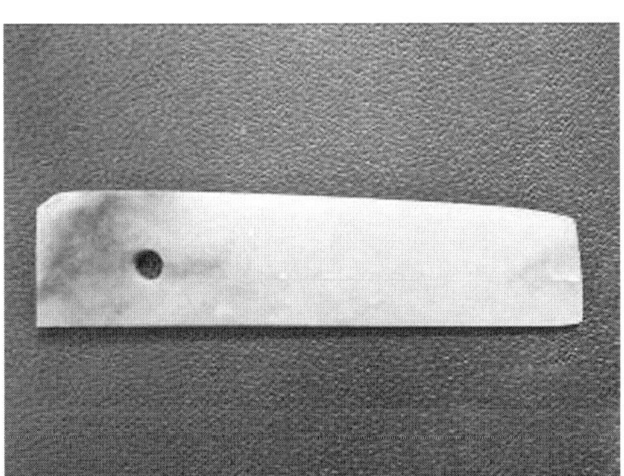

图四〇　玉戚景符（ⅡM22：23）

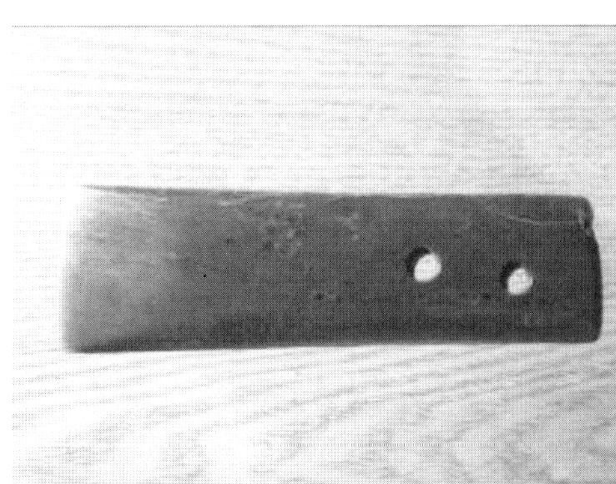

图四一　玉戚垂悬（ⅡM22：128）

（2）陶寺中期王族墓地中型墓

陶寺中期的中型墓，长3米，宽2米，深3米左右，集中于中期东部小城内中期王族墓地的南部，围绕着中期大墓分布。已经清理5座。这些中型墓在陶寺晚期被捣毁。除了少数彩绘陶器残留在墓室的壁龛内外，多数随葬品被掏出来，同拆散的骨架随意扔进覆盖被捣毁墓葬的堆积层里。发现的遗物有彩绘折肩罐、盆、双耳罐，玉器有钺、牙璧、镯等，甚至发现红铜环①。中型墓的随葬品数量与等级虽明显低于陶寺中期大墓ⅡM22，但是比起一无所有的小墓，仍高贵许多。因此我们推测中型墓很可能是王陵内后妃或臣子大贵族的墓葬（图四二）。

中期中型墓ⅡM26在陶寺晚期遭到彻底捣毁，残留在壁龛里的礼器组合为彩绘小口折肩罐1对、双耳罐1对、陶盆1件、骨耜1件（图四三、图四四）。

玉璧ⅡM26：8下葬时盖在小口折肩罐ⅡM26：2口部，用途不明（图四四，3）。

ⅡM26：4骨耜被郑重其事地单独放置在壁龛里，暗示ⅡM26墓葬可能是农官。骨

图四二　陶寺中期王族墓地中型墓群清理现场照片

① 王晓毅、严志斌：《山西抢救性发掘陶寺墓地被盗墓葬》，《中国文物报》2005年11月9日第1版。

图四三 陶寺中期中型墓ⅡM26底面

耜上刻文字为“辰”，象形农具犁或手执蚌镰，表示农业。这个刻字应是最早的汉字（图四四，4、5）。

（3）陶寺中期小型墓葬

陶寺中期小型墓主要集中在陶寺中期东部小城王族墓地的中部和北部，在中型周边也有少量的小墓。该墓地迄今共清理了近20座小墓。形制与随葬品状况同早期王族墓地的五、六类墓葬。其中有极少数小型墓随葬装饰品。

小墓ⅡM33葬在中型墓ⅡM26的脚端的墓口上，陶寺晚期也遭到政治报复性破坏，胸部和颅骨被捣烂，因此怀疑其墓主有可能是ⅡM26官僚的扈从（图四五）。

陶寺中期王族墓地虽然未经大规模的发掘，但其反映的社会组织状况同早期王族墓地金字塔式社会组织的实质没有差别。

而早期与中期王族墓地不同茔域，表明早期王族与中期王族本不属于同一王族，即没有血缘关系。体质人类学的分析证明了这一点。而陶寺政权在早中期之间平稳过渡，与史载尧舜政权禅让更迭好有一比。

图四四　ⅡM26出土器物

1. 彩绘陶双耳罐（ⅡM26：5）　2. 彩绘小口折肩罐（ⅡM26：2）　3. 玉璧（ⅡM26：8）

4. 骨耜（ⅡM26：4）　5. 骨耜ⅡM26：4刻字摹本

4. 观象祭祀台

陶寺城址祭祀天的重大礼制建筑区在中期城址东部小城内，占据着“天位”。2003～2005年，中国社会科学院考古研究所山西队与山西省考古研究所、临汾市文物局合作，发掘了陶寺中期小城大型建筑基址ⅡFJT1（图四六、图四七），即陶寺观象祭祀台，虽然不是中国境内考古发现最早的郊天祭日的坛台，却是世界范围内迄今考古发现最早的观象台。时代明确为陶寺文化中期，距今4100～4000年。

该遗迹以陶寺中期大城内道南城墙Q6为依托，向东南方向接出大半圆形建筑。

1　　　　　　　　　　2

图四五　ⅡM33平面照片及出土玉镯

1. 陶寺中期王族墓地小型墓ⅡM33　2. ⅡM33墓主佩戴的玉镯

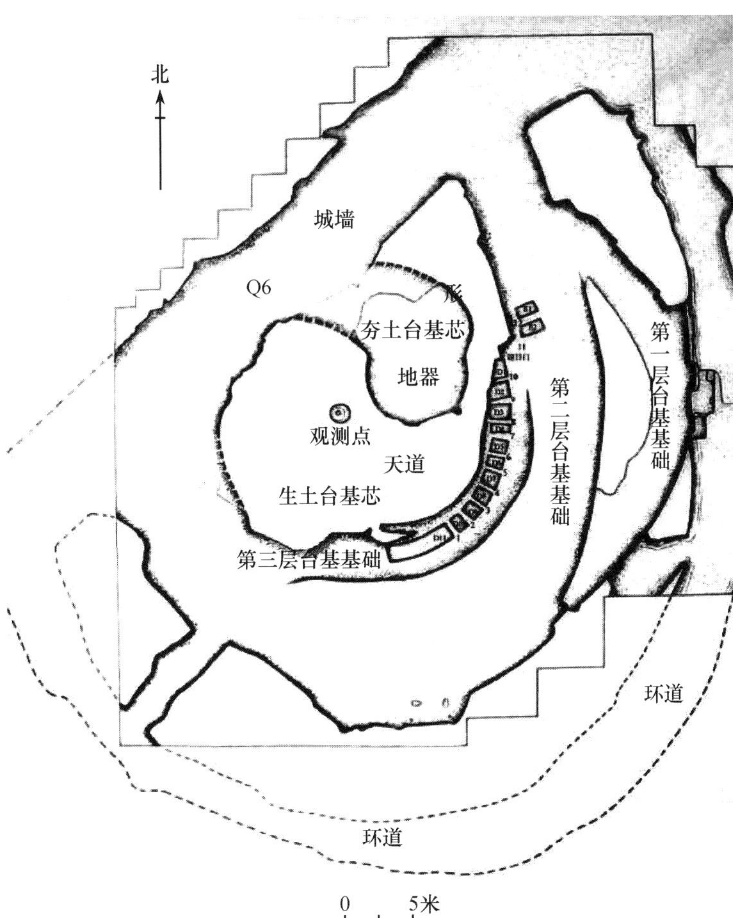

图四六　陶寺中期观象台祭祀台平面图

图四七　观测光柱投到观测点

整个建筑由半圆形外环道和半圆形台基基础构成。台基基础由夯土台基和生土台芯组成。外环道在台基的东北角以豁口横穿城墙Q6。整个遗迹包括外环道直径约60米，总面积约为1740平方米。台基直径约40米，总面积约1001平方米。台基大约可分三层：第一层台基基础位于台基正东，呈月牙形。生土半月台基芯被第一层台基的夯土版块所包护。第二层台基基础呈半环状，东、西两端接在城墙Q6上。第三层台基呈半圆形，由夯土挡土墙、夯土观测柱缝及台基芯构成。第三层台基芯以生土为主，还有部分夯土台芯、观测点等遗迹。

在现存的陶寺晚期的台基破坏界面上，发现了第三层台基边缘的一道弧形夯土墙基础，人为挖出10道浅槽缝，形成11个夯土柱基础。夏至观测柱缝系统向东错位，设置到了第二层台基上。在最北观测柱D1与夏至观测南柱E2之间搭上一根门楣就成为一个面向东南、内宽1.8米的小门。估计此门专为“迎日门”。从观测点经“迎日门”向东看去，又可形成一条宽50厘米的观测缝。据此，陶寺ⅡFJT1上用于观测的柱缝系列共计13个柱子12道缝。经垂直向上复原，这12道缝分别对着崇峰（俗称塔儿山）的某处山头或山脊。其中主峰塔儿山在东5号缝内。

陶寺观测点夯土标志位于第三层生土台基芯中部，打破生土。该夯土遗迹共有四道同心圆。中心圆面直径25厘米，二圈同心圆直径42厘米，三圈直径约86厘米，外圈同心圆直径145厘米。解剖结果，陶寺观测点基础残深26厘米。发掘者始终推测台基的功能集观象授时与祭祀于一身。观测系统由观测点、观测缝，以及所对应的崇山上的日出点构成。这一推测得到绝大多数天文史学家和历法专家的肯定。

陶寺观象台的观测缝东11号与东12号缝观测柱系统，被人为“违反观测技术规范地”错开，就是将观测夏至日出的观测柱缝系统E1与E2向外推移到第二层台基上，这样便形成一道宽约1.8米的门。如果站在第三层夯土台基芯上，可以通过这个迎日门，举行12月22日冬至至5月20日种水稻、7月23日最热至冬至迎日仪式。“迎日门”的别有用心的设计，完全是出于宗教祭祀的考虑，对于天文观测没有必要。由此也可证明陶寺观象台是集观象授时与郊天祭日为一体的复合型建筑。如此也就解释了许多专家的疑惑——为何陶寺观象台夏至观测柱缝系统被“违反观测技术规范地”向外推出。

《尧典》曰：“寅宾出日，平秩东作。”《孔传》说：“寅，敬；宾，导；秩，序也。岁起于东，而始就耕，谓之东作。东方之官，敬导出日，平均次序东作之事，以务农也。”《舜典》则说：“宾于四门。”《孔传》释道：“舜流四凶族，四方诸侯来朝者，舜宾迎之。”综合起来考虑，“寅宾出日”的本意是在门口迎接日出的仪式。

如果将“寅宾出日”硬与汉儒解释的有关春天农事相附会，则陶寺观象台第一层台基面向正东，从路沟上第一层台基有正规的台阶和门。路沟南侧第一层台基的夯土壁在正门的西侧还有包木板的痕迹，正门台阶也有包木板的痕迹。第一层台基有月牙形的生土台基芯。这些遗迹均暗示第一层台基及其正门和踏步台阶具有强烈的宗教礼仪象征意义，这里也是举行重要礼仪的一个位置。按照中国传统的阴阳五行方位观念，东方为春、为木、为农事。陶寺观象台第一层台基及其正门，很可能与2月10日春始节令举行“迎春”暨“平秩东作”仪式有关。在第一层台基通过正门迎接“春始”日出，也可以表达为“寅宾出日”，其意义很明确为“平秩东作”，与农耕开始的礼仪相关联。《礼记·月令》记载“孟春之月”，天子有迎春、祈谷、躬耕帝藉等仪式，均与农事开始有关。

陶寺观象台这套观测仪器系统可以通过观测太阳地平日出即塔儿山山脊线上日出，将一个太阳年365或366天分为20个节令，除了冬至、夏至、春分、秋分之外，还有粟黍、稻、豆的农时，当地四季冷暖气候变化节点以及宗教节日。这便是《尚书·尧典》所谓“历象日月星辰，敬授民时”。

陶寺的元首们，通过掌控天文官的观象活动，颁布历法，除了垄断与天日沟通的“君权神授”的渠道之外，更实用的价值则在于通过垄断农时的发布，来控制整个社会的农业经济命脉，进而达到控制周边地区农业社会组织的目的。有胆敢不听命于陶寺元首的“地方势力”，只要它以农业为基本生业，陶寺元首不给它授时或错授时，便会导致其颗粒无收，其唯一的选择便是对陶寺元首俯首帖耳。足见陶寺的天文历法成为王权之中的科技“软实力”，正所谓以“文教”治天下，显然迥异于单纯用宗教和血缘维系政治统治的谋略或穷兵黩武的暴力手段。《尧典》开篇在简述历法系统之后，总结道：“允厘百工，庶绩咸熙。”《孔传》云：“允，信；厘，治。工官绩定，四时成岁历，以告时授事，能信治百官，众功皆广。叹其善。”从中折射出历法对于社会统治的重要性。

5. 工官管理手工业

陶寺中期的工官管理手工业作坊区位于城址内东南部，面积大约20万平方米，由一处带回廊和门塾及庭院的夯土基址ⅢFJT2统领。ⅢFJT2面积约1300平方米，是手工业区最大的夯土建筑基址，规格很高，大约是工官管理手工业区的衙署性质的建筑基址（图四八、图四九）。

手工业区内大约有六个工业园区，分别从事石器制造和陶器制造业。所谓工业园是由管理用房夯土基址、工作场所、工匠房屋甚至墓地组合构成。工业区内还有一些沟、墙分割与封闭，显现出明显的监控态势。

工官管理手工业是中国历代都城手工业的主流体制，相当于“国企”，是计划经济的产物，主要服务于王权、宫廷生活以及国家命脉关键工业。陶寺工官管理手工业体制与管理制度，开创了中国历代王朝都城工官管理手工业制度的先河。开创之功不可磨灭。

据分析，陶寺石器工业主要为军工商品生产，即用大崮堆山特殊变质砂岩制造的“穿甲箭镞”，因此其生产受到陶寺政府的严密控制[①]。

---

① 何驽：《陶寺遗址石器工业性质分析》，《三代考古（七）》，科学出版社，2017年，第448～459页。

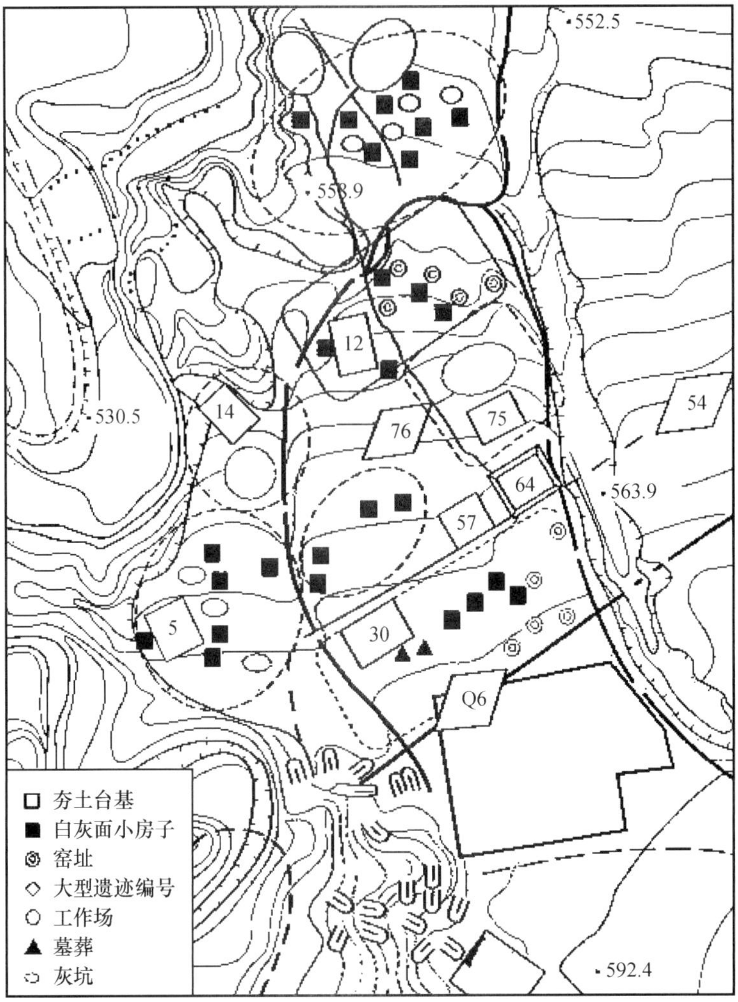

图四八　陶寺中期手工业区平面布局示意图

6. 普通居民的生活

陶寺中期城址内的普通城市居民区主要集中在外郭城内西南部今中梁村一带。虽未经考古发掘，但是经自然剖面考古调查发现，这里集中了大量的普通房址、灰坑堆积。陶寺遗址普通居民的日常生活用器以陶器为主，工具以石器和骨器为主。也许会有一些木器，但是难以保留。陶寺都城的普通居民主要从事农业生产，也有一定规模的养殖业。

陶寺考古浮选法得到的农作物有粟、黍、稻、疑似大豆。其中以粟和黍为主，水稻、豆子只占很少比重，未见小麦。植硅石分析，陶寺的水稻是当地种植的。稻谷虽然在陶寺

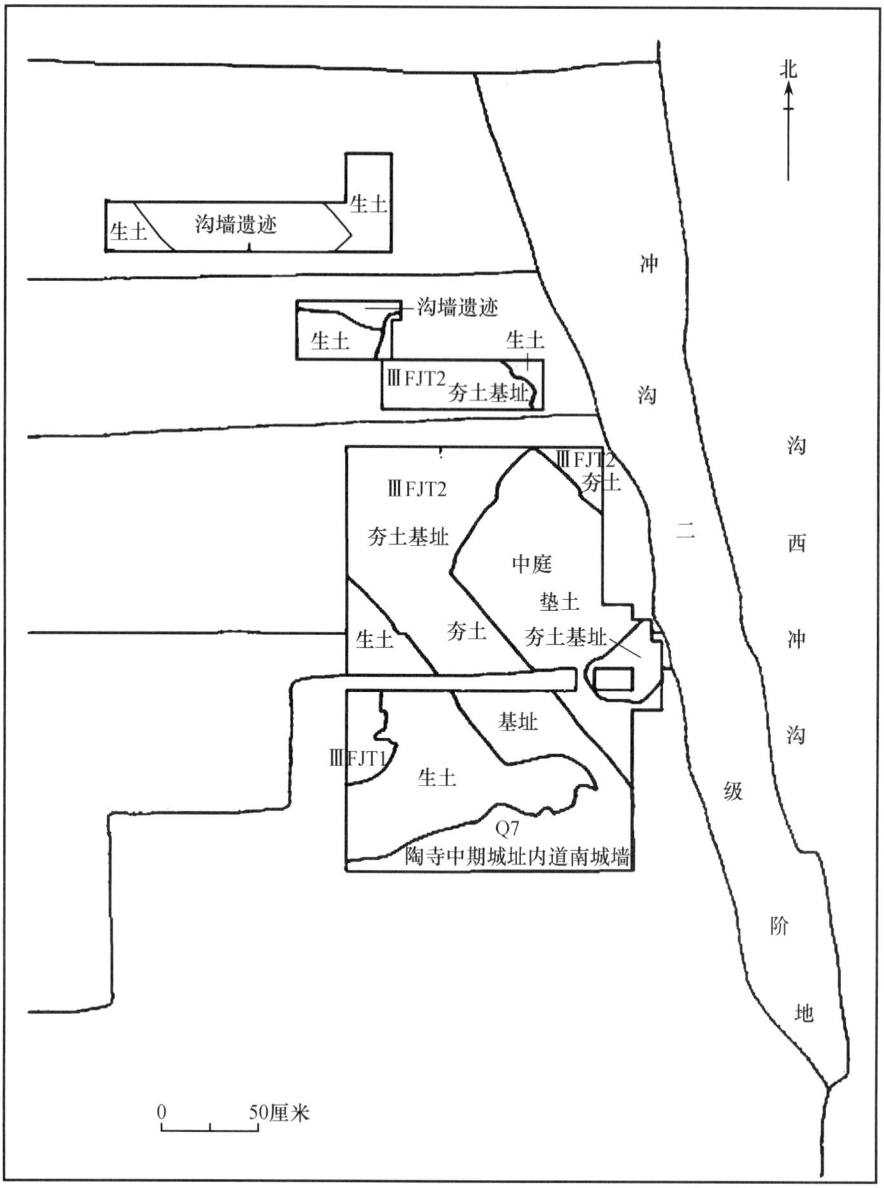

图四九　ⅢFJT2平面图

日常食谱中所占比重很小，但是在宫廷生活与宗教生活中却占有很重要的地位①。

陶寺遗址动物考古分析表明，陶寺家畜以猪、狗、牛、羊为主。猪、狗的数量较大，均作为肉食资源。黄牛与绵羊从中亚引进。黄牛的养殖数量比较稳定，比重不

① 赵志军、何驽：《陶寺城址2002年度浮选结果及分析》，《考古》2006年第5期；姚政权、吴妍、王昌燧、何驽、赵志军：《山西襄汾陶寺遗址植硅石分析》，《农业考古》2006年第4期，第19～26页。

是很大。绵羊养殖数量持续增长，在陶寺晚期达到高峰，甚至与猪的养殖规模旗鼓相当。绵羊的死亡年龄偏老，暗示陶寺绵羊养殖主要用于羊毛或羊奶产出，而并非获取肉食资源。此外，猪、狗、牛也在祭祀中重点使用，羊却较少使用。陶寺遗址出土野生动物不多，物种以鹿为主，似乎以取角制镞为主要目的，肉食为次要目的[①]。

7. 中期城址的纪念性大道

根据地质地貌勘察结果，陶寺中期城址中部的赵王沟—中梁沟，应该是陶寺中期城址的纪念性大道，联通陶寺中期外郭城的东门与西门，将中期城址分割为城南与城北两大空间区域——南区由手工业区和普通居民区占据，北区由宫城、王族墓地、祭天礼制建筑区和祭地礼制建筑区占据。可以说，陶寺中期城址的纪念性大道，从空间上将陶寺中期城址分割为尊卑两大区域。这条纪念性大道意识形态作用远远大于其交通实用功能。

（三）陶寺晚期式微

陶寺晚期陶寺邦国政权被征服、聚落的都城地位被褫夺，沦为殖民式的“大杂院”居民点（图五〇）。在陶寺晚期偏晚的某一个时期，陶寺政权曾经昙花一现式地复辟过，旋即被剿灭。陶寺遗址最终被废弃，陶寺遗址结束其史前的生命史，直到汉代在局部才有人重新占据。

陶寺晚期遗址面积巨大，约300万平方米，居民活动范围超越了陶寺中期外郭城的范围。但是陶寺遗址除了昙花一现的宫城修复和零星陶寺晚期宫殿建筑以及地坛复建之外，几乎没有高等级的建筑和墓葬。整个居址呈现出“大杂院”式的平民区，原有的都城功能区全部废弃，手工业者、牛羊养殖者、农业生产者全部杂居，难分彼此。显现出具有殖民特点的居民生活方式。

陶寺晚期普通居民的日用陶器组合由肥足鬲、各式单把鬲、双鋬鬲、斝、甗、深腹盆、扁壶、小杯、小口折肩罐、圈足罐、豆、圈足瓮组成，数量庞大。尤其以浅盆肥足鬲和单把鬲为特色。

陶寺晚期遗址内石器加工业遍地开花，生产的产品有石刀、石镞、石锛、石凿、石锤、石铲、磨石、石环等，并伴随大量石片、石屑、石坯等石器制作过程中的中间产品和垃圾产品。石材多为变质砂岩[②]。“穿甲箭镞”仍是陶寺晚期石器工业的主要产

① 博凯龄（Katherine Brunson）：《中国新石器时代晚期动物利用的变化个案探究——山西省龙山时代晚期陶寺遗址的动物研究》，《三代考古（四）》，科学出版社，2011年，第129～182页。

② 翟少冬、王晓毅、高江涛：《山西陶寺遗址石制品及相关遗迹调查简报》，《考古学集刊（19）》，科学出版社，2013年，第1～26页。

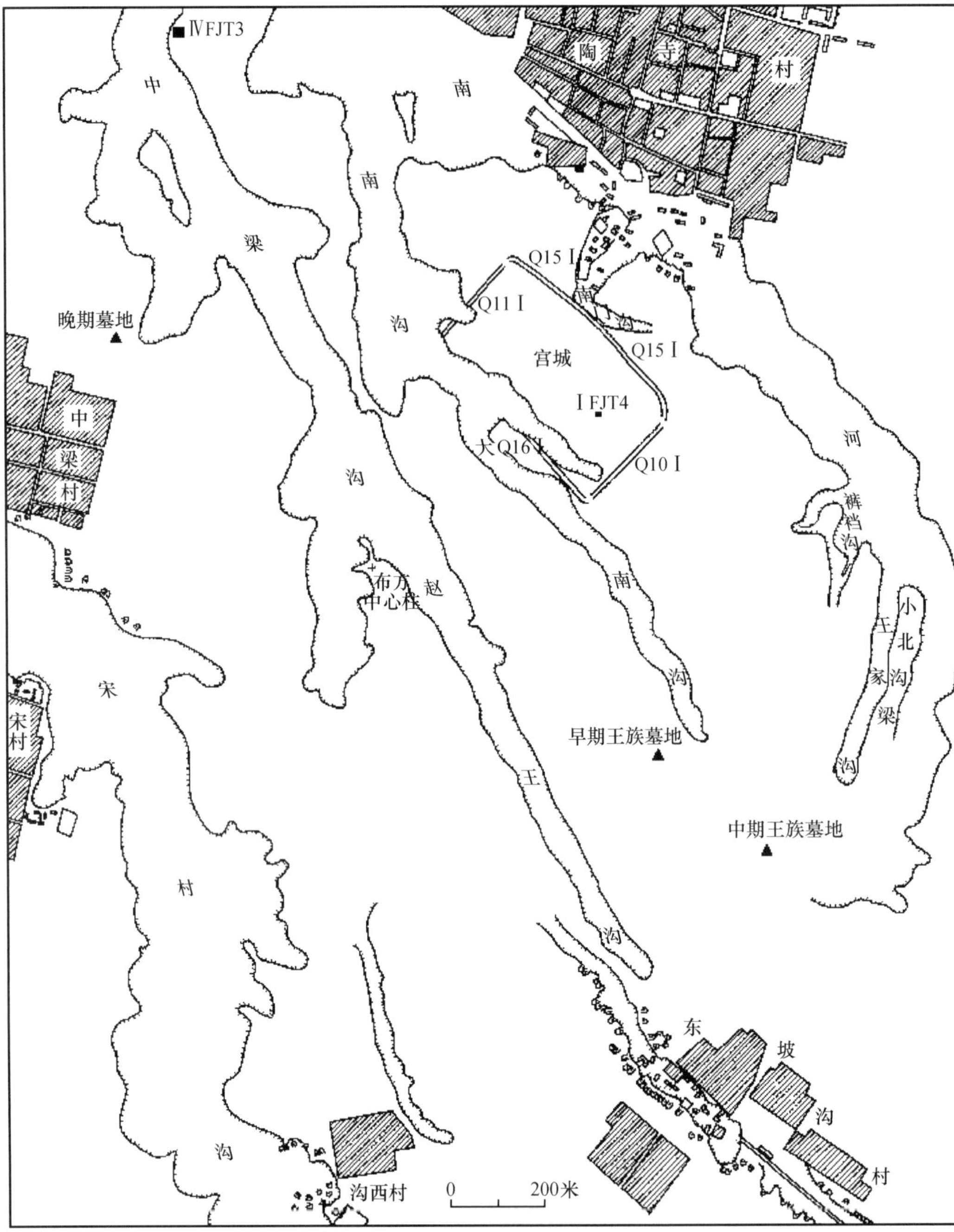

图五〇　陶寺晚期遗址平面图

品，应当是在石峁集团直接控制之下的“殖民化生产”。石峁集团的外来征服者与陶寺本地被征服者杂居，对陶寺本地居民的“殖民经济生产”进行直接监督，导致陶寺遗址晚期大杂居的聚落形态，反而缺乏明确的功能区划。

（四）陶寺晚期政权的短暂复辟

陶寺晚期偏晚某个阶段，陶寺本地政权曾经昙花一现式的复辟，表现为宫城的重建、增加宫城正门南东门、建筑宫殿建筑、地坛重建等。不久又被再次翦灭。

1. 宫城城墙重建

宫城北墙Q15、南墙Q16、东墙Q10于陶寺中晚期之际被平毁，陶寺晚期偏晚的某个阶段，却又被修复重建。基槽开口13～17米，比中期宫城基槽窄；深1.5～2米，比中期浅（图五一、图五二）。此次重建不是孤立的事件，宫城内陶寺晚期夯土基址、城外西北大型方形夯土建筑ⅣFJT3均为陶寺晚期偏晚修筑的大型建筑。晚期宫城基槽内夯土质量与晚期宫殿建筑、夯土基址同样低劣。但不久，陶寺晚期的宫城又被彻底平毁，在ⅠTG32处沦为墓地，其余地段均被陶寺晚期地层所叠压。陶寺中晚期宫城墙与墓地功能的反复交替，表明摧毁中期宫墙的人很可能是晚期墓地的主人，而修复晚期宫城的人很可能是中期宫墙建造者的后裔。这两拨人很可能不是同一个群体。

2. 宫城南东门及其阙门基础

位于南墙Q16偏东位置，各有两道疑似墩台的夯土基础ⅠFJT8，各长在21米左右，宽8米以上，基础深2～3米。南侧被今大南沟侵蚀破坏。两道墩台基础之间残留一小片多层路面，力证墩台之间为通道，指向宫城南垣主体Q16。ⅠFJT8始建和使用于陶寺晚期，废弃于陶寺晚期偏晚，遭到严重破坏。专家讨论认为，ⅠFJT8应当具有军事防御和观礼的“观台”功能，应是中国都城或宫城门阙的雏形结构，开创中国古代宫城礼仪性门阙制度之先河，在宫城建筑制度与中国古代建筑史上都具有里程碑式的意义！今天北京故宫午门便是这类宫城门阙建筑最杰出的代表（图五三、图五四）。

3. 地坛的复建

陶寺的地坛位于城址外北部偏西，处于多水环境。早期始建，中期扩建，二者保存都很差。中晚期之际曾遭大规模破坏。晚期偏晚曾经修复扩建，面积约1400平方米，呈方形（图五五、图五六）。包在ⅣJT2外围的晚期基址ⅣFJT3西北角保留高于地表的夯土台基约40厘米，几乎与ⅣFJT2中心平面等高，间接证明现存的ⅣFJT2夯土建筑也是高于地表的台体。

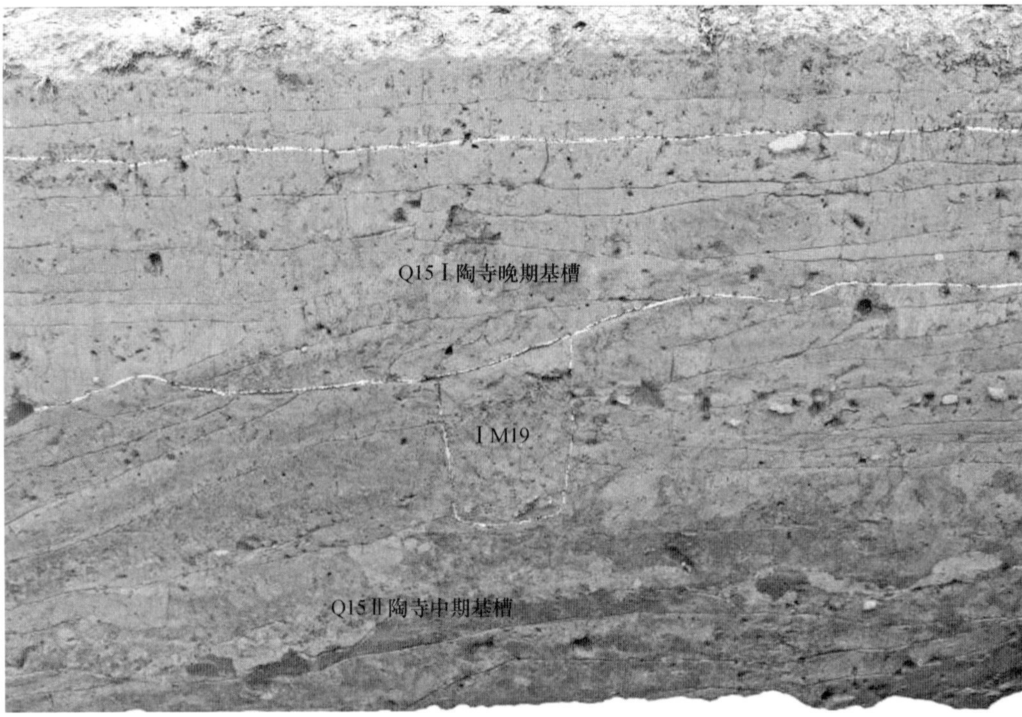

图五一　ⅠTG32Q15Ⅱ与墓地和Q15Ⅰ的地层关系剖面

图五二　宫城东墙Q10平面

在打破台基外壁西北角陶寺晚期窖穴坑壁剖面上，我们发现了重要叠压地层关系。ⅣFJT1～ⅣFJT3处于多水环境。早期基址外侧是面积略大的池沼。中期基址外侧则是宽7米的环壕象征性地围绕。晚期基址外则没有水域环绕了。不一定是基址功能与形制改变，而是由于缺水环境，晚期政权已无力将水引到方丘的外围。《周礼·春官宗伯》："夏日至，于泽中之方丘奏之，若乐八变，则地示皆出，可得而礼矣。"总起来看，ⅣJFT1～ⅣJFT3比较符合泽中之方丘的特征。

图五三　陶寺宫城晚期南门门址俯瞰（上为北）

图五四　陶寺宫城南门“门阙”基础之间甬道残留路土剖面（北视）

图五五　陶寺城址外北部的“泽中之方丘”

图五六　陶寺中期“泽中方丘”环壕与社主洞

中期夯土基址中部的三个品字形碎石柱础窝，直径15厘米，从做法到直径都不可能是宫殿建筑的柱子，因此这些很可能是木质社主的基础。由于晚期基址ⅣFJT3是中期基址ⅣFJT2的扩建，不存在“亡国之社屋之”的可能性，所以三个柱础就是陶寺中期的遗存，而不是“屋之”建筑的遗构。《礼记・郊特牲》曰：“社祭土而主阴气也，君南乡于北墉下，荅阴之义也。日用甲，用日之始也。天子大社，必受霜露风雨，以达天地之气也。是故丧国之社屋之，不受天阳也。”ⅣFJT2木柱可以判定与建筑无关，那么ⅣFJT2建筑基址就很可能是开放式的坛台。

泽中之方丘同时也是国之社坛。《礼记・郊特牲》曰：“社所以神地之道也，地载万物，天垂象，取财于地，取法于天。是以尊天而亲地也。故教民美报焉。家主中霤，而国主社，示本也。”“家主中霤”是指各家居室中央柱，作为家室或宫室的小土地神的象征。而国家的社神则依附于社坛的社主。如果比附家室土地神中霤木柱的话，国社上的社主原来很可能也是木柱。《周礼・地官司徒・大司徒》云：“设其社稷之壝而树之田主，各以其野之所宜木，遂以名其社与其野。”陶寺泽中之方丘上，曾发现过三个呈品字形分布的柱洞，不可能支撑屋顶，所以应当是露天的接受霜露风雨的方坛，而柱洞原本用于树立木柱社主的，也就是《大司徒》所谓的“田主”。

四、陶寺遗址的精神文化

陶寺遗址作为都城遗址的兴衰，不仅有着丰富的物质文化，而且拥有十分独特的精神文化。

1. 地中的观念：最早的“中国”概念

ⅡM22墓室东南角竖立一根漆杆ⅡM22：43，通过研究和实验证明这是陶寺文化测日影立中的圭尺[①]。

《论语・尧曰》“咨尔舜！天之历数在尔躬，允执其中；四海困穷，天禄永终。”所谓的“中”就是西周以前圭尺的称谓。圭表测量可以确定地中，决定都城选址；可以用以制定历法；可以通过天文大地测量认知版图和天下的实际范围与幅员。掌握好圭尺，不仅可以使君王通过掌握天文历法的制定与颁布以达到控制整个农业社会经济命脉的实用政治目的，同时还可以借助圭表立中的功能体现“王权中心”意识形态，更可借助圭表大地测量的功能表达君王统治疆域的象征意义，基于此，王必

① 何驽：《山西襄汾陶寺城址中期王级大墓ⅠM22出土漆杆“圭尺”功能试探》，《中国科技史杂志》2009年第3期。

“允执其中”，是王权统治的集中象征。成语“表里山河”就源自圭表测量。

陶寺圭尺表明地中概念已经形成，而陶寺社会的国家形态及其都城的存在，诠释了最初的中国的概念：地中之都，中土之国。中国概念最初的诞生必须有两个概念组成，一个是“中”，一个是“国”。“中”应是物化的“地中”概念，“国”则是国家社会形态。四千多年前的黄河中游地区晋南的优秀的元首，创新性地发明了利用当地政治中心的夏至立表影长即晷影作为地中物化标准，成为维护自己政权排他性、正统性、合法性、神圣性的意识形态。由于立表的影长取决于地理纬度。于是某地的夏至晷影就可以作为一个排他的、可以操作的、可视的“宇宙中心”的物化标准，由政治话语霸权推广、说服与固定。

2. 都城功能区划的宇宙观指导法则

陶寺城址作为都城，功能区划布局是按照陶寺文化的宇宙观来设计的。

陶寺文化中期城址规划理念基于认知构图中的天、地、火、水、风、雷、山、泽八大要素方位。定位的原则是长沙马王堆出土的帛书《周易》所说：“天地定位，山泽通气，雷风相薄，水火相射。”其中天地定位、风雷相搏是比较固定的宇宙观方位，即天位在东南、地位在西北、风位在正西、雷位在正东，而山泽、火水的位置选定，便有可能根据陶寺文化中期城址实际地貌环境来确定，将城址正南定为山位，将正北定为泽位，西南定为火位，东北定为水位。

这也说明，陶寺城址选址的初始，便考虑到微地貌环境符合陶寺文化对于都城宇宙方位的设计要求。陶寺成为都城选址的不二之选。在陶寺人的头脑中，符合宇宙观方位的都城规划设计，顺应宇宙的自然与超自然的法则，是确定都城长居久安、政权的长治久安的根本精神保障，同时还是王权的正统中心地位与等级制度的合法性的理论依据（图五七）。

3. 最早的汉字

陶寺中期ⅡM26骨耜上镌刻的“辰”（农）字为迄今考古发现最早的汉字。而陶寺晚期灰坑出土的朱书陶文“文尧”，则成为陶寺尧都的直接文字证据。

20世纪陶寺遗址发掘出土陶寺晚期朱书扁壶（图五八），引起了学界的重视与讨论。罗琨先生释读为“易文”，即“明文”，与尧有关。冯时先生先主张释为“文命”，同夏禹有关；后又释为“文邑”，同夏启有关。何驽将陶寺扁壶朱书释为“文尧”二字。“尧”的构型由◇“土”与“人”构成。圆角方形的◇“土”，既象形陶寺城址，又象形建筑城墙与宫殿的夯土板块。◇“土”与“人”之间“—”，是指示夯土板块建筑的城址在“人”的头顶上。表现的是黄土塬地貌，人在冲沟里，城在头

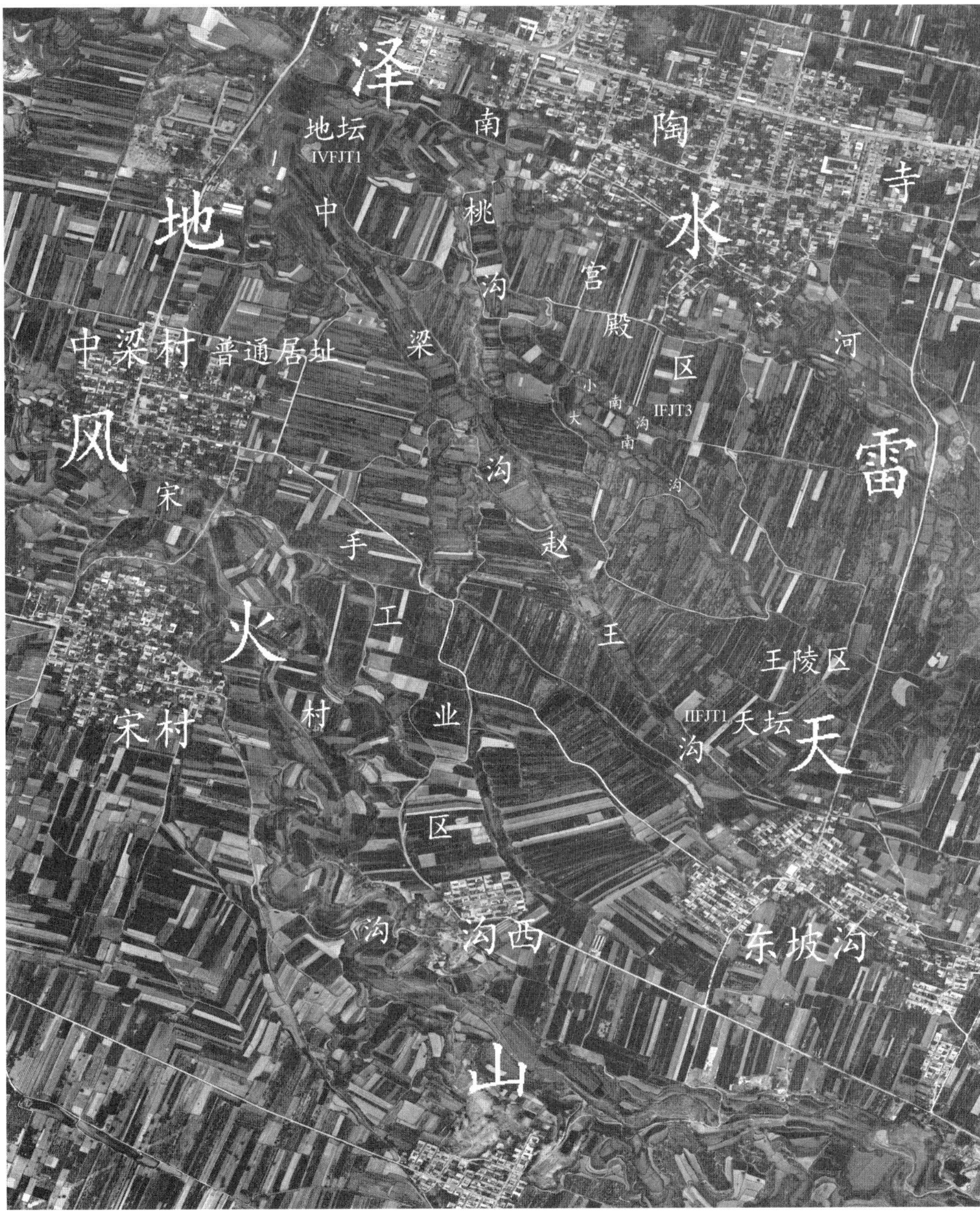

图五七　陶寺都城功能区划宇宙观指导图示

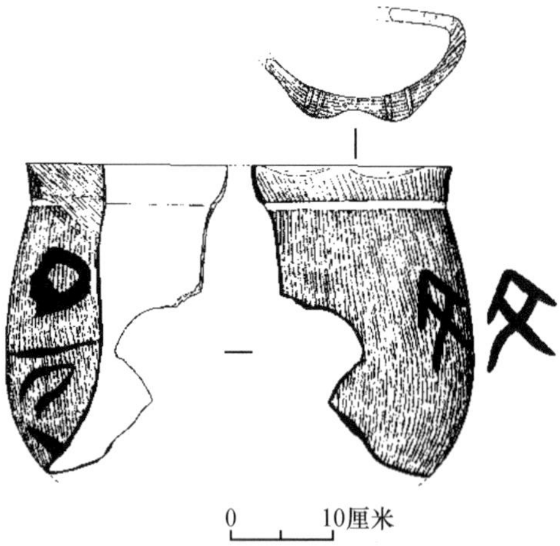

图五八　陶寺朱书文字

顶上。引申意思为“在黄土高原上用夯土板块建筑的大城”即为“尧”，用以命名营建这座大城的杰出领袖即为“尧”。陶寺城址是黄土高原上唯一一座用夯土板块建造的都邑性大城。由是，陶寺朱书“文尧”二字，无疑可作为陶寺城址为尧都的文字自证。古文字学家葛英会先生认同“文尧”的释读。2006年，陶寺宫殿区晚期基址发掘时，又发掘出一片扁壶残片，内侧用朱砂写着“尧”字的下半部“人”字，尽管残缺较甚，但仍能看出大概。

4. 陶寺龙与中国龙

虽然红山玉龙、凌家滩玉龙、濮阳西水坡M45蚌壳龙的年代都早于陶寺早期王墓出土的龙盘，但是陶寺龙盘中的龙的形象与特征，却是中原龙形态形成的开始。中原龙以鱼、蛇为主体，附会出牙齿、角、鳞等。中国龙的这些内涵及特征，被不断丰富与完善，延绵至今。

陶寺早期王族墓地中的元首墓，出土龙盘，图案中的龙用朱砂绘制，因而是“赤龙”。盘龙身上鳞状斑纹，可谓“龙负图”。赤龙自盘底向盘口盘旋，可谓“攀天而上”。虽然陶寺文化早已脱离了图腾崇拜的阶段，鱼、蛇并非陶寺早期王族的图腾，但是陶寺龙盘中鱼龙的形象，与《竹书纪年》帝尧父系赤龙传说偶合，或可作为帝尧王族神化象征图示。

5. 政治报复

陶寺文化中晚期之际，陶寺政权被推翻，陶寺都城被摧毁，陶寺遭到残酷的政治报复。政治报复是新政权对旧政权合法性挑战与摧毁行为，以挖祖陵、扒城墙、毁宫庙为最主要行为，表现着新政权对旧政权从意识形态领域里的彻底否定与根除，并以此作为确立新政权统治合法性基础之一，是正统思想的一种异化观念。

（1）对于宫城的政治报复

陶寺宫城内陶寺中期核心建筑ⅠFJT3在陶寺文化晚期被夷为平地，破坏的动机主要来自政治报复。从目前发掘资料看，ⅠFJT3遭到破坏最为严重的部位是ⅠT5126所在的基址中轴线上稍偏北处。ⅠHG8内堆积内发现大量的散乱肢解人骨堆积，头骨居多（编号1～54），头骨杂乱，多数有砍切痕迹。年龄多为青年，有一儿童和一老人。有四个从冠状缝劈开的面具式面颅。有的头骨下连有数段颈椎骨。发现极少量肋骨、肢骨、盆骨若干。见有一件卜骨。堆积中夹杂大量的生活垃圾如破碎陶器、狗骨和零散兽骨、宫殿建筑废弃垃圾和大量石器加工废片等生产垃圾。

ⅠHG8③底界面上，坑中央部位出土一具人骨架，是35岁左右女性，锶同位素分析表明她是本城人。牛角原是从阴道插入小腹盆腔。直接导致该女性死亡的致命伤可能是颈椎的折损。牛角插入阴道不知是否曾穿透子宫造成该女性死亡的另一直接原因，但可以肯定该女性临死前曾经受到性摧残。该女性无疑是被虐杀致死的。该女子的骨骼没有任何风化痕迹，证明她被虐杀后被立即掩埋，未曾曝尸露骨。扔进垃圾坑掩埋时，插在阴道里的牛角仍未取出或脱落，证明抛尸埋葬她的人有意将牛角留在阴道内。这种人性泯灭的行为，可以暗示抛尸埋葬该女子的人极可能与折磨和虐杀她的是同一伙人。同层界面上，该女子西侧出有一段成人腿骨，东侧也出有一个人头和几节颈椎及肋骨，她的西南出土两块人的盆骨和一块骶骨，表明与她同时被害并被肢解的还有他人。女子头端即南侧，有一头猪。女子骨架周围有陶片和大石头。

ⅠHG8不是普通意义上的垃圾坑，ⅠHG8堆积行为人是陶寺文化晚期陶寺遗址的普通居民，作用于ⅠHG8行为的核心目的是对陶寺文化中期核心宫殿建筑ⅠFJT3，特别是位于ⅠFJT3主体殿堂北侧背后进行大肆破坏，并非出于虔诚的祭祀，的确包藏着“亵渎”的险恶用心，其实质就是厌胜巫术，即一种通过诅咒、玷污、亵渎以战胜敌手的巫术，以宗教的意识形态表现的“政治报复”的“意识形态”。

（2）对于贵族墓葬的政治报复

中期的王墓ⅡM22和所有中型墓全部被陶寺文化晚期扰墓坑所捣毁，附葬于中型墓ⅡM26的2座“扈从”小墓也被捣毁，但是装饰品没有被拿走。其余中期小墓没有被捣扰。毁墓行为大致发生在相对集中的时段内，之后进行统一回填，并形成一层毁墓五花土堆积层第4层。第4层中出土了很多被拉扯出来的人骨残骸和少量完整的玉石器、货贝等。ⅡT7254③和④层、ⅡT7464③层，均为陶寺文化晚期对陶寺文化中期大、中型墓捣毁后形成的堆积层。在这些堆积层中随意丢弃着没有完全腐烂的尸骨残块。

陶寺文化晚期针对中期王族墓地的捣毁行动，并非以图财为主要目的，更多的是出于泄愤、复仇、亵渎和厌胜，具有典型的政治报复特征。足见，陶寺文化晚期的政治报复行为，不仅只捣毁王陵，而且对大贵族及其扈从“鹰犬”的小墓也一并捣毁，中期王族小型墓却未遭捣毁，足证晚期的捣毁墓葬的报复带有明显的阶级性，并非针对整个中期王族的血亲复仇，其报复行为的政治色彩非常醒目，陶寺文化的国家社会性质和地缘政治色彩彰显无遗。

（3）对于观象祭祀台的政治报复

陶寺中期郊天祭日的观象祭祀台ⅡFJT1不仅在晚期被铲平，而且路沟出入口有碟狗等厌胜巫术行为，路沟被灌入水形成ⅡHG3，核心部位被埋入凶死的尸首ⅡH23和ⅡM24，夯土台基芯部位被挖坑灌水，形成ⅡH24。这些行为都是以厌胜巫术诅咒祭天圣坛。

6. 礼乐制度

陶寺遗址出土了陶鼓、鼍鼓、石磬、漆木柷、陶埙、口弦（原报告称发卡）等乐器，尤其是早期王墓中，陶鼓、鼍鼓、石磬通常配伍。标志着礼乐制度的集成与初步形成。

7. 豮豕之牙上政理念

陶寺中期元首墓ⅡM22头端墓壁上，以公猪下颌骨为对称轴，左右各摆3柄带彩漆木把的玉石钺（玉兵）（图五九）。公猪下颌骨上的獠牙出土时已经残断，不知是公猪生前獠牙即被损坏还是下葬时被刻意掰断。总之是被损坏獠牙的公猪下颌骨，似乎与《周易·大畜》正义的解释暗合符节。这一豮豕之牙的图示，象征修兵不战、兵不血刃、耀武扬威、不战而屈人之兵的文德治国的“上政”理念，与陶寺朱书扁壶“文尧”二字，对帝尧文德的颂扬，不谋而合。

图五九　ⅡM22头端墓圹上“豮豕之牙”图示

8. 櫜弓矢：次政以伏天下

中期王墓ⅡM22墓壁东南部挂着5组去杆的鹿角磨制的三棱箭镞，箭镞头原本装在布箙（盛箭的器物）内（图六〇）。鹿角镞的西侧摆放一张折断的木胎黑漆弓（图六一）。这些箭镞均去杆，箭镞锋端多数被人为折断下葬，连同折断的漆木弓，可能表达“毁器葬”哀悼观念。同时也配合墓葬头端“豮豕之牙”图示营造“次政櫜弓矢以伏天下”的氛围。还有一种可能是这些去杆损锋的箭镞与折断的弓，为配合“豮豕之牙”图示表达“成而不用”上政理念而故意损坏。

图六〇　鹿角镞（ⅡM22：3）

五、结　　语

陶寺遗址40年来的都城考古发掘与研究，大致展现出中国史前邦国时代政治中心型都城的完整实例，都城功能区划全部齐备，且从早期到晚期有着比较完整的动态变化兴衰过程。陶寺都城精神文化当中的地中观念、正统思想、和合文德统治理念、功能区规划宇宙观指导、双城制、礼乐制度、宫室制度、汉字，甚至政治报复观念，对于后世中国王朝产生了重大而深远的影响。在世界早期都邑与文明中，也或多或少能找到与陶寺邦国都城相似的特征。

陶寺遗址的考古发现与研究，不仅诠释了最初“中国”的概念，同时也初步建立起一条比较完整的证据链，证明陶寺为文献记载中的尧舜之都，使“尧舜禹”走出传说时代，正成为信史。

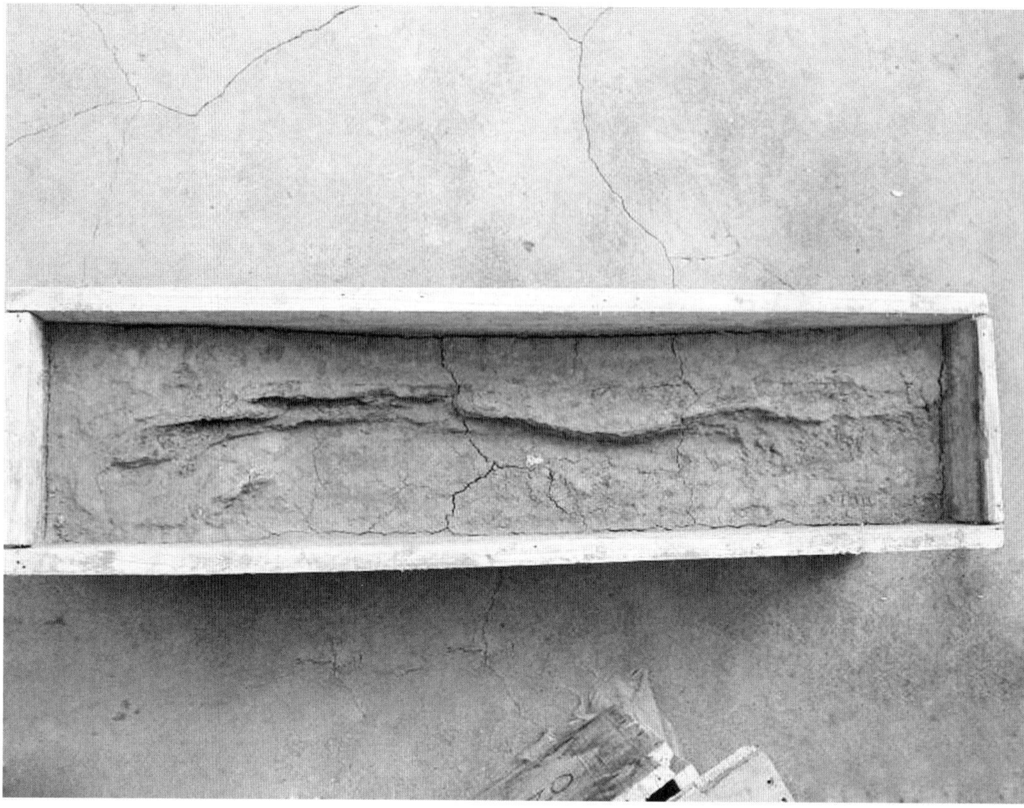

图六一　ⅡM22折断的弓

试论夏商周都城宫城及其相关问题

徐昭峰

（辽宁师范大学）

夏商周时期都城宫城的营建及相关问题已有学者进行过系统论述[①]，但其中的一些宫城是近些年通过一系列主动的系统考古调查和发掘才被确认的[②]。关于夏商周宫城的确认如洛邑成周的宫城等，以及与之有关的一些问题如宫城的类型、位置和中轴线等，仍处于探讨阶段。本文在对夏商周宫城的营建进行系统梳理的基础上，对与之有关的问题也进行必要的探讨。

一、夏商周时期都城宫城的营建

关于城郭、城郛的问题，有先生做过系统论述[③]。关于城郭，《吴越春秋》曰："（鲧）筑城以卫君，造郭以守民，此城郭之始也。"《释名·释宫》云："郭，廓也，廓落在城外也。"《管子·度地》："内为之城，城外为之郭，郭外为之土阆。"一般而言，外侧的大城为郭，是城内居民居住生活的地方；内侧的小城称之为

---

① 杨宽：《中国古代都城制度史研究》，上海古籍出版社，1993年；刘庆柱：《古代都城与帝陵考古学研究》，科学出版社，2000年；许宏：《大都无城》，生活·读书·新知三联书店，2016年。

② 中国社会科学院考古研究所二里头工作队：《河南偃师市二里头遗址宫城及宫殿区外围道路的勘探与发掘》，《考古》2004年第11期；河南省文物考古研究所：《郑州小双桥：1990～2000年考古发掘报告》，科学出版社，2012年；中国社会科学院考古研究所安阳工作队、中加洹河流域区域考古调查课题组：《河南安阳市洹北商城遗址2005～2007 年勘察简报》，《考古》2010年第1期；中国社会科学院考古研究所、陕西省考古研究院、西安市周秦都城遗址保护管理中心：《丰镐考古八十年》，科学出版社，2016年；徐昭峰：《试论东周王城的宫城》，《考古与文物》2014年第1期。

③ 许宏：《先秦城市考古学研究》，北京燕山出版社，2000年，第78～132页；许宏：《大都无城——论中国古代都城的早期形态》，《文物》2013年第10期；李鑫：《商周城市形态的演变》，中国社会科学出版社，2012年，第143～150页；徐昭峰：《从城郛到城郭——以东周王城为例的都城城市形态演变观察》，《文物》2017年第11期。

城，即宫城，是国君居住生活的地方。关于郛与郭的关系，《说文》："郛，郭也。从邑，孚声。"《春秋公羊传·文公十五年》："郛者何？恢郭也。"恢，大也，恢郭正如有学者所言是面积很大的郭。《韩非子·难二》有"赵简子围卫之郛郭"之语，张衡《西京赋》中也有"经城洫，营郭郛"语句。从这些相关文献记载来看，郛应在郭外。杨宽先生认为《逸周书·作雒》中的"郛"并非指城郭，而是周围的自然山川[①]。笔者认为这一认识很有见地，根据相关论述，郛应指的是郭城外（若无郭城则为郭区外）依靠周围的自然山川构建的具有一定防御功能的设施。

二里头文化从发现至今已有60余年了，关于其性质的讨论可以说见仁见智。由最初的商文化主流说到后来的夏文化主流说，期间仍有不同的认识。但不可否认的是，迄今为止二里头夏文化说仍是最有说服力的一种认识。

二里头文化新砦期之时，夏国家地域狭小，新砦期遗址主要集中分布在环嵩山地区的东半部。在这样一个狭小的区域内，新密新砦大型城址正位于其中心。新砦遗址是一处设有外壕、城垣与城壕、内壕共三重防御设施、中心区建有大型建筑的大型城址，整个城址总面积逾100万平方米[②]。有学者从新砦城址的文化内涵结合文献，认为新砦城址应为夏启之居或启都夏邑[③]，这一认识基本被学界所认同。新砦城址以浅穴式大型建筑基址为中心的宫城以内壕作为防御设施，内壕以外是城墙和城壕，再外是外壕。

二里头文化时期，可以确认的都城遗址即为二里头城址。《汲冢古文》云："太康居斟鄩，羿亦居之，桀又居之。"学界一般认为二里头遗址即夏都斟鄩。在二里头文化一期之时面积已逾100万平方米，至少自二里头文化二期开始，二里头都邑的规模已逾300万平方米[④]。二里头文化二期核心宫殿区已经形成，自二、三期之交建成的面积逾10万平方米的宫城一直沿用到四期[⑤]。是故至迟在二里头文化三、四期，二里头都邑正如许宏先生所言为宫城+郭区的城市形态[⑥]。但其早期即二里头文化一、二期，还不是很清楚，但基本可以肯定的是，二里头城址是从早期的宫殿区+郭区演变为内城外

① 杨宽：《中国古代都城制度史研究》，上海古籍出版社，1993年，第47页。

② 中国社会科学院考古研究所河南新砦队、郑州市文物考古研究院：《河南新密市新砦遗址东城墙发掘简报》，《考古》2009年第2期。

③ 赵春青：《新密新砦城址与夏启之居》，《中原文物》2004年第3期；马世之：《新砦遗址与夏代早期都城》，《中原文物》2004年第4期。

④ 许宏、陈国梁、赵海涛：《二里头遗址聚落形态的初步考察》，《考古》2004年第11期。

⑤ 中国社会科学院考古研究所二里头工作队：《河南偃师市二里头遗址宫城及宫殿区外围道路的勘探与发掘》，《考古》2004年第11期。

⑥ 许宏：《大都无城——论中国古代都城的早期形态》，《文物》2013年第10期。

郛形态。

二里冈早商文化时期，不管是规模宏大的郑州商城，还是建于原夏都二里头城址近旁的偃师商城，根据相关的研究成果，都具有都邑性质，是故郑州商城为早商王朝主都，偃师商城是辅都[①]或军事色彩浓厚且具有仓储转运功能的次级中心[②]是学术界普遍接受的意见。不管对郑州商城内城是小城还是宫城的认识存在争议，还是对偃师商城宫城、小城与大城的关系如何认识，郑州商城和偃师商城均是城郭完备的都邑形态。通过具体分析我们发现，郑州商城和偃师商城所谓内城外郭的形态不是始建时期就已存在的，郭城的建造时间均晚于宫城或小城，是故这两座城址是从内城外郛向内城外郭的都邑形态演进。

中商时期具有都邑性质的城址包括小双桥城址和洹北商城。小双桥遗址发现后，对其性质有不同认识，陈旭先生力证小双桥遗址就是隞都[③]，这一认识基本得到了学术界的认同。小双桥城址发现有宫城，由于破坏严重，仅发现了宫城墙基槽的西北部分，即宫城北墙的西段和西墙的北段[④]。是故小双桥遗址同二里头遗址一样，也是内城外郛的城市形态。洹北商城发现于1999年[⑤]，根据随后的考古发现，城址略呈方形，总面积约4.7平方千米[⑥]。宫城平面呈长方形，位于郭城内南部略偏东[⑦]。关于洹北商城的性质，既无法认定是“河亶甲居相”，也无法认定是“盘庚首迁于殷”的地方，这两种情况都有可能[⑧]。但不管如何，洹北商城也是中商时期晚于小双桥城址的一座都邑应无争议。而根据上文的描述，洹北商城好似也是内城外郭的形态，实则是一个动态的建造过程。根据张国硕先生的研究，洹北商城在中商二期早段先建造起宫殿建筑群；

---

① 张国硕：《夏商时代都城制度研究》，河南人民出版社，2001 年，第77、78 页。

② 刘莉、陈星灿：《中国早期国家的形成———从二里头和二里岗时期的中心和边缘之间的关系谈起》，《古代文明（第1卷）》，文物出版社，2002 年，第71 ~ 134页。

③ 陈旭：《商代隞都探寻》，《郑州大学学报（哲学社会科学版）》1991年第5期；陈旭：《郑州小双桥商代遗址的年代和性质》，《中原文物》1995年第1期；陈旭：《郑州小双桥商代遗址即隞都说》，《中原文物》1997年第2期。

④ 河南省文物考古研究所：《郑州小双桥——1990 ~ 2000年考古发掘报告》，科学出版社，2012年，第61、62页。

⑤ 唐际根、刘忠伏：《安阳殷墟保护区外缘发现大型商代城址》，《中国文物报》2000年2月20日第1版。

⑥ 中国社会科学院考古研究所安阳工作队：《河南安阳市洹北商城的勘探与试掘》，《考古》2003年第5期。

⑦ 中国社会科学院考古研究所安阳工作队、中加洹河流域区域考古调查课题组：《河南安阳市洹北商城遗址2005 ~ 2007 年勘察简报》，《考古》2010年第1期。

⑧ 中国社会科学院考古研究所安阳工作队：《河南安阳市洹北商城的勘探与试掘》，《考古》2003年第5期。

然后在中商二期晚段至中商三期早段期间才在宫殿建筑群外围建造宫城城垣，之后在宫城外围开挖大型环壕，此时才形成内城外壕的城郭形态；中商三期晚段仓促填平宫城外的环壕，意欲修筑大城城垣，但由于突遭灾难，洹北商城的大城城垣并未建成即遭废止，内城外郭的布局形态最终未能真正形成[①]。如是，洹北商城是从早期的宫殿区+郭区演变为内城外壕，最后意欲营建为内城外郭的都邑形态。

晚商的安阳殷墟遗址，都邑形态几同于二里头城址，也没有发现郭城城墙。在殷墟文化第一期时，其总面积约有12平方千米，小屯作为王都的中心，已经建立起若干宫殿和宗庙。在宫殿宗庙区外围，有广泛的居民点、作坊及墓葬等遗存分布[②]。至迟从第二期开始，在宫殿宗庙区的西、南两面挖掘一道深壕，壕上口宽7～21米，深度不尽一致，最深处可达10米。这道壕北端和东去的洹河南岸相连，东端与南流的洹河西岸相接[③]，形成一处由洹河和人工壕沟构建的防御体系，宫殿宗庙区实际具有了宫城的性质。这之后，随着人口的增多，殷墟范围不断扩大，最终发展成为面积多达30平方千米的大都会。殷墟的都邑形态基本也是从早期的宫殿区+郭区演变为内城外郛。

西周时期的都邑计有宗周丰镐城址和洛邑成周，而成周则包括瀍河两岸的西周早中期成周城和汉魏洛阳故城内的西周晚期成周城[④]。西周王朝的都城——丰镐遗址，位于西安市西南的沣河两岸，总面积超过10平方千米。在整个遗址区内，迄今没有发现夯土城墙等防御设施。根据2012年的勘探情况，丰京遗址范围东至沣河西滩地，西至古灵沼河，北至郿坞岭北缘，南至冯村南至新旺村南一线，总面积约8.62平方千米。而新发现的超大面积的湖面或沼泽地则构成了天然的屏障[⑤]。据2014年新的勘察结果，丰京遗址新发现1条流向为自东向西，东引自沣河、西连灵沼河的河道，河道的宽度为11.75～15.84米，深为1.4～2.95米。据丰京遗址内先周文化遗存的分布情况，如果该河道建于西周立国之前，则周文王所建的丰京宫城（笔者注）很可能就在郿邬岭以南、2014年新发现的河道以北、灵沼河以东和沣河以西这一四面环水的区域[⑥]。至于镐京外围，“南有洨水，东界滈水，西至丰水，丰水在马王村出折向东流，构成镐京的北

---

① 张国硕：《试析洹北商城之城郭布局——兼谈大城城垣的建造》，《考古与文物》2015年第4期。

② 中国社会科学院考古研究所：《中国考古学（夏商卷）》，中国社会科学出版社，2003年，第295页。

③ 中国社会科学院考古研究所：《殷墟发掘报告（1958—1961）》，文物出版社，1987年，第94～96页。

④ 徐昭峰：《成周城析论》，《考古与文物》2016年第3期。

⑤ 付仲杨、宋江宁、徐良高：《丰京遗址2012年考古调查和勘探收获》，中国考古网，2013年1月21日。

⑥ 付仲杨、徐良高：《2014年丰京遗址考古勘探和发掘新收获》，中国考古网，2015年4月24日。

界。三水……形成了护卫镐京外围的天然界河和堑沟”[①]。从资料分析，镐京也发现有可能是宫城壕沟的线索。1986年在长安棉织厂铲探出一段壕沟，北偏东10°，铲探发现长25、上口宽9、底宽6.3、深3.5～4米，形成于西周初年，废弃时间至迟在西周晚期或晚期以后[②]。从壕沟形成和废弃时间结合壕沟与宫室建筑基址的位置关系考虑，该壕沟为镐京宫城外围具有防御功能的壕沟的可能性很大。准此，作为宗周的丰京和镐京存在形同殷墟小屯近似的以人工壕沟与河道构建起的宫城。那么宗周丰镐城址基本也属于内城外郛的都邑形态。

洛邑成周应该说是争议最多的一个学术课题，这里面涉及西周成周城的营建、成周城的位置、西周成周与东周成周的变迁，以及“洛邑”、“成周”与“王城”的关系等，古今相当数量的学者探讨过该问题。笔者曾在相关文章中对该问题进行了必要的论证，西周时期周公营建的洛邑和成周应该是同一座城，在现在的瀍河两岸，此时并无“王城”。西周晚期，瀍河两岸的成周城衰敝，替代瀍河成周城的是建于今汉魏洛阳故城一带的“周”城，这也是春秋时期敬王避王子朝之乱所都之地，后世称之为东周成周[③]。瀍河两岸的西周早中期成周城，布局不甚清楚，但其主要遗存都分布在史家沟涧水[④]以东、洛水以北、邙山以南、焦柳铁路线以西的区域，特别是铸铜作坊遗址包括大量的建筑遗迹、祭祀遗存[⑤]和大面积的夯土建筑基址[⑥]、大型祭祀场[⑦]均位于此区域内，正合于《逸周书·作雒》“南系洛水，北因于郏山，以为天下之大凑”的描述。而据《尚书·多士》：“成周既成，迁殷顽民。周公以王命诰，作多士。”成周有监控殷遗民的功能，另考虑到夏商周三代都城均设有宫城，是故瀍河西周成周城应存在宫城。比上述重要遗存分布区更小的区域便可能是其宫城区。其外未发现郭城城垣，若此，西周成周也应是内城外郛的都邑形态。

至西周中晚期，瀍河两岸的成周城废弃，代之而起的是建于今汉魏洛阳故城的狄

① 卢连成：《西周丰镐两京考》，《中国历史地理论丛》1988年第3期。

② 陕西省考古研究所：《镐京西周宫室》，西北大学出版社，1995年，第48、49页。

③ 徐昭峰：《成周与王城考略》，《考古》2007年第11期；徐昭峰：《成周城析论》，《考古与文物》2016年第3期。

④ 叶万松、张剑、李德方：《西周洛邑城址考》，《华夏考古》1991年第2期；叶万松、李德方：《三代都洛水系考辨》，《河南文物考古论集》，河南人民出版社，1996年，第197页。

⑤ 洛阳市文物工作队：《1975—1979年洛阳北窑西周铸铜遗址的发掘》，《考古》1983年第5期；洛阳博物馆：《洛阳北窑村西周遗址1974年度发掘简报》《文物》1981年第7期。

⑥ 刘富良：《洛阳市西周夯土基址》，《中国考古学年鉴·2000》，文物出版社，2002年，第196页。

⑦ 石艳艳：《洛阳中州东路北西周祭祀坑发掘》，《2009中国重要考古发现》，文物出版社，2010年，第53～57页。

泉成周城，该城重要遗存包括郭城[①]和一批墓葬[②]。关于其城市形态，应该说不是很清楚。笔者曾著文认为，西周王朝于西周晚期在汉魏洛阳故城修建的狄泉成周城完全出于军事原因，也与其优越的地理位置和险要地势是分不开的[③]。如同瀍河成周城的考虑一样，狄泉西周晚期成周城也应存在宫城，是故该城应是内城外郭的都邑形态，至于其宫城是环壕还是城垣，只能等待下一步的考古发现。延至东周，周敬王被王子朝所迫，从王城东徙成周直至赧王，该城成为东周王朝的实际都邑，《左传》昭公三十二年："合诸侯之大夫于狄泉，寻盟，且令城成周。"这与考古发现狄泉成周有春秋晚期扩建及修筑的夯土城垣相符[④]。不唯如此，此地还有闻名于世的金村带墓道东周大型墓地的发现，墓地时代根据研究从战国早期延至战国晚期，研究者认为金村大墓应是周王及附属臣属的葬地[⑤]。以上均可证该城即东周敬王至赧王所居之成周。和西周晚期成周城一样，由于历朝建筑的破坏，其宫城和其他重要遗存尚不明确，出于同样的考虑，东周成周也应是内城外郭的都邑形态。

东周王城作为平王东迁后东周王朝的都城，跨涧河而建。虽然对该城的始建和沿用有一些文献层面的诸多争论，但考古资料显示，该城始建于春秋初年而补建于战国晚期或可晚到秦汉之际，废弃于西汉后期[⑥]。关于该城的性质，学界基本赞同该城即东周王朝所都之王城。但对考古资料分析的结论依然存在争议，如对东周王城郭城的始建年代，报告认为郭城城墙的始建年代可能早到春秋时期。但报告对郭城城墙的始筑使用了"或可能""估计""可能"等字眼，表明的是一种严谨的推测用语，而非肯定用语。其后的考古发掘资料显示，东周王城的郭城北墙[⑦]、东墙[⑧]、郭城西墙和南

① 中国社会科学院考古研究所洛阳汉魏城队：《汉魏洛阳故城城垣试掘》，《考古学报》1998年第3期。

② 陈国梁、宋江宁、郭晓涛等：《汉魏洛阳故城两周时期墓葬发掘取得新收获》，《中国文物报》2007年12月5日第2版。

③ 徐昭峰：《成周与王城考略》，《考古》2007年第11期。

④ 中国社会科学院考古研究所洛阳汉魏城队：《汉魏洛阳故城城垣试掘》，《考古学报》1998年第3期。

⑤ 李学勤：《东周与秦代文明》，文物出版社，1984年，第29页。

⑥ 考古研究所洛阳发掘队：《洛阳涧滨东周城址发掘报告》，《考古学报》1959年第2期；中国社会科学院考古研究所：《洛阳发掘报告：1959—1980年洛阳涧滨考古发掘资料》，北京燕山出版社，1989年，第107～165页。

⑦ 叶万松、赵振华：《洛阳市东周王城城墙遗迹》，《中国考古学年鉴·1987》，文物出版社，1988年，第186页。

⑧ 安亚伟：《洛阳市014中心东周及唐代夯土》，《中国考古学年鉴·2001》，文物出版社，2002年，第208、209页；郑州大学历史学院、洛阳市文物工作队：《洛阳东周王城东城墙遗址2004年度发掘简报》，《文物》2008年第8期。

墙[①]始建年代约在战国早中期，后期修补、增筑部分的始筑年代为战国中晚期。东周王城也不是像原来认识的那样仅有郭城而无宫城，而是内城外郭的都邑形态，但这种都邑形态的形成有一个发展过程。春秋时期，东周王城已修建了宫城，形成内有城垣、外以人工壕沟连通自然河道形成城壕的防御体系；延至战国时期，在宫城外围又修建起规模宏大的郭城[②]。是故，东周王城是从内城外郛的都邑形态向内城外郭的都邑形态演进。

二、夏商周时期宫城相关问题的认识

（一）夏商周都城均应存在宫城

许宏先生在《大都无城——论中国古代都城的早期形态》一文中提出夏商周时期的都城都应存在宫城[③]。这一认识也是近几年的事，其中包括近些年来二里头遗址宫城的确认、小双桥遗址宫城的确认、洹北商城宫城的确认和东周王城宫城的确认等。除此之外，宗周丰镐、洛邑成周的宫城可以说还没有完全确认。这里需要说明宫城和宫殿区的区别，都城内存在规划有序的宫殿建筑基址的区域，可称之为宫殿区；而在都城宫殿区之外还存在墙垣或环壕等防御体系的区域，才能称之为宫城。从本文的分析可以看出，宗周丰镐应是存在宫城的，现今不能确认宫城的就是洛邑成周。但做合理推测的话，无疑洛邑成周也应存在宫城。

宫城的产生可上溯至古国阶段的龙山文化时期。从原来的考古发现情况来看，陶寺城址的宫殿区虽然没有规整的宫城城垣，但学界一般认为其相对封闭和独立的存在形态在很大程度上已具有了宫城的性质和功用[④]。而最新的考古揭示了陶寺遗址的宫城和门址，宫城始建于陶寺文化早期，这是目前考古发现的中国最早宫城；宫城在陶寺文化中期继续使用，并因陶寺大城的修建使其成为真正意义上的宫城，完备的城郭之制在陶寺文化中期已然形成；宫城晚期重建，在其偏晚阶段彻底废弃[⑤]。藤花落龙山古

① 洛阳市文物考古研究院：《洛阳东周王城城墙遗址2013年度发掘简报》，《洛阳考古》2015年第4期。

② 徐昭峰：《试论东周王城的城郭布局及其演变》，《考古》2011年第5期；徐昭峰：《试论东周王城的宫城》，《考古与文物》2014年第1期。

③ 许宏：《大都无城——论中国古代都城的早期形态》，《文物》2013年第10期。

④ 庞小霞、高江涛：《试论中国早期宫城的形成及初步发展》，《考古与文物》2009年第5期。

⑤ 高江涛：《襄汾陶寺遗址宫城及门址考古取得新收获》，《中国文物报》2018年3月9日第8版。

城是内城外郭的城邑形态，其内城是中国古代早期宫城的范例①。根据考古调查和相关发掘资料，石峁城址由“皇城台”、内城和外城三道砌石台基及石墙构成，城内面积在400万平方米以上②。“皇城台”可能系一处高台建筑或祭坛，内城或具有宫城的功能。毫无疑问，石峁城址是有宫城的。良渚古城经近10年的考古调查和发掘，基本确认其郭城略呈圆角长方形，总面积约300万平方米，城墙宽20～145米；郭城内的莫角山遗址东西长约670米，南北宽约450米，面积30多万平方米，是一处人工堆积厚度10余米的高台遗址，在高台中心部位有大面积的沙泥夯筑层和建筑遗迹③，这与陶寺遗址有一定相似性，均具有了宫城的性质和功用。龙山文化时期特大型城址有的形成了完全意义上的宫城，有的仅是具有相对封闭和独立存在形态的宫殿区，说明这一时期正是我国古代宫城的萌芽时期。进入国家阶段的夏商周时期，所有的都城才具有了完全意义上的宫城，不仅有相对封闭和独立的存在形态，而且以城垣或沟堑，或城垣+沟堑构建起完备的防御体系。

（二）宫城的营建过程和类型

从分期较细、城址建筑过程明晰的几座都城来看，二里头城址在二期文化时核心宫殿区已经形成，宫城建于二、三期之交并沿用至四期。洹北商城据张国硕先生的研究，在中商二期早段首先建造宫殿宗庙建筑，然后在中商二期晚段至中商三期早段期间建造宫城城垣。晚商的安阳殷墟遗址，在殷墟文化第一期时已经建立起若干宫殿和宗庙，至迟从第二期开始，在宫殿宗庙区的西、南两面挖掘一道深壕联通洹河，形成一处由洹河和人工壕沟构建的宫城。那么是否可以这样概括，两周都城的宫城营建过程不甚清楚，但夏商时期都城宫城的营建是从最初的宫殿区过渡到后来的宫城。

夏商周时期都城宫城以其外围构筑的防御设施不同大致存在三种类型：一是宫城外围围以墙垣，如二里头城址、郑州商城、偃师商城、小双桥城址等，或者还有狄泉成周城；二是宫城外围以人工沟壕联通自然河道构建的所谓“城堑河濒”（《史记·六国年表·秦表》）的防御体系，如小屯殷墟、丰镐城址，或者还有西周瀍河成周城；三是宫城外围墙、壕俱备，如新密新砦、洹北商城和东周王城。有学者曾论及三代都邑是否修筑城垣，主要应该与当时的政治、军事等形势有关。国家强盛以及封

① 李德方：《中国古代宫城出现于龙山时代》，《中国古都研究（第二十一辑）》，三秦出版社，2007年，第213～217页。

② 陕西省考古研究院、榆林市文物考古勘探工作队、神木县文体局：《陕西神木县石峁遗址》，《考古》2013年第7期。

③ 刘斌、王宁远、郑云飞等：《2006～2013年良渚古城考古的主要收获》，《东南文化》2014年第2期。

邦建国以屏藩王畿局面的形成，使得王朝都邑不必筑城自卫。除此之外，王朝都邑及王畿地区尽可能地利用山川形胜构建天然屏障，也是三代都邑建置的一个显著特点[①]。这一特点不仅适用于晚商至西周这一国家强盛阶段不建郭城的问题，有意思的是同样适用于这一阶段的宫城城垣建制。

而以夏商周时期都城宫城外围有无郭城，可将该时期的都邑形态分为两大类型：其一是内城外郛的所谓“大都无城”模式[②]，如二里头城址、小双桥城址、小屯殷墟、宗周丰镐，可能还有瀍河成周城；其二是内城外郭的都邑形态，如新密新砦、郑州商城、偃师商城、洹北商城、东周王城，可能还有狄泉成周城。或正如许宏先生所言，自二里头直至曹魏邺城约近2000年的时间内，内城外郛而非内城外郭的布局才是都城空间构造的主流。其间的商前期和东周时期为城郭布局的兴盛期，但这两个时期都有其特殊的历史背景，而军事冲突的常态化是其共性[③]。

（三）宫城的位置和中轴线问题

从考古发现情况看，新密新砦宫城似位于整个城址中部偏南的位置。二里头宫城位于整个城址核心区的中部位置。郑州商城的内城（宫城）位于城址的中部。偃师商城的宫城位于城址中部偏南。小双桥宫城北部墙基西段和西部墙基北段位于中心遗址区的北部，若考虑其不完整性，宫城或位于中心遗址区的中部一带。洹北商城宫城基本位于城址的中部。小屯殷墟宫城位于遗址的东北部。丰镐宗周宫城约略位于中部。成周城宫城不明。东周王城宫城位于城址的西南部。整体来看，夏商周时期都城宫城多建于城址中部或中部偏南一带。小屯殷墟和东周王城宫城位置的设置一个位于东北部、一个位于西南部，可能和宫城用水及宫城的围护使用了部分自然河道这些环境因素有很大关系。

宫城内的布局及中轴线，有的清楚，有的不明。其中的二里头宫城，东西两组宫殿建筑似乎各自以一条中轴线南北排列，每组建筑都有一个核心建筑。偃师商城宫城内布局南为宫殿建筑群，中为祭祀遗存，北为池苑设施；宫殿建筑基址似以一条中轴线形成左右对称分布。洹北商城宫城内的1号宫殿建筑基址和2号宫殿建筑基址基本位于宫城正中，使我们有理由相信洹北商城宫殿建筑似也是以一条中轴线形成左右对称分布。小屯殷墟看似杂乱无章的宫殿建筑基址，有学者认为其宫殿建筑基址群是有明

---

① 许宏：《先秦城市考古学研究》，北京燕山出版社，2000年，第82、83页。

② 许宏：《大都无城——论中国古代都城的早期形态》，《文物》2013年第10期。

③ 许宏：《大都无城——论中国古代都城的早期形态》，《文物》2013年第10期。

确中轴线的，并进行了复原研究[①]。东周王城宫城内的瞿家屯甲组建筑基址群也具有中轴线对称的性质[②]；瞿家屯战国中晚期夯土建筑群基址也具有非常强烈的中轴线对称性质[③]，需要说明的是，该夯土建筑群的池苑置于宫城内南端主体宫殿前的位置。新密新砦、郑州商城、小双桥、宗周丰镐和成周洛邑的宫城布局尚未搞清楚。上述情况是否可以概括为夏商周都城宫城的布局基本处于后世中轴线形成的萌芽期，宫城中的池苑从早期的置于主殿后逐渐前移至主殿前。

---

① 杜金鹏：《殷墟宫殿区建筑基址研究》，科学出版社，2010年，第418～424页。

② 中国社会科学院考古研究所：《洛阳发掘报告：1955—1980年洛阳涧滨考古发掘资料》，北京燕山出版社，1989年，第139页。

③ 徐昭峰、朱磊：《洛阳瞿家屯东周大型夯土建筑基址的初步认识》，《文物》2007年第9期。

陶寺遗址考古重大意义之思考

王　巍

（中国社会科学院考古研究所）

今年是陶寺遗址发现60多年，发掘40周年。我是考古研究所的一名研究人员。1982年入所，到今年36年了。虽然说，我比较遗憾，没有参加过陶寺遗址的发掘，但是我觉得我是陶寺遗址发掘的一个见证者，与陶寺遗址有着许多的缘分。我长期关注陶寺遗址的考古发掘与研究进展，借此机会，我想就陶寺遗址考古发掘与研究的重大意义，谈谈我的看法。

我1982年进入中国社会科学院考古研究所工作，那时候每年年终，各个考古队都要进行田野工作的汇报，这是我们研究所五六十年的传统。1982年底我参加了第一次的田野工作汇报。那次汇报上，陶寺遗址的发掘，应该说是最出彩、最引起大家关注的。陶寺遗址发掘之精细，成果之重要，可以说在当时引起了考古所和学术界的高度重视。尤其是陶寺优秀的田野工作质量，使我们研究所一直以重视田野考古质量著称、严格要求的夏鼐所长，都给予了非常充分的肯定。能得到夏所长的肯定是非常不容易的，得到他的批评是很容易的，这是我对他的印象。

1982年，我有幸进入了二里头队，与山西队在同一个夏商周研究室，1996年任研究室的主任。我1998年当副所长，就开始策划时隔16年再次开展陶寺遗址的工作。为什么？陶寺遗址太重要了，1978～1985年陶寺的工作发现了大墓，发现了明显的阶层分化。但是有没有跟活人相匹配的大型高等级的建筑呢？如果没有这样的发现，我们来论证它的社会发展阶段，究竟是部落或者联盟，还是城邦，还是国家，实际上是很困难的，因为资料非常不充分。基于这样的压力，我们1999年开始重新实施了陶寺遗址的发掘，一直延续至今。可以说，接近20年了，我感慨良多，每次陶寺遗址重要的发现，我都会亲自到场，跟大家一起来把脉，共同体会最新的考古发现所带来的震撼。

在今年陶寺遗址发掘40周年的时候，我觉得陶寺遗址的工作非常重要的一点是，随着一系列的考古发现，促进了中华文明，尤其是中原地区文明起源的研究。简单说，首先，1978～1985年陶寺最重要的工作就是发现了一批大墓，在1000多座墓葬中有6座大墓，还有几十个中型墓相对集中在一个地方。跟大中型贵族墓葬相比，小型墓几乎一无所有，所以悬殊的差别使学术界认识到，在夏王朝建立前后，起码在晋南地区绝不是原来传统认为的典型的原始社会，而是出现了非常严重的阶级分化。所以，我觉得20世纪70年代末80年代初，陶寺遗址的发掘，掀起了中原文明起源研究的高潮。因为当时西辽河流域的红山文化遗址，长江下游的良渚遗址等，共同构成了催生中华文明起源多元研究新热潮的一个重要发现。但是中原地区却缺乏这样闪亮的遗址，唯有陶寺遗址有些出乎意料，所以我觉得陶寺遗址的发现恰逢其时，整体促进了我们国家文明起源的研究。如果说20世纪70年代末80年代初以前，文明起源多元一体没有作为一个核心的课题，陶寺遗址以及相关其他遗址的发掘，应该说掀起了中华文明起源多元一体研究的高潮。

陶寺大墓当中出土了丰富的随葬品，有陶鼓、鼍鼓、石磬、龙盘等，不同于其他地区，既不同于红山文化，也不同于良渚文化，是非常独特的一类东西。这类东西有非常鲜明的仪仗用具的特点，表明了等级身份，不是原始宗教的用器。这个现象越来越引起人们的重视，因为这些东西成为后来夏商周礼乐文明的主要因素。

陶寺遗址大墓发现之后，活人居住的场所成为寻找的重点。1999年我们考古研究所梁星彭先生，带着刚刚硕士毕业的大学生严志斌来陶寺做工作，主要目的就是要寻找城址。1999年开始工作，2000年发现了西城墙，2001年发现了北城墙和东城墙，将长1700米，宽1500米，面积至少280万平方米的大城展现在我们面前。我觉得这项工作是非常有意义的。如果没有陶寺城址的发现，陶寺遗址的重要性还是要大打折扣的。这一点应该记住梁星彭先生他们的功绩。2001年，何驽博士从北京大学毕业，他的老师就是李伯谦先生。当时何驽分配到了我们研究所，我经过反复考虑，派何驽来陶寺工作。因为当时还有几位同时进所的新人，我们面临着多项选择，怎么选题？怎么派？派谁到哪儿？如今，我觉得非常欣慰的是，或者我这辈子做过最正确的决定其中之一，就是派何驽到陶寺，才有了后面一系列的发现，如宫殿群的发现、宫城的发现、最早的陶质建筑材料的发现、多件铜器包括容器口沿残片的发现，乃至大型仓储区和手工业区的发现等。陶寺遗址的每一个发现，都对中原地区乃至中华文明的起源产生了巨大的推动作用，包括铜器的发现、文字的发现，特别是观象台的发现等，这些大家都很熟知。但是我觉得应该记着领导这些工作的何驽教授和2006年、2007年来这儿开始工作的高江涛博士，是他们的积极探索进取，才得了这样的成果。

我前面已经谈到了陶寺遗址的发掘对于文明起源研究过程当中的作用。关于中华文明起源，2018年5月28日国务院新闻办发布了“中华文明探源工程”的成果。探源工程是2002年启动的，在国家文物局的组织下，科技部立项，我和北京大学的赵辉教授做项目的负责人。我们设立了三大遗址课题，一个良渚，一个是陶寺，一个是二里头，后来又增加了石峁，各有各的重头戏。2018年5月28日，我们受国务院新闻办发布的时间所限，陶寺遗址的工作和重要性没能有机会非常充分地阐述。众所周知，国务院新闻办的发布只是一个消息，后续有一系列的文章或者是一系列的研究来发布。但是我觉得，如果没有陶寺的发现，中华五千年的文明，尤其是中原地区在多元一体的中华民族格局当中的核心地位的形成这个问题就无从谈起。正是陶寺遗址的发现，使我们认识到，夏王朝建立之前，尧舜时期在中原地区、在黄河中游地区已经形成了一个强大的势力集团，已经达到了初期文明的阶段。这个文明阶段有人叫邦国，有人叫古国，也有人认为它是王国最初的阶段。无论怎么样，我们认为已经进入了初期文明的阶段。夏王朝的建立，则是世袭王朝的建立。陶寺遗址的发掘，对于中华文明起源研究，特别是在探源工程当中，发挥了巨大作用。在这里，我要代表探源工程的全体，感谢为陶寺遗址发掘研究保护做出了重大贡献的何驽、高江涛和他们的前任梁星彭先生，以及20世纪70年代末80年代初参加陶寺发掘的高天麟、高炜、张岱海、李健民等诸位先生。

随着十六年的探源工程，我们对中华文明的起源与形成，它的一些特点，它的一些主要表现特征，或者说中华民族特质，逐渐有了一些明确的认识。我们对比可以发现，这些构成中华文明主要特征的一些东西，有相当一部分是在陶寺这个阶段产生的。我们列举一下，比如说长方形的都城形制，周围用围墙将宫殿围绕、以与一般民众相隔绝的宫城，宫城内以位于北部正中的建筑作为主建筑和布局，以陶、铜、玉、漆、木器等多种材质构成了礼器和乐器来彰显王者尊贵的身份，以龙为尊崇的神性的动物，还有长方形的土坑墓和以木板构成长方形棺的制度，以及极有可能是最早文字的创造等，都为后来的夏商周王朝所成形相关的制度和观念奠定了基础。当然，夏商周王朝还有很多丰富和发展，但是我前面讲的这些东西都是从陶寺开始出现的。

陶寺遗址一系列的发现，以陶寺为代表的黄河中原地区的早期文明，是中华文明多元一体文明的主根脉和主基业。我觉得这一点绝不是不实之词。

作为考古学会的代表，我认为，陶寺遗址发掘40年来有一些成功的经验，值得考古学界借鉴和学习。

第一，选好选准遗址，不能盲目的上。如果没有1958年陶寺发现以来的反复研判，1987年之前山西队几经遴选确定陶寺遗址作为主攻方向，就没有今天一系列的成果。在这点上，要非常感谢当时决定在陶寺遗址进行发掘的夏鼐所长，也要感谢山西队的几位老先生提出的发掘陶寺遗址的真知灼见。

第二，对一个重要的遗址打持久战。国内很多城址，考古试掘挖几个探沟，发现了城墙就不了了之了。中原地区、黄河地区有很多遗址发现了城墙，甚至发现了城门，确定了年代就了事。试想，如果陶寺遗址没有持续的考古发掘推动，就不会有今天的成绩。

第三，从都城的角度，从中心型聚落的角度，从一开始就全面地策划发掘计划，注重研究都城的功能分区，这也是陶寺遗址发掘与研究的一个非常重要的特点和特色。

第四，不断根据以往的考古发现，提出新的发掘任务。以陶寺考古为例，有了大墓就找城，有了大城找宫殿，有了宫殿找宫城，发现了宫城，宫城附近有没有大规模的窖藏区、手工业作坊区。

第五，精细发掘，不放过任何蛛丝马迹。我觉得这个可以举陶寺观象台的例子。观象台那样的遗迹，以前国内外考古学界没有发掘过，如果不是精细发掘，很难发现，关键部位也就仅仅一道弧形墙基，顶面有几条槽缝。但正是山西队精细发掘，发现了这样的蛛丝马迹。

第六，勇于探索。这一点，何驽教授是非常值得我们学习的。我们一般在田野发掘当中经常会发现一些没见过的遗迹，一般的就存疑了，顶多在考古报告当中写一句，早年的考古报告甚至都不能写，当时的理念是“不能解释的就不写了”。但是，在发掘陶寺观象台过程中，何驽教授敢于思考，勤于思考，勇于探索，自己不了解就找相关的学科专家学者求教，最后在天文学家的提示下，做了实地模拟观测，并结合天文史学家、历法专家的天文学计算，判定它是一个用于观测日出定一年四季节令的观象台。如果没有精细的发掘发现，如果没有勇于探索的精神，是不会有这一重大发现的。当今中国，正值试图从考古大国向考古强国转变的时候，中国考古学家应该学习的地方，恰恰是勇于探索的精神。

第七，立足陶寺，放眼全国。我们不是站在陶寺看陶寺，也不是站在山西看陶寺，而是站在全国的中华文明起源形成过程这样一个大的背景下来看陶寺，既横向看它与其他区域文明之间的互动关系，更注重的是纵向地看陶寺在中华文明起源过程当中发挥的作用。这样，陶寺的地位与作用才能彰显。陶寺遗址的考古工作，不是认定它是尧都就完了，实际上尧都的认定只是一个环节，一个阶段，它对后期中华文明的发展所发挥的作用和影响，才是更值得我们大书特书的。

附记：根据中国社会科学论坛·早期都邑文明的发现研究与保护传承暨陶寺四十年发掘与研究国际论坛开幕式上发言整理成文。

新视野下陶寺文化变迁研究

闫付海　信应君

（郑州市文物考古研究院）

一、陶寺遗址的文化分期与丰富遗存

陶寺遗址位于山西南部临汾市襄汾县城东北约7千米的陶寺镇，位于汾河东岸的塔儿山西麓。遗址面积300万平方米以上。陶寺遗址考古发掘工作可以追溯到1978年，考古工作者经过近40年、三大阶段的考古发掘，发现了巨型城址，内部有宫殿区、仓储区、手工业作坊区、高等级贵族的墓葬区和祭祀区、庶民居住区等[①]。一系列重要发现

① 中国社会科学院考古研究所山西工作队、临汾地区文化局：《山西襄汾县陶寺遗址发掘简报》，《考古》1980年第1期；中国社会科学院考古研究所山西工作队、临汾地区文化局：《1978—1980年山西襄汾陶寺墓地发掘简报》，《考古》1983年第1期；中国社会科学院考古研究所山西工作队、临汾地区文化局：《山西襄汾陶寺遗址首次发现铜器》，《考古》1984年第12期；中国社会科学院考古研究所山西工作队、山西省临汾地区文化局：《陶寺遗存1983—1984年Ⅲ区居住址发掘的主要收获》，《考古》1986年第9期；高炜等：《陶寺遗址的发掘与夏文化的探索》，《中国考古学会第四次年会论文集（1983）》，文物出版社，1985年；中国社会科学院考古研究所山西第二工作队等：《2002年山西襄汾陶寺城址发掘》，《中国社会科学院古代文明研究中心通讯》2003年第5期；中国社会科学院考古研究所山西工作队、山西省考古研究所、临汾市文物局：《陶寺城址发现陶寺文化中期墓葬》，《考古》2003年第9期；中国社会科学院考古研究所山西工作队、山西省考古研究所、山西省临汾市文物局：《山西襄汾县陶寺城址发现陶寺文化大型建筑基址》，《考古》2004年第2期；中国社会科学院考古研究所山西队、山西省考古研究所、临汾市文物局：《山西襄汾县陶寺城址祭祀区大型建筑基址2003年发掘简报》，《考古》2004年第7期；中国社会科学院考古研究所山西工作队、山西省考古研究所、临汾市文物局：《山西襄汾陶寺城址2002年发掘报告》，《考古学报》2005年第3期；高炜、高天麟、张岱海：《关于陶寺墓地的几个问题》，《考古》1983年第6期；高天麟、张岱海、高炜：《龙山文化陶寺类型的年代与分期》，《史前研究》1984年第3期；梁星彭、严志斌：《中原龙山文化墓制研究》，《中国考古学论丛》，科学出版社，1993年，第90～105页；高炜：《山西襄汾陶寺文化城址》，《2001中国重要考古发现》，文物出版社，2002年；何驽、严志斌：《黄河流域史前最大城址进一步探明》，《中国文物报》2002年2月8日第1版；何驽等：《襄汾陶寺城址发掘显现暴力色彩》，《中国文物报》2003年1月31日第1版；何驽：《陶寺城址宫殿区发现的陶板功能试析——陶寺文化的陶瓦》，《中原地区文明化进程学术研讨会论文集》，科学出版社，2006年，第84～92页。本文所引用的陶寺遗址材料，均出自以上简报及相关论文。

和成果，足以表明陶寺遗址在中国早期文明发展史上有着非常重要的地位，对中国早期文明研究具有非常重要的价值和意义。

依据陶寺遗址各区的层位关系，中国社会科学院考古研究所山西工作队的同志们将陶寺遗存分为庙底沟二期文化层，陶寺文化早、中、晚期文化层。董琦先生在《陶寺遗存与陶寺文化》①一文中用陶寺一期、陶寺二期、陶寺三期、陶寺四期对陶寺的遗存进行了分析研究，分别对应一致。本文在相关的论述中，也采用董琦先生的分期方法。

在陶寺遗址，没有发现比陶寺一期年代更早的遗存。虽然没有明确的四期遗存直接连续的叠压打破关系，但是多处地点发现了一期、二期、四期和二期、三期、四期的叠压打破关系，足以证明陶寺遗址四期遗存相对年代的早晚关系。

陶寺遗址，以陶寺文化遗存（即陶寺二期、三期、四期遗存）为主，兼有少量陶寺一期遗存。关于陶寺遗址陶寺文化的丰富遗存和聚落形态，高江涛先生在《陶寺遗址聚落形态的初步考察》②一文中进行了较为系统的梳理和分析。

城址可分为早期小城、中期大城、中期小城。陶寺文化早期发现一较小规模的城址，称为陶寺早期小城。有“宫殿区”、仓储区、墓葬区，从墓葬的情况来看，有着明显的等级分化。至陶寺文化中期，陶寺城址开始大规模扩建，目前城址内发现中期大城、中期小城、仓储区、墓地、大型墓葬和大型建筑基址ⅡFJT1等重要遗存。陶寺文化晚期，宫殿区已毁坏，成为普通手工业作坊址，城垣已废弃，大型建筑ⅡFJT1被毁，陶寺遗址成为一般的聚落址。

二、陶寺文化区域遗址分布情况

陶寺遗址，位于临汾盆地的南部边缘。临汾盆地北依吕梁山，南为峨眉岭，隔峨眉岭与运城盆地相望，西边围以黄河。据历年来的考古调查资料统计，该区域内共发现陶寺文化遗址200多处，有相当数量的遗址，都是单纯的陶寺文化遗存，有的遗址内发现有早于陶寺文化的遗存，不少遗址中发现有晚于陶寺文化的遗存。和庙底沟二期文化时期相比，陶寺文化时期，单个的聚落规模明显增加，且特大型、大型的聚落数量也多。

仅根据调查所得遗址的数量、规模，来笼统分析陶寺文化时期聚落之间的关系，可能是存在问题的。其中明显的因素有两个：陶寺文化可以分为早、中、晚三期，时间跨度相对长，聚落的数量、规模是有一个变化发展的变迁过程；没有经过发掘，仅

① 董琦：《陶寺遗存与陶寺文化》，《华夏考古》1998年第1期。

② 高江涛：《陶寺遗址聚落形态的初步考察》，《中原文物》2007年第3期。

依靠调查的材料存在较大的误差和不确定性。还存在一个隐性的关键因素，就是这一种分析聚落间关系的社会复杂化和文化变迁的理论和方法论可能是存在问题的。

要进行陶寺文化聚落变迁的分析研究，我们需要对已发掘或重点调查的相关遗址和墓地的材料进行梳理分析。相关的遗址有陶寺遗址、开化遗址、下靳墓地、南石-方城遗址、侯村遗址。

陶寺遗址，上文已经介绍，此处不再赘述。

开化遗址，位于翼城县里砦乡开化村西，北依塔儿山，东靠绵山，西临滏河北源，地势北高南低，沟壑纵横，属于典型的黄土高原地貌。面积为128万平方米，文化内涵丰富，与周围的南石-方城、东午寄等遗址组成一组分布密集、面积较大的古遗址群[①]。1985年春，山西省考古研究所在试掘南石遗址的间隙，对开化遗址进行了复查，采集到一些具有代表性的陶器残片和石器[②]。根据采集陶器的陶质、陶色、纹饰、器形等各方面特征的对比，开化遗址遗存的时代基本与陶寺遗址的早期同时，也有少部分陶器更接近于陶寺遗址“中期”的同类器形，可能相对年代当较陶寺遗址早期略晚。

下靳墓地，位于临汾市西南约10千米的下靳村北，东南距陶寺遗址25千米，西隔汾河与吕梁山相望，南、北为平坦开阔的临汾盆地。共清理墓葬533座，先后发表简报和报告各1篇[③]。简报中将墓葬分为A、B两类，A类墓晚于B类墓，年代与陶寺墓地早期墓葬相当，发掘报告中公布的墓葬与A类墓大致同时，我们将其统称为下靳墓地较晚阶段墓葬。因为时代较早的B类墓不属于陶寺文化的范畴，具体年代不详，全部为小型墓葬，基本无随葬品，本文不予讨论。通常所指下靳墓地墓葬也仅指其较晚阶段属于陶寺文化早期的墓葬。下靳墓地的墓葬中有大型墓与陶寺墓地的中型墓规模一致，小型墓与陶寺墓地的小型墓一致；大墓随葬类型多样较为丰富的玉器，存在一定程度的毁墓现象。下靳墓地的出土遗物与陶寺早期墓葬中出土的遗物有很强的一致性，也存在明显的差异。

南石-方城遗址，位于曲沃县东北部和翼城县西北部交界地带。北靠塔儿山，南临滏河，和襄汾陶寺遗址仅一山之隔，直线距离约20千米。包括南石、古巨、方城和小

---

① 中国社会科学院考古研究所山西工作队：《晋南考古调查报告》，《考古学集刊（6）》，中国社会科学出版社，1989年。

② 山西省考古研究所：《山西翼城开化遗址调查》，《文物世界》1996年第1期。

③ 下靳考古队：《山西临汾下靳墓地发掘简报》，《文物》1998年第12期；山西省临汾行署文化局、中国社会科学院考古研究所山西工作队：《山西临汾下靳村陶寺文化墓地发掘报告》，《考古学报》1999年第4期。

巨四个自然村，东西连成一片，总面积约300万平方米。位于遗址东部的南石遗址[①]主要是陶寺文化晚期和二里头文化东下冯类型的遗存，位于遗址西部的方城遗址[②]主要是陶寺类型晚期的遗存。基本不见陶寺早、中期遗存，其中方城遗址出土的陶器中含有少量陶寺中期的特点。

侯村遗址，位于洪洞县赵城镇东约3千米的侯村东南，是一处面积较大、文化内涵丰富的龙山文化遗址，面积在40万平方米以上。这里地处临汾盆地的北部边缘，东依霍山，西近汾河，地形呈东高西低的缓坡状。1986年春夏之交，山西省考古研究所会同洪洞县博物馆再次对该遗址进行了较详细的勘察，并于同年夏天对其进行了小面积的试掘，实际发掘面积65平方米[③]。通过出土陶器的对比研究，无论是陶器的颜色、质地、种类、组合还是形制，侯村遗存都与陶寺文化晚期有着很强的一致性，其中有少量陶寺文化中期的特点，其主体因素应当属于陶寺文化的范畴。但是，两者之间也的确存在着明显的差异，在器物种类、纹饰、器表装饰特征、器形等方面，侯村遗存都有一定的独立性，而且有晋中、吕梁山一线龙山文化的典型器物。因此，也有学者认为“侯村新石器时代遗存是在继承本地传统文化的基础上，融合吸收外来文化的因素发展而来的”[④]。

三、陶寺文化因素分析与相关问题

前文已经提到，陶寺遗址的遗存分为四期，分别是陶寺一期、陶寺二期、陶寺三期、陶寺四期，这里分别介绍各期文化因素的变化及相关情况。

1. 关于陶寺一期

1983～1984年陶寺遗址Ⅲ区的发掘，发现了发掘者认为的“庙底沟二期文化遗

---

① 北京大学考古专业商周组、山西省考古研究所、河南省安阳、新乡地区文化局等：《晋豫鄂三省考古调查简报》，《文物》1982年第7期；山西省考古研究所：《山西翼城南石遗址调查、试掘报告》，《三晋考古（第二辑）》，山西人民出版社，1996年。

② 中国社会科学院考古研究所山西工作队、山西省临汾行署文化局：《山西曲沃县方城遗址发掘简报》，《考古》1988年第4期。

③ 山西省考古研究所等：《洪洞侯村新石器时代遗址调查、试掘报告》，《三晋考古（第二辑）》，山西人民出版社，1996年。

④ 王晓毅、翟少冬：《洪洞侯村新石器时代遗存分析》，《山西省考古学会论文集（三）》，山西古籍出版社，2000年。

存”①，陶器组合为鼓腹罐、筒形罐、圆肩罐、大底盆、折腹盆、擂体、敛口钵、尖底瓶等。卜工先生《庙底沟二期文化的几个问题》②一文，因陶寺“庙底沟二期文化”组合有鼓腹罐、筒腹罐、尖底瓶而无釜灶、斝、鼎，故将其归入仰韶文化晚期。对比《垣曲古城东关》③典型的庙底沟二期文化面貌——鼎、釜灶、斝等，卜工先生的观点有一定道理。何驽先生在《陶寺文化谱系研究综论》④一文中也认为，陶寺“庙底沟二期文化”的确与东关的庙底沟二期文化有很大差别，陶寺“庙底沟二期文化遗存”归入“仰韶文化晚期”比较合适，因此，陶寺文化早期与陶寺“庙底沟二期文化”在文化面貌上存在巨大差距就不足为奇了。高江涛先生在《陶寺遗址聚落形态的初步考察》一文中也赞同这一遗存属仰韶文化晚期遗存的看法⑤。

2. 关于陶寺二期

陶寺二期，也即陶寺文化早期。关于该期的相关问题，学界存在较大的争议。

因为陶寺文化早期陶器的基本组合相对于庙底沟二期文化并没有改变，虽然有自身的特点，但这些新的现象多出现在大型墓中，属特殊现象，可能与陶寺聚落的规格、级别有关，所以卜工先生认为陶寺文化早期的遗存应属于庙底沟二期文化，而陶寺文化中、晚期遗存则属于另一个考古学文化⑥。

根据高天麟先生对陶寺早期陶器的统计⑦，显示出陶寺文化早期与庙底沟二期文化面貌之间存在着重大差别。何驽先生结合与《垣曲古城东关》中庙底沟二期文化晚期典型类型的对比认为，陶寺文化早期新增因素比例远低于被抛弃的庙底沟二期文化典型因素，足以证明陶寺文化早期组合与古城东关庙底沟二期文化的差异与聚落等级无关，以聚落等级为由，淡化陶寺文化早期与庙底沟二期文化晚期文化面貌上的显著差异，将陶寺文化早期归入庙底沟二期文化显得有些问题⑧。

罗新、田建文先生也注意到了陶寺文化早期与庙底沟二期文化晚期之间存在着的

---

① 中国社会科学院考古研究所山西工作队、山西省临汾地区文化局：《陶寺遗存1983—1984年Ⅲ区居住址发掘的主要收获》，《考古》1986年第9期。

② 卜工：《庙底沟二期文化的几个问题》，《文物》1990年第2期。

③ 中国历史博物馆考古部、山西省考古研究所、垣曲县博物馆：《垣曲古城东关》，科学出版社，2001年。

④ 何驽：《陶寺文化谱系研究综论》，《古代文明（第3卷）》，文物出版社，2004年。

⑤ 高江涛：《陶寺遗址聚落形态的初步考察》，《中原文物》2007年第3期。

⑥ 卜工：《庙底沟二期文化的几个问题》，《文物》1990年第2期。

⑦ 高天麟：《关于庙底沟二期文化及相关的几个问题——兼与卜工同志商榷》，《文物》1992年第3期。

⑧ 何驽：《陶寺文化谱系研究综论》，《古代文明（第3卷）》，文物出版社，2004年。

巨大差异，认为陶寺文化早期是“庙底沟二期文化晚期”一个地方类型[①]。

以上陶寺文化早期与庙底沟二期文化的关系的分歧，表现了几个问题：①两者在文化面貌上存在较多的共同性；②存在巨大的差异；③并没有直接的地层叠压打破关系，仅根据类型学原理对陶器的研究，而无法确认其相对年代是承接关系[②]还是同时关系[③]。

关于陶寺文化早期文化因素来源的复杂性，学界也多有分析。何驽先生认为，是以庙底沟二期文化晚期的文化因素为主体，还包含客省庄二期文化和屈家岭文化、石家河文化的因素[④]。韩建业先生认为，是继承当地庙底沟二期类型早期的文化因素，大汶口文化晚期和良渚文化等东方文化西移与当地文化融合而形成[⑤]。相比之下后者的认识更深刻一些。

3. 关于陶寺三期

陶寺三期，即陶寺文化中期。分析该期的文化因素，从陶器和墓葬两个方面相比于陶寺文化早期，均有较为明显的区别。

从陶器方面来看，陶寺文化中期继承了当地陶寺文化早期的文化因素，还包含了晋中地区的文化因素和晋豫陕交界地区的三里桥文化因素、豫西地区王湾三期文化因素。各种主要器形均有明显的变化，而且出现了鬲这个新的器形；关于鬲的来源，并没有清楚的认识。

从墓葬方面来看，早期墓葬多长方形竖穴土坑墓，随葬品多放置在墓主人棺椁周围；中期墓葬出现圆角长方形，墓室较为规整，有的墓葬在墓壁四周敷有草泥，并伴有精良的装饰，大墓的四周有壁龛若干，用于放置随葬品。早期大墓随葬品以世俗陶器群和木器、陶器、石礼器为主，有鼍鼓、特磬等；而中期大墓如ⅡM22则改而崇尚玉器、漆器和彩绘陶器，丧葬风格发生了根本性的改变。

---

① 罗新、田建文：《陶寺文化再研究》，《中原文物》1991年第2期。

② 高炜、高天麟、张岱海：《关于陶寺墓地的几个问题》，《考古》1983年第6期；高天麟、张岱海、高炜：《龙山文化陶寺类型的年代与分期》，《史前研究》1984年第3期。

③ 罗新、田建文：《陶寺文化再研究》，《中原文物》1991年第2期；何驽：《陶寺文化谱系研究综论》，《古代文明（第3卷）》，文物出版社，2004年。

④ 何驽：《陶寺文化谱系研究综论》，《古代文明（第3卷）》，文物出版社，2004年。

⑤ 韩建业：《晋西南豫西西部庙底沟二期——龙山时代文化的分期与谱系》，《考古学报》2006年第2期。

4. 关于陶寺四期

陶寺四期，即陶寺文化晚期。

陶寺文化晚期的文化因素，主要表现在陶器方面，与中期相比，晚期陶器器壁较早、中期薄，火候较高，陶色较为纯正，轮制陶明显增多；釜灶和夹砂缸绝迹，盛行陶鬲；外来文化因素明显增加，新出现甗、深腹簋、单耳或双耳的平底或三足杯、粗柄或细柄豆等器物；而且也能见到盉、鬶等非当地固有的陶器。

四、关于文化因素分析与文化变迁的新认识

何驽先生在《陶寺文化谱系研究综论》[①]一文中，提到了“典型因素”“变体因素”“个性因素”“摒弃因素”，其后又提到了文化因素的四个层级，提到了都邑文化因素的多样特性。

所谓的典型因素，实质即得到传承的文化因素；个性因素，即新出现的文化因素；变体因素，即在原有器物的基础上进行改变的文化因素；摒弃因素，即消失不见的文化因素。这四种因素确实是客观存在的，需要说明的是，对比的两个文化主体的年代相对关系，是前后相承，还是同源共存，并不容易确定清楚准确。

所谓文化因素的四个层级，层级低变化快、层级高变化慢，但均不易传播，因为不管层级高低，均包含着权力和技术因素。

所谓都邑文化，实质即中心聚落文化，中心聚落文化因素的多样特性，在于社会的发展和社会复杂化的发展是一个整体的趋势。

新的文化变迁理论认为，征服统治和人群迁徙产生考古学文化的变化；新的文化因素分析方法，关键在于新文化因素的出现和来源的分析。笔者在《论文化因素分析与文化变迁》[②]一文中已有讨论，基本谈到了文化因素分析与文化变迁研究中相关的各个方面。在这里，根据陶寺文化相关问题的思考，对新的理论略作补充。

1）考古学文化因素分析与文化变迁研究，应以文化层堆积丰富的中心聚落为研究对象，以高等级文化因素来源分析为首选，若无，则以新出现的异文化因素来源分析为依据。

2）社会复杂化和权力系统的发展进化，来自族群迁徙、异族征服和统治，并不是寻常的自然发展进化。

---

① 何驽：《陶寺文化谱系研究综论》，《古代文明（第3卷）》，文物出版社，2004年。

② 闫付海：《论文化因素分析与文化变迁》，待刊。

3）中心聚落所能控制的范围是有限的，在有效的多层权力控制系统形成之前，广泛区域的共同文化因素的形成当即是被迫迁徙所形成的。

4）中心聚落的一次征服过程，必然导致被征服者的被迫迁徙，或单方向或多方向；重复着迁徙和征服的过程，传播着被改变前的文化因素；这一过程导致了广泛区域内文化因素的共性和个性以及年代上的共时与历时。

5）考古学文化中心聚落中心区域的年代最早，随着传播方向和传播路线，向外依次传播，距离中心越远，年代越晚。符合文明的伞状发展理论。

6）同一文化层内的遗存，可以分组；而分组的遗存却可能属于两种文化或同一文化的两期或同一期的两段，比如陶寺一期、陶寺四期、二里头遗址二里头文化四期、郑州地区的晚商遗存等。这种情况表明，文化层的改变当发生于中心聚落，而非中心聚落，虽有文化变迁，但可以无文化层改变。

7）一个区域各重要遗址的地层关系，可以反映该区域文化扩展、变迁、共时、历时的情况，绝非规则序列——其忽略了共时与历时的问题，而是以中心聚落的延续和转移为年代上的主序列。

8）文化的变迁，是非均速的。静止缓慢发展是常态、长时段的，而变化快速发展是突变快速的、短时段的。因此，每一个文化层或文化分期的年代长短是不确定的。

五、新视野下陶寺文化变迁

关于陶寺文化早期、中期、晚期之间的巨大差异，张国硕先生在《论陶寺文化发展过程中的异变》[①]一文中已经认识到这两次异变并不是一个文化发展过程中不同阶段所形成的自然演变，而是呈现出前者被后者所取代的特色，但并未能明确指出其变迁的过程及背后的逻辑。

在此，我们在新的文化变迁理论的指导下，在新的文化因素分析方法和上一部分的补充内容的基础上，重新认识陶寺遗存和陶寺文化的变迁及相关问题。

1. 关于陶寺一期

陶寺一期，是陶寺遗址最早的遗存，且不论是属于仰韶文化晚期还是庙底沟二期文化早期，更可能是类型学上属于前者，而年代上属于后者；陶寺二期与该期遗存在文化面貌上存在巨大差距。通常所谓的文化面貌，多指出土陶器的情况，也包含各种遗迹现象，而遗迹现象多和环境有着密切关系。

① 张国硕：《论陶寺文化发展过程中的异变》，《中国社会科学院古代文明研究中心通讯》2009年第18期。

2. 关于陶寺二期

关于陶寺二期，也即陶寺文化早期，有几个问题：与庙底沟二期文化晚期的关系，文化因素来源分析，形成过程等。

陶寺文化早期与庙底沟二期文化晚期，可能是共同源于庙底沟二期文化中期：两者继承了部分共同的文化因素，所以表现了“典型因素”；两者有着不同的发展方向和发展度，表现了“个性因素”、“变体因素”和“摒弃因素”。

两者应当是同时共存关系：因陶寺遗址陶寺文化早期之前的遗存为仰韶晚期，所以陶寺早期中和庙底沟二期文化相近的陶器应该是从其他庙底沟二期文化遗址中带过去的，而新出现的陶器类型和高等级的文化因素可能是异族征服者所携带的文化因素，而其他庙底沟二期文化晚期的遗址仅仅表现为相对中期的衰落。这一种情况，和新砦二期文化、二里头文化一期的出现与周边三座王湾三期文化城址的废弃情况是类似的[①]，是同一种文化变迁模式。如此，陶寺文化早期，当是异族征服庙底沟二期文化中期中心聚落，并迁徙至陶寺遗址，建筑了陶寺早期小城，其间可能也有开化遗址的一席之地；而其他庙底沟二期文化中期中心聚落衰落为庙底沟二期文化的晚期聚落；这样，陶寺文化早期和庙底沟二期文化晚期同时，是合理的。

2002年的发掘工作确定了陶寺文化早期城址，了解了早期城址城墙的结构，明确其始建年代属于陶寺文化早期偏早阶段，毁弃于陶寺文化早期偏晚阶段[②]。早期城址的始建年代和废弃年代，正表现了陶寺早期对已存在的聚落的巨大改变以及被陶寺中期的巨大改变，这个巨大改变就是异族征服和统治。从某种程度上说，新砦城址和二里头遗址的出现和陶寺早期城址的出现是类似的，王城岗遗址龙山文化大城的出现和废弃，也是一样的[③]。

陶寺文化早期的文化因素来源复杂，有东方地区的大汶口文化晚期和良渚文化，北方晋中地区、南方及西南方王湾三期文化和客省庄二期文化等。所谓的来源分析，仅是文化因素共性和相似性的对比分析；如此，则可以分为两部分，高等级文化因素来源于东方地区的大汶口文化晚期和良渚文化，日用陶器除继承当地早期的文化因素

① 闫付海：《新砦二期文化性质新论（上）》，《华夏文明》2018年第6期；闫付海：《新砦二期文化性质新论（下）》，《华夏文明》2018年第7期。

② 中国社会科学院考古研究所山西队、山西省考古研究所、临汾市文物局：《山西襄汾陶寺城址2002年发掘报告》，《考古学报》2005年第3期。

③ 闫付海：《新砦二期文化性质新论（上）》，《华夏文明》2018年第6期；闫付海：《新砦二期文化性质新论（下）》，《华夏文明》2018年第7期。笔者在文中提到了王城岗遗址龙山文化大城的废弃，并未提到其始建的性质，其实质是一样的。

和东方地区传来的文化因素外，和北方、南方、西南方向的有较多的相似性。根据高等级文化因素的来源分析为首选的要求，陶寺早期的文化因素来源于东方地区大汶口文化晚期，是东方地区大汶口文化晚期族群迁徙至陶寺文化区域主导文化的变迁和陶寺文化早期的形成。其中关于良渚文化因素部分，笔者在其他文章中阐述了其出现的机理①。

庙底沟二期文化和陶寺文化早期的文化因素在北方、西方、西南方地区的广泛存在，当是两次东方地区文化的迁入和征服导致原该区域中心聚落人群的四散迁徙而形成的。清凉寺墓地的二期墓葬②、下靳墓地③、晋中太谷白燕遗址④的第二期遗存等，当均属于这种情况。

3. 关于陶寺三期

陶寺三期，即陶寺文化中期。

陶寺中期大城城墙Q6的夯层中出土有较多的人骨碎片，根据相关专家和工作人员分析推测⑤，“这些人骨是在骨骼无肉的状态下被人为砸烂的，来自筑墙用的墓地取土，筑城者取土时碰到陶寺古城当地人早期墓葬，不仅不将人骨剔出妥善掩埋，反而有意砸碎后混在垫土中夯进夯层，这与陶寺Ⅱ区墓地中晚期墓葬打破早期墓葬后妥善掩埋早期人骨的行为形成鲜明对比，说明筑城者与陶寺古城人没有亲情关系，即血缘关系”，这一点推测是合理的，但是进一步推测“这既显示出陶寺古城权力机构强大的组织力与控制力，同时也显现出被征调来的‘外乡人’筑城者与陶寺古城人在利益上实际存在着对立从而导致情绪上的敌对和仇视，这才有了筑城者墓地取土、砸骨泄愤之举”，似乎是欠合理的。如果权力机构是早期的延续，早期古城已经延续了相当长的时间，为何突然废弃？如果是对外乡人的征调，必然有严格的管理，出现砸骨泄愤这种情况的可能性不大。合理的推测是，中期的权力机构并非早期的延续，而是异族征服和统治。

---

① 闫付海：《论文化因素分析与文化变迁》，待刊；闫付海：《论考古发现中的毁墓与人殉》，待刊。

② 山西省考古研究所、运城市文物工作站、芮城县旅游文物局：《清凉寺史前墓地》，文物出版社，2016年。

③ 下靳考古队：《山西临汾下靳墓地发掘简报》，《文物》1998年第12期；山西省临汾行署文化局、中国社会科学院考古研究所山西工作队：《山西临汾下靳村陶寺文化墓地发掘报告》，《考古学报》1999年第4期。

④ 晋中考古队：《山西太谷白燕遗址第一地点发掘简报》，《文物》1989年第3期；晋中考古队：《山西太谷白燕遗址第二、三、四地点发掘简报》，《文物》1989年第3期。

⑤ 何驽：《陶寺城址南墙夯土层中人骨说明的问题》，《中国文物报》2002年3月8日第7版。

在陶寺中晚期人骨的种系分析中，头骨测量特征的多元统计分析显示出灰坑的人骨与20世纪发掘的陶寺文化早期墓葬中出土的人骨形态相距较远，这个结果可能暗示着陶寺早期人群和中晚期的人群可能有着不一样的来源[①]。

陶寺文化中期的文化因素相比于陶寺早期，主要表现在继承和发展早期，出现了新的器形；关键的因素在于，高等级文化因素的明显变化，这些新的高等级文化因素同样是来自东方地区的大汶口-龙山文化。这是又一次东方文化族群的征服和迁徙过程。

陶寺文化早期和中期文化因素，或者说中低等级的文化因素的广泛存在，情况和上一部分的情况是一致的。

4. 关于陶寺四期

陶寺四期，即陶寺文化晚期。陶寺遗址的毁墓现象，笔者在《论考古发现中的毁墓与人殉》[②]一文中已有阐述。

2002年发掘陶寺晚期ⅠHG8所反映的暴力遗存[③]：出土30余个人头骨，上面多有砍斫痕，这些人骨以青壮年男性为多，有一具明显被暴力残害致死的成年女性骨架，以及大量的骨镞。ⅠHG8时代属于陶寺文化晚期。联系到陶寺文化城墙在陶寺文化晚期时已被毁弃，陶寺文化晚期的部分遗迹单位中常堆积有大量的建筑垃圾如夯土块、白灰皮，说明在陶寺文化晚期阶段曾有过大规模的人为毁坏建筑的行为。从ⅠHG8出土遗物和这些遗存的情况来看，前者可能是陶寺晚期残酷的异族统治的表现，后者是陶寺城址晚期废弃时的表现，合理的推测是统治者与被统治者残酷激烈的斗争使得都城从陶寺迁到南石-方城而导致陶寺的衰落。

陶寺文化晚期的文化因素相比于陶寺文化中期，变化明显，虽然没有明显的新出现高等级文化遗存，但是从现有的情况分析来看，晚期对中期的这一次文化变迁过程是又一次东方龙山文化族群对当地的征服和迁徙过程。

5. 关于陶寺文化的去向

陶寺四期，即陶寺文化晚期，是陶寺遗址的最晚期遗存。根据分析，是可以再分成早晚两段的[④]。

---

① 张雅军、何驽、张帆：《陶寺中晚期人骨的种系分析》，《人类学学报》2009年第4期。

② 闫付海：《论考古发现中的毁墓与人殉》，刊于本书。

③ 中国社会科学院考古研究所山西队、山西省考古研究所、临汾市文物局：《山西襄汾陶寺城址2002年发掘报告》，《考古学报》2005年第3期。

④ 曹艳朋：《陶寺文化研究》，郑州大学硕士学位论文，2009年。

临汾盆地陶寺文化以后的文化是二里头文化东下冯类型，从距离陶寺遗址不足20千米的大柴遗址[①]的遗存情况来看，大柴遗址的东下冯类型遗存和龙山文化陶寺类型的关系，两者陶器之间从陶质、陶色、纹饰、器物造型、器群组合等方面的因素进行观察、对比之后，大致可以得出这样的认识，即大柴遗址直接承袭陶寺文化晚期的迹象极不明显，反映了陶寺文化晚期和大柴遗址之间的关系，并非一种自然延续或彼此有承传关系[②]。

前文提到的位于临汾盆地北部边缘的侯村遗址发现了较为丰富的含有陶寺文化晚期文化因素的遗存。晋中地区太谷白燕遗址的第三、四期可能也与陶寺文化晚期族群被迫北迁这一过程有关。另外，再往北的鄂尔多斯和陕北北部地区朱开沟文化早期的遗存中多发现有陶寺晚期的文化因素[③]。

这些情况表明，陶寺文化晚期延续至二里头文化东下冯类型自南向北扩展时，族群被迫向北迁徙，在北方和西北方向更远的地方形成新的考古学文化。这就是陶寺文化的去向。

六、余　　论

本文虽然认为陶寺遗址的各期都是异族人群的征服统治，并根据各期新增的异文化因素分析了每期的异族人群的来源，但并没有更进一步分析异族人群迁徙的路线；也没有根据各期的分布范围和中心聚落的转移过程，具体分析在统治族群更替的过程中，被征服的统治族群迁徙方向和去处以及引起的重复过程。

通过对陶寺遗址的文化变迁分析，对中国文明和国家起源的过程是一个缩影，对史前时期其他重要遗址、城址、中心聚落的变迁也是一个参考。以石峁遗址为例，通过本文的分析，石峁遗址的文化变迁、年代性质及其与陶寺遗址的关系等问题，都是基本清楚的；简而言之，石峁遗址就是陶寺文化族群在西北方向上多次被迫迁徙的结果。

关于陶寺遗址的年代问题，学界的主流认识并无异议，同时也注意到了其中存在

① 中国社会科学院考古研究所山西工作队：《山西襄汾县大柴遗址发掘简报》，《考古》1987年第7期。

② 高天麟、李健民：《就大柴遗址的发掘试析二里头文化东下冯类型的性质》，《考古》1987年第7期。

③ 内蒙古自治区文物考古研究所、鄂尔多斯博物馆：《朱开沟——青铜时代早期遗址发掘报告》，文物出版社，2000年；西安半坡博物馆：《陕西神木石峁遗址调查试掘简报》，《史前研究》1983年第2期；陕西省考古研究所：《陕西神木新华遗址1999年发掘简报》，《考古与文物》2002年第1期；田广金、韩建业：《朱开沟文化研究》，《考古学研究（五）》，科学出版社，2003年。

的问题。对于^{14}C测年结果的采用，笔者在其他文章里已经讨论了相关问题[①]，需要专家学者在新认识的基础上再具体准确地进行^{14}C测年结果的采用、分析和解释。深一步思考，新石器时代晚期至商代前期，考古学文化在年代研究上存在的问题，根源在于地层学和类型学在年代研究上的缺陷，笔者会有专文讨论。

关于陶寺遗址的性质以及与早期文献相联系的问题，在本文认识的基础上，在这里是不需要讨论这个问题的。

另外，在《晋南考古调查报告》结语的最后部分提到，“晋南的古文化遗存与黄河中游各地的古文化之间，共性无疑是主流，但共性与地域性特点的比重却因时而异。概括说：仰韶文化和庙底沟二期文化，共性相当显著，地域性特点比较弱；龙山文化和二里头文化阶段，虽共性仍居主导地位，但地域性特点却十分强烈；到商代二里冈时期，地域性特点又大大削弱；自此之后，基本上是随时间的推移，共性愈来愈强，地域性特点愈益不明显。这种文化面貌的共性与地域性特点的消长过程，自然不是单纯物与物的变化，研究形成这种现象的历史背景，是晋南考古工作者面临的又一课题”[②]。笔者根据对考古学文化变迁的思考和认识，对中国文明和国家起源的思考和认识，对这一课题给出自己的总体认识：前期，时间长、技术弱、权力弱，所以显得共性显著；中期，时间短、技术强、权力弱，所以地域性显著；后期，时间长、技术弱、权力强，所以共性显著。

① 闫付海：《碳十四年代测定与夏商文化研究的二重证据法》，待刊。

② 中国社会科学院考古研究所山西工作队：《晋南考古调查报告》，《考古学集刊（6）》，中国社会科学出版社，1989年。

中国通史视野中的陶寺文化

方新园　郑先兴

（南阳师范学院）

20世纪50年代，陶寺遗址已经被发现，后又经过三次复查，最终在1978年冬季正式开始进行科学考古发掘①，时至今日，已有40年。其间，考古成果丰硕，围绕陶寺遗址而结出的研究成果，也是蔚为大观。1978～1985年，考古学界开展第一阶段的发掘工作，先后发表简报4篇，2015年，陶寺考古工作人员发布《襄汾陶寺——1978～1985年考古发掘报告》②（以下简称《襄汾陶寺》），此为这一阶段的总结性成果。紧接着，在2000～2005年，再次发掘陶寺遗址，先后发表简报4篇。每一次的考古成果的问世，都带动考古学界、历史学界的热议。学界的研究成果，大体上可以分为三类：一是考古发掘报告的精细和深化，如《山西襄汾陶寺遗址孢粉分析》③《山西陶寺遗址出土人骨的病理和创伤》④《山西襄汾陶寺遗址陶片的测试和分析》⑤《山西襄汾陶寺遗址陶土成分分析》⑥《山西襄汾陶寺遗址的植硅石分析》⑦。二是考古学意义上的研

---

① 中国社会科学院考古研究所山西工作队、临汾地区文化局：《山西襄汾县陶寺遗址发掘简报》，《考古》1980年第1期，第18页。

② 中国社会科学院考古研究所、山西省临汾市文物局：《襄汾陶寺——1978～1985年考古发掘报告》，文物出版社，2015年。

③ 孔昭宸、杜乃秋：《山西襄汾陶寺遗址孢粉分析》，《考古》1992年第2期。

④ 张雅军、何驽、尹兴喆：《山西陶寺遗址出土人骨的病理和创伤》，《人类学学报》2011年第3期。

⑤ 中国社会科学院考古研究所实验室：《山西襄汾陶寺遗址陶片的测试和分析》，《考古》1993年第2期。

⑥ 王小娟、王晓毅：《山西襄汾陶寺遗址陶土成分分析》，《考古与文物》2013年第2期。

⑦ 姚政权、吴妍、王昌燧、何驽、赵志军：《山西襄汾陶寺遗址的植硅石分析》，《农业考古》2006年第4期，第19～26页。

究，如陶寺文化性质研究①、陶寺文化谱系研究②、陶寺遗址的族属问题③，等等。三是史学意义的研究，如陶寺与尧舜禹的关系问题④、陶寺文化与中华文明起源问题⑤，等等。整体而言，考古及考古学的研究成果居多，不仅在于论文数量多，而且考古学界的参与度较高。相比之下，考古学界之外学者的参与热度和研究成果就稍显薄弱。我们打算从中国通史编纂学的角度，认识陶寺文化及陶寺遗址，不当之处，希请方家指正。

一、龙山时代的陶寺文化

陶寺文化因发掘地陶寺遗址而得名，始发掘于1978年，该文化共分为早、中、晚三期六组，根据考古文化分层和^{14}C测定数据⑥，推测早期的年代在公元前2450～前2300年，晚期二组的年代下限约在公元前1900年，换而言之，陶寺文化的绝对年限在龙山文化断限，是龙山文化的一支。但陶寺文化是其中的一朵奇葩，有着鲜明的独特性，具体而言，它有三个层次递进的内涵：陶寺遗址、陶寺文化聚落群、陶寺文化。

（一）陶寺遗址

陶寺遗址经历过两个阶段的发掘：一是1978～1985年，该阶段的工作是对陶寺遗址的全面发掘；二是1999～2007年，该阶段的主要任务是对陶寺城址的发掘工作。结合两阶段的发掘成果，我们可以简单地勾勒出陶寺遗址的轮廓。

陶寺遗址的面积达到430万平方米，实际存在面积300余万平方米⑦。2000年，发掘陶寺文化中期城址城墙。2002年，再次取得突破，发掘陶寺文化早期城址城墙⑧。陶寺

① 罗新、田建文：《陶寺文化再研究》，《中原文物》1991年第2期。

② 高天麟：《关于庙底沟二期文化及相关的几个问题——兼与卜工同志商榷》，《文物》1992年第3期；何驽：《陶寺文化谱系研究综论》，《古代文明（第3卷）》，文物出版社，2004年，第54～86页。

③ 高炜、高天麟、张岱海：《关于陶寺墓地的几个问题》，《考古》1983年第6期。

④ 何驽：《尧都何在：陶寺城址发现的考古指证》，《史志学刊》2015年第2期。

⑤ 张童心、贾志强：《中国文明起源中的唐尧文化——以陶寺遗址为中心》，《忻州师范学院学报》2004年第6期。

⑥ 中国社会科学院考古所研究室：《陶寺遗址碳十四年代数据》，《襄汾陶寺——1978～1985年考古发掘报告（第三册）》，文物出版社，2015年，第1234～1240页。

⑦ 中国社会科学院考古研究所、山西省临汾市文物局：《襄汾陶寺——1978～1985年考古发掘报告（第三册）》，文物出版社，2015年，第1118页。

⑧ 中国社会科学院考古研究所山西队、山西省考古研究所、临汾市文物局：《山西襄汾陶寺城址2002年发掘报告》，《考古学报》2005年第3期。

城址可分为生活区、祭祀区、墓葬区，该遗址出土了大量的陶器、木器、玉器等文物。值得一提的是，陶寺遗址跨度两个文化阶段，即存在庙底沟二期文化和陶寺文化。

总之，陶寺遗址是陶寺文化的主体内容，陶寺遗址的内容，决定了陶寺文化的内涵。

（二）陶寺文化聚落群

任何一项考古遗址，成为考古意义上的单一文化类型，其周围必然有若干个具有高度相似性的遗址，它们之间可能存在大大小小的区别，但显然是属于同一文化类型的。这些次区域的遗址，会大大地丰富中心遗址的内涵。

除了众所周知的陶寺遗址外，陶寺文化还分布在近120处的遗址中[①]，它们集中分布在塔儿山附近，这些遗址虽规模有大有小，时间有长有短，但层次分明，围绕陶寺遗址，呈现众星捧月的格局。陶寺遗址是陶寺文化中唯一的超大型城址，是陶寺文化聚落群最重要的遗址，没有之一。

（三）陶寺文化

陶寺文化建立在陶寺遗址及其周围众多的遗址上，一度被称为“龙山文化陶寺类型”“中原龙山文化陶寺类型”，到20世纪90年代，“陶寺文化”之名才得到广泛认可。陶寺文化的学名变迁，既显示人们对陶寺文化认识程度的变化，也显示陶寺文化的独特性。

陶寺遗址、陶寺文化聚落群、陶寺文化具有紧密联系，但三者并不等同，就时间而言，陶寺遗址的部分文化遗存属于庙底沟二期文化早期，而陶寺文化仅仅存在于龙山时代；就地域而言，陶寺遗址是陶寺文化的中心，但陶寺文化包含陶寺遗址周围的陶寺文化聚落群。

二、尧时代的陶寺文化

弄清楚陶寺文化的发掘概况和大体范围后，我们知道对陶寺文化的正确认识有一个过程，其中，对陶寺文化所具有的唐尧属性的认识，就是一个颇有兴味的话题。

---

① 中国社会科学院考古研究所、山西省临汾市文物局：《襄汾陶寺——1978～1985年考古发掘报告（第三册）》，文物出版社，2015年，第1118页。

（一）陶寺文化的尧都——最早中国话语体系的构建

陶寺遗址，并不是从一开始就被认为是尧都。陶寺遗址成为尧都，有赖于学界的科学认识和外界人士的鼓与呼。

陶寺遗址一开始是作为夏文化来探讨的，“发掘陶寺遗址的初衷是探索夏文化”①。1959年，著名考古学家、历史学家徐旭生先生来到晋西、豫北等区域，来探索“夏墟”，此后，考古学家在这一区域发现了众多遗址，其中就包括陶寺遗址。但随着发掘成果的不断更新、丰富，陶寺文化属于夏文化的论断遭到否定。1983年，高炜得出结论：“陶寺正处于晋西南‘夏墟’的范围内，从地望和出土材料联系起来看，陶寺墓地的发掘为探索夏文化提供了资料。”②犹且言语夏文化，但短短的两年之后，发掘者之一提出了陶寺遗址与帝尧可能存在关系③。此后，关于陶寺遗址与尧都的关系，成为陶寺文化研究的热门话题。

2001年，是社会认可“陶寺遗址是尧都”观念的标志年份。这一年，襄汾陶寺城址得到确认，即陶寺遗址为都邑性质遗址得到了内证性资料。随后，陶寺遗址成为“中华文明探源工程预研究”子课题，昭示着在国家层面认可陶寺遗址是中华文明的源头之一。

近年来，学术界关于“中国叙说”成为一大热点，表现之一就是寻找最早的中国。2009年，许宏先生提出“最早的中国”概念④，在追溯最早中国的形成过程中，陶寺遗址成为许宏先生最早中国的开篇⑤。学界对最早的中国念兹在兹。

李伯谦先生在“尧文化与德廉思想研讨会”上指出：“陶寺遗址是黄河流域中游的中原地区最早出现的一个科学意义上的国家——王国的都城所在地，在中国古代文明演进中占有重要地位。”⑥可以说，以李伯谦先生为代表的学者，将临汾陶寺是尧都的事实彻底坐实了。

---

① 中国社会科学院考古研究所、山西省临汾市文物局：《襄汾陶寺——1978～1985年考古发掘报告（第三册）》，文物出版社，2015年，第1120页。

② 中国社会科学院考古研究所山西工作队、临汾地区文化局：《1978～1980年山西襄汾陶寺墓地发掘简报》1983年第1期，第42页。

③ 学界放弃陶寺文化归属于夏文化观点的过程，详见邹衡：《夏文化研讨的回顾与展望》，《中原文物》1990年第2期。

④ 许宏：《最早的中国》，科学出版社，2009年。

⑤ 许宏：《何以中国》，生活·读书·新知三联书店，2014年。

⑥ 李伯谦：《略论陶寺遗址在中国古代文明演进中的地位》，《华夏考古》2015年第4期，第19页。

以上是学界的动向，学界之外也有一批坚实的拥趸，尤其是山西地方政府，他们利用社会资源，倾力打造尧都，仅以宣传为例。2004年，“考古大发现，陶寺遗址重大收获”，因其“极可能为4000多年前尧时的‘唐尧帝都’”，被列为当年山西文化10件新闻大事[①]。2007年，高树德发表《尧文化是中华文明之源》，提出尧是“文明之源”“血缘之根”“中国之祖”[②]。2015年，《临汾日报》发表评论员文章，题目是《溯中国源头，寻华夏之根——热烈庆祝山西·临汾帝尧古都文化旅游节开幕》。2018年2月6日，《山西日报》登载《世界视野的陶寺遗址》。从省级刊物到地方刊物、从专业刊物到普通刊物，都显示着推动陶寺遗址走向公共知识的非学术界人士的力量和贡献。

关于陶寺遗址是尧都的话语建构，可以说是极其成功的。原因有很多，最根本最关键的因素在于陶寺文化与尧文化的一致性。关于尧的记叙，除了业已证明的陶寺遗址外，尚没有确切可以指认为唐尧的考古遗址。因此，叙述尧时代的基本特征，我们还是不得不先回到文献。

（二）尧时代的文献特征

关于唐尧的文献记载，主要集中在《左传》《古本竹书纪年》《史记》以及一些简牍等。综合文献资料所载，尧时代主要有以下几件大事。

1. 继承问题

尧时代实行禅让制，唐尧主动让位给下一位继任者虞舜。史料载曰：

《郭店楚墓竹简》：“唐虞之道，禅而不传。尧舜之王，利天下而不利也。禅而不传，圣之盛也。”（《唐虞之道》简1）

《上博楚竹简》：“尧有子九人，不以其子为后，见舜之贤也，而欲以为后。”（《容成氏》第十二简）

《上博楚竹简》：“尧为善兴贤，而卒立之。昔舜耕于鬲丘，陶于河滨，渔于雷泽，孝养父母，以善其亲，乃及邦子。尧闻之。”（《容成氏》第十三简）

2. 洪水问题

唐尧时期，洪水成为严重的社会民生问题，解决洪水问题成为拥有继承人资格的试金石。

---

① 孟苗：《2004：山西文化的10件新闻大事》，《山西日报》2015年1月11日。

② 高树德：《尧文化是中华文明之源》，《中关村》2017年第12月号总第55期，第18～20页。案：此期《中关村》关于尧文化组稿共9篇。

《史记》：“尧又曰：‘嗟，四岳，汤汤洪水滔天，浩浩怀山襄陵下民其忧，有能使治者’。”（《五帝本纪》）

3. 战争问题

唐尧时代的战争主要是继承者与被继承者、继承者与继承者之间的矛盾而引发的纠纷。

《尚书·尧典》：“流共工于幽州，放驩兜于崇山，窜三苗于三危，应练于羽山，四罪而天下咸服。”

《括地志》云：“……《竹书》云：‘昔尧德衰，为舜所囚也。’”（《史记·五帝本纪》正义）

《汲冢竹书》云：“舜囚尧于平阳，取之帝位。”（《广弘明集》卷一一法琳《对传奕废法僧事》）

《括地志》云：“……《竹书》云：‘舜囚尧，复偃塞开朱，使不与父相见也。’”（《史记·五帝本纪》正义）

《括地志》云：“……《汲冢纪年》云：‘后稷放帝子丹朱于丹水。’”（《史记·高祖本纪》正义）

4. 祭祀问题

唐尧在虞舜继承帝位前夕，虞舜代行唐尧职责巡狩四方，告祭山川神明，并祭祀于祖祢庙。

《史记·五帝本纪》：“岁二月，东巡狩，至于岱宗，祡，望秩于山川。遂见东方君长，合时月正日，同律度量衡，脩五礼五玉三帛二生一死为挚，如五器，卒乃复。五月，南巡狩；八月，西巡狩；十一月，北巡狩：皆如初。归，至于祖祢庙，用特牛礼。”

当然，除上述内容之外，尧时代还有许多生动的场景。例如，《墨子》记载：“古者舜，薪历山，陶河濒，渔雷泽，尧得之服泽之阳。”可知，作为平民百姓的虞舜会打柴薪来生火，会用陶器到河边汲水，会在大湖中渔猎，展示了唐尧时期基层百姓的生活状态。

（三）陶寺文化的基本特征

普遍地讲，文明的标志有四点：文字、城市、铜器和政权。可以说，陶寺文化最大最基本的特征在于它具备了成为文明国家所有的要素。

陶寺遗址最早发现的文字是在1984年发掘的扁壶上面，为毛笔朱书，文字2个，其中一个字和甲骨文极其相似，并能在甲骨文中找到类似的字形，学术界将其隶定为“文”字，并已取得共识。至于另一字，学界所争论的焦点在于隶定为何字，不在于其性质，即是不是文字的问题。此外，在2005～2007年的城址发掘中，再一次发现朱书扁壶残片，“陶寺遗址已经使用文字的可能性也进一步增大”（图一～图三）。①

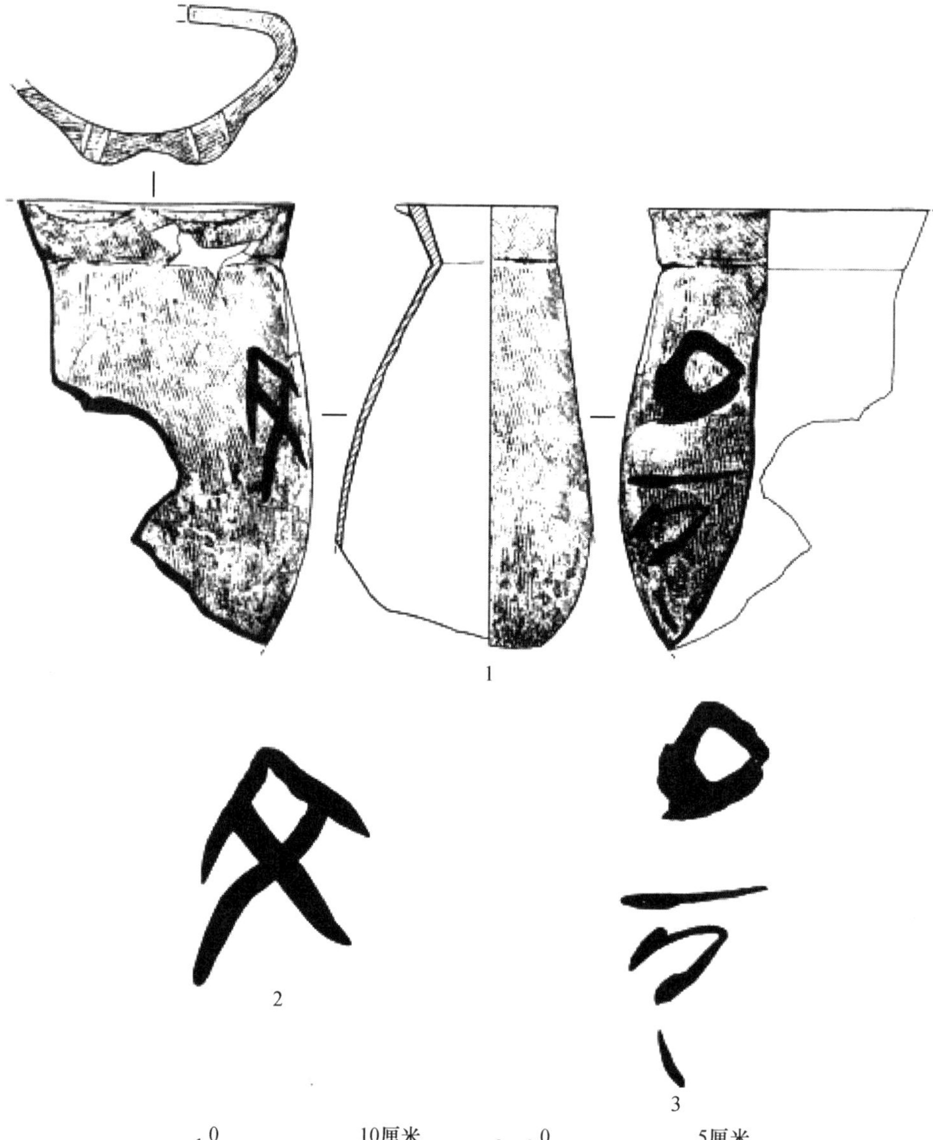

图一　陶扁壶上的朱书文字

1. 陶扁壶残器（H3403：13）　2. 陶扁壶鼓腹一面的朱书文字（摹本）　3. 陶扁壶平腹一面的朱书文字（摹本）

（来源：《襄汾陶寺（第一册）》图3-151）

① 中国社会科学院考古研究所山西队、山西省考古研究所、临汾市文物局：《山西襄汾县陶寺城址发现陶寺文化中期大型夯土建筑基址》，《考古》2008年第3期，第3～6页。

图二　陶扁壶鼓腹一面朱书笔迹
（来源：《襄汾陶寺》第四册，图版九）

图三　陶扁壶平腹一面朱书笔迹
（来源：《襄汾陶寺》第四册，图版十）

1999～2001年，陶寺遗址的城址城墙被发现，并在2000年确认陶寺文化中期城址城墙，随后，2002年，又“确定了陶寺中期城址之前陶寺文化早期城址的存在”[①]。到2003年时，发掘陶寺城址祭祀区大型建筑基址[②]。2007年，发掘陶寺文化中期大型夯土建筑基址，推测为宫殿建筑[③]。从发掘的规模和功能来看，陶寺遗址的规模宏大，使用时间较长，街区功能分布也较为完整，是当时数一数二的大城市。陶寺城址衰落于陶寺文化晚期，根据出土骨骼的观察结果，部分骨骼有暴力创伤，因此推测衰亡原因为外部战争或内部斗争。

1983年，陶寺遗址首次出土了铜器，表面盖有铜锈，经实验测定，“该铜器成分是纯度达98%的纯铜”[④]，在工艺上，使用了复合范的方法，“是中国历史上最早的复

① 中国社会科学院考古研究所山西队、山西省考古研究所、临汾市文物局：《山西襄汾陶寺城址2002年发掘报告》，《考古学报》2005年第3期，第307页。

② 中国社会科学院考古研究所山西队、山西省考古研究所、临汾市文物局：《山西襄汾县陶寺城址祭祀区大型建筑基址2003年发掘简报》，《考古》2004年第7期，第9页。

③ 中国社会科学院考古研究所山西队、山西省考古研究所、临汾市文物局：《山西襄汾县陶寺城址发现陶寺文化中期大型夯土建筑基址》，《考古》2008年第3期，第3～6页。

④ 中国社会科学院考古研究所山西队、临汾地区文化局：《山西襄汾陶寺遗址首次发现铜器》，《考古》1984年第12期。

合范制品”[1]，是社会生产进步的标志之一。

国家的标志有很多，但在上古时期，祭祀权力应当是早起国家形成的最重要的标志之一。“国之大事，在祀与戎”，祭祀同军事行动一样，是国家行为，代表国家意志。无疑，陶寺遗址拥有浓厚的祭祀色彩，主要体现在两方面：一是观象台的存在，于2003年在发掘祭祀区过程中发现。“历象日月星辰，敬授民时。”观天象，既为民生大事，更为祭天大事。二是随葬品的等级。根据1978～1985年的发掘成果，陶寺文化的墓葬分为六类，一类为大型墓葬，尤其是一类甲型大墓，是整个墓葬群的顶尖存在，随葬有尖首玉圭、龙盘、鼍鼓、特磬和陶器。尤其是陶器，仅见于一类甲型大墓，不见于其他类型墓葬，成为龙山文化中的个案，因此，陶器同尖首玉圭、龙盘、鼍鼓、特磬一道，成为陶寺遗址的礼乐重器。

三、中国通史中的陶寺文化

在中国通史编纂中，除时间因素外，有无陶寺文化，实质上是在讨论存在不存在尧文化的问题。依照不同的知识背景，20世纪以来的中国通史著作相应有不同的处理方法。总体而言，有否定和肯定两种方式。

（一）否定尧文化的存在

受中国近代以来的疑经思想和西方的实证主义的影响，中国学术界掀起否定传统学术的思潮，“古史辨”是其标志性运动，对中国通史编纂的影响极大。

“古史辨”的始作俑者顾颉刚在1923～1924年，同王钟麒合作编写了《现代初中教科书·本国史》，该书讲到尧的时候，只讲了“洪水的传说”，实际在说黄河泛滥的原因，借洪水发生的客观原因否定尧舜禹的事迹，认为“尧、舜的故事，一部分属于神话，一部分出于周末学者‘托古改制’的捏造”。当然，不论神话还是捏造，在顾颉刚先生看来，都是“武断”“谣言”[2]。

再举一例子，张荫麟先生的《中国史纲》以文笔优美、叙事凝练著称于世，在对待尧舜的问题上，他和顾颉刚的做法、看法是一致的。《中国史纲》“即以商朝为出发点，然后回顾其前有传说可稽的四五百年”[3]。对这四五百年的传说，张荫麟先生

① 中国社会科学院考古研究所、山西省临汾市文物局：《襄汾陶寺——1978～1985年考古发掘报告（第三册）》，科学出版社，2015年，第1125页。

② 顾颉刚：《现代初中教科书·本国史》，《顾颉刚古史论文集（卷7）》，中华书局，2011年，第20页。

③ 张荫麟：《中国史纲》，商务印书馆，2003年，第15页。

采用了倒叙的手法，先叙夏朝，接着讲尧舜，最后讲黄帝。“关于夏朝，我们所知，远更模糊”[①]，“从夏朝往上溯，则见历史的线索迷失于离奇的神话和理想的传说中不可辨析了”[②]，对这一段历史的总括是“想象”。“现在让我们离开想象，回到事实”[③]，这是张荫麟先生对我们的告诫。

对三皇五帝时期的否定，反映了史学家个人对整个中国历史的看法。如果说，20世纪的中国通史编纂受制于时代和材料的局限而回避尧舜时代，尚且说得通，但时至今日，仍有中国通史著作借口材料庞杂、线索模糊而刻意漠视这段对中国文明至关重要的部分，就实在让人无法理解了。

（二）肯定尧文化的存在

中国通史不仅有否定尧文化存在的著作，也有肯定尧文化存在的作品。肯定尧文化的中国通史著作，受制于陶寺遗址问世时间的客观因素，它们所选择的路径，也就大不一样了。

1. 依据创世文献资料所做的建构

在没有直接的对应的考古资料的情况下，前辈史学家做出了相当的成绩。例如，钱穆先生在《国史大纲》中讲上古三代，先列次近六十年来的相关考古发现，在“将来若能与各地域发掘之古器物相互间得一联络，从此推寻我民族古代文化活动之大概，实为探索古史一较有把握之方向”的治史方法指示下，钱穆先生认为“比较可靠的古史，姑从虞夏起”，虽认为唐、虞时代的政治制度，尤其是禅让，有夸饰美化之嫌，但仍旧肯定了唐、虞、夏时代的地位——“中原华夏文化之发祥”[④]。

1941年，在马克思主义理论的指导下，“马克思主义史学五老”之一的范文澜先生编写了《中国通史简编》，《中国通史简编》抽绎出掩藏在传说中的历史真相，认为禅让制度“为远古遗留下来的史实，大致可信”，“实际就是氏族社会的会议选举制度”[⑤]。尧舜禹的时代特征是“组织黄帝族为主羌炎族为辅的部落大联盟……中国中部成为黄帝族的根据地”[⑥]。

---

① 张荫麟：《中国史纲》，商务印书馆，2003年，第25页。

② 张荫麟：《中国史纲》，商务印书馆，2003年，第26页。

③ 张荫麟：《中国史纲》，商务印书馆，2003年，第27页。

④ 钱穆：《国史大纲（修订本）》，商务印书馆，1996年，第1～12页。

⑤ 范文澜：《中国通史简编（上）》，《范文澜全集（第七卷）》，河北教育出版社，2002年，第8页。

⑥ 范文澜：《中国通史简编（上）》，《范文澜全集（第七卷）》，河北教育出版社，2002年，第11页。

2. 依据陶寺遗址所做的建构

在陶寺遗址发掘公布之后，中国通史编纂也紧跟学术前沿，将陶寺遗址填补到中国通史中，白寿彝先生主编的《中国通史》即是例证之一。

白寿彝《中国通史》延续了经典马克思主义史学中国化的学术路径，站在社会生产的角度，通过列举陶寺遗址的显著特征，论证“龙山时代即已出现等级制度”的事实。但白寿彝《中国通史》没有完全意识到陶寺遗址的重要性，仅仅把陶寺遗址当作龙山文化的一角，即没有把陶寺遗址放在通史的视野中与尧舜时代联系起来。

同样的，日本学者宫本一夫在《从神话到历史：神话时代、夏王朝》一书中，介绍了陶寺城址、尧都争论及陶寺祭祀礼仪等话题，认为陶寺遗址“形成机能分化的聚落构造与商周社会的都市基本相同”①，但对陶寺遗址为“尧的所在的观点”和陶寺遗址是早期国家的观点，抱着“把传说内容直接援用到考古学解释的做法必须谨慎对待”②的态度。关于陶寺文化的祭祀礼仪，认为“商周时代‘祭礼’的初始也可追溯到陶寺遗址”，但不存在如同后世一样的“见于随葬陶器组合的仪礼”。总之，宫本一夫认为“商王朝定位为在东亚确立了初期国家阶段的王朝”③。换而言之，陶寺文化是中国早期国家形成的一个环节。

卜宪群先生主编的《中国通史》卷一《从中华先祖到春秋战国》中，精简地概述了陶寺遗址地内涵及意义，对陶寺遗址具有特殊象征意义的遗存，如龙纹、文字、祭祀、战争等，均涉及了。对陶寺遗址与尧的关系，他认为“陶寺遗址很可能是帝尧陶唐氏的都城”④，这个结论和上述两位不同，原因在于卜宪群《中国通史》主张“古史传说与考古学实证的有机结合”⑤的治史方法，因此，在探讨陶寺文化时，就比较注重古史传说，将传说时代归纳为“三个时代”，即“是一个社会发生深刻变革的时代，是充满发明创造的时代，是中国文明曙光初露的时代”⑥。

---

① 〔日〕宫本一夫著，吴菲译：《从神话到历史：神话时代、夏王朝》，广西师范大学出版社，2014年，第274页。案：此书为“讲谈社·中国的历史”系列的第一册。

② 〔日〕宫本一夫著，吴菲译：《从神话到历史：神话时代、夏王朝》，广西师范大学出版社，第279页。

③ 〔日〕宫本一夫著，吴菲译：《从神话到历史：神话时代、夏王朝》，广西师范大学出版社，第386页。

④ 赵春青、邵蓓：《从中华先祖到春秋战国》，《中国通史》，华夏出版社、安徽教育出版社，2016年，第61页。

⑤ 赵春青、邵蓓：《从中华先祖到春秋战国》，《中国通史》，华夏出版社、安徽教育出版社，2016年，第92页。

⑥ 赵春青、邵蓓：《从中华先祖到春秋战国》，《中国通史》，华夏出版社、安徽教育出版社，2016年，第97页。

四、结　语

综观各家论述，陶寺遗址又有着怎样的地位？唐尧在中国通史到底应该是怎样的地位？陶寺文化上承庙底沟二期早期文化，开龙山文化之滥觞，先后吸收大汶口文化、良渚文化、红山文化、屈家岭—石家河文化、崧泽文化、客省庄二期文化、王湾三期文化等，在都邑分区、祭祀礼仪等方面尽取各家所长。可以说，陶寺文化是一个大熔炉，百代文化精粹于陶寺文化，而又从陶寺遗址流出万世文明。与陶寺遗址类似，尧舜时代扮演了继承开拓的使命。禅让制的成功实现与周期性动荡，显示着尧舜综合前代之智慧，又能紧跟时代，做出伟大抉择改变，幸运的是，经过尧舜禹三代，他们实现了中国历史上一次关键性转变，其后虽有太康失国的反复，但大势已成，不可扭转。站在时代转换的角度，陶寺遗址和尧舜时代都是中国历史发展的关键环节。

从“最早的中国”说开去

刘合心

（山西省临汾市三晋文化研究会）

“中国”这一称谓是何时出现或形成？最早的“中国”究竟在哪里？它对于中国乃至世界考古学有什么意义？这些问题是中国人不能不关心的，也是中华文明探源工程的重要出发点。作为地方文化工作者，在这里发表几点粗浅看法，求教于各位专家。

一、中国和最早的“中国”

“中国”一词是个动态的概念，远古的“中国”和我们现在的中国有着根本性的区别。现在的中国是我们国家的简称，而本文所探讨的最早的“中国”则是指国家形成阶段在地理方位和格局上的称谓。史载的“中国”一词至迟在西周早期已经出现。《何尊》铭曰：“唯（成）王初壅宅于成周……，唯武王既克大邑商，则廷告于天曰：余其宅兹中国，自兹乂民。”这就是说，周武王营建东都洛邑就是“宅兹中国”，表明当时视洛阳一带为中国。战国时成书的《尚书》“梓材”篇也讲道：“皇天既付中国民，越厥疆土于先王……”大意是说上天既然把中央之国的臣民和疆土托付给了先王，当今君王应如何如何。

然而，我国历史学界普遍认为，“中国”的概念可能出现更早。已故考古学家苏秉琦先生在他的《中国文明起源新探》一书中指出：“夏以前的尧舜禹，活动中心在晋南一带，‘中国’一词的出现也正在此时……”他根据临汾陶寺文化所具有的“综合体性质”，指出陶寺遗址居于文化区域的中心位置，正是“帝王所都曰中，故曰中国”的标志。

自20世纪70年代以来，陶寺，这个汾河之滨黄土塬上的村庄，以自身的考古发现一次次地震动了国内外考古界和史学界：早期和中期城址、王者大墓、宫城以及核心建筑、朱书陶文、古观象台等。^{14}C年代技术测年数据表明，陶寺文化距今约4300～3900年，相当于史载的尧舜时期。诸多考古资料多角度地指向了“尧帝古都”，陶寺遗址成了“尧都平阳”的不二之选。2015年6月18日，中国社会科学院在国务院新闻办公室举行“山西·陶寺遗址发掘成果新闻发布会”，指出陶寺遗址就是尧都，达成了广泛共识，尧都平阳由传说成为信史。

在尧的时期，文明时代到来了，国家形态出现了。但是，这个初始时期的国家是如何承担起最早的“中国”称谓的呢？换句话说，它是以什么作为标志的呢？中国社会科学院考古研究所山西队队长何驽先生在《怎探古人何所思——精神文化考古理论与实践探索》一书中告诉我们：这是一个源自“王者居中”的意识形态概念，它是由执掌“政治话语霸权”的王者规定的“地中”作为标志，是通过测定特制的圭表的夏至影长来判定的。对此，我国最古老的天文学、数学著作《周髀算经》就有着明确记载。陶寺考古同样给出了令人信服的答案。那是2009年6月21日，“陶寺史前天文台考古天文学研究”项目组利用陶寺遗址出土的“圭”“表”复制品测量日影宣告成功！考古实测证明，陶寺遗址作为帝尧古都之所在就是“地中之都”，陶寺文化所显示的国家就是“中土之国”。最早的“中国”诞生了！它，就在陶寺，就是尧都。

二、理性看待“最早的中国”

考察“最早的中国”，就是追溯中华文明起源，正如苏秉琦先生在《中国通史（第二卷）》序言中所说：“就会更好地把我国的远古历史同夏商周三代的历史衔接起来，把在中国这块土地上如何产生私有制和阶级，最后出现国家的具体进程及其特点阐释得更加清楚。”

中国近代意义上的考古学开始于20世纪20年代。一百年来，关于“最早中国”的考古与研究大体经历了四个阶段：第一阶段，限于殷墟甲骨文的发现。国内外学界都认为中国文明史只有3000多年，开始于商代。郭沫若先生在《中国古代社会研究》一书中断言：“商代才是中国历史的真正的起头！”第二阶段，直到21世纪初，随着河南二里头夏代晚期都城遗址的发现，考古学界认为中国文明起源于4000年时的夏代，洛阳市还开建了国家考古遗址公园，宣称“最早的中国”将在原址保护的基础上“原真”呈现（见新华社郑州2014年11月4日电）。第三阶段，如前所述，相隔不长时间，中国社会科学院向世界公布：山西陶寺是尧舜之都，“最早的中国”应向前推溯到4300多年。第四阶段，2019年5月28日，国新办中华文明探源成果发布会又对外宣布：浙江良渚文明成为中华5000年文明史的实证。

回顾上述“探源史”，笔者认识到：“最早的中国”是个相对的概念。唯物辩证法认为，人们对客观事物的认识是绝对和相对的统一，世界上没有不可认识的事物，但不是一下子就能穷尽事物的本质。史前考古文化也正是如此。殷墟、二里头、陶寺和良渚文化，无疑都具有重要的地位和影响，但它们也只是漫长的史前文明的组成部分，代表着史前考古的阶段性成果。它们各自在面世之时宣称是“最早的中国”，都是有当时的考古资料做实证的，自然无可厚非。然而事实证明，在它们的“最早”之前还有“最早”。真正的“最早”正是由它们这样若干个“最早”承前启后而构成的。我们甚至可以说：没有最早，只有较早。这是一个“相对真理”向“绝对真理”转化的过程。

三、炎黄时期不应当缺位

中华儿女向来以炎黄子孙而称谓，以5000年文明史而自豪。然而，“中华文明探源工程”成果发布会竟对炎黄、尧舜只字不提，这从哪方面讲都是说不过去的。

从考古文化学的角度看，五帝时代的上限应为仰韶时代后期，下限应为龙山时代。按照古史传说，五帝时代又可分为两个阶段，黄帝至尧以前是第一阶段，尧及以后是第二阶段。中国是世界上史料最完备的国家，对于远古时代的历史研究，过去的学者由于考古资料的匮乏，只能停留在古籍的传说中。战国以来，各家对于五帝都有不少记载，尤其是作为“正史”的《史记》就是从《五帝本纪》开篇的。时至今日，虽然还没有把炎黄时期的直接物证“挖”出来，但是一些专家、学者已经给出了权威性的见解。如苏秉琦先生曾将中国考古学文化分为六大区系，其中的关中（陕西）、晋南、豫西即为中心的中原区系。据白寿彝先生主编的《中国通史》考证：“如果把黄帝理解为一个族系，则它活动的地方仍是以中原为中心而与四周发生交涉，这与考古文化分布的状况还是基本上相合的。”著名史学家钱穆先生在《黄帝》一书的结语中也明确指出：“黄帝是文明的创始人，从他打定基础以后，文化才慢慢地生长，到周朝才大体确定。”我们总不能说这些大家所言都是空穴来风，报的是一篇谎账吧?

当然，随着现代考古学的长足发展，史前考古已能够大体复原远古时代的历史，“史前考古资料已成为不可忽视的最可靠的参照系”（苏秉琦：《中国通史·第二卷·远古时代》序言），历史文献资料和神话传说反而只能起到参考、借鉴的作用。国学大师王国维先生提出的“二重证据法”，体现的正是这种精神。那么，现有的考古资料能否为黄帝说提供支持呢？回答是肯定的，那就是陶寺遗址的发现。“尧都平阳”终于成就了史料记载与史前考古的契合，也就为炎黄时期的真实存在打下了坚实基础。既然陶寺遗址正是尧都所在地，这就为考证黄帝时期的重大事件、文化状态及地理区域提供了“可靠的参照系”。笔者认为，炎黄时期成为信史是个假以时日的问题。

至于说到良渚等地考古成果，也应该实事求是地予以评价和肯定。对于中国文明的起源，我国学界不是主张“多元一体”吗？就是说最初文明的发端既是多元的也是有中心的，是多元交汇和中心崛起两者相辅相成。中心在哪里？苏秉琦先生曾把中华文明比作一棵参天大树，各地史前文化是这棵大树的根须，而陶寺遗址所处的晋南一带则是“中国文化总根系中的一个最重要的直根系”（见《中华文明起源新探》）。时任中国社会科学院考古研究所长、中华文明探源工程首席专家王巍先生在主持临汾尧文化高层论坛时，曾总结性地说：“显然，中华文明多元一体核心在中原形成，开始于陶寺，经二里头遗址至商时期建立，西周时期得到巩固。”可见，史前文明遍布神州各地，都是在适应当地自然地理条件的基础上发展起来的。这些区域文明互相影响促进，不同程度地对中华文明的形成和发展做出了独特的贡献。否定多区域文明的作用是错误的，遽然否定炎黄活动的中原中心地位同样是不可取的。

四、构建中国的话语体系

众所周知，作为世界四大文明之一的中华文明的发展延绵不绝，连续而未中断，这与其他任何古老文明相比都是不同的。然而，据有关资料可知，数十年乃至近百年来，德国、法国、英国等老牌欧美发达国家在世界各地派遣多支考古队进行发掘；近几十年，美国更是后来居上，对世界各地的考古都有学者进行研究并成为权威，他们掌握了世界各个区域考古学的话语权。虽然中国考古学自1926年诞生，迄今已经成为一个比较成熟的学科，并且也有了一大批举世瞩目的考古发现，在国际学术界也占有一席之地，但是与世界先进水平相比还存在明显差距，还没有进入国际考古学话语权的核心。对此我们仍要有清醒的认识。

进入21世纪以来，随着我国综合实力的增强和国际地位的提高，特别是在“一带一路”倡议的促进下，中国考古学的眼界已经不断开阔，不但我们的考古队伍走出了国门，而且还在中国连续成功举办了三届世界考古论坛。也正是借助这个论坛，陶寺遗址这张彰显中华文明5000年辉煌历史的名片才为世界所知。

中国特色社会主义文化源自中华民族5000多年文明历史所孕育的中华优秀传统文化。而陶寺文明作为多元一体中华文明的主脉和实证5000年中华文明历程的支点与基石，无疑是我们坚定中华民族文化自信，推动社会主义文化繁荣兴盛、铸就中华文化新辉煌的重要历史文化资源。我们可以从陶寺考古实践出发，搞清它的起源与进程、性质与特点，提出自己的界定文明的标准，为中国乃至世界文明起源提供理论依据，从而为世界文明史多样性研究做出贡献，在文明交流互鉴中彰显国家软实力。

我们要积极推动中国考古走出去，更多地了解其他国家的考古学状况，通过交流和比较，彻底扭转“在国际学术界面临着除了中国考古学之外，其他领域的考古学几乎没有发言权的窘境”（王巍先生语）。我们在文明交流的大格局中，逐步建立中国自己的话语体系，使中国从考古资源的大国变为考古研究的大国和强国，让中国的考古学水平与我国的大国地位相匹配。实现这一目标不但是必要的也是完全可能的。总之，中国考古，任重道远。

陶寺文化早期遗存性质探析

张　建　靳松安

（郑州大学历史学院）

根据相关研究，陶寺遗址内陶寺文化遗存可以划分为早、中、晚三期，其中居址早期遗存分为两组，墓地分为连续的五组，墓地第一组与居址早期一组相当，第二至五组大体包括在居址早期二组的年代范围之内[①]。在整个陶寺文化墓地中，规格可辨的大型墓葬均属早期，因此，遗址陶寺文化早期遗存（下文简称“早期遗存”）的归属对确定陶寺文化来源、陶寺遗址性质具有极为重要的学术意义[②]。

一、早期遗存的性质和分期

从学术界目前关于陶寺文化早期遗存的研究情况来看，其性质主要有“庙底沟二期文化”[③]“承袭庙底沟二期文化，属陶寺文化早期”[④]“与庙底沟二期文化晚期同时，属陶寺文化早期”[⑤]三种观点。综合来看，这三种观点均围绕着陶寺早期遗存与庙底沟二期文化的关系展开，即共时说、承袭说两种，前者又存在着属于同一种考古学文化和分属不同考古学文化之别。因此，对出土陶器的综合分析尤为必要。

---

① 中国社会科学院考古研究所、山西省临汾市文物局：《襄汾陶寺——1978～1985年考古发掘报告（第一册）》，文物出版社，2015年。

② 何驽：《陶寺文化谱系研究综论》，《古代文明（第3卷）》，文物出版社，2004年。

③ 卜工：《庙底沟二期文化的几个问题》，《文物》1990年第2期；罗新，田建文：《陶寺文化再研究》，《中原文物》1991年第2期；董琦：《陶寺遗存与陶寺文化》，《华夏考古》1998年第1期。

④ 徐殿魁：《龙山文化陶寺类型初探》，《中原文物》1982年第2期；张岱海：《陶寺文化与龙山时代》，《庆祝苏秉琦考古五十五年论文集》，文物出版社，1989年。

⑤ 田建文、薛新民、杨林中：《晋南地区新石器时期考古学文化的新认识》，《文物季刊》1992年第2期；何驽：《陶寺文化谱系研究综论》，《古代文明（第3卷）》，文物出版社，2004年；韩建业：《晋西南豫西西部庙底沟二期——龙山时代文化的分期与谱系》，《考古学报》2006年第2期。

（一）陶寺遗址“庙底沟二期文化”遗存性质

学术界一般认为庙底沟二期文化属于龙山时代早期遗存。不过，据不少研究者分析，传统意义上的庙底沟二期文化实质上是包含了不同年代、不同性质的两种文化遗存[①]。一种是以西王村H18、东下冯“龙山早期”为代表的一类遗存，有学者称之为“西王村Ⅲ期文化”[②]，其整体面貌与仰韶文化西王村类型极为接近，它们均以小口尖底瓶、夹砂罐、网纹彩陶等为陶器基本组合，二者相较，只是器物形制有所变化罢了；而小口尖底瓶、夹砂罐、彩陶恰恰是黄河中游地区仰韶文化的本质特征，由此将这类遗存划归仰韶文化应该是没有什么问题的。另一种是以庙底沟H563、H569、H35、二里头H1等单位为代表的一类遗存，以斝、釜灶、小口平底瓶、鼎、筒形深腹罐等构成其陶器的基本组合，不见小口尖底瓶和彩陶，与前一种遗存相比其性质发生了本质性的变化；有学者认为空三足器——斝的兴起正是黄河中游地区进入龙山时代的标志[③]，因而此类遗存才是真正意义上的庙底沟二期文化，它是黄河中游地区最早进入龙山时代的考古学文化[④]。

陶寺遗址“庙底沟二期文化”时期的遗存多被陶寺文化早期遗存打破，年代上要更早一些。报告将该类遗存分为早晚两组，发展较为连贯。根据第二组陶片数量最多的H347、H372两个单位的统计结果，泥质陶数量均在70%以上，其中尤以泥质灰陶居多为62%，夹砂灰陶次之为16. 13%～17. 91%，泥质褐陶也占一定比例，还有少量的夹砂褐陶、泥质黑陶。器表纹饰的统计未按照陶质分开，从数据上看，以篮纹为大宗均在70%以上，附加堆纹、绳纹也有少量发现。器形上以夹砂附加堆纹深腹罐、喇叭口尖底瓶数量最多，夹砂缸、折盘豆、花边捉手器盖等也较具有代表性。

从陶寺遗址公布的“庙底沟二期文化”遗物看，其面貌与襄汾陈郭[⑤]、河津固镇第

---

① 卜工：《庙底沟二期文化的几个问题》，《文物》1990年第2期；田建文、罗新：《庙底沟二期文化研究》，《文物季刊》1994年第2期；靳松安：《庙底沟遗址第二期遗存再分析》，《江汉考古》2000年第4期。

② 张忠培：《试论东庄村和西王村遗存的文化性质》，《考古》1979年第1期。

③ 张忠培：《黄河流域空三足器的兴起》，《华夏考古》1997年第1期。

④ 靳松安：《河洛与海岱地区考古学文化的交流与融合》，科学出版社，2006年。

⑤ 山西省考古研究所、襄汾县博物馆：《山西襄汾陈郭村新石器时代遗址与墓葬发掘简报》，《考古》1993年第2期。

二期[①]、东下冯“龙山早期”[②]、垣曲上亳仰韶文化晚期[③]等遗存无异（图一），与侯马东呈王[④]、乔山底[⑤]、襄汾杨威遗址[⑥]、新绛孝陵[⑦]、垣曲古城东关[⑧]等典型庙底沟二期文化遗存有较大差异，应属于仰韶文化晚期最晚阶段的遗存[⑨]。

（二）陶寺文化早期遗存分期

根据陶寺遗址陶寺文化早期第一组出土陶片较多的单位H393的统计结果，夹砂陶占72. 93%，其中夹砂灰陶数量最多占55. 93%，夹砂褐陶、泥质灰陶次之，分别占17%、15. 22%，还有一定数量的泥质褐陶。器表纹饰以绳纹为大宗占78. 56%，还有少量的篮纹、附加堆纹。器形上以釜灶、扁壶最有特色，还有一定数量的缸、盆和少量的鼎等。

早期第二组公布了F310、H1102、H3402、H3448共4个单位的统计数据，其中位于墓地边缘H1102的结果与居址内的其他3个单位有明显差异。根据居址内出土陶片较为丰富的H3348、H3402结果，陶片以泥质灰陶居多为45. 36%～51. 56%，夹砂灰陶次之为32. 9%～34. 22%，还有少量的泥质褐陶、夹砂褐陶。器表纹饰仍以绳纹为大宗占76.06%～80. 02%，还有少量的篮纹、附加堆纹。除早期常见的釜灶、扁壶外，斝、小口高领罐数量也较为丰富。

从器形上看，陶寺遗址内陶寺文化早期两组遗存以扁足盆形鼎、釜灶、附加堆纹深腹缸、大口罐、小口高领罐、扁壶为基本器物组合，中间基本不存在缺环，与遗址所谓“庙底沟二期文化”差异较大，应属不同性质的考古学文化。

根据现有的考古材料，与陶寺遗址陶寺文化早期遗存面貌最为接近的遗存在襄汾

---

① 山西省考古研究所：《山西河津固镇遗址发掘报告》，《三晋考古（第二辑）》，山西人民出版社，1996年。

② 东下冯考古队：《山西夏县东下冯龙山文化遗址》，《考古学报》1983年第1期，第55～92页。

③ 山西省考古研究所：《垣曲上亳》，科学出版社，2010年。

④ 山西省考古研究所、山西大学历史系考古专业：《山西侯马东呈王新石器时代遗址》，《考古》1991年第2期。

⑤ 山西省考古研究所侯马工作站：《山西侯马乔山底遗址1989年Ⅱ区发掘报告》，《文物世界》1996年第2期。

⑥ 山西省考古研究所、临汾市文物局、襄汾县文物局：《襄汾杨威遗址发掘报告》，《三晋考古（第四辑）》，上海古籍出版社，2012年。

⑦ 山西省考古研究所：《新绛孝陵陶窑址》，上海古籍出版社，2015年。

⑧ 中国历史博物馆考古部、山西省考古研究所、垣曲县博物馆：《垣曲古城东关》，科学出版社，2001年。

⑨ 靳松安：《河洛与海岱地区考古学文化的交流与融合》，科学出版社，2006年。

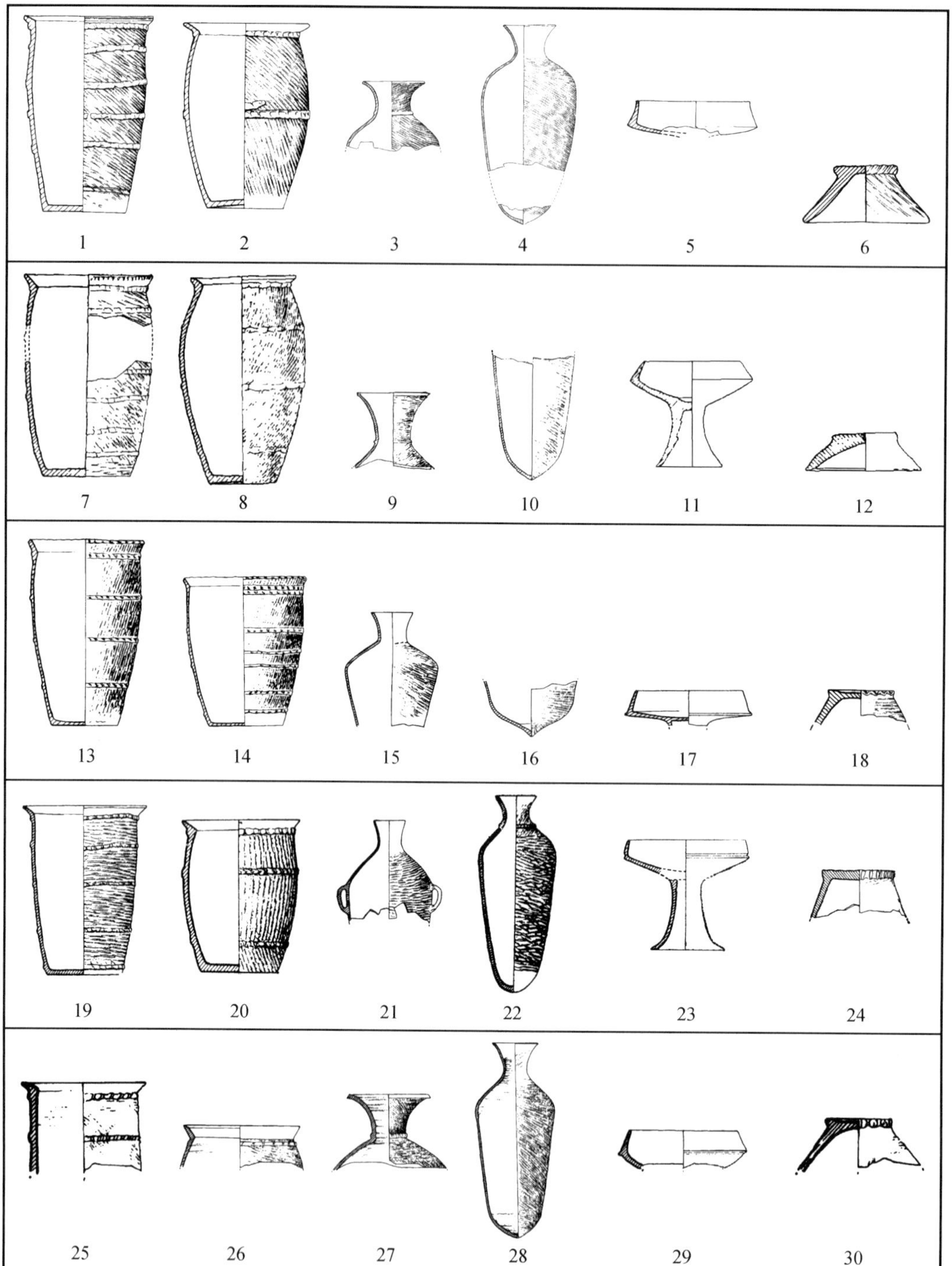

图一　陶寺遗址“庙底沟二期文化”、陈郭仰韶文化晚期、固镇第二期、东下冯“龙山早期”、上亳仰韶文化晚期遗存类同因素比较

1～6. 陶寺（H356：14、H355：2、H3415：9、H3434：7、H356：24、H3476：3）　7～12. 陈郭（H4：27、H4：28、H4：21、H4：2、H5：12、H4：6）　13～18. 固镇（H18：10、H18：12、H22：2、H25：6、T107③D：3、T103③D：3）　19～24. 东下冯（H208：5、H230：3、H208：1、H230：1、H206：4、H302：5）　25～30. 上亳（H247：13、H247：9、H58：1、H247：1、H94：1、H247：17）

杨威、侯马东呈王、天马—曲村[①]、新绛孝陵、夏县西阴村亦有发现，这些遗存中均见有扁足盆形鼎、釜灶、附加堆纹深腹缸、罐、斝、扁壶等器物组合。依据这些器物所在单位的层位关系及共存情况，结合典型器物的演变规律，我们可以将这批遗存分为四组（图二）。

第一组，以侯马东呈王H31、H35为代表。东呈王遗址公布了一组打破关系：HG被H9、H35、H45、H46、H47打破，简报公布的这组打破关系器物有HG、H35，为我们判断早晚提供了依据。HG中出土的附加堆纹深腹罐、折腹盘（凹心盆）与固镇第二

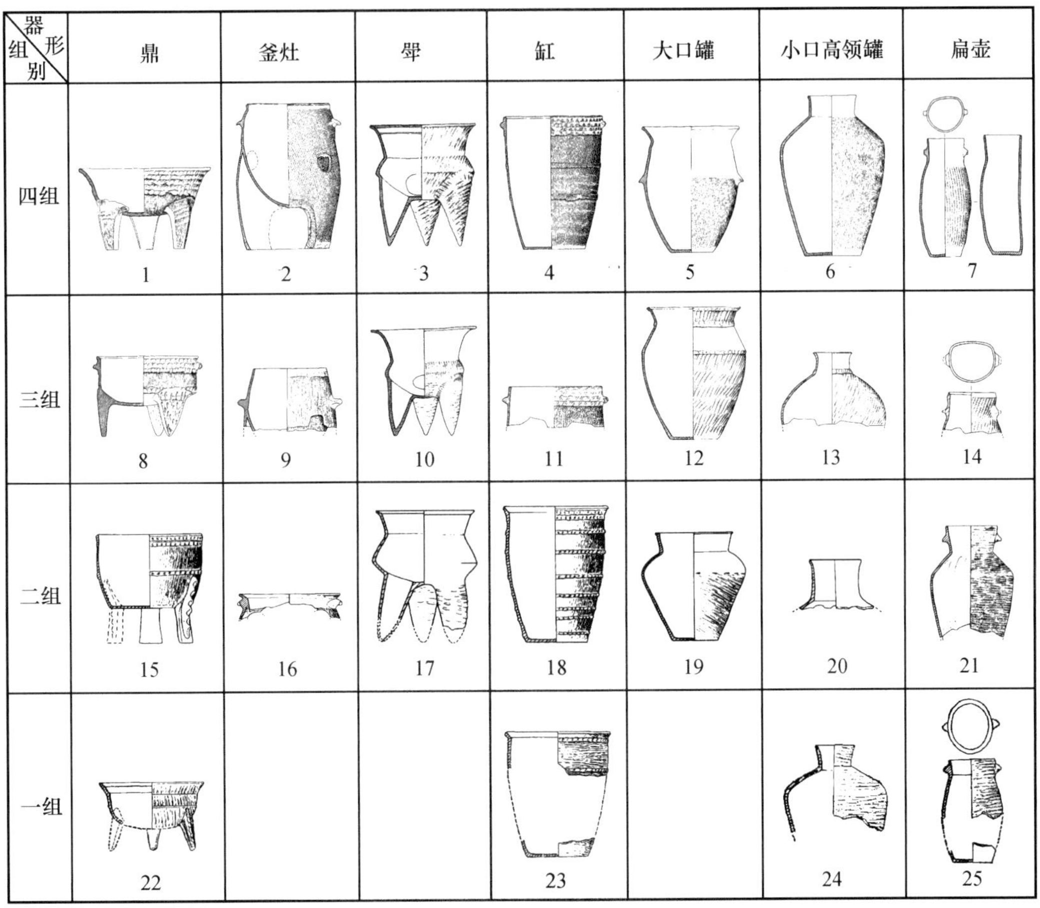

图二　陶寺文化早期遗存主要陶器分组

1 ~ 14. 陶寺（G1201：1、ⅡT1③B：3、M2180：21、H334：23、J402：35、J402：33、J403：33、M2053：4、H332：12、M2053：5、H103：7、H393：1、H393：5、H393：7）　15、18、19. 固镇（H1：4、H6：3、H1：1）　16、21. 杨威（H14：1、H31：6）　17、20. 乔山底（F1：2、F2：28）　22 ~ 25. 东呈王（H31：12、H31：6、H35：11、H35：9）

① 北京大学考古学系商周组、山西省考古研究所：《天马—曲村（1980 ~ 1989）（第一册）》，科学出版社，2000年。

期的同类器相近，年代大体相同。H35中的扁壶形制与H31近同，可能共时，这两个单位的组合计有扁足盆形鼎、附加堆纹深腹罐、小口高领罐、单耳罐、扁壶等，未见釜灶、斝，也不见喇叭口尖底瓶、折盘豆等器物。其中，扁足盆形鼎、附加堆纹深腹罐、小口高领罐、花边捉手器盖延续了该地区仰韶文化晚期的风格，但已经初步形成了具有区域特色的器物组合，从层位上要晚于仰韶文化晚期。

第二组，以固镇第三期、孝陵庙底沟二期文化为代表，包括杨威遗址H14、H17、H22、H24等单位，乔山底F1、F2，新绛光村第三期[①]，孝陵庙底沟二期遗存，天马—曲村遗址部分“仰韶文化”单位，西阴村F3、H38等。该组器物新见釜灶、斝、大口罐等组合，釜灶结合部在近口沿处，形体较为矮胖；斝口部外侈，领部斜直，腹趋折，但仍保留扁圆腹特征；大口罐多为鼓肩；扁壶在该组数量增多，形制特征与第一组相比更加典型，多为近圆形直口，高领外侧有两短鋬，深腹微鼓。

第三组，以陶寺遗址居址第一组、墓葬第一组为代表，包括襄汾北高村[②]、杨威H13、吉县穆家咀陶寺文化早期[③]等遗存。陶寺遗址随葬有盆形鼎的墓葬仅见于该组；釜灶结合部下移，形体趋高；斝口部外侈明显，扁圆腹微折，袋足外移近于折腹处；大口罐多为溜肩微折；扁壶一侧已经出现扁腹特征。

第四组，以陶寺遗址第二组、墓葬第二至五组为代表，包括下靳墓地、丁村新石器时代早期遗存[④]、南上官H15[⑤]以及石楼岔沟F1～F3、F5、H2[⑥]等遗存。陶寺遗址墓地中不见随葬盆形鼎的墓葬，盆形斝、折腹盆、高领折肩罐、豆、单耳罐、双耳罐、单耳斝开始出现并流行。釜灶结合部继续下移，侈口釜灶腹部变深；斝折腹明显，该组最晚阶段出现特征鲜明的折腹斝。

整体上看，以上四组遗存的器物组合较为稳定，发展关系连贯，前两组、后两组各自关系更为密切，应当分别代表着陶寺文化的形成、发展期。结合最具有代表性的釜灶、斝的形制特征分析，陶寺文化早期的四组分别与庙底沟二期文化早晚两期4段年代对应[⑦]（图三）。

---

① 山西省考古研究所、新绛县博物馆：《山西新绛光村新石器时代遗址调查》，《文物季刊》1996年第2期。

② 杨富斗：《山西襄汾县发现的两处遗址》，《考古》1959年第2期。

③ 山西省考古研究所：《吉县西村穆家咀新石器时代遗址发掘简报》，《三晋考古（第四辑）》，上海古籍出版社，2012年。

④ 学晋：《丁村新石器时代遗存与陶寺类型龙山文化的关系》，《考古》1993年第1期。

⑤ 侯马市博物馆：《山西侯马市古文化遗址调查报告》，《文物世界》1992的第1期。

⑥ 中国社会科学院考古研究所山西工作队：《山西石楼岔沟原始文化遗存》，《考古学报》1985年第2期。

⑦ 靳松安：《河洛与海岱地区考古学文化的交流与融合》，科学出版社，2006年。

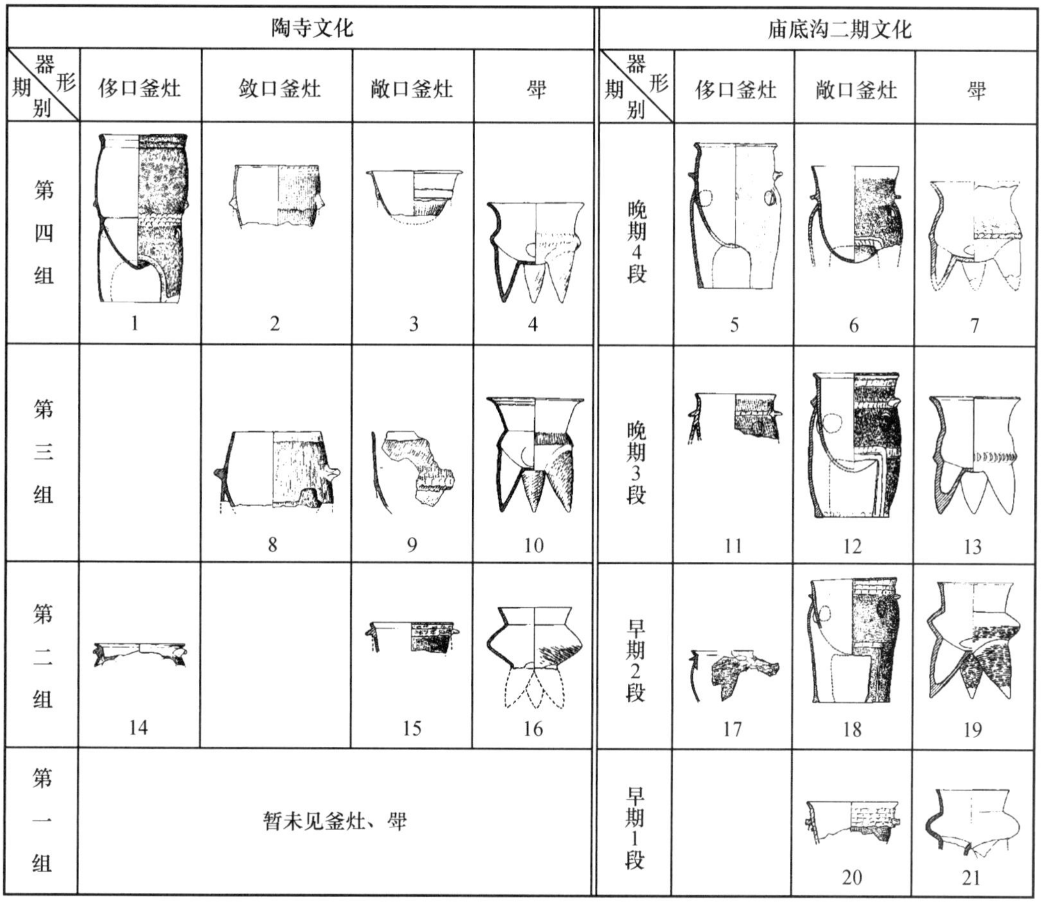

图三　陶寺文化和庙底沟二期文化所见釜灶、斝比较

1～4、8～10. 陶寺（J402∶38、F324∶11、J301∶1、M2043∶4、H332∶12、H393∶4、M2063∶3）
5～7、11、12、18～21. 东关（H30∶20、H59∶13、H252∶124、H183∶33、H218∶50、H101∶18、H251∶62、F8∶29、H159∶3）　13. 西沃（H17∶2）　14. 杨威（H14∶1）　15、16. 固镇（H6∶32、H2∶1）　17. 上亳（H12∶92）

二、早期遗存的文化因素分析

从发表材料看，陶寺文化早期遗存中明确来自庙底沟二期的文化因素主要有釜灶、盆形鼎、斝等，而明确来自大汶口文化的有大口折肩罐、折腹盆、折腹尊等。对此，原报告中已做了较为深入的讨论，在此不再赘述[①]。本文就陶寺文化早期所包含的其他考古学文化的因素，做一简要分析。

① 中国社会科学院考古研究所、山西省临汾市文物局：《襄汾陶寺——1978～1985年考古发掘报告（第三册）》，文物出版社，2015年。

（一）仰韶文化因素

根据目前的考古发现，临汾盆地早于陶寺文化的一类遗存属于仰韶文化晚期无异，陶寺文化在本地仰韶文化因素如扁足盆形鼎、附加堆纹罐、夹砂缸、大口圜底缸、小口高领罐、敛口瓮、斜腹盆、深腹盆、折腹盆、花边纽器盖、小杯等基础上加以继承、改造，形成具有自己的文化特征，随着陶寺文化的成熟，这类因素逐渐减少（图四）。

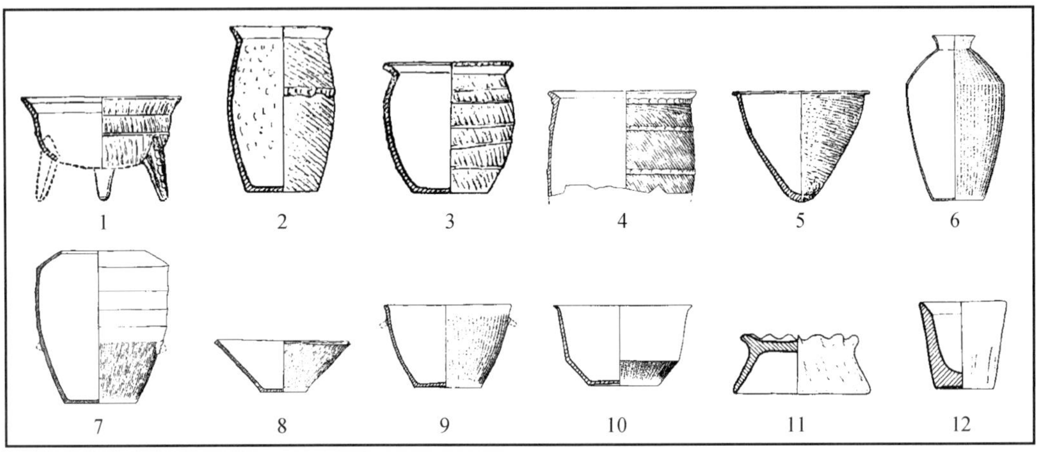

图四　陶寺文化早期源于仰韶文化的因素

1～3、5. 东呈王（H31：12、H31：7、H31：10、H31：18）　4、6～12. 陶寺（H322：1、J301：18、J301：15、H334：21、H3443：4、H3402：33、H3448：1、H371：14）

（二）屈家岭—石家河文化因素

仰韶时代晚期，屈家岭文化不断向北渗透，在豫西晋南地区仰韶文化晚期、庙底沟二期文化中都发现有不少来自该文化的因素。陶寺文化第二组的遗存中见有少量屈家岭文化晚期的因素如双腹豆、薄胎斜腹杯、空心陶球等。到第三、四组，出现具有石家河文化特征的夹砂厚胎缸、斜腹杯等。其中陶寺文化墓地中一些漆木豆、觚的形制与陶器中的同类器近同，不排除这些是屈家岭—石家河文化舶来品的可能（图五）。

（三）来自周边的其他文化因素

陶寺文化的形成和发展过程中，除了晋南地区外，来自周边其他地区考古学文化的影响始终存在。

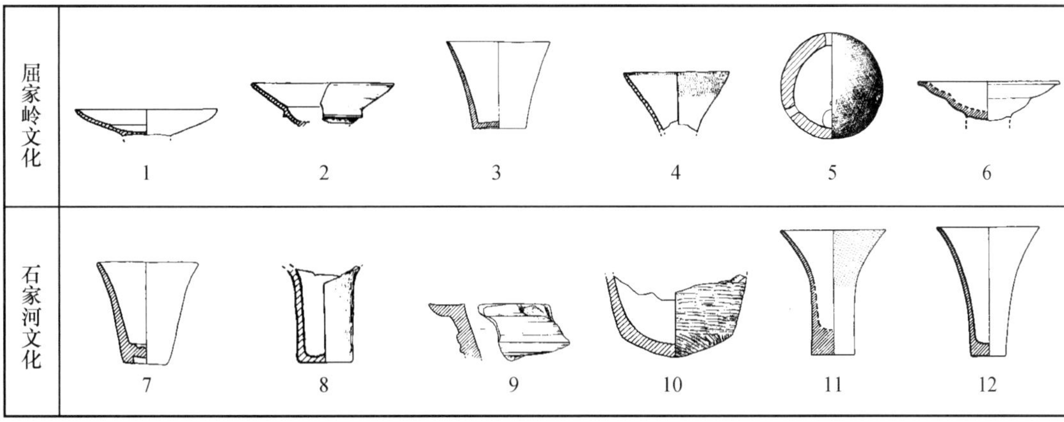

图五　陶寺文化所见屈家岭—石家河文化因素

1. 固镇（H1：27）　2. 曲村（T0262⑦：1）　3、6、7、11、12. 陶寺（T373③C：11、M3073：5、H3402：1、M2202：1B、M2172：2）　4、5、8～10. 杨威（H24：16、H24：18、H13：37、H23：2、H13：20）（6、11、12为木器）

仰韶时代晚期，内蒙古中南部为海生不浪文化的分布范围①，双耳圆腹罐、直口深腹缸是该文化最具代表性的器物之一，在其后的老虎山文化中依然存在②，同类器物在杏花村第二期③、太原义井仰韶文化晚期遗存④有所发现，在临汾盆地仰韶文化晚期、陶寺文化早期第一、二组中基本不见，陶寺文化第三、四组中始见，不排除是受北方考古学文化影响的结果（图六）。

华阴横阵⑤、蓝田泄湖⑥、武功浒西庄、赵家来⑦、扶风案板⑧等遗址的考古发现表明，关中东部地区为庙底沟二期文化的分布区⑨，而关中西部则是案板三期文化的范

① 田广金：《论内蒙古中南部史前考古》，《考古学报》1997年第2期。

② 内蒙古文物考古研究所：《岱海考古（一）——老虎山文化遗址发掘报告集》，科学出版社，2000年。

③ 国家文物局、山西省考古研究所、吉林大学考古学系：《晋中考古》，文物出版社，1999年。

④ 代尊德：《太原义井村遗址清理简报》，《考古》1961年第4期。

⑤ 中国社会科学院考古研究所陕西工作队：《陕西华阴横阵遗址发掘报告》，《考古学集刊（4）》，中国社会科学出版社，1984年。

⑥ 中国社会科学院考古研究所陕西六队：《陕西蓝田泄湖遗址》，《考古学报》1991年第4期。

⑦ 中国社会科学院考古研究所：《武功发掘报告——浒西庄与赵家来遗址》，文物出版社，1988年。

⑧ 西北大学文博学院考古专业：《扶风案板遗址发掘报告》，科学出版社，2000年。

⑨ 罗新、田建文：《庙底沟二期文化研究》，《文物季刊》1994年第2期。

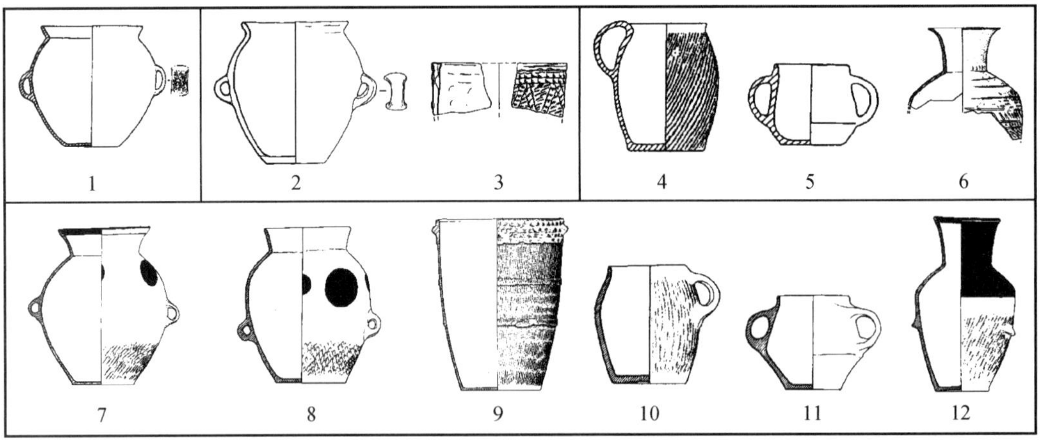

图六　陶寺文化早期来源于周边的其他文化因素

1. 庙子沟（QMH34：1）　2. 园子沟（F3024：2）　3. 老虎山（T602②：2）　4～6. 案板（GBH26：41、GBH26：36、GBH41：30）　7～12. 陶寺（M2103：13、M2180：17、H334：23、M1111：5、M2035：8、M2103：25）

（1. 海生不浪文化　2、3. 老虎山文化　4～6. 案板三期文化）

围①，其中案板三期文化中较为流行喇叭口平底瓶、单耳或双耳的器物如单耳罐、单耳杯等。陶寺遗址从早期第二组墓葬中常见单耳罐、双耳罐、小口高领折肩尊（与喇叭口平底瓶相近），这可能是受关中地区案板三期文化影响的结果。

三、陶寺早期文化对周边的影响

有不少学者认为陶寺遗址是尧都平阳的所在地②。作为文明产生初期的都邑性大型聚落，其影响范围肯定不仅仅局限于临汾盆地，尤其是在陶寺文化最为兴盛的早、中期阶段，而早期遗存与周边地区的比较，对于确定其都邑性聚落的地位尤为重要。结合已有的考古发现看，在临汾盆地外的其他遗址也发现有属于同时期的可能属于陶寺文化早期的遗存，如汾阳杏花村遗址第三期遗存、太谷白燕第二期、芮城清凉寺遗址第三期和第四期遗存等都有较多陶寺文化因素的影响。

① 王世和、张宏彦、莫枯：《论案板三期文化遗存》，《考古》1987年第10期。

② 李民：《尧舜时代与陶寺遗址》，《史前研究》1985年第4期；罗新、田建文：《陶寺文化再研究》，《中原文物》1991年第2期；王克林：《陶寺文化与唐尧、虞舜——论华夏文明的起源（上）》，《文物世界》2001年第1期；王克林：《陶寺文化与唐尧、虞舜——论华夏文明的起源（下）》，《文物世界》2001年第2期；王晓毅、丁金龙：《从陶寺遗址的考古新发现看尧舜禅让》，《山西师范大学学报（社会科学版）》2004年第3期；张国硕：《陶寺文化性质与族属探索》，《考古》2010年第6期。

1. 杏花村遗址

在杏花村遗址第三期遗存中所见的附加堆纹缸、盘口盆、高领折肩罐、小口高领罐等与陶寺文化早期2组的同期器物近同，不排除是陶寺文化影响下的产物（图七）。根据《晋中考古》中的研究，同类遗存还包括娄烦童子崖H2～H6、H8、H10、H12，汾阳杏花村H2、H5、H23、M101，孝义临水H1等。

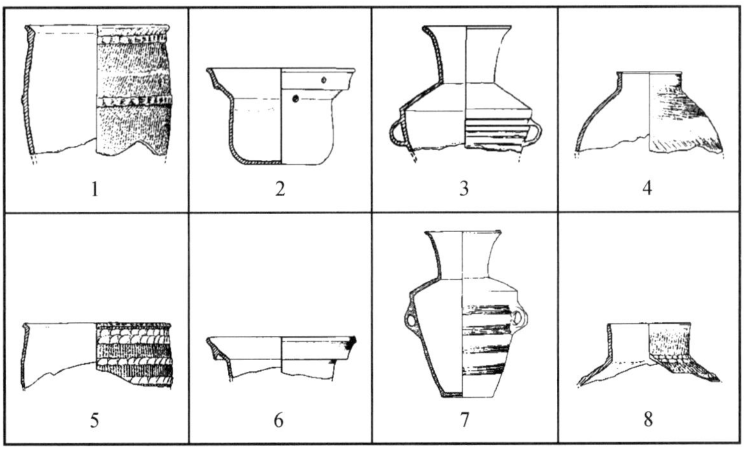

图七　杏花村遗址第三期遗存与陶寺文化早期类同因素比较

1～4. 杏花村（H2：1、H2：4、H2：1、H2：3）　5、8. 杨威（H13：13、H3：2）　6. 孝陵（ⅡH6：40）　7. 陶寺（M2202：8）

2. 白燕遗址

许伟在《晋中地区西周以前古遗存的编年与谱系》一文中明确指出白燕F2所见的釜形斝、盆形鼎、盘口盆等与陶寺的同类器相同，尤其是釜形斝的形态与“陶寺类型”早期相似，均属于庙底沟二期文化偏晚阶段①。包括白燕遗址第一地点简报中第二期遗存中的F2、第三期遗存中的H219等所见折腹斝、釜灶、夹砂缸、深腹罐、小口高领罐、大口罐、尊、小口折肩壶、折腹盆等分别与陶寺文化第三、四组的同类器近同，年代大体相当。根据白燕遗址这么多的陶寺文化因素，不排除此时太原盆地已经纳入陶寺文化控制范围的可能（图八）。

3. 清凉寺墓地

根据报告，研究者将清凉寺墓地史前遗存分为四期，其中第一期属于仰韶文化早

① 许伟：《晋中地区西周以前古遗存的编年与谱系》，《文物》1989年第4期。

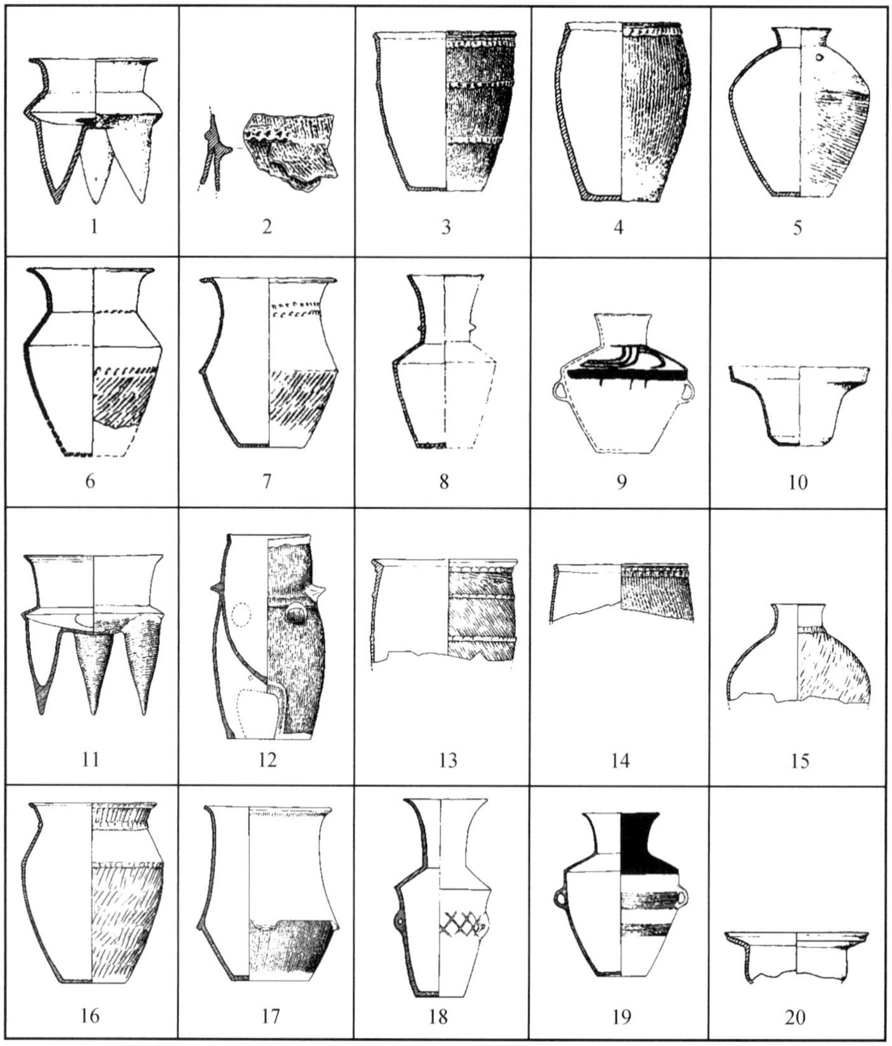

图八　白燕遗址第二、三期遗存与陶寺文化早期类同因素比较

1～10. 白燕（F2：30、H219：1、F2：70、F2：44、F2：29、H219：15、H219：13、F2：47、F2：49、F2：31）　11～13、15～19. 陶寺（M2001：6、F321：5、H322：1、H393：5、H393：1、H335：2、M2245：1、M2035：2）　14. 杨威（H22：4）　20. 孝陵（ⅡH6：42）

期，第二期为庙底沟二期文化晚期，第三、四期属龙山时代①。从第二、三期出土陶器的墓葬看，其形态与陶寺文化早期同类器近同，年代也大体相当（图九）。

① 山西省考古研究所、运城市文物工作站、芮城县旅游文物局：《清凉寺史前墓地》，文物出版社，2016年。

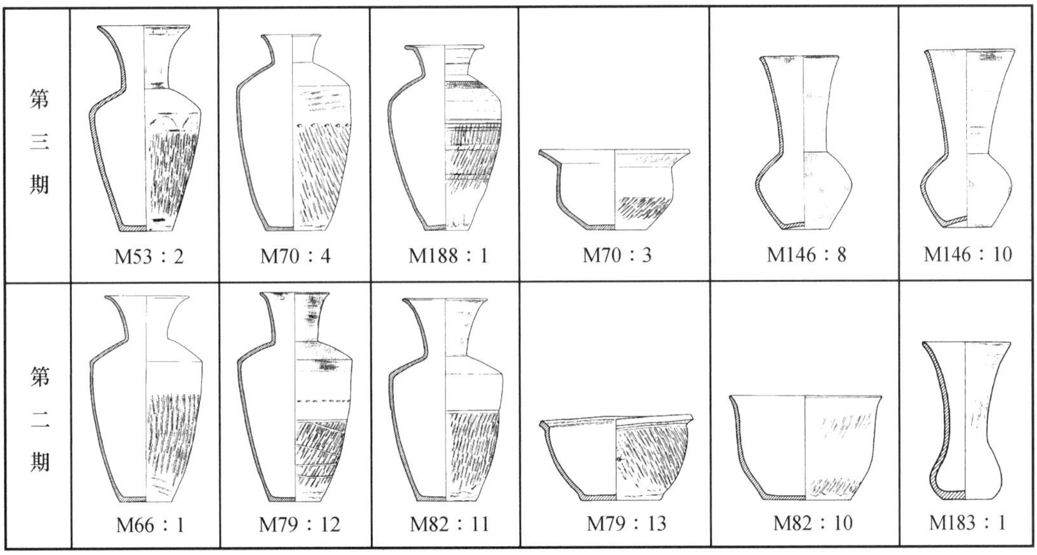

图九　清凉寺墓地出土具有陶寺文化早期特征的陶器

四、结　　语

综上来看，陶寺文化是在临汾盆地仰韶晚期遗存的基础上发展而来的，其早期的年代与豫西晋南地区庙底沟二期文化的年代相当。根据现有材料，陶寺文化早期第一组主要分布在临汾盆地的汾河流域，到第二组开始，汾河下游、运城盆地东部的夏县一带成为其分布区，影响范围向北达到晋中地区；至第三组，陶寺文化对周边的辐射进一步增强，北至太原盆地、南到平陆芮城谷地都能发现陶寺文化的影响。

陶寺城址的考古发现表明，城址内贵族与一般平民的分化较为明显，墓地的布局和随葬品的组合则进一步显示出陶寺文化在发展过程中，不断丰富自身的文化内涵，加强对集团内部的管理与控制。除此之外，陶寺文化还积极向周边辐射，充分吸收庙底沟二期文化、案板三期文化、海生不浪—老虎山文化、大汶口文化、屈家岭—石家河文化等不同地区的先进文化因素，这些都为陶寺早期都邑性聚落的形成奠定了基础。

附记：本文为中国博士后基金第66批面上项目“中原地区史前社会复杂化——基于墓葬制度的考古学观察”（项目号：2019M662563）、郑州大学“中华文明根系研究”（项目号：XKZDJC202006）共同研究成果。

陶寺墓地葬猪现象及其习俗来源

罗运兵

（湖北省文物考古研究所）

史前墓葬中随葬猪骨或猪牲的现象相当多见，相关记录、统计与研究也比较丰富，可明显看出至少有海岱地区、汉水中游地区、甘青地区，以及晋南地区等六个葬猪现象比较突出的中心地区[①]。《襄汾陶寺——1978～1985年考古发掘报告》的出版，为探讨晋南地区葬猪现象的历史场景及其习俗来源提供了重要支撑，这些细节对我们深入理解陶寺墓地所反映的史前葬俗、社会经济及其都邑性质或有裨益。

一、墓地葬猪现象

目前公布材料主要见于《襄汾陶寺——1978～1985年考古发掘报告》[②]和2002年发掘的中期大墓ⅡM22的考古简报[③]。

1978～1985年正式发掘的1309座史前墓葬中，有45座墓葬使用动物牺牲。共578个个体，其中猪牲最多，572个个体。其余包括羊骨架3具、鹿骨架2具、獐骨架1具，多出自墓葬祭祀坑。明显以猪牲占绝对优势，这些猪牲又分为两类。

一是肢解后的整猪或部分胴体：共10个个体，均出自陶寺文化早期的10座大墓，每墓1个个体。全部是一类墓（除M3073被毁不明外，余5座均有出土）和二类甲型墓（M2014、M2035、M2103、M2168、M2172）。如 M3015，除俎上有猪肢骨、陶斝内有猪头外，足端墓底有猪的脊椎、肋骨和肢骨等（图一）；M2001圆案上有猪肋骨、蹄骨，足端墓底也发现有猪头骨、脊椎和肋骨、肢骨，可以肯定是全猪肢解后放入

① 罗运兵：《中国古代猪类驯化、饲养与仪式性使用》，科学出版社，2012年，第262～344页。

② 中国社会科学院考古研究所、山西省临汾市文物局：《襄汾陶寺——1978～1985年考古发掘报告》，文物出版社，2015年，第830～832页。

③ 中国社会科学院考古研究所山西工作队、山西省考古研究所、临汾市文物局：《陶寺城址发现陶寺文化中期墓葬》，《考古》2003年第9期，第3～6页。

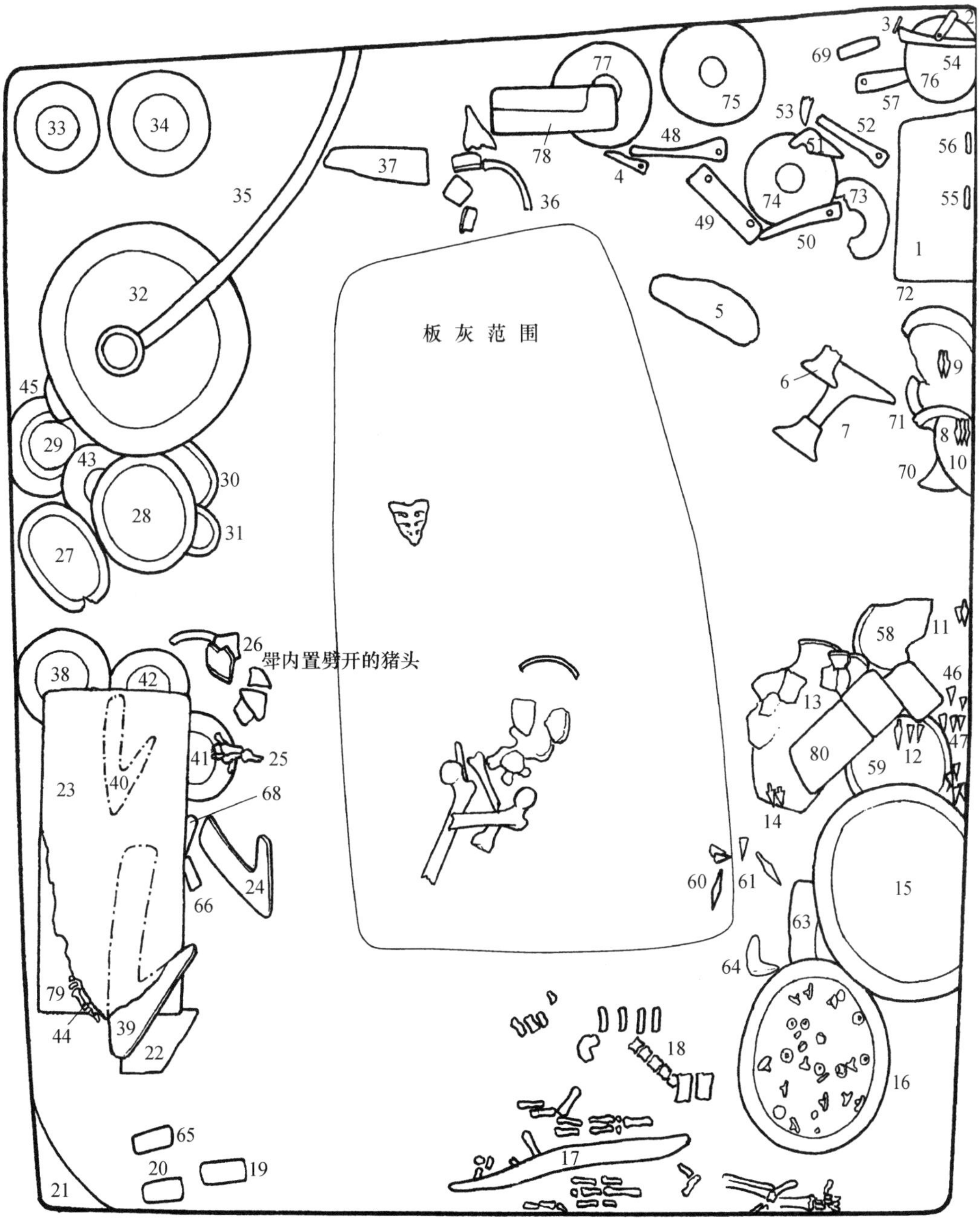

图一　M3015平面图（18、25、44肢解后的猪骨）

的。另在5座二类墓中，发现猪的部分肢体，如M2035，盆形斝中发现有猪头骨，足端墓底有成组的脊椎和肋骨——应是带脊椎的猪排（图二）。这些猪骸下葬时是带有皮肉的胴体，而非仅是猪的骨骼。

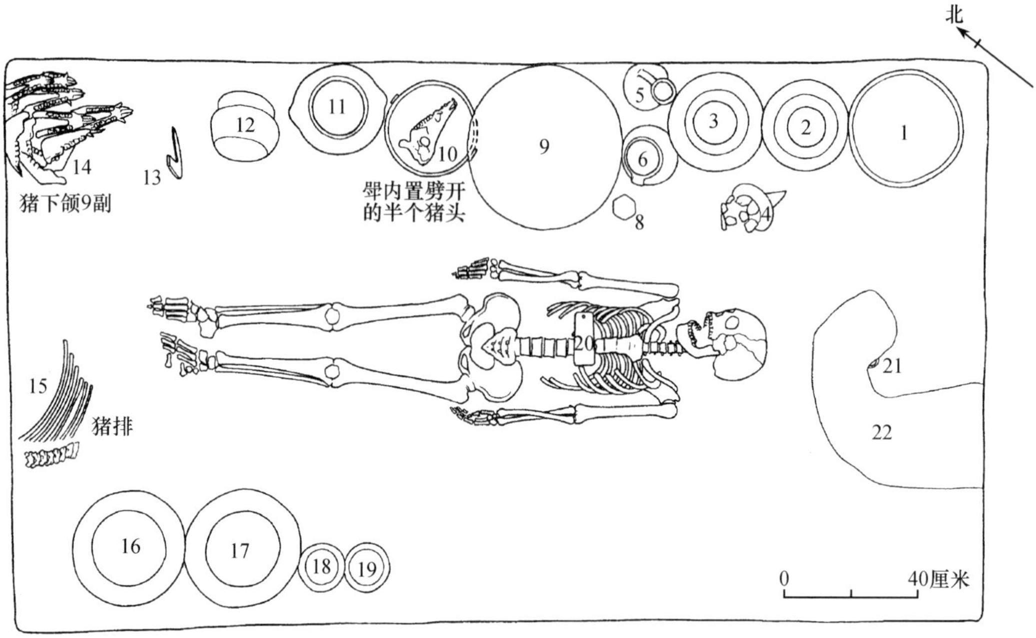

图二　M2035平面图

二是猪下颌：35座墓中随葬562个个体，最多一墓达132个个体。

1）从出土位置来看，多置于墓底（22座，其中头端3座、足端15座，其他为两侧）和头端壁龛（8座），少量置于二层台上（3座）和填土中（2座）。头端壁龛中各仅1副，头端墓底也多只1副。也有极个别在填土中分层埋入，如M2087墓室填土中分三层埋葬猪下颌骨74个个体。

2）从墓主性别来看，男性26座，女性2座，另有6座不能鉴定；明显以男性为主。

3）从墓葬等级来看，二类墓11座、三类墓11座、五类墓10座（图三）、不明2座。

4）从数量分布来看，早期12座，409个个体；晚期8座，82个个体（其中M2087填土中75个，其余每墓1个），明显多出自早期墓葬。仅1副/个的16座，3～10副/个的8座，12～18副/个的3座，23、29、43、58、75、86、132副/个的各1座，凡18个以上的（除M2087）均为二类墓。

另在早期发表的考古简报中曾报道，陶寺墓地发现四处在墓口旁侧（分别为M232、M248、M271、M282，可排除为壁龛）设置的小浅坑，坑内埋1～14副不等的

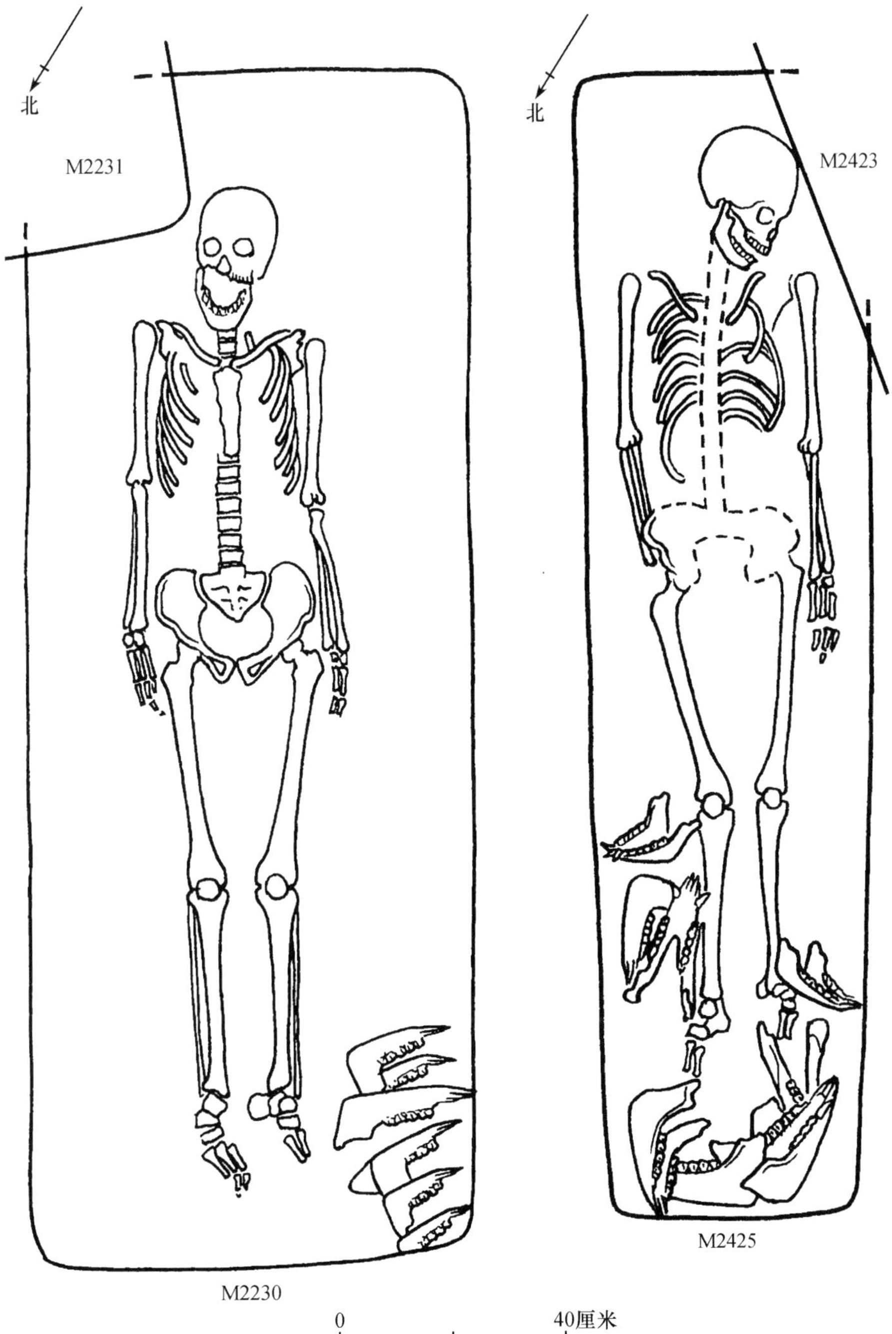

图三　M2230与M2425平面图

猪下颌骨。这种小坑一般位于墓坑头端，也有的置于脚端（图四）。原简报认为“据现有情况来看，这种猪下颌骨的葬坑应和相应的墓葬有关系，但究竟是随葬还是祭祀时所置，有待于进一步研究”[①]。但最后《襄汾陶寺——1978～1985年考古发掘报告》中完全未提及此类材料。

2002年发掘的中期大墓ⅡM22：棺南侧的木案之上厨刀下均有猪骨以及皮肉块朽灰；墓室西部摆放一劈两半的猪肉共计20爿，合计10头猪；墓室东壁中央显著位置立有一完整公猪下颌骨；西1龛放置猪肉。该墓葬猪个体至少有11头。

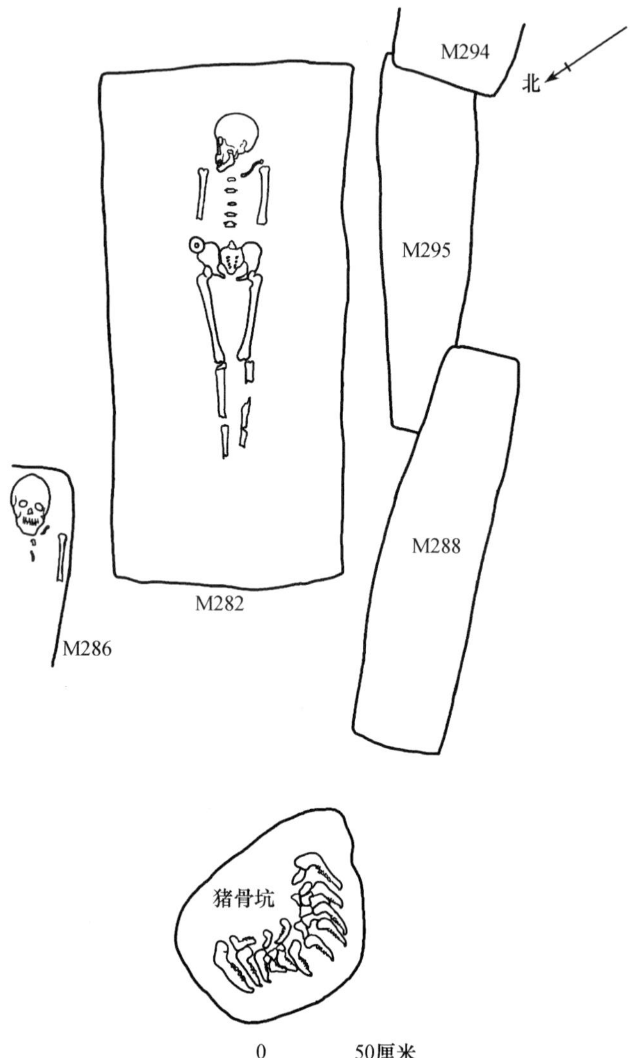

图四　猪骨坑平面位置图

① 中国社会科学院考古研究所山西工作队、临汾地区文化局：《山西襄汾县陶寺遗址发掘简报》，《考古》1980年第1期，第28～30页。

结合上面两批材料，可知陶寺墓地葬猪数量巨大：11座大墓葬猪20头，其中ⅡM22就葬猪10头；其他34座墓葬随葬猪下颌562个个体，其中M2200多达132个（图五），初步估计整个墓地葬猪至少接近600个个体。这在整个龙山时期无论单个墓葬葬猪数量还是整个墓地葬猪数量都是首屈一指的。二是大型墓葬中，整猪肢解习俗相当

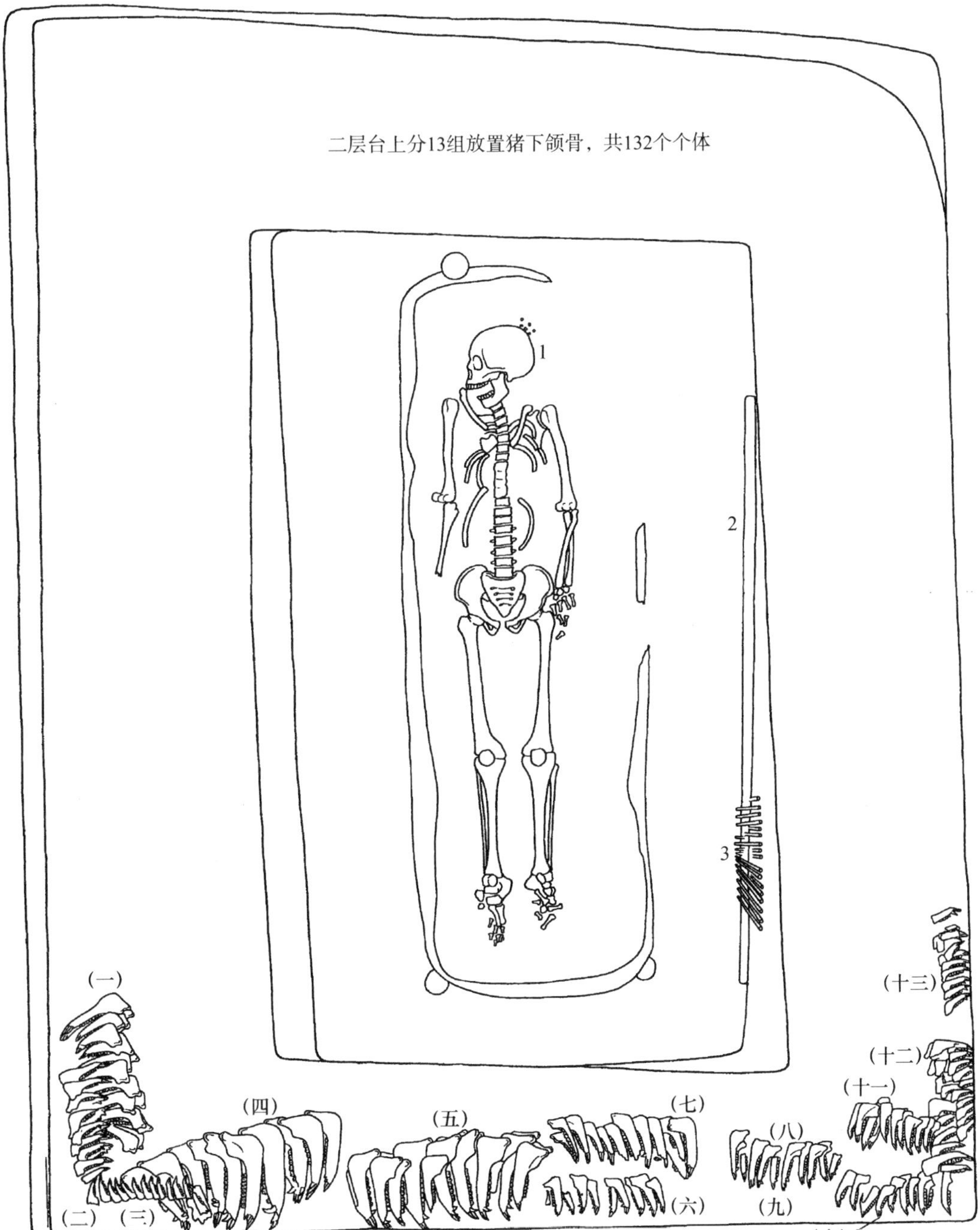

图五　M2200平面图

突出。多见将猪头（或劈开）置于陶斝、陶鼎等炊器内，如M3015、M3016、M2035、M2043、M3372、M1364等。其中M3015 的26号大斝内置已劈开的猪头，M2043的9号盆形斝内置半个猪头，M2035的10号盆形斝内置劈开的半个猪头，M3016的盆形斝内置猪下颌。

要特别指出的是，目前仅陶寺墓地见有葬猪现象（年代大多集中在陶寺文化早中期），其他陶寺文化墓地如下靳墓地[①]绝不见此类现象。

动物考古材料显示，陶寺遗址家猪饲养相当发达。根据2001～2002年发掘的动物骨骼材料，陶寺文化中期猪骨的数量（NISP）比例高达80%，按最小个体数（MNI）与肉量贡献都达70%；陶寺文化晚期尽管养羊业兴起，但家猪的数量比例仍占50%以上[②]。2004年发掘的骨骼材料中猪骨数量的比例也高达50%[③]。很明显，陶寺墓地葬猪现象的盛行背后有其发达的家猪饲养业的支撑，而且很可能这些随葬猪牲很可能是本地饲养的。

二、墓地葬猪含义

史前猪牲的使用是较普遍而突出的现象，其中又以随葬用猪牲最为常见，特别是猪下颌骨随葬。关于葬猪的功能或含义，笔者做过系统论述，可分为四类：一是作为“护身符”，以猪牙为代表，并延伸至部分带獠牙的猪下颌；二是作为“战利品”，以猪头或下颌为代表；三与“猪灵崇拜”有关，以整骨架为代表；四是代表了肉食，以各类猪骨为代表。其中第四类最为多见，第二、三类仅为特殊现象。随葬的猪牙与其他动物牙齿（如獐牙）一样，具有“护身符”的性质，反映了人们一种原始的巫术思想。兴隆洼文化M118中的特殊埋葬的猪骨具有“猪灵崇拜”的性质。而三里河M279所出穿孔猪下颌则可能属于“战利品”的性质，它见证了死者的勇敢与荣耀，并伴随死者进入了墓葬。此外，其他所有猪骨均属于献祭给天神、地祇、人鬼的祭品，为他们提供肉食[④]。

---

① 下靳考古队：《山西临汾下靳墓地发掘简报》，《文物》1998年第12期；山西省临汾行署文化局、中国社会科学院考古研究所山西工作队：《山西临汾下靳村陶寺文化墓地发掘报告》，《考古学报》1999年第4期。

② 袁靖、黄蕴平、杨梦菲：《公元前2500～公元前1500年中原地区动物考古学研究——以陶寺、王城岗、新砦和二里头遗址为例》，《科技考古（第二辑）》，科学出版社，2007年。

③ 博凯玲：《中国新石器时代晚期动物利用的变化个案探究——山西省龙山时代晚期陶寺遗址的动物研究》，《三代考古（四）》，科学出版社，2011年，第129～182页。

④ 罗运兵：《中国古代猪类驯化、饲养与仪式性使用》，科学出版社，2012年，第301～308页；罗运兵：《也谈我国史前猪骨随葬的含义》，《华夏考古》2011年第4期。

至于陶寺墓地，其葬猪现象在前面分成了两类：一是肢解的整猪或局部胴体。如ⅡM22，墓室西部摆放着猪10头，均一劈两半；“棺南侧与南壁之间排列青石大厨刀4柄，素面木案板7块，厨刀下均有猪骨以及肉块朽灰”，很明显，这些猪骨都是牲肉的残留，这些经肢解的整猪作为肉食祭品的用意明显。M2172墓室木俎上发现有猪肋骨和猪腿、蹄骨，俎上方30厘米填土中有猪头骨1具（图六）。这应为肢解后的猪。如前所述，这些肢体原本带有皮肉，可肯定是为死者提供的肉食。另不少炊器如陶斝内多置有猪头（或劈开），与M3015、M3016、M2035、M2043、M3372、M1364等，与商

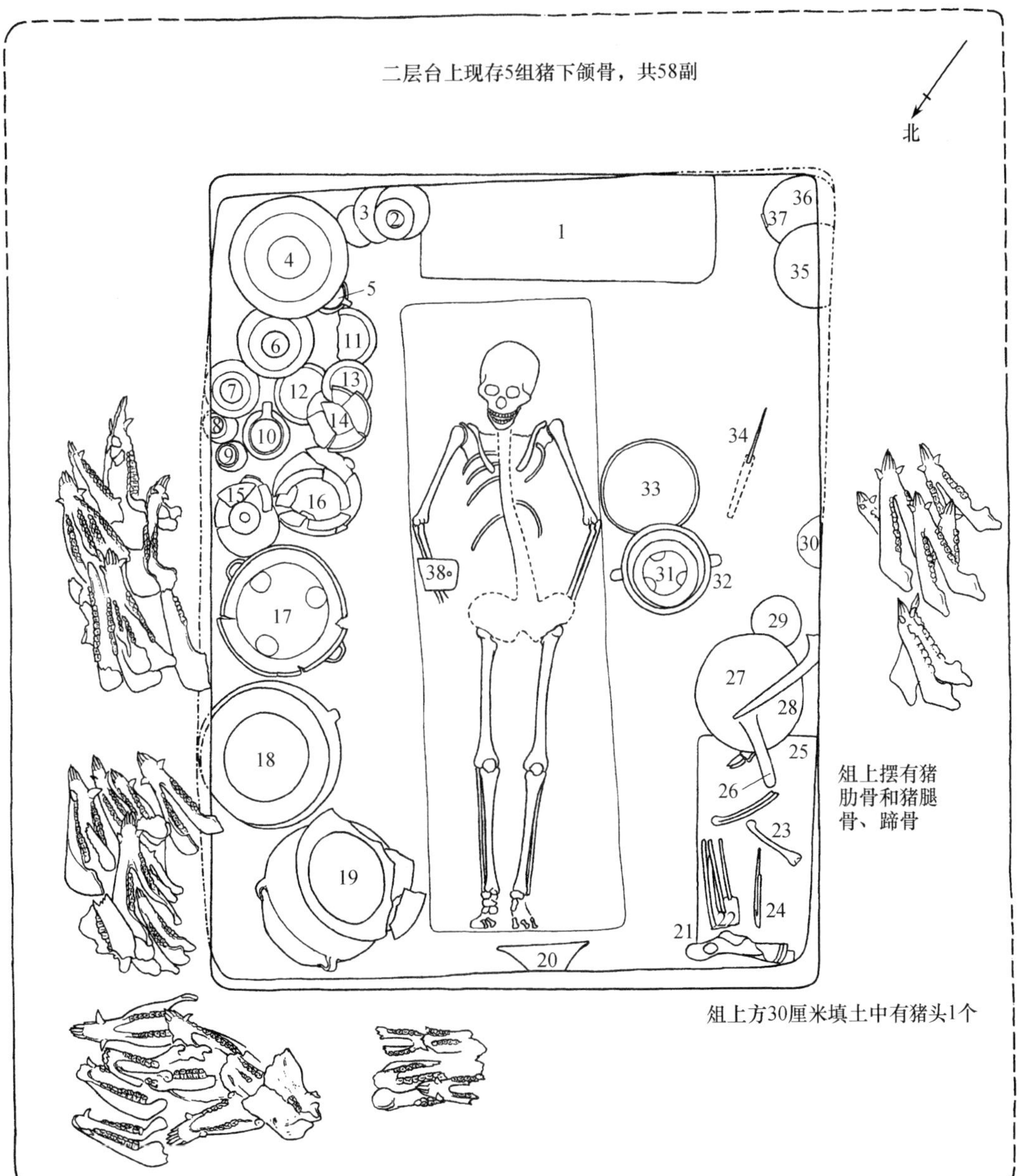

图六　M2172平面图

周时期铜鼎等容器中出土的牺牲情景一致，二者的基本性质应是相同的——都是为死者准备的肉食。

二是最为常见的猪下颌，多成组摆放于二层台或墓底死者足端。M2172、M2189和M2200三座墓葬将成组的猪下颌骨摆放于二层台上。如M2200，“摆放猪下颌骨13组，每组内的下颌骨大小相仿，互相套合；组与组之间或见重叠。右侧第1组为9副，左侧第13组为13副，其余各组均10副，共132副。以第4组个体最大，第3组个体最小，尚为乳猪”。可见下葬之前，这些下颌骨经过人为的分拣归组。又如M2063，墓底足端堆放下颌骨86副（图七）。“从发现在二层台上和足端墓底的成组下颌骨看，排列密集，有的相互交叉在一起，因此可以证明进入时已是剥去皮肉，或是已经风干的下颌骨。”凡随葬下颌骨数量较多的大都是二类墓，但也有一个例外——M2087，这是一座陶寺文化晚期的三类丙型墓，墓主为成年男性，除头龛随葬1副猪下颌外，墓室填土中分三层埋葬猪下颌骨74个个体，其中下层67个、中层4个、上层3个。多数是拆散的半副下颌，报告推测应属下葬回填过程中的一种祭祀行为。一般认为，这些猪下颌骨多为死者亲友的送葬之物。同用肢解后的整猪墓葬相比较，可知随葬猪下颌骨的数量也体现了死者的地位和财富。这些下颌骨一般仅作为肉食的象征。

与成堆摆放的猪下颌骨不同，陶寺墓地也见有不少独置于头龛中或墓底死者头端的猪下颌骨，包括M22东壁所立猪下颌。特别要指出的是，8座头龛置下颌骨的墓葬中（其中年代明确的6座均为陶寺文化晚期，墓主可鉴定性别多为男性），有5座公布了线图——三类墓M1364（图八）、M1650、M1282、M1451，五类墓M1360，无一例外均可见发育的獠牙（犬齿）。3座墓底头端置下颌骨的墓葬，有2座公布了线图或照片——三类墓M3372、M2169，也可见发育的獠牙，即这些单独摆放的猪下颌均为公猪下颌。可见这些摆放位置特殊（特别单独摆放于头龛中的）的猪下颌骨都有一个突出的特征——发育的獠牙，它们都是经过专门挑选的雄性个体，笔者认为这些猪下颌随葬主要是为了镇墓辟邪，在某种程度上它们起到死者的护身符的作用。

陶寺中期大墓ⅡM22东壁正中竖立的 1件公猪下颌曾引起过不少关注，以为是“豮豕之牙”，并由此作为关联证据引出许多论断。笔者认为，此下颌犬牙发育，不能用“豮豕之牙”来解释。“豮，除也，除其牙也”，但该下颌牙齿（特别是獠牙）完整，不见“豮牙”痕迹。即便豮有“去势”之意，但家猪一般幼年去势，去势的猪獠牙不发育，相关报道中指出该下颌“粗壮的獠牙长且弯，獠牙断面呈三角形”，可知此下颌绝非“豮豕”之颌。由于该下颌与上面提供的独置于头龛中或墓底死者头端的下颌骨的形态相同（雄性）、出土位置基本相类，其功能/含义或许也大体相近——发育的獠牙代表刚健和力量，这件猪下颌主要与镇墓辟邪有关，它与玉石兵器组合在一起，可能也表达了墓主对武力的崇尚与炫耀。

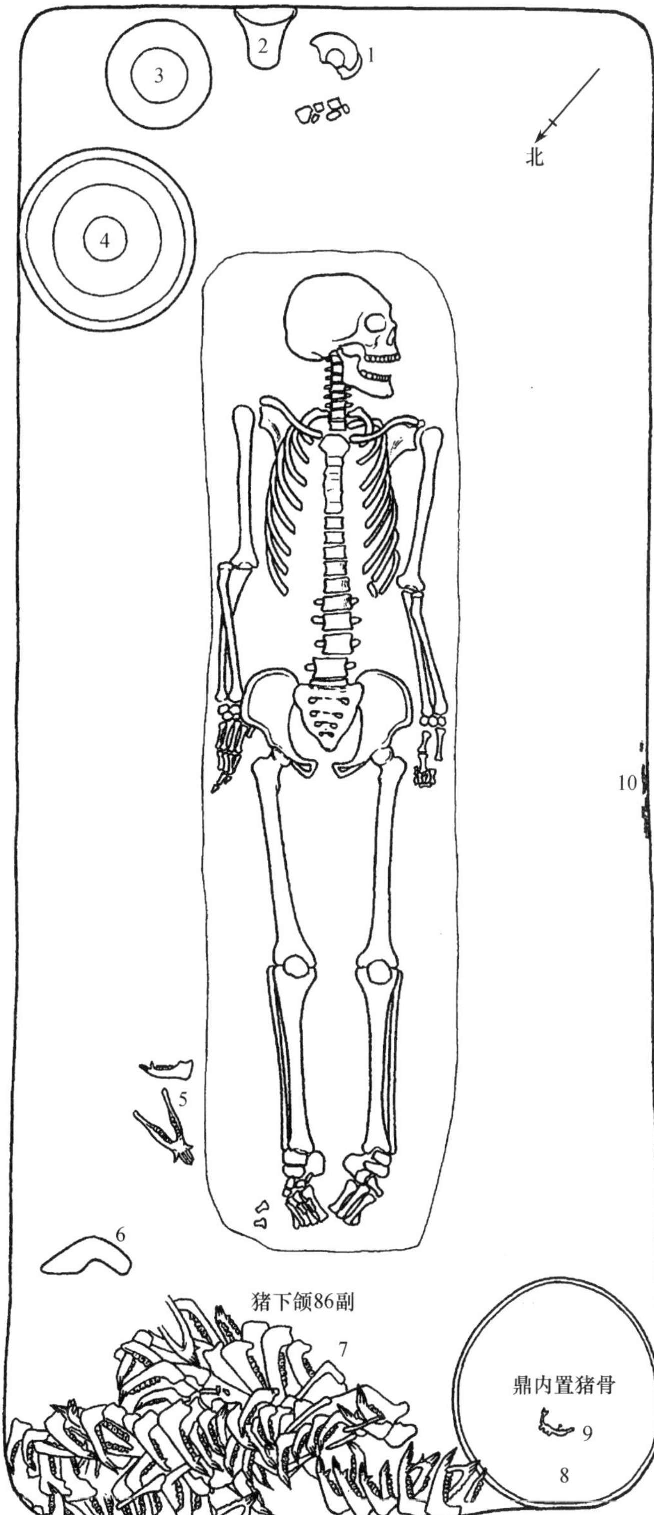

图七　M2063平面图

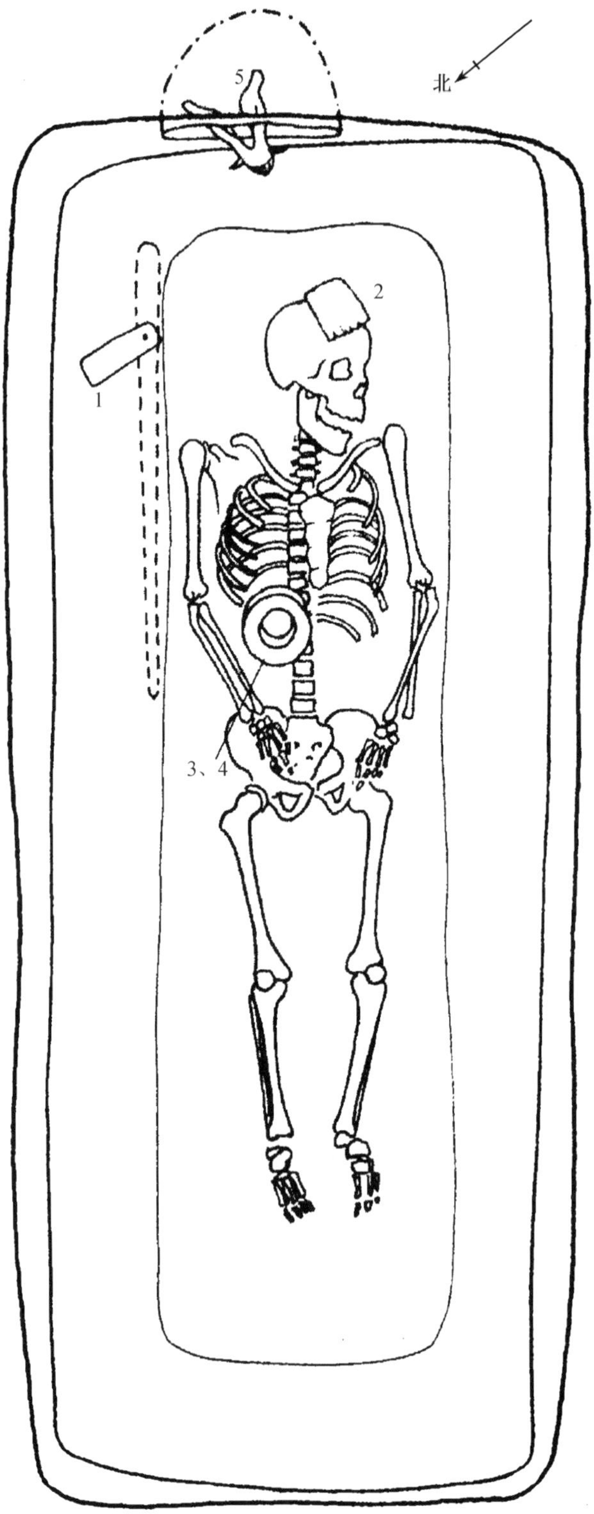

图八　M1364平面图

三、墓地葬猪习俗来源

目前材料显示，晋南地区仰韶时代至龙山早期尚无猪牲随葬的习俗。实际上，中原地区现今河南北部、河北、山西境内整个仰韶时期基本不见猪骨随葬实例（同时也不存在其他动物随葬），河南北部龙山时期中猪骨随葬也非常少见（仅在大河村遗址见有1例）①。一般认为陶寺文化与老虎山文化关系密切②，但后者分布的河套地区也无此传统——目前尚不见猪骨随葬。

目前晋南地区与陶寺文化大体同时期仅清凉寺墓地见有猪骨随葬。清凉寺墓主要属于庙底沟二期文化晚期，测年数据在4500～3700BP。墓地仅见M76一例随葬雄性猪下颌，其下颌第三臼齿长40～42毫米，这个数据远远大于龙山时代一般家猪的臼齿尺寸，明显应属野猪。该下颌獠牙发育，令人惊奇的是，其第三臼齿后增生有畸形齿，相当罕见（图九）。这件下颌很可能是死者生前的猎获品，因其特异，所以葬入。该墓地另有7座墓随葬猪犬齿210件，多切成段（其中下犬齿148件，M146和M67分别随葬108、37件下犬齿）③。整体上，墓地葬猪的目的主要是辟邪。这种猪牙随葬现象绝不见于陶寺墓地，因此后者受其影响的可能性极小。由于陶寺文化葬猪现象仅见于陶寺墓地，所以龙山时代晋南陶寺墓地大量出现的猪骨随葬现象多少有些突兀，可以认为，这应非本地自身传统。

不过，若将陶寺墓葬葬猪现象与大汶口文化相比，二者则有惊人的相似，包括随葬猪下颌、猪头乃至整猪等各个方面。海岱地区最迟至大汶口文化早期的偏晚阶段（6000～5700BP）猪牙、整骨架、头骨、颌骨、肢骨等随葬现象均已全部出现，大汶口文化中晚期这种猪骨随葬现象非常普遍，而且数量庞大（主要是猪下颌），是当时数一数二的中心地区，龙山文化时期有所减弱，而且猪牙、整骨架、头骨随葬现象已基本消失，主要是下颌骨随葬④。由于下颌骨随葬在史前不少地区比较普遍，下面重点对整猪随葬和猪头置于陶器内的现象略作比较。

史前整猪（或较完整的猪）随葬现象：最早见于距今7000年前的内蒙古兴隆洼遗址（1例），其后海岱地区大汶口文化早期大墩子墓地见有1例（5700～5500BP），大体同时的汉水中游地区的雕龙碑二期（5800～5200BP）见有2例，淮河下游地区的龙虬

① 罗运兵：《中国古代猪类驯化、饲养与仪式性使用》，科学出版社，2012年，第262～344页。

② 王晓毅：《龙山时代河套与晋南的文化交融》，《中原文物》2018年第1期。

③ 山西省考古研究所、运城市文物工作站、芮城县旅游文物局：《清凉寺史前墓地》，文物出版社，2016年，第544～554页。

④ 罗运兵：《中国古代猪类驯化、饲养与仪式性使用》，科学出版社，2012年，第262～344页。

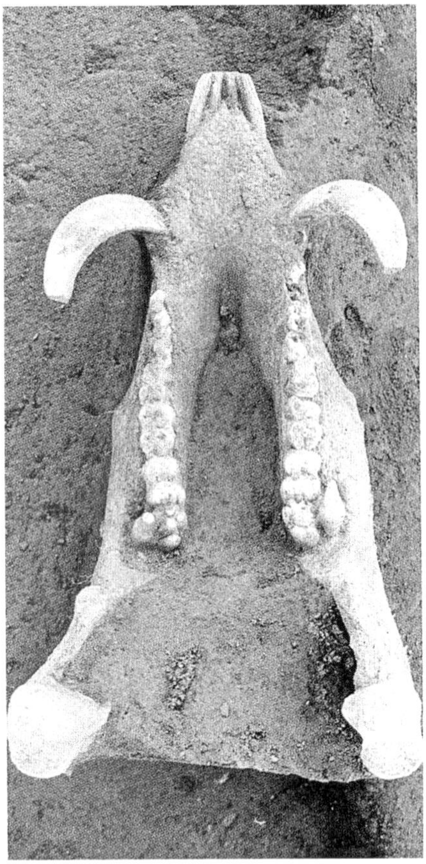

猪下颌骨M76：4

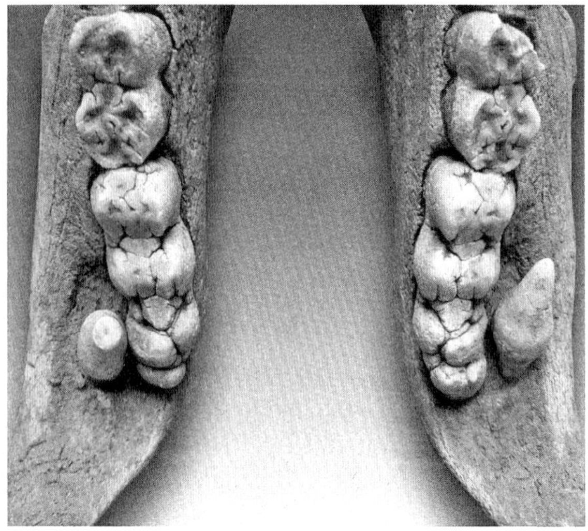

M_3之后多出的一对锥形齿

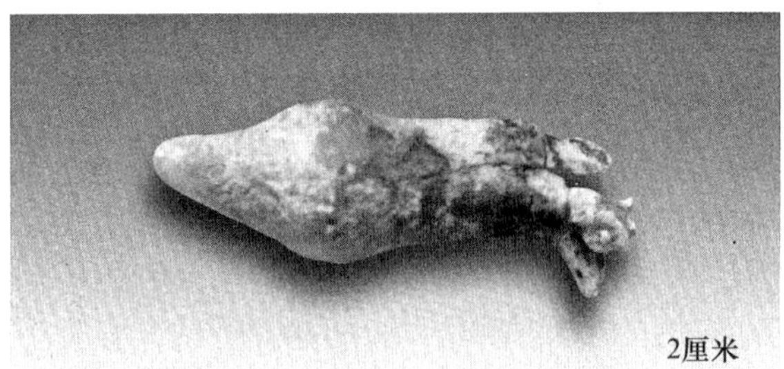

图九　M76出土雄性猪下颌骨

庄遗址有1例（5700～5500BP）。其后多见于海岱地区大汶口文化中晚期的墓地中，共9例，其中大墩子1例、花厅6例、野店1例、大汶口1例。其中海岱地区最为常见，而且表现得较为连贯，从大汶口文化早期一直延续至大汶口文化晚期，这一地区龙山文化时期目前还没有发现整猪随葬的实例。陶寺墓地此类风俗与之接近，但也略有区别，如均经肢解。

猪头（部分劈开）置于陶器内的现象：史前猪头随葬主要见于海岱地区（至少56例126件）和汉水中游地区（4例4件）。其他仅见甘青地区的民和核桃庄遗址1例1件。海岱地区随葬猪头的墓地有大汶口、建新、西夏侯、大墩子、花厅等。最早出现于大汶口文化早期，如大汶口墓地M2005、M1013，但主要流行于大汶口文化中晚期，如建新墓地1例1件、大汶口墓地43例96件、西夏侯墓地3例3件、花厅墓地5例20件、大墩子墓地2例4件。该地区猪头随葬风俗整个延续的时间跨度约为5800～4500BP，目前尚不见于龙山文化墓地中。陶寺墓地所葬猪头一般是与整猪肢解后的其他部分共存，严格意义上并不存在单独的猪头随葬习俗，不过该墓地不少猪头置于陶或陶鼎等容器中，这种习俗在海岱地区也是最为多见的。它流行于大汶口文化，大汶口墓地早期墓葬中有9座用猪头骨、下颌骨、肢骨随葬，基本上都是盛放于三足钵、三足盆和豆、盆等器皿内。如M1013随葬的三足盆内盛有猪头骨和蹄骨、三足钵和钵形豆内盛猪的其他骨。M2005南面二层台东段的2件三足钵和2件三足盆内盛猪下颌骨；墓室南侧和南面二层台东段各1件钵形豆内盛有猪颌骨，西南角二层台内的3件钵形豆内盛有猪颌骨或蹄骨。北面二层台中部的3件钵形豆中也盛有猪颌骨。M1014随葬有三足盆、三足钵、豆、盆等陶器中常盛有猪颌骨、猪蹄骨和肢骨等。大墩子墓地大汶口文化早、中期共17座墓随葬猪头或猪下颌，其中不少都放在陶鼎或陶豆、陶篮内。西夏侯墓地大汶口文化中期墓葬M6随葬的猪头放在死者脚下方二层台上的陶豆里。呈子墓地9座龙山文化墓葬中随葬的猪下颌骨有一部分放在头端或脚端二层台上的陶器里。

综合比较分析，我们认为陶寺墓地葬猪习俗传自海岱地区的可能性较大。需要指出的是，后者主要流行于大汶口文化中晚期（不晚于4500BP），在年代上与陶寺文化目前的年代学框架（4300 ~ 3900BP）还似有一段差距。

四、结　　语

陶寺墓地葬猪数量惊人，无论单个墓葬随葬的个体数（如M2200）还是整个墓地葬猪总数量在整个龙山时代都是首屈一指的；而且在晋南地区除陶寺外，基本不见于其他墓地。这个现象在晋南乃至在整个中原地区龙山时代都显得非常突兀——晋南地区乃至整个中原地区仰韶时代至龙山早期尚无猪骨随葬的习俗，河套地区也无此传统。陶寺墓葬猪现象与大汶口文化相比，则有较多相似之处，陶寺墓地葬猪习俗传自海岱地区的可能性较大。陶寺墓地突然盛行或吸纳这种葬猪习俗或与陶寺遗址的都邑性质有一定关联。陶寺墓地葬猪主要是为死者提供肉食祭品，但也有部分（包括中期大墓M22东壁所立公猪下颌）与镇墓辟邪有关。

从实验考古看空三足器分布扩大的背景

——以陶寺遗址的分析为主

久保田慎二

（日本金泽大学国际文化资源学研究中心）

笔者曾经提出过“环太行山脉地区文化圈”①的概念。此文化圈是以新石器时代末期在太行山脉周围地区普及的“空三足器”为代表的器物。笔者认为以鬲为主的空三足器扩散的主要背景不是人的直接迁移，而是有关空三足器的信息传播。那么，为什么很多地区很快就接受了有关空三足器的信息呢？为了解决这个问题，本文针对空三足器分布扩大的背景，从热效率的观点来探讨。

关于新石器时代末期的炊器，在太行山脉周围地区突然开始出现大量的空三足器。而庙底沟二期文化并行的时候，很多地区还在使用深腹罐、鼎、斝和釜灶等的炊器。但是，出现以鬲为主的空三足器以后，这些炊器大幅减少。这现象最明显的是以陶寺遗址为中心的山西西南部的临汾盆地。

在临汾盆地，相当于所谓陶寺文化早期的庙底沟二期文化末期并行期常见的鼎、斝、深腹罐和釜灶等的炊器，到了报告所说的陶寺文化中期，就是笔者想的陶寺文化以后，都被换成以鬲为主的空三足器。关于陶器组合的转换背景，主要有两个看法。一个是人的迁移。另一个是有关陶器功能的信息传播，尤其是空三足器的热效率的信息。关于第一个看法，鬲扩散的时候，不一定伴随着其他陶器器类或文化因素的传播。所以，目前还有一点疑问。第二个看法，其实空三足器的热效率还没有具体的数据。所以目前无法验证这个问题。笔者认为当然也有第一个看法的可能性。但是考虑到空三足器的很大的分布范围，第二个看法的影响也比较大。

基于以上的研究背景，本文关注出土量最多的空三足器，就是鬲，按照实验考古的方法来探讨其热效率的问题。做实验的时候，为了比较热效率，还使用了鼎。因为

---

① 久保田慎二：《中国新石器时代の变迁と交流》，六一书房，2015年。

鼎在庙底沟二期文化时期的出土量比较多，而且大小也接近鬲。所以，用途上也有可能比较相似。因此，作为一个比较的对象，这次选了鼎。

1. 研究史

目前为止，几位学者已经指出过鬲取代其他炊器，然后很快就普及的现象。如上所述，这背景的一个看法是人的迁移。随着原来使用空三足器的人群的迁移和扩散，空三足器的分布也越来越大。韩建业曾经指出过在山西西南部接受鬲的过程中发生过人群的迁移[①]。他认为因为当时发生冷干化，所以住在北方的人群南下了。结果，引起鬲的分布范围的扩大。确实，临汾盆地的鬲与内蒙古中南部和山西中部是同一个系统。但是，也有已经当地化的器形。而且，炊器以外也有不少其他地区没有的器形。再说，在山西西南部，空三足器的传播是逐渐的。几乎不存在超过远距离的直接传播。考虑到这些现象，笔者很难同意空三足器普及的背景有大规模而直接的人的迁移。

另一个可能是热效率的问题。目前为止，几乎没有专门考虑这个问题的研究。但是，在探讨鬲的成立背景的论文当中，偶尔看见提到热效率的研究。

陈冰白指出，在釜灶演变成单把鬲的过程中，因为受火面积增加，所以热效率也提高了[②]。他的主要根据是釜灶和单把鬲的形状的变化。很可惜的是没有具体的数据。

高天麟也按照鬲的形状来提过热效率的问题[③]。通过釜灶和鬲的形态结构的比较，他注意到了在燃烧空间和通气结构方面，鬲比釜灶更具优势。然后，以这个差异为证据来说明鬲的热效率的优势。

李文杰关注鬲的袋足，就是空三足的结构，主张鬲可以有效率地利用燃料的能量。然后提到鬲的出现与釜灶的消失之间的关系。

在日本，饭岛武次为了考虑鬲的用途，提过鬲的热效率的问题。他认为鬲的热效率很高，鬲的器形很适合熬煮流动性高的小米粥。可是，还是没有说明具体的证据。

以上4位学者的看法有几个共同点。

第一个是，他们都把鬲的热效率关系到其形状。确实鬲的形状，尤其袋足结构很适合提高热效率。但是，没有考虑加热方法和炉灶结构等的其他因素，而且没有具体数据的话，这些看法也缺乏说服力。

第二个是，他们与鬲比较的都是釜灶。釜灶一般在庙底沟二期文化到龙山文化的

---

① 韩建业：《2006晋西南豫西西部庙底沟二期——龙山时代文化的分期与谱系》，《考古学报》2006年第2期。

② 陈冰白：《新石器时代空足三足器源流新探》，《中国考古学会第八次年会论文集（1991）》，文物出版社，1996年。

③ 高天麟：《黄河流域龙山时代陶鬲研究》，《考古学报》1996年第4期。

山西南部和以河南西部为中心的地方出土。而，鬲出土在更广阔的范围内。所以，只与釜灶比较的话，不能了解鬲的分布范围扩大的背景。笔者认为，鬲分布扩大之前，在很多地区使用的炊器是鼎。所以，鼎和鬲比较为合适。

根据上述研究史上的问题，从热效率的角度，本文通过实验考古方法来探讨从鼎到鬲的炊器转换的背景。研究对象的范围是山西西南部的临汾盆地。笔者相信曾经几乎没有人做过的这种研究内容有一定的意义。

2. 研究方法

首先，要说明研究流程。本文可以分成基础分析、煮沸实验、结论三个部分。在基础分析的部分，决定在实验的时候使用的炊器。为了解决这个问题，通过鼎和鬲的形态和口径的分类，把当时炊器的组合搞清楚。然后，再决定最常用的炊器。

其次，按照笔者在陶寺遗址观察陶器的经验，说明炊器表面上残留的烟灰痕迹的情况。然后，复原当时的加热方法。同时，收集已经报道过的带炉灶的房址的信息，复原实验时候使用的炉灶。另外，为了考虑炊器里面熬煮的东西，统计在陶寺遗址浮选出来的植物种子。

实验陶器的制作参考了过去的研究成果，尤其是苏秉琦和李文杰两位学者的研究成果。

再次，做实验。说明实验概况以后，再考虑实验的具体内容。

最后，按照实验的结果和其他历史上的因素，探讨鬲取代其他炊器的背景。

3. 实验前的基础分析

（1）实验陶器的选择

相当于陶寺文化早期的庙底沟二期文化末期和陶寺文化时期出土的陶器大致有鼎、釜灶、深腹罐、斝、鬲和甗等。庙底沟二期文化末期有鼎、釜灶、深腹罐和斝，这些器形可以再细分。到了陶寺文化以后，虽然陶寺遗址中期阶段还有一些庙底沟二期文化末期的因素，但是新出现各种形态的鬲。陶寺遗址晚期以后，鬲完全取代以前的各种炊器，奠定了其在炊器中的主要地位（图一）。

这些庙底沟二期文化末期以及陶寺文化出土的炊器，根据口径的大小可以分成大、中、小三类。陶寺文化的炊器，图二的鬲Ⅰ有中型的1类，鬲Ⅱ有15厘米以下为中心的小型，鬲Ⅲ可以分成25厘米以上的大型和15厘米以上25厘米以下的中型，斝Ⅱ也有大型和中型的2类。同一个器形里的大小差异与形状不同的器形之间的区别有可能表示煮沸内容的区别与煮沸量的差异。其中，出土量最多的就是中型的炊器。所以这次的实验也使用了中型鬲。

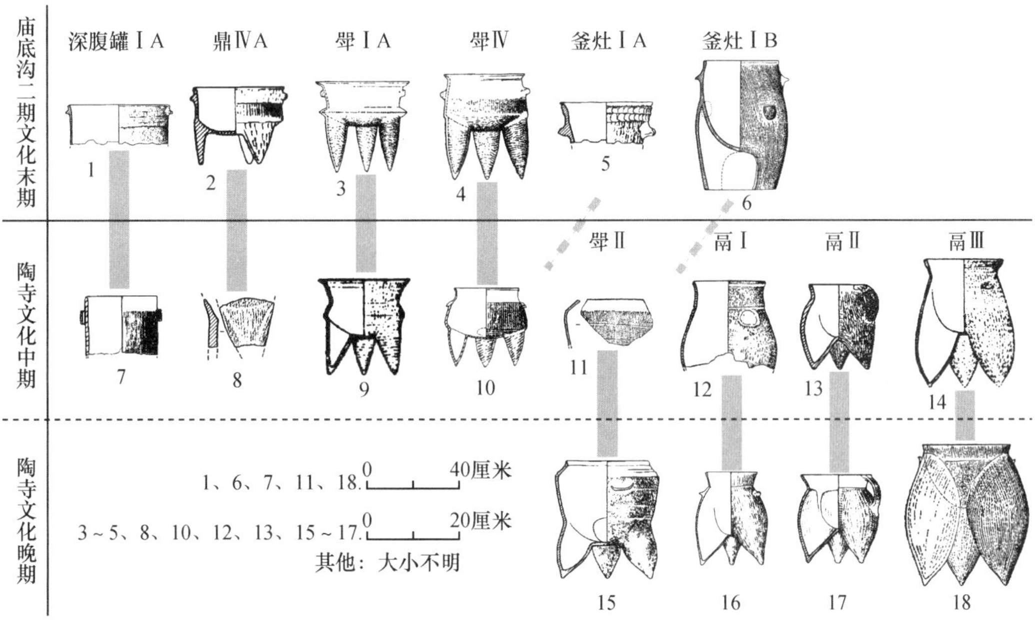

图一　山西省西南部从庙底沟二期文化末期到陶寺文化的炊器演变

7、10. 曲舌头遗址　15. 西阳呈遗址　其他. 陶寺遗址

（各器类的分类是按久保田2015年来命名的）

虽然鼎是庙底沟二期文化的主要炊器之一。但是，在临汾盆地的庙底沟二期文化末期阶段，已报告过的完整器几乎没有。曾经在高天麟等写过的论文当中，可以知道整体形状的鼎[①]。但是，无法知道它的大小。这次实验的目的就是比较鬲和鼎的热效率。鼎的大小也必须和鬲一样，所以制作了中型的鼎。

（2）加热方法

热效率不只是由陶器的形态而决定的，加热方法也是很重要的。复原加热方法的时候，最重要的根据就是留在陶器表面上的烟灰。图三是笔者在陶寺遗址看到的鼎和鬲的烟灰，大概有6个类型。Ⅰ类是腹部的烟灰比较明显，就叫“腹部附着型”。这种类型是从陶器下面受大火的痕迹。因为是大火，所以离火很近的脚部上的烟灰就都被烧掉了。Ⅱ类是烟灰主要留在三足内侧的类型，就叫“三足内侧附着型”。这一般是从三足内侧用小火或炭火加热时才形成的痕迹。Ⅲ类是在三足内外都有烟灰的类型，就叫“三足附着型”。基本上，和Ⅱ类同样的情况下形成。但是Ⅲ类还有从三足外侧加热的特点。Ⅱ类和Ⅲ类都用小火或炭火来加热，这是两类的最大特点。Ⅳ类是腹部以下有明显的烟灰，而腹部以上比较浅的类型，就叫“整体附着型”。Ⅴ类与Ⅳ类比较相似，但是在三足内侧没有烟灰。所以把这类叫作“三足内侧以外的整体附着

① 高天麟、张岱海、高炜：《龙山文化陶寺类型的年代与分期》，《史前研究》1984年第3期。

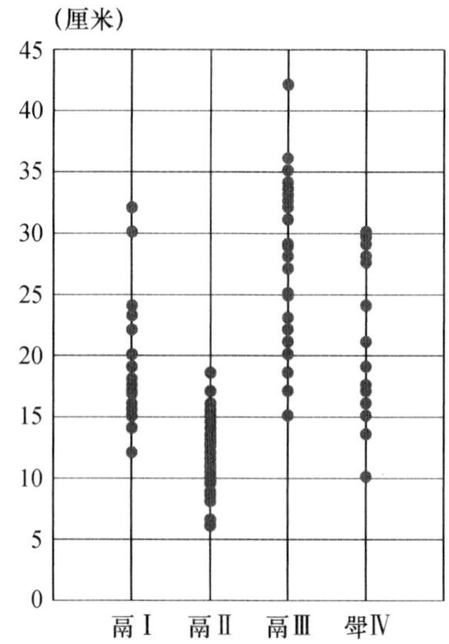

图二　陶寺文化炊器口径的比较

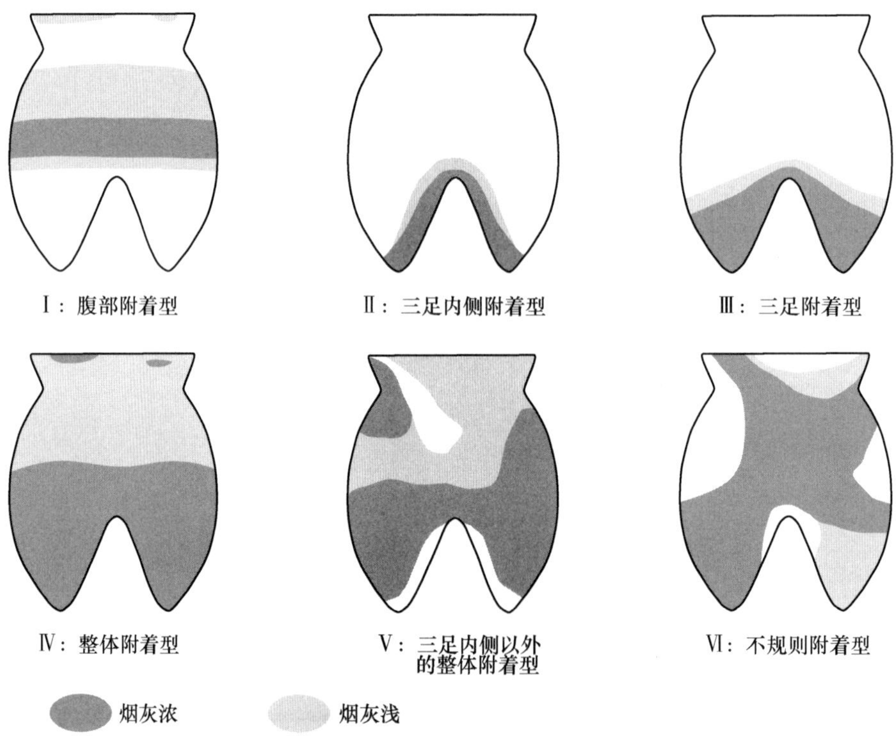

图三　陶寺遗址出土炊器上的烟灰分类

型”。Ⅳ类和Ⅴ类很难了解是怎样形成的。一般来说，陶器上烟灰的形成过程有两个阶段。一个是多次使用以后的烟灰的积累。另一个是废弃之前最后一次使用时候的烟灰。Ⅳ类有可能是短时间形成的，也有可能是长期用小火使用后，烟灰逐渐积累形成的。Ⅴ类有可能原来是和Ⅳ类一样的烟灰类型，但是最后一次使用时，从内侧用大火加热，结果只有三足内侧的烟灰消失而形成Ⅴ类。如上的Ⅳ类和Ⅴ类的形成过程都是笔者的推测。实际上，应该有更多的可能。最后，Ⅵ类是整体有不规则烟灰的类型。

以上的6个类型是笔者在陶寺遗址观察过的结果。这些烟灰类型与各种器形的炊器之间有一定的关系。也就是说，庙底沟二期文化末期的斝和鼎Ⅰ类最多，也有一些Ⅱ类和Ⅲ类。而陶寺文化时期的鬲是Ⅱ类和Ⅲ类最多。换句话说，庙底沟二期文化末期最多的是用大火加热的痕迹，陶寺文化最多的是用小火或炭火加热的痕迹。当然，庙底沟二期文化末期，所谓陶寺文化早期的一定数量的炊器是从墓葬里出土的随葬品。所以也有在葬送祭祀等的特殊情况下使用的可能。如果是这样的话，庙底沟二期文化末期的大火痕迹表示葬送祭祀的非日常用途。但是，本文先不考虑这个可能。通过上述分析，可以知道当时有两种加热方法。所以，实验的时候也采用大火和小火的两种火来加热炊器。

（3）炉灶的形状

目前，除了庙底沟二期文化早期以外，在陶寺遗址报告里大约有19座房址的信息①。其中带炉灶的有庙底沟二期文化末期的6座和陶寺文化的5座，一共11座。另外，在2003年简报中有10座，个别简报里也有一些房址的信息。

其中，以庙底沟二期文化末期为主，发现过两座壁灶。再说，庙底沟二期文化早期发现更多的壁灶。考虑炊器热效率的时候，壁灶的出现是非常重要的现象。但是，到了陶寺文化以后壁灶的出土也少多了。笔者认为，壁灶有可能与深腹罐有密切的关系。但是，这次主要讨论的是空三足器。所以，不讨论炊器与壁灶的关系，下次有机会再探讨这个问题。

壁灶以外主要出土的是挖浅坑的地上炉。尤其在半穴式与平地式房址，地上炉大部分在房址的正中间。它们的平面形状有圆形和圆方形。这两种形状之间并没有时间上的早晚，基本上同时存在。然后，虽然在陶寺遗址出土的半穴式与平地式房址的形状有圆形、圆方形和不规则等，但是炉灶和房址的平面形状之间也没有关联。另外，在窑洞式房址，大多数地上炉的形状是圆形或不规则形。位置也没有明显规律。

大多数的地上炉直径0.5～1米，深度大概有0.1～0.3米。从这些数据来看，陶寺遗

① 中国社会科学院考古研究所、山西省临汾市文物局：《襄汾陶寺——1978～1985年考古发掘报告》，文物出版社，2015年。

址的炉灶就是一般的地上炉。

根据以上分析，笔者实验的时候采用了符合上述条件的地上灶。本来应该要考虑把炊器怎么放置在炉灶上。但是，目前笔者不知道有炊器保持在炉灶上出土的例子。高天麟曾经言及过在陶寺遗址的M2172出土的放在陶灶里的斝（高1996）。但是，这件斝是随葬品，不是一般的情况下使用的状态。空三足器的斝使用在陶灶里的话，斝的受火面也会减少。这样用就完全没有空三足器的优点了。所以说，炊器怎么放置在炉灶上，这个问题只能等待以后的新发现来证实。

（4）炊煮内容

这次实验的目的是把鼎和鬲的热效率搞清楚。炊器里水的温度的上升速度。当时在炊器里炊煮过的食材应该各种各样。在这儿简单地考虑一下煮沸对象的问题。

在陶寺遗址，通过浮选检出了几种炭化植物[①]。这些炭化植物可以分成木屑、块茎和种子。相对来说，作为当时的主食，重要煮沸对象应该是谷物。所以，在三种炭化植物当中，最重要的应该是炭化种子。炭化种子大概可以分成谷物和非谷物。谷物有粟、黍、稻谷和大麦等。可是，按报告，在形态特征上大麦不能确定。还有，非谷物有黍亚种和早熟稻亚种，另外也有豆科。

图四是陶寺遗址浮选结果的统计。陶寺遗址从庙底沟二期文化末期到陶寺文化，粟占70%左右，应该是最主要的粮食。其次是黍，但在庙底沟二期文化末期只有6%，在陶寺文化也只有2%，远少于粟。稻的出土一直在1%以下。但是，起源于长江流域的稻出土在黄河以北的现象是很重要的。最近，在黄河中游仰韶文化的几个遗址也发现一定数量的稻[②]。虽然在陶寺遗址出土量不多，但是考虑陶器用途等的问题的时候也不能忽视此现象。

通过以上分析，我们可以知道当时最主要的谷物就是粟。黍可能是补充粟的不足而栽培的，或者也有可能利用目的不一样。反正，在庙底沟二期文化末期和陶寺文化之间，虽然有炊器组合的转换，但是主要煮沸对象应该是以粟为主的谷物。当然，煮沸对象还有副食的动物和其他植物，但是频度应该不一样。另外，最近笔者认为有的器形，尤其鬲的一部分有可能是蒸东西用的。这些陶器的具体用途是以后应该研究的课题。

其他，按照浮选的结果，还可以考虑燃料的问题。一般用的燃料是木柴。当时也使用木柴的话，浮选结果一定会有不少的木炭。表一虽然不是炉灶的样品，但是是从同样烧火使用的陶窑Y1下层火膛里取过的样品检出的分析结果。木炭的出土量每10l大

---

① 赵志军、何驽：《陶寺城址2002年度浮选结果及分析》，《考古》2006年第5期。

② 魏兴涛：《豫西晋西南地区新石器时代植物遗存的发现与初步研究》，《东方考古（第11集）》，科学出版社，2014年。

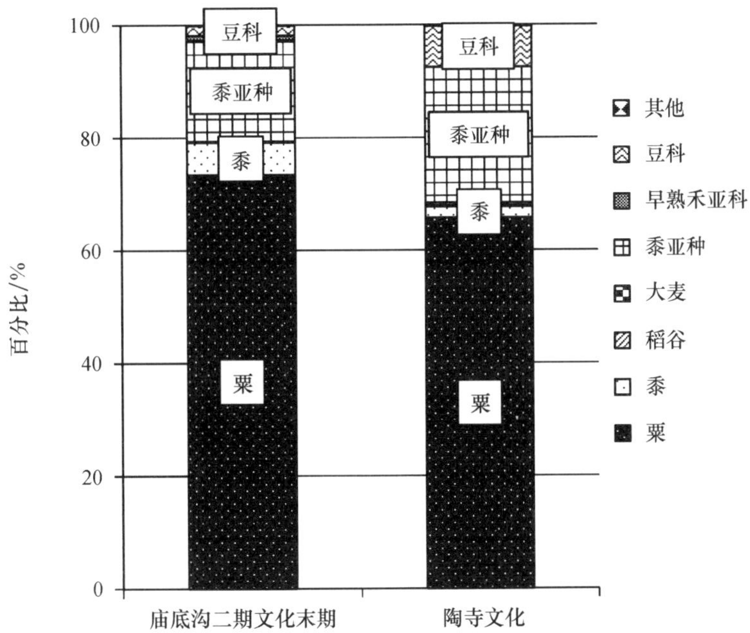

	谷物				非谷物			
	粟	黍	稻谷	大麦	黍亚种	早熟禾亚科	豆科	其他
庙底沟二期文化末期	7055	545	18		1733	71	161	20
陶寺文化	1818	51	9	13	665		201	6
共计	8873	596	27	13	2398	71	362	26

图四　陶寺遗址检出的炭化种子比率

概0.04克。其他，有的灰坑等的遗迹超过1克，所以Y1的木炭相当少。值得关注的是大量的黍亚种的出土。根据报告的内容，黍亚种是一种长在田地的杂草。也就是说，在陶窑里烧过的燃料也有可能是以黍亚种为主的草本植物。如果炉灶也把各种草本植物当作燃料的话，随着4.3KaBP左右的气候冷干化，为了有效率地利用有限的森林资源，有可能节约木柴就多用了草本植物。

表一　从Y1下层火膛里检出的植物遗存

	木炭（10l/g）	粟	黍	稻谷	大麦	黍亚种	早熟禾亚科	豆科	其他
Y1下层火膛	0.04	117	2			291		2	

（5）实验陶器的制作

实验的时候利用的陶器是笔者自己制作的。陶器的形状和大小参考了在陶寺遗址出土的最典型的鬲和鼎。鼎一般先制作上一半的容器，然后再把三足粘在底部。但鬲有几种制作方法。

苏秉琦曾经指出鬲和尖底瓶的制作技术的关系，然后图示了鬲的4种制作方法[①]。4种方法还可以分成两种技术。一种是用陶模制作空三足的方法，另一种是先把板状的黏土卷起来，然后从其筒形黏土的三个方向向内凹进去就做成空三足了。第二个制法在新石器时代还不见。因此，第一个方法是当时最主要的制作鬲的技术。李文杰是一位很著名的研究制陶技术的学者。他曾经研究过陶寺遗址出土陶器的制作方法[②]。他提出的用模制制作鬲的方法有3种。第一种是分开制作三个袋足以后，把它们结合在一起。然后在三足的上面盘筑腹部以上。第二种是用模一次就制成空三足的方法。第三种是分开制作三个袋足以后，在另外制作的容器底部穿孔，最后把三个袋足插进去。笔者认为，第三种是在制作大型鬲的方法。因为大型鬲的上一半很重，如果采用第一种或第二种方法，先制作空三足然后在其上面盘筑腹部以上的话，空三足应该会被压坏，就做不成整体了。

陶寺遗址的中型鬲采用的应该是第一种或第二种方法。李文杰指出第一种方法更普遍。仔细观察鬲的制作痕迹，可以找到为了加固空三足，把黏土黏在裆部以后调整其表面的痕迹。另外，鬲里面的空三足结合的地方有棱。从这些痕迹可以判断空三足应该是分开制作三个袋足以后，结合在一起的。因此，笔者也认为第一种方法是最普遍的。

目前，在陕西省斗门镇[③]和河南省后冈遗址等，出土过图五的陶模[④]。在陶寺遗址，虽然笔者还没看过鬲的陶模，但是李文杰在他的著作里图示的小型鬲应该是空三足一次制作完成的陶模。笔者认为在陶寺遗址还没出土过单个的陶模，但是，因为有那么多的中型和大型鬲，所以相信一定有分开制作空三足的模。

通过以上分析，这次实验使用的是，分开制作三个袋足以后，再把它们结合在一起，最后盘筑腹部以上的鬲。空三足的陶模提前制作好，用模直接把黏土盘筑起来。但是，拍打以后很难把陶模拿出来。所以这次提前把麻布贴在陶模上。实际上，当时制作空三足的时候可能用其他东西代替了麻布，但出土资料里已没有任何痕迹。制作三个袋足以后，把它们放半干。如果不干燥就开始盘筑腹部的话，空三足很容易被压坏。盘筑到腹部以后，把泥条之间的空隙抹平再拍打。然后，再盘筑到口缘，最后向横方向擦抹。烧陶不能像陶寺遗址出土的那样在陶窑烧成，所以只能在电器窑里烧。

---

① 苏秉琦：《中国文明起源新探》，生活·读书·新知三联书店，1999年。

② 李文杰：《中国古代制陶工艺研究》，科学出版社，1996年。

③ 1955年，中国科学院考古研究所在沣河边发掘4处遗址。其中一处是斗门镇。但是，发表详细报告的只有客省庄。斗门镇的整体发掘工作不清楚。

④ 中国科学院考古研究所：《沣西发掘报告》，文物出版社，1963年；中国社会科学院考古研究所安阳工作队：《安阳后冈新石器时代遗址的发掘》，《考古》1982年第6期。

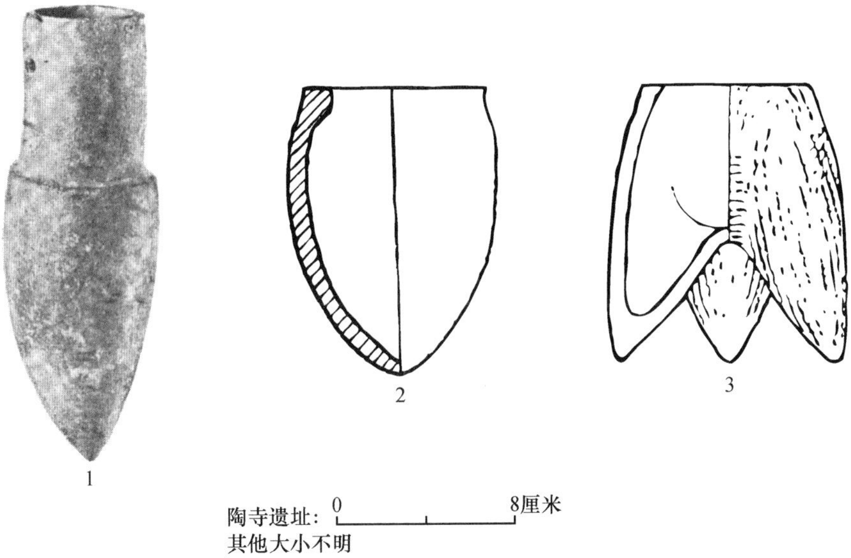

图五　斗门镇、后冈遗址、陶寺遗址出土的空三足陶模

1. 斗门镇出土　2. 后冈遗址出土　3. 陶寺遗址采集

烧成温度和时间大概是800℃，6个小时。笔者制作了各5件鼎和鬲，一共10件陶器。

（6）煮沸实验

1）实验概况。

这次做了大火和小火两次实验。但是，因为有风的原因，所以在室外的实验很难保持一定的火力。为了在同样的条件下比较鬲和鼎的热效率，也在室内用煤气炉做了实验。这次总共做了三次实验。如表二所示，实验时使用的陶器大小大概一样。图六是实验情况的照片。

表二　制作的鼎和鬲的尺寸　　单位：厘米

	口径	器高	器壁厚度
鼎1	24.1	21	0.8
鼎2	23.6	20	0.9
鼎3	22.9	20.9	0.8
鬲1	17.3	23	0.8
鬲2	17.4	24.4	0.8
鬲3	17.8	24.2	0.8

实验的数据除水温以外，为了了解炊器的哪一部分受热多，还用红外线温度计测定了器壁的温度。第一次和第二次测定了炊器腹部，第三次还测定了鼎的底部和鬲的裆部。

图六　实验情况

1. 第1次实验（鼎）　2. 第1次实验（鬲）　3. 第2次实验（鼎）　4. 第2次实验（鬲）　5. 第1次试验后的烟灰附着情况（鼎）　6. 第2次试验后的烟灰附着情况（鬲底部）　7. 第1次试验使用的木柴量（左：鼎/右：鬲）　8. 制作陶器（鬲）

2）实验过程。

第一次是用大火，所以尽可能把火烧到炊器的三足内外到腹部上一半的高度。开始实验以后，鼎和鬲的水温很快就上升。但是上升速度不一样。14分钟后，鬲的水温上升到98℃，就差不多到沸腾状态了。而14分钟的鼎的水温才达到76℃，温度上升相对慢。过了大约21分钟后，鼎里的水达到约90℃。可是，一直加热30分钟也没超过92℃（图七，1）。关于器表温度，过了5分钟以后，两种炊器腹部大概都在100℃，没有明显的区别。看每5分钟的每分钟平均上升水温，鼎和鬲都是10分钟以内的水温上升最快。以后，逐渐地变小（图七，2）。另外，两种炊器的沸腾前后的水量大概减少了65%左右（图七，3）。

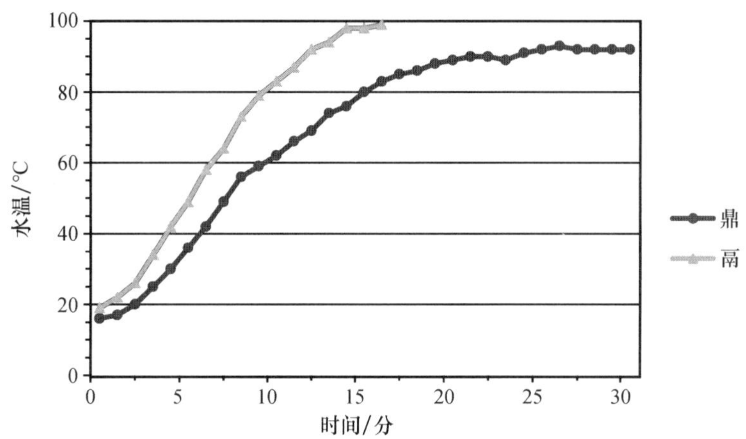

1. 鼎和鬲水温上升速度的比较

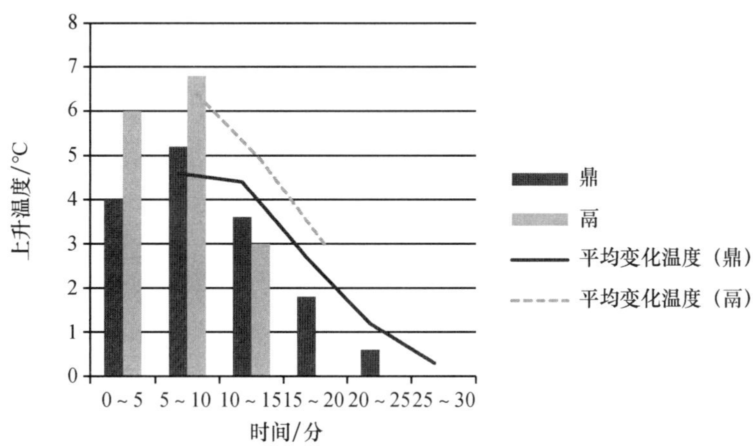

2. 鼎和鬲每5分钟水温上升的比较

	鼎	鬲
实验前	2	2
实验后	1.29	1.32

单位：ℓ

3. 实验前后的水量变化

图七　第一次试验的数据

第二次是小火实验。所以，尽量从三足内侧用炭火加热。19分钟之前的水温上升速度没有明显的差别，在73～74℃。20分钟以后，鼎的上升速度慢下来，20～30分钟只上升了3℃，最高水温也只达到76℃。而20分钟后，鬲的水温上升也慢下来。但是继续上升到24分钟，水温也达到81℃（图八，1）。然后，腹部的温度，鼎比鬲稍微高一点，这也有可能是火力不稳定的原因。上升水温的每分钟平均速度，鼎和鬲都还有逐渐变慢的倾向。但是，刚开始时候的10分钟，鬲的上升速度更快，与第一次实验一样（图八，2）。沸腾前后的水量，因为这次实验的水温比第一次的低，尤其鬲的水量只减少了76%左右（图八，3）。

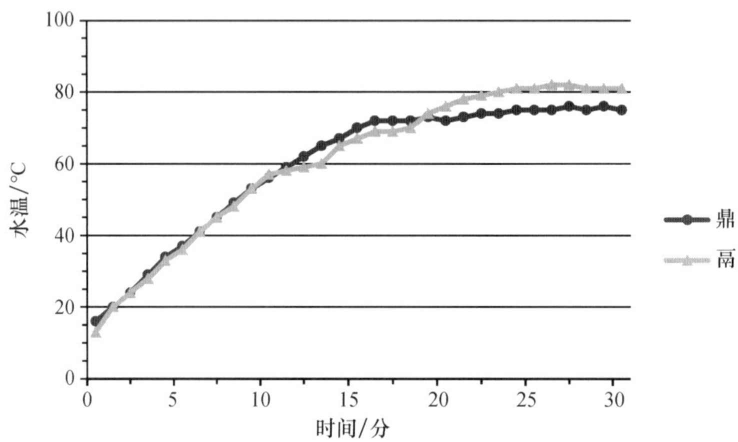

1. 鼎和鬲水温上升速度的比较

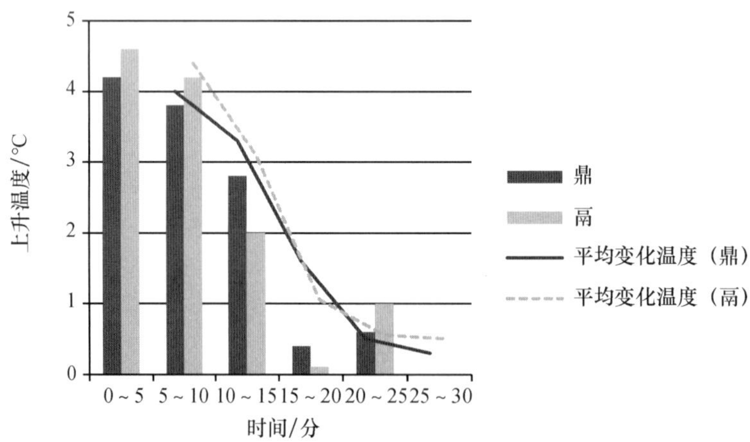

2. 鼎和鬲每5分钟水温上升的比较

	鼎	鬲
实验前	2	2
实验后	1.32	1.51

单位：ℓ

3. 实验前后的水量变化

图八　第二次试验的数据

第三次的室内实验使用了煤气炉。煤气炉火烧的范围小，所以只能从三足的内侧向外侧加热。火力很稳定，所以水温的上升速度也大致相同。但是，两种炊器的水温有差别。大概4分钟的时候就有10℃的温差，此后以同样的速度上升。35分钟以后，上升速度慢下来。40分钟加热结束以后，温差只有12℃。与第4分钟时的温差没有那么大的差别（图九，1）。上升水温的每分钟平均也大概是同样的倾向（图九，2）。看器表温度，鬲的腹部比鼎的高10℃以上。但是，鼎的底部比鬲的裆部高100℃左右。这个原因可能在热源与底部或裆部之间的距离。鼎的底部下面的空间比鬲裆部下面大得多，所以可以充分地利用温度更高的外火焰。这个区别应该是造成温差的原因。但

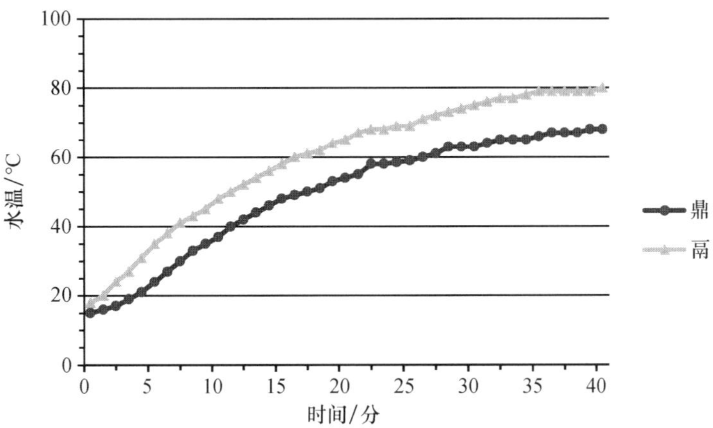

1. 鼎和鬲水温上升速度的比较

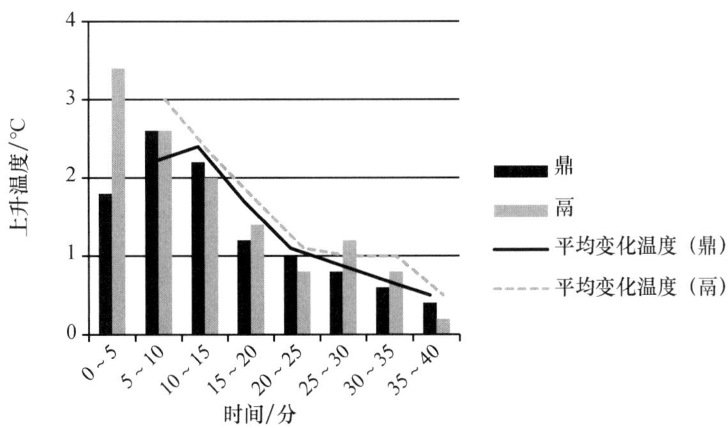

2. 鼎和鬲每5分钟水温上升的比较

	鼎	鬲
实验前	2	2
实验后	1.55	1.33

单位：ℓ

3. 实验前后的水量变化

图九　第三次试验的数据

是，最后鬲的水温更高。所以，从这一现象可以知道，底部有高温的鼎与受火面积更大的鬲比较的话，后者能更有效率地煮沸炊器里的食物。关于水量的问题，与前两次不一样，鼎的水量减少了78%左右，其幅度比鬲少（图九，3）。

图一〇是第一次和第二次的陶器器表上的烟灰情况。二次实验结果与“腹部附着型”以及“三足内侧附着型”“三足附着型”很一致，所以本次实验有一定的有效性。

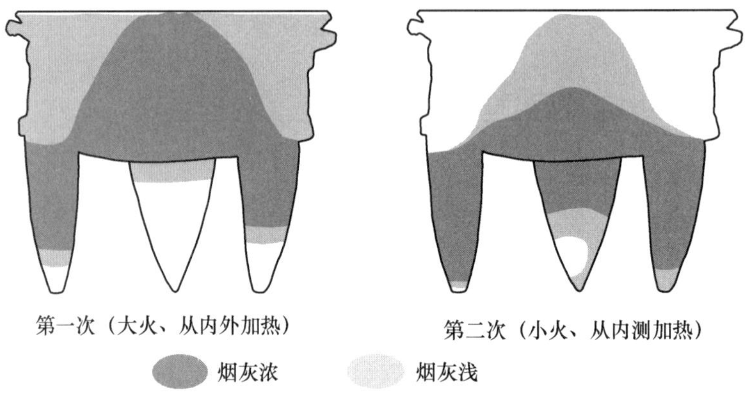

图一〇　第一次与第二次实验后的烟灰情况

3）实验结果。

通过以上实验得到了几个认识。

首先，在三次实验当中，鬲的水温都超过鼎。这结果直接表示与鼎相比鬲的热效率明显高出一筹。作为煮沸器而言，鬲有机能性的优势。但，值得注意的是，两种炊器水温的上升过程不一样。从水的温差来看，从三足里外用大火加热的方法可以充分发扬鬲的优点。反而，从三足内侧向外用小火或炭火加热的话，两种炊器的温差不太明显。这些火力、加热方向与三足的结构应该有关系。鼎的三足是实足，鬲的是袋足。热源只在三足内侧的话，鼎在底部，鬲在三足内侧和裆部受火。受火面积也没有太大的区别。而，热源在三足的内外的话，鼎还是主要在底部受火。但是，鬲从外侧也可以煮沸里面的东西。其结果，受火面积就有很大的差别。换句话说，鼎只能在平面的底部受火，但是鬲的三足是袋足，所以它从内侧和外侧都可以立体地受火。这结构上的特点就是鬲的高热效率的原因。

其次，关于鼎和鬲的水温上升速度，在第一次和第二次实验的0～5分钟和5～10分钟时，上升速度差别最大。这应该与热源和炊器之间的距离有关。鬲有袋足，所以热源和煮沸对象很近，结果，热很快就传到炊器里面，水温的上升也变得很快。

最后，是燃料的问题。笔者已经指出过上述实验结果都表示鬲的水温上升速度更快。然后，从使用过的燃料来看，第一次实验使用了19根（鼎）、9根（鬲）木柴。第二次使用了8根（鼎）、7根（鬲）。也就是说，水温更高的鬲使用的燃料更少。鬲在结构上可以把热有效率地传到煮沸对象，所以用不了那么多的燃料。提高热效率不仅对煮沸速度，而且对燃料的节约也有很大的优点。

（7）鬲分布扩大的背景

在新石器时代中期，以黄河中下游为中心的地区普及鼎等炊器，到了新石器时代末期以后，尤其在黄河以北地区转换成以鬲为主的空三足器。关于这一现象的背景，有几位学者曾经提出过热效率的观点。但是，目前为止，还没有人提示过具体的数据。通过本文的分析，证明了热效率的观点有一定的有效性。

这次初步解决了鬲的热效率问题。其结果显示，对空三足器分布扩大的背景是因为有人的迁移这种看法是应当存疑的。也就是说，空三足器不一定伴随着人的直接迁移普及，也有可能是它本身在功能上的优势。因此，很多地区很快地接受了新的炊器。笔者已经指出过空三足器的传播有几个特点。比如，在各地区之间有不同的形状、不一定保持与其他器类的组合关系就传播、在空间上逐渐地传播等。这些现象都支持空三足器普及的主要背景应该是它本身的功能上的优势。

4.3KaBP左右的气候冷干化以后，在很容易受到气候变化影响的中国北部有植被等自然条件的恶化。关于这个问题，通过遗址出土的花粉和动物的分析，笔者也曾经论述过①。所以烧火时候需要的燃料资源也应该有一定的限制。另外，在山西省西南部的陶寺遗址是约4000年人长期居住的遗址②。长期居住与自然资源的枯竭有密切的关系。煮沸或烧陶等需要不少的木柴，对周围自然环境的人为破坏也一定很严重。通过陶窑的浮选，检出了大量的黍亚种。从这结果可以知道草本植物也是很重要的燃料之一。在燃料不丰富的环境下，为了用有限的燃料有效率地加热，接受高热效率的空三足器是必然的现象。换句话说，笔者认为，鬲的高热效率说明其可以用较少的燃料煮沸食物，燃料和鬲的热效率的关系呈现非常高的整合性。这一点也是新石器时代末期以鬲为代表的空三足器得以广泛传播的理由。

最后，举几个问题。第一个是器盖的问题。新石器时代末期的山西省西南部，相对来说，器盖的出土量不多。所以，这次实验的时候也没有使用。可是，还有可能有木制的器盖。因为鼎和鬲的口径不同，所以器盖的有无应该影响到温度上升的速度。目前，无法解决这个问题，只能等待今后的发掘工作。第二个是斝的问题。鬲出现之前，在以黄河中游为主的地区斝也是主要的炊器。斝也有空三足，但是与鼎同时并

① 久保田慎二：《中国新石器时代の古气候と上器动态》，《技术と交流の考古学》，同成社，2013年。

② 何努：《陶寺文化谱系研究综论》，《古代文明（第3卷）》，文物出版社，2004年。

用。鬲出现以后，逐渐被淘汰或减少。为什么斝与鼎可以并用，而同样带空三足的鬲被接受以后斝就要被淘汰，笔者对这个问题特别感兴趣。关于后者的问题，目前笔者推测的是陶器的制作效率的原因。斝和鼎并存的问题还没有明确的想法。但是，这些炊器和炊器组合的变化，以及这次没有探讨的陶器用途的变化，应该关系到饮食文化和生活习惯的变化。这些都是今后需要探讨的问题。

论考古发现中的毁墓与人殉

闫付海

（郑州市文物考古研究院）

陶寺遗址的毁墓、清凉寺墓地的毁墓与人殉、花厅遗址的人殉是新石器时代晚期考古发现中几处令人印象深刻的特别现象，学界对这些毁墓和人殉现象有着不同的认识和解读，并没有一种相对确定的比较合理的解说得到学界的认可。笔者通过对相关材料和研究成果的学习和研读，通过对文化变迁与文明起源相关问题的思考，对毁墓和人殉这两种重要的特别现象提出自己的看法，希望可以引起学界的关注和思考。

一、陶寺遗址的毁墓

陶寺遗址位于山西南部临汾市襄汾县城东北约7千米的陶寺镇，位于汾河东岸的塔儿山西麓。遗址面积300万平方米以上。陶寺遗址考古发掘工作可以追溯到1978年，考古工作者经过近40年、三大阶段的考古发掘，发现了巨型城址，内部有宫殿区、仓储区、手工业作坊区、高等级贵族的墓葬区和祭祀区、庶民居住区等（图一）。一系列重要发现和成果，足以表明陶寺遗址在中国早期文明发展史上有着非常重要的位置，对中国早期文明研究具有非常重要的价值和意义。

陶寺遗址丰富的文化遗存被命名为陶寺文化，经过学者的研究，陶寺文化被划分为早、中、晚三期。虽然陶寺遗址内存在少量更早的遗存，但是本文在提到早期、中期、晚期时，均指陶寺文化早期、陶寺文化中期、陶寺文化晚期。

在陶寺遗址范围内，存在着多处规模或大或小的墓葬区，其中面积较大的墓葬区有两处：一处是位于城址东南部的面积4万多平方米的所谓的“早期墓地”，1978～1985年连续发掘，共发现墓葬1309座，以陶寺文化早期墓葬为主，还见有陶寺

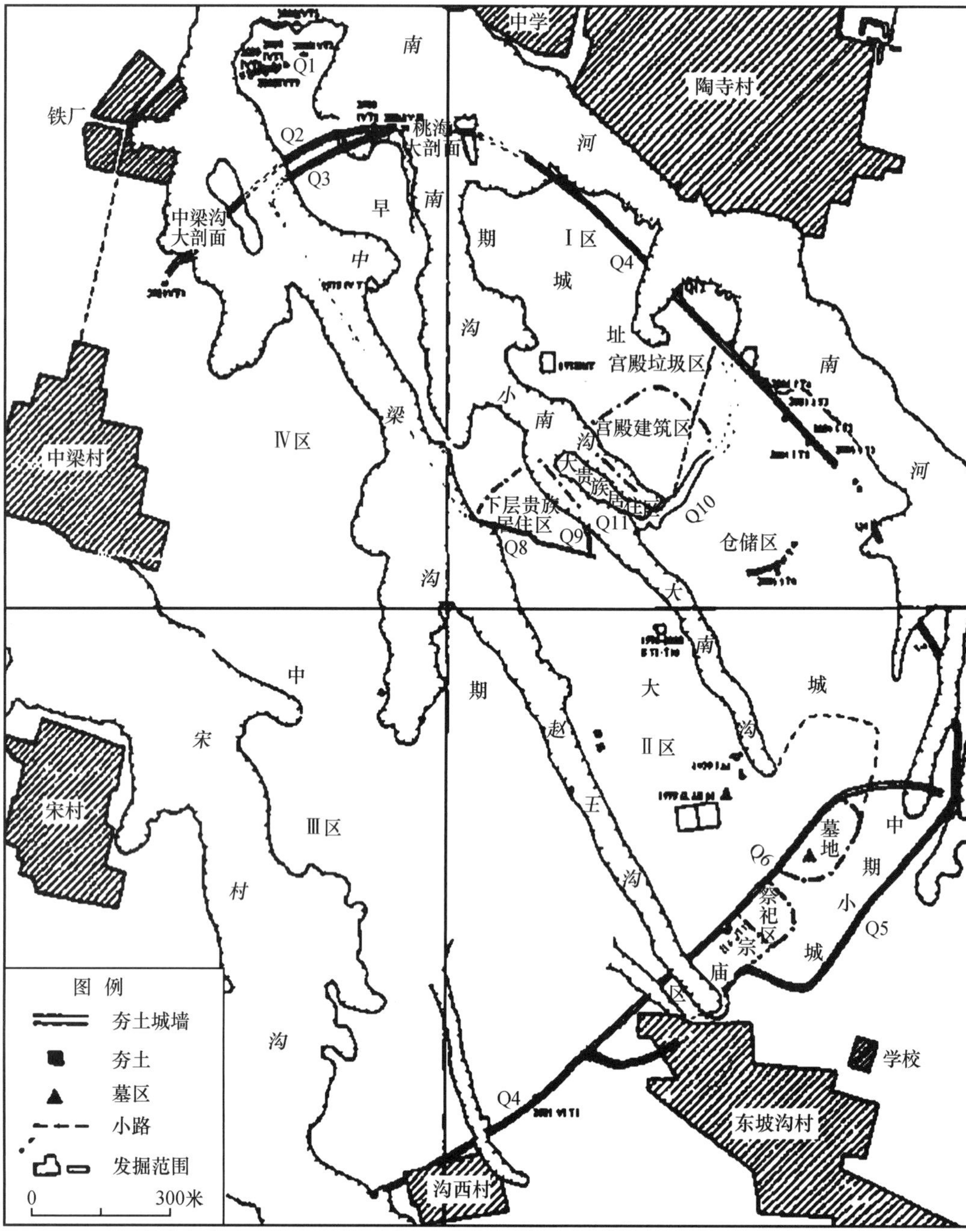

图一　陶寺文化城址平面图

（来自高江涛：《陶寺遗址聚落形态的初步考察》，《中原文物》2007年第3期）

文化晚期及时代难以断定的各类墓葬[①]。另一处是位于中期大城东南部中期小城内的面积约1万平方米的所谓的“中期墓地”，2002年清理了其中的22座墓葬[②]，2005年抢救性发掘了6座[③]，年代大体属于陶寺文化中期，或许有偏早偏晚的差别。

据发掘报告，早期墓地的5座大墓均遭到毁墓（图二）：M3072明显被H3013捣毁，H3013平面近椭圆而不规则，口大底小，坑壁弧形下收，坑底近槽状直取墓底中部，且深及墓底以下10余厘米生土中（图三）；M3073明显被大型灰坑H3012损毁，情形与M3072相似（图四）；M3016受到5座灰坑的多次破坏（图五）；M3015被H3005有意破坏；M3002被H3001毁坏。

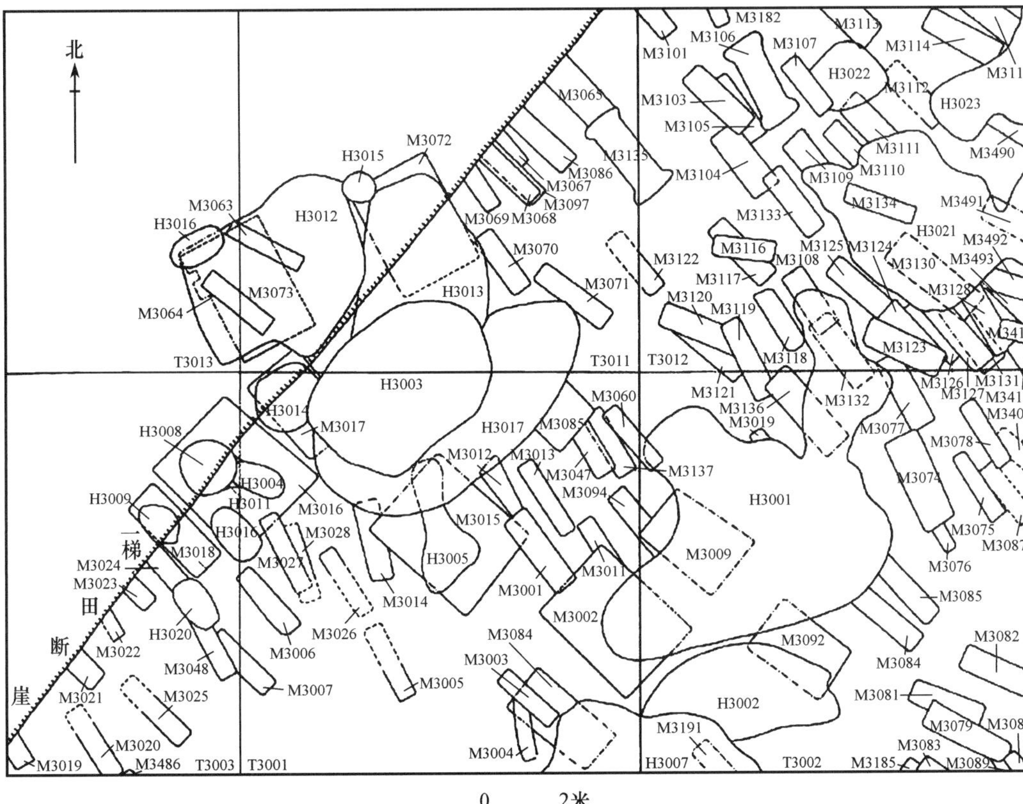

图二　陶寺早期墓地大墓被扰坑毁墓平面图

（来自高江涛：《试析陶寺遗址的“毁墓”现象》，《三代考古（七）》，科学出版社，2017年）

① 中国社会科学院考古研究所、山西省临汾市文物局：《襄汾陶寺——1978～1985年考古发掘报告》，文物出版社，2015年。

② 中国社会科学院考古所山西队、山西省考古研究所、临汾市文物局：《陶寺城址发现陶寺文化中期墓葬》，《考古》2003年第9期。

③ 王晓毅、严志斌：《山西抢救性发掘陶寺墓地被盗墓葬》，《中国文物报》2005年11月9日第1版；王晓毅、严志斌：《陶寺中期墓地被盗墓葬抢救性发掘纪要》，《中原文物》2006年第5期。

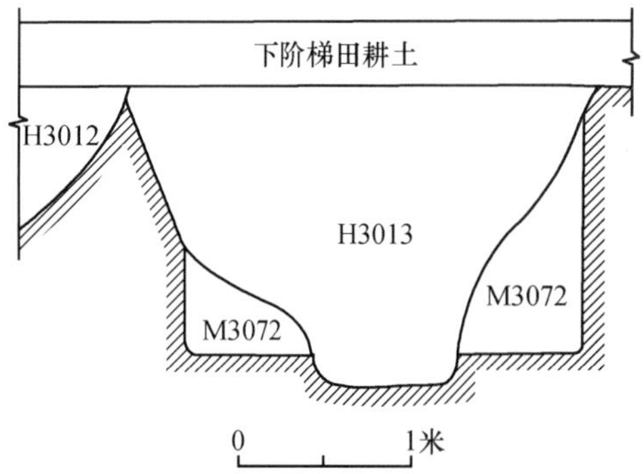

图三　H3013捣毁M3072剖面图

（来自高江涛：《试析陶寺遗址的“毁墓”现象》，《三代考古（七）》，科学出版社，2017年）

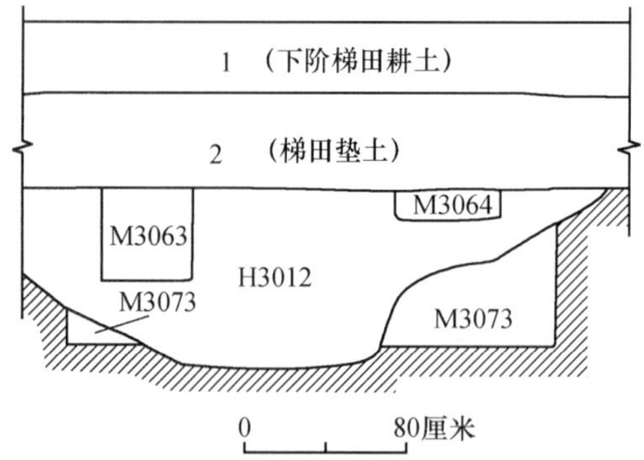

图四　H3012捣毁M3073剖面图

（来自高江涛：《试析陶寺遗址的“毁墓”现象》，《三代考古（七）》，科学出版社，2017年）

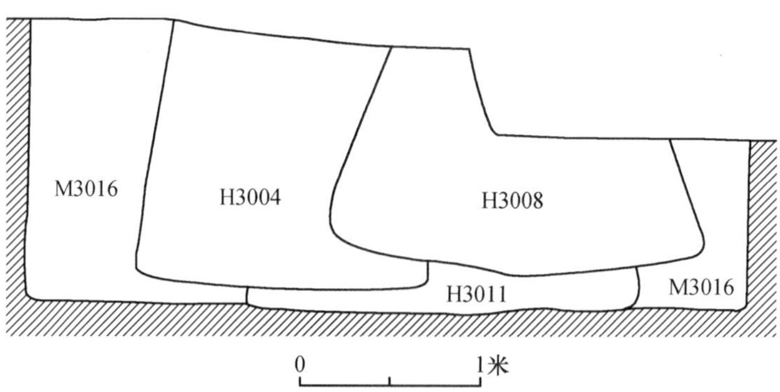

图五　M3016被几个灰坑毁坏剖面图

（来自高江涛：《试析陶寺遗址的“毁墓”现象》，《三代考古（七）》，科学出版社，2017年）

另外，M2067属陶寺文化晚期，被H2007不规则灰坑打破，H2007完全包围了M2067，破坏墓框，并深入墓室下部，似乎专为破坏此墓四柱式木棺所挖；灰坑中发现了从棺中拖出的墓主错位凌乱的骨架；发掘者与体质人类学家推测是墓主被下葬后不久即在半腐状态下遭毁墓破棺，抛尸于此①。M2079被H2008大扰坑破坏大部分，是陶寺文化早期墓地中等级仅次于一类大墓的二类墓葬30座中唯一一座被有意破坏的墓葬。

陶寺文化中期墓地中，ⅡM22被扰坑ⅡH16打破。H16开口于第4B层下，从M22北壁中段打破墓葬，直捣棺室，毁坏棺的上半部分。H16为大型不规则椭圆形坑，时代为陶寺文化晚期偏早阶段。另外，2005年抢救发掘6座墓中的M28、M32、M26、M31分别被H30、H31、H35、H34捣毁，葬具、人骨几乎不存，墓主人的尸骨、棺木、随葬

---

① 中国社会科学院考古研究所、山西省临汾市文物局：《襄汾陶寺——1978～1985年考古发掘报告》，文物出版社，2015年，第433页。

品被随处丢弃。

上述这种毁墓现象，显然是后来人对前人墓葬进行的有意捣毁破坏行为，不同于动物扰坑、后世盗墓、墓葬叠压打破、迁葬等破坏现象。有以下几个特点：①捣毁墓葬的扰坑大多是大型坑，且平面形状多不规则，坑壁坑底等结构不规整，不是一般生产及生活设施。②挖坑的目的性较强，坑多直指墓室中部以及头部，且深至墓底甚至穿透，破坏性较强。③扰坑中常常发现本属于墓葬的数量较多的随葬品。

关于陶寺遗址的这一毁墓现象，高江涛先生在《试析陶寺遗址的"毁墓"现象》一文中，有较为详细且深入的分析[①]。这些被毁的墓葬均为陶寺文化早期、中期的大型墓葬，根据墓葬等级、形制以及随葬品等各方面的分析，墓主人生前当为陶寺文化聚落区域的王或首领。根据对毁坏墓葬的大型灰坑层位关系、出土遗物的分析，这些大型灰坑的年代均属于陶寺文化晚期，部分为晚期晚段，部分未能具体分段，说明这些毁墓行为发生在陶寺文化晚期晚段，不排除部分发生在晚期早段的可能。

关于这一毁墓行为发生的原因，何驽先生认为，陶寺早期王族后裔在陶寺中期便沦为平民即被统治阶级而饱受中期王族的欺压，陶寺晚期时早期王族后裔带领全体被统治阶级揭竿而起，推翻了中期政权在陶寺的统治，采取了极端的政治抱负方式[②]。根据陶寺早期大型墓葬也被精准的全部破坏的情况来看，这一种说法是欠合理的。高江涛先生在文章中并未明确给出某一种解释，只是提到了一些可能性，认为："陶寺毁墓现象反映的不可调和的仇恨报复行为是肯定，也不排除是'政治'抱负行为。但这种仇恨报复显然不是针对全社会的，而且是陶寺晚期某一家族或一个群体对早、中期的最高统治集团的仇恨报复。当然，还有另外一种可能，陶寺文化中晚期明显存在着'外来人'现象。至于这些外来人数量多少或言能否是足够毁灭陶寺政权的群体势力就不得而知，但不排除陶寺文化晚期外来人入侵'一视同仁'的捣毁所有早期、中期大墓的可能性。"[③]

二、清凉寺墓地的毁墓与人殉

清凉寺墓地属于寺里-坡头遗址，位于山西省芮城县东北部。20世纪70～90年代文物部门在清凉寺一带收集到数十件玉器[④]，引起了学术界的关注。2003～2005年山西

① 高江涛：《试析陶寺遗址的"毁墓"现象》，《三代考古（七）》，科学出版社，2017年。

② 何驽：《从陶寺遗址考古收获看中国早期国家特征》，《中国古代文明与国家起源学术研讨会论文集》，科学出版社，2011年。

③ 高江涛：《试析陶寺遗址的"毁墓"现象》，《三代考古（七）》，科学出版社，2017年。

④ 李百勤等：《坡头玉器》，《文物世界》2003年增刊。

省考古研究所等单位对清凉寺墓地进行正式发掘，清理史前墓葬355座（图六），《清凉寺史前墓地》即是该墓地考古发掘成果的正式报告（以下简称《报告》），已经出版，发表了355座土坑竖穴墓葬、2座房址、7座瓮棺葬的资料[①]。

《报告》根据墓葬头向、形制、规模、排列、随葬玉石器等，反复斟酌，将其分为四期。认为第一期17座土坑竖穴墓及房址、瓮棺，属于所谓“枣园文化中后期”或“庙底沟文化早期”，第二、三、四期共338座土坑竖穴墓，属于所谓“庙底沟二期文化”和“龙山文化”范畴。有学者通过对该墓地出土玉器的研究，依据与其他文化及遗址材料的对比，判定第二、三、四期分别相当于“庙底沟二期晚段”“龙山早期”“龙山晚期”[②]。

清凉寺墓地存在着令人印象深刻的毁墓和人殉现象。

据《报告》描述，第三、四期墓葬整体较大，绝大部分被“盗扰”，尤其是三期中部最大的那些墓葬。“在盗洞或扰乱后的墓室内发现精美玉石器和其他器物，表明盗扰墓葬的主要目的并非获取玉石器等珍稀的随葬品。”这显然不是一般的盗墓，而是有目的的毁墓行为。盗毁位置选择准确，应当有墓上标志，距离下葬年代也不会太久。《报告》将其定为不同族群间的冲突联系。毁墓现象同样出现在襄汾陶寺、临汾下靳[③]，三处墓地属于同一地理区域，其毁墓现象背后的原因可能存在关联。

《报告》称，清凉寺墓地是“目前发现的规模最大、殉人最多的史前墓地”。人殉现象主要发现于第三期墓葬中，“可以确定拥有殉人的墓大约占本期全部墓葬的一半左右，如果所有墓葬均不经扰乱，拥有殉人的墓葬所占的比例必定会更大一些”。《报告》所划分的三期墓葬共105座，就是说该期至少有50座以上的人殉墓葬。殉人以孩童为主，也有少量青少年和成人，每墓殉葬1～4人。殉葬者一般位于墓室边缘角落或二层台，或跪蹲，或蜷缩，或俯身，与墓室中间仰身直肢葬的墓主人形成明显对照；这些殉葬者有些还随葬玉器，地位也有不同。另外，第二期墓葬中已有几例近似殉葬的特殊墓例，不排除期属划分可能存在的问题。

如此大规模的人殉墓葬很是特殊，出现原因颇费思量，学界并无明确的解释。形制、级别更高的陶寺大中型墓、龙山文化西朱封大型墓等且不见人殉现象，可见人殉现象和一般意义上的社会等级或者礼制并无必然联系。

---

① 山西省考古研究所、运城市文物工作站、芮城县旅游文物局：《清凉寺史前墓地》，文物出版社，2016年。

② 杨岐黄：《晋西南地区史前玉（石）器初步研究》，北京大学硕士学位论文，2008年。

③ 山西省临汾行署文化局、中国社会科学院考古研究所山西工作队：《山西临汾下靳村陶寺文化墓地发掘报告》，《考古学报》1999年第4期。

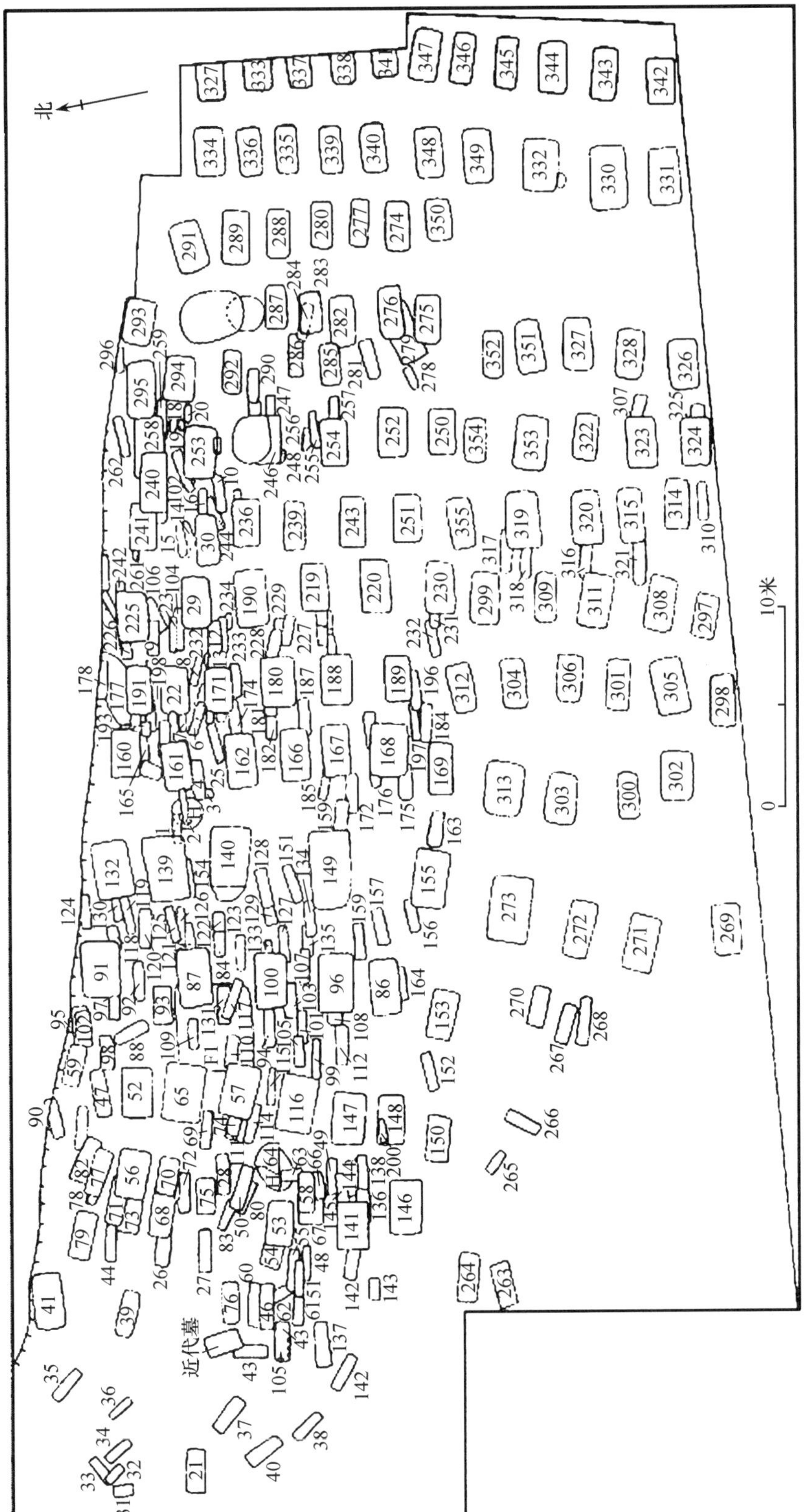

图六 清凉寺墓地主要发掘区平面图

（采自山西省考古研究所、山西运城市文物局、芮城县文物旅游局：《山西芮城清凉寺史前墓地》，《考古学报》2011年第4期）

三、花厅遗址的人殉

花厅遗址位于江苏最北部的新沂市区西南18千米，地处黄淮下游的海岱文化区和长江下游的太湖文化区的交汇地带（图七）。遗址由墓葬区和居住区两部分组成，总面积达50万平方米，其中墓地面积约为30万平方米。根据发掘情况，该遗址的墓葬区被分为南北两个墓区。遗址发现于1952年，南京博物院于当年12月和翌年11月先后两次进行发掘①，发现的19座墓葬皆在南区墓地；1987年进行第三次考古发掘②，共发现26座墓葬，南区4座、北区22座；1989年在北区又发掘40座墓葬③。四次发掘共发现85座墓葬，南区23座、北区62座，2003年，墓地的发掘报告正式出版④（下文提到用《报告》指代）。

由于大量良渚文化的玉器、陶器与大汶口文化因素的器物共存于花厅墓地，而花厅墓地出现的人殉现象在同时期大汶口文化的其他墓地中尚未发现，且花厅墓地的发掘范围有限，居住区亦未进行大规模的考古发掘，因此导致学术界对花厅墓地进行分

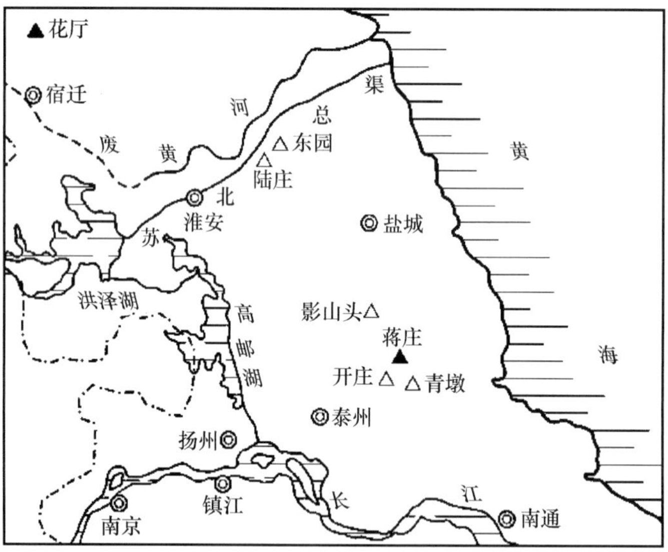

图七　花厅遗址及相关遗址位置示意图

（来自南京博物院：《江苏兴化、东台市蒋庄遗址良渚文化遗存》，《考古》2016年第7期）

① 南京博物院新沂工作组：《新沂花厅村新石器时代遗址概况》，《文物》1956年第7期。

② 南京博物院：《1987年江苏新沂花厅遗址的发掘》，《文物》1990年第2期。

③ 南京博物院花厅考古队：《江苏新沂花厅遗址1989年发掘纪要》，《东南文化》1990年第Z1期。

④ 南京博物院：《花厅——新石器时代墓地发掘报告》，文物出版社，2003年。

期研究、文化性质界定时存在着不同意见。

对于花厅墓地分期的观点主要有“三期说”[①]和“四期说”[②]，《报告》引用“三期说”，后又有学者进行类型学研究再次提出“三期说”[③]和“四期说”[④]。

有关花厅南区墓地的文化归属，研究者多认为属大汶口文化；而针对北区墓地发掘出土的大量良渚文化的玉器、陶器等随葬品，以及出现的人殉现象则存在着不同解读。目前对于北区墓地文化性质的认识主要有三种：第一种观点认为北区墓地虽有较多良渚文化因素，但其仍以大汶口文化陶器群为主体[⑤]，或是从随葬玉器的种类、形制、玉质、功能等角度出发[⑥]，提出将花厅墓地归入大汶口文化范畴；第二种观点以殉人现象或玉琮、觚形杯等与精神信仰有关的标志物为出发点，主张北区墓地应属良渚文化[⑦]；第三种观点则指出花厅墓地是由大汶口文化和良渚文化甚或薛家岗文化共同组成的“文化边区”[⑧]。

花厅遗址位于大汶口文化分布区的南部边界，南部距离良渚文化分布区略远。对于花厅墓地的性质的认识分歧就在于对墓地出土的良渚文化的玉器和陶器以及存在的人殉现象的解读。

花厅墓地的10座大型墓葬中，8座有殉人，只有两座M4和M23因被破坏，没有发现殉人，有学者推测当初也是有殉人的[⑨]。另外有几座中型墓葬，为多人葬，疑似殉人墓。

综合这些殉人墓的情况，存在着明显的共性：

被殉者多数为幼儿和少年。M18除小孩外，还殉葬一位中年女性，M60殉葬中年

① 栾丰实：《花厅墓地初论》，《东南文化》1992年第1期。

② 燕生东、春夏：《花厅墓地的分期与文化性质》，《刘敦愿先生纪念文集》，山东大学出版社，1998年。

③ 车亚风：《花厅墓地研究》，吉林大学硕士学位论文，2016年。

④ 黄建秋：《花厅墓地研究》，《华夏考古》2011年第3期。

⑤ 栾丰实：《花厅墓地初论》，《东南文化》1992年第1期；王根富：《花厅墓地初探》，《东南文化》1992年第2期；车广锦：《海岱地区文明起源初探》，《东南文化》1994年第4期；燕生东、春夏：《花厅墓地的分期与文化性质》，《刘敦愿先生纪念文集》，山东大学出版社，1998年。

⑥ 卢建英：《花厅墓地出土玉器浅析》，《华夏考古》2009年第3期。

⑦ 严文明：《碰撞与征服——花厅墓地埋葬情况的思考》，《文物天地》1990年第6期；张明华：《关于一批良渚型古玉的文化归属问题》，《考古》1994年第11期；徐坚：《花厅墓地浅析》，《东南文化》1997年第3期。

⑧ 高广仁：《花厅墓地“文化两合现象”的分析》，《东南文化》2000年第9期；黄建秋：《花厅墓地研究》，《华夏考古》2011年第3期。

⑨ 王根富：《花厅墓地初探》，《东南文化》1992年第2期。

男女各一个和三个小孩。

殉人墓的规格非常高。皆为大型墓，墓坑较大，长3.23～5.5米，宽1.6～3.08米，一般深1米多，最深可达2.2米，M20还有熟土二层台。随葬品非常丰富且种类齐全，以玉装饰品和日用陶器为主，另有少量石、角、骨质生产工具。个别墓葬随葬玉琮、玉钺、玉璧等礼器，如M50、M18随葬玉琮。有的墓葬发现彩绘漆木器朽烂后留下的红色或黑色印痕，如M18、M20、M50。随葬品数量最多的是M60，总计149件；最少的M35也有44件。总之，从墓葬形制、规模、随葬品数量及种类等各方面来看，这些殉人墓明显属于墓地中规格等级最高的一类。

四、对毁墓与人殉的认识

对于毁墓与人殉的认识，与中国文明起源过程及相关问题的研究有非常密切的关系。对中国文明起源的研究存在偏颇，导致对毁墓和人殉无法正确认识；不能对毁墓和人殉正确认识，导致对中国文明起源的研究存在偏颇，陷入瓶颈状态；两者有非常强的互证关系。

（一）陶寺遗址的毁墓

相比人殉现象，毁墓现象更为少见，更容易进行合理的解读和正确的认识。史前时期的毁墓现象，确定的只有陶寺墓地、清凉寺墓地和下靳墓地，被毁的墓葬均为墓地的大型墓葬，和历史时期的王陵和皇陵性质是一致的，因为没有文献的记载，无法进行确定的解释。对于这种毁墓行为产生的原因，我们可以参考历史时期存在的相似情况，产生的原因应该是相似的。

历史时期存在的类似毁墓的现象有几例，伍子胥掘楚平王墓、项羽毁秦始皇陵、北宋皇陵被毁、南宋皇陵被毁，这些文献记载的毁墓事件有着类似的背景和原因，就是仇恨和异族征服。与此对应，汉唐明清的皇陵均得到一定程度的保护，而没有出现类似的征服者的恶性毁坏事件。另外，关于西夏王陵被毁的原因，虽然没有确定证据认为是成吉思汗在第六次对西夏战争中死亡于战争胜利前夕而导致战争胜利之后对西夏王陵的毁坏，但这一种说法是有一定的道理的。

陶寺文化早、中、晚三期的地层叠压打破关系清晰，多次的发掘均印证如此。早、中、晚三期陶器器形基本组合变化不大，个别器形在各期略有增减，表现出明显的连续性，文化面貌比较一致，应是同一文化的三个不同发展阶段[①]。陶器的演变

① 高江涛：《试析陶寺遗址的“毁墓”现象》，《三代考古（七）》，科学出版社，2017年。

是早、中、晚不同阶段文化历时发展的结果，每一阶段都包含有四方外来多种文化因素[①]。根据新的文化因素分析与文化变迁理论[②]，虽然可以把早、中、晚三期共同归属于陶寺文化，但是并不影响我们理解其每一次变化都是由征服和人群迁徙而产生的，笔者在《新视野下陶寺文化变迁研究》[③]一文中已有阐述。

陶寺遗址的毁墓现象发生在陶寺晚期，只针对较大型墓葬，既毁掉中期大墓，又毁掉早期大墓，甚至还包括晚期偏早的大墓，而并未出现中期时毁掉早期大墓的现象。在2002年发掘的陶寺文化晚期灰沟ⅠHG8中发现了非常明显的暴力遗存：出土30余个人头骨，上面多有砍斫痕，这些人骨以青壮年男性为多，有一具明显被暴力残害致死的成年女性人骨架，以及大量的骨镞[④]。在陶寺文化晚期，陶寺文化城墙已被毁弃，部分遗迹单位中常堆积大量的建筑垃圾如夯土块、白灰皮，说明在陶寺文化晚期阶段曾有过大规模的人为毁坏建筑的行为。这些现象都表明，陶寺文化晚期，陶寺作为都邑的政治、军事、宗教、经济中心的作用丧失，发掘者认为，陶寺文化晚期的中心都邑可能迁移到塔儿山东坡今山西曲沃、翼城交界的南石—方城遗址[⑤]，该遗址由南石、古巨、方城、小巨四个村落组成，面积约300万平方米，遗址时代始于陶寺文化中期，繁盛于陶寺文化晚期，尤其方城村基本不见陶寺文化早、中期遗存[⑥]，陶寺作为都邑的地位有可能被南石—方城遗址所取代[⑦]。这一种推测和解释是符合道理的。

陶寺城址的毁弃、灰沟的暴力遗存、都邑的迁移，这些足以证明陶寺遗址中期向晚期的转变是由外来族群的征服产生的。参照历史时期的都城继承、毁坏与迁徙，我们不难理解这个过程。已经延续上百年甚至更久的都城，明明可以继承，却要毁掉，大概只有项羽毁秦都咸阳这种充满了巨大仇恨的情况。

如此，陶寺遗址的毁墓现象，大约就只有这一种解释了，就是外来族群征服以

---

① 中国社会科学院考古研究所、山西省临汾市文物局：《襄汾陶寺——1978～1985年考古发掘报告》，文物出版社，2015年，第1086～1115页；何驽：《陶寺文化谱系研究综论》，《古代文明（第3卷）》，文物出版社，2004年，第55～85页。

② 闫付海：《论文化因素分析与文化变迁》，待刊。

③ 闫付海、信应君：《新视野下陶寺文化变迁研究》，刊于本书。

④ 中国社会科学院考古研究所山西队、山西省考古研究所、临汾市文物局：《山西襄汾陶寺城址2002年发掘报告》，《考古学报》2005年第3期。

⑤ 山西省考古研究所：《山西翼城南石遗址调查、试掘报告》，《三晋考古（第二辑）》，山西人民出版社，1996年。

⑥ 中国社会科学院考古研究所山西工作队、山西省临汾行署文化局：《山西曲沃县方城遗址发掘简报》，《考古》1988年第4期。

⑦ 何驽：《陶寺文化谱系研究综论》，《古代文明（第3卷）》，文物出版社，2004年，第55～85页；高江涛：《陶寺遗址聚落形态的初步考察》，《中原文物》2007年第3期。

后，可能是遭遇了较大的抵抗付出了惨重的代价，由于存在巨大的仇恨，毁坏了陶寺中期的城和早期、中期的大墓。关于唯一一座属于陶寺文化晚期被毁的大型墓葬M2067，鉴于其不同的木棺和下葬后不久即在半腐状态下遭毁墓破棺的情况，笔者推测，在陶寺晚期，由于外来族群毁坏了本地中期的大墓，造成了极大的异族统治矛盾，在新政权第一个王埋葬后不久，统治者与被统治者之间残酷激烈的斗争导致了都城的迁移，迁都以后，陶寺本地的中期政权的遗民对新政权毁墓行为进行报复，以同样的方式毁坏了新政权在当地的唯一的王墓。

（二）清凉寺墓地的毁墓和人殉

上一部分我们对陶寺遗址的毁墓现象有了新的认识，清凉寺墓地的毁墓现象也可以参照理解。在重新认识人殉现象之前，我们来分析清凉寺墓地所表现的文化变迁情况。

清凉寺墓地总面积近5000平方米，东西最长处约100米，南北宽30～90米，共清理发掘墓葬355座。根据墓葬的分布规律和部分墓葬之间的打破关系，发掘者将其分为四期：第一期的小型墓零散地分布在墓地西部；第二期的小型墓分布在墓地的中、西部，排列不规则；第三期的大型墓主要分布在墓地中部，排列整齐、南北成行、东西成列，西部与第二期小型墓有大面积重合；墓地最东部临近冲沟的区域全部为第四期墓葬，南北成行分布，布局十分规则[①]。关于各期的年代，前文已有介绍。下面根据发表材料和基本的研究成果[②]，介绍各期墓葬的基本情况和变迁。

第一期墓葬，17座，头向、葬式与以后三个时期有较大区别。墓葬头向大部分向西北，头向东北和北方的墓葬各1座。头向不太一致，没有明显的分布规律，年代与后面的三期差距较大。全部为小型长方形土坑竖穴墓，规模仅可容身，墓坑长约2米，宽0.3～0.5米，现存深度约0.5米，墓主人为一次葬，仰身直肢，骨骼保存差，多数墓葬没有发现任何随葬品。墓地的中部，最早是规模不大的居住区，发现房址和灰坑等遗迹，也有成层分布的地层堆积，中、东部还发现时代特征鲜明的瓮棺葬。根据出土遗物分析，年代属于枣园文化中晚期。和墓地西部区域的第一期墓葬，构成一个完整的小型聚落遗址。

第二期墓葬，189座。大部分墓葬长约2米，宽0.5～0.8米，面积1～1.2平方米；少数墓葬的规模略大，面积约2平方米。墓葬的排列不规则，可能有意分为几个区域，相互之间的界线不清晰，墓葬方向略有差别，但大致为东西向。墓葬多被第三期大型

① 薛新明：《文明起源的横截面清凉寺史前墓地》，《大众考古》2013年第6期。

② 山西省考古研究所、山西运城市文物局、芮城县文物旅游局：《山西芮城清凉寺史前墓地》，《考古学报》2011年第4期。

墓葬打破。墓主人为一次葬，男女数量接近，仰身直肢，除个别头向东外，余皆头向西。多数骨骼上留有朱红色，不能确定这些红色是撒进墓底还是撒在死者身上。少数墓葬超出一般墓葬的规范，发现一个或多个非正常入葬的成年死者。有的墓葬仅埋葬死者，另一些墓中发现了种类和数量不同的随葬品。拥有随葬品的墓葬中，以玉石钺、璧、环、多孔刀等为主，每座墓的器类和数量有较明显的差别，个别墓葬有鳄鱼骨板、猪下颌骨。陶器仅见于少数墓中，器形有罐和盆，应是当时固定的器类组合。

第三期墓葬，105座。位于墓地中部，从较高的西部至略低的东部，等距离分布着10排墓葬，每一排的数量不等。坡地正中部位是墓地的核心区域，规模最大的几座面积近6平方米，现存深度约2.5米，个别深约4米；东侧的六行和西侧的三行墓葬，规模逐渐变小并较浅，长2.3～2.6米，宽1.3～1.8米，现存深1～1.2米，面积3～5平方米。墓葬面积普遍较第二期墓葬大，有近一半打破第二期墓葬，墓葬间没有打破关系，只有东部的个别墓葬被第四期墓葬打破或叠压。

毁墓和人殉现象主要发生在该期墓葬上，前文已经介绍。该期墓葬全部被盗扰，盗扰最严重的是位于中心区域规模较大的墓葬。盗扰使本期墓葬不能反映当时下葬时的全貌，从盗扰不太严重的墓葬留下的线索来看，多数墓葬底部四周保存有呈长条形的熟土二层台，葬式为仰身直肢，骨骼上都留有朱红色，有的墓底均为红色，显然是有意铺撒的。大部分墓葬应有随葬品，其中主要是玉石器，另外有少数陶器和猪犬齿。多数墓内已无器物存在；虽然被扰动，盗洞或墓室内仍发现一些精美玉石器和其他器物，说明盗扰墓葬的主要目的并不是玉石器等珍稀的随葬品，而是和陶寺墓地类似的毁墓行为。人殉现象，除第二期墓葬中有少数几例外，均发生于本期墓葬上。

第四期墓葬，44座。由于接近冲沟，东部的一排墓葬坍塌仅存一半，推测可能有部分墓葬被冲沟完全冲毁。墓葬的开口层位、形制、规模均与第三期接近，只有少部分墓内有二层台，大部分墓葬未发现二层台，墓主人葬式为仰身直肢，骨骼上留有朱红色。随葬品发现很少，极少数墓葬中有不太精致的玉石器，器形以璧或环为主，放置位置与前期相同。墓葬的方向整体偏转，可能是因为地势发生变化。有个别墓葬打破了第三期墓葬，而且埋葬特征有了一些变化。

该期墓葬也存在不同程度的盗扰现象，扰乱程度没有第三期严重。盗扰者一般在进入墓室后，只将墓主人的上半身扰乱或弃置，下半身的位置基本不动；有的墓葬虽然未扰乱骨骼，却移动了死者的位置，被拖动的现象说明盗掘时死者的遗体尚未完全腐烂，墓葬的入葬时间与盗掘时间十分接近；只有少数墓葬被盗扰一空。该期的这种毁墓现象，和第三期的毁墓现象大同小异。

从清凉寺墓地的随葬品来看：一期小型墓，随葬品较少，不见玉石器；二期墓葬虽然规模不大，但随葬玉石器较为丰富，且外来文化因素明显；三期墓葬规模较大，因破坏较为严重，出土随葬玉石器也较为丰富，与二期的相比，也出现了不少新的文化因素；四期墓葬虽然规模较大，破坏程度较三期轻，但出土随葬玉石器较少，且质量和精致程度明显不如三期。本文且不从随葬品的文化因素不同来分析各期的异文化因素来源。

根据新的文化因素分析与文化变迁理论[①]，遗址的文化期变化多由征服统治和人群迁徙而产生，清凉寺墓地所表现的情况依然如此。第二期墓葬与第一期墓葬变化明显。第三期墓葬叠压打破第二期墓葬，规模明显变大，且普遍存在人殉现象，与第二期墓葬变化明显。第四期墓葬和第三期墓葬相比，同样存在毁墓现象，但无人殉现象，且随葬品明显不同，总体变化同样明显。虽然学界对这一种变化解释为社会发展和对异文化因素的吸收，笔者在《论文化因素分析与文化变迁》一文中已有探讨。

参照陶寺墓地的毁墓现象，清凉寺墓地第三期墓葬的被毁是由第四期的外来族群对当地的征服；第四期墓葬的被毁，和第三期的情况略微不同，可能是第三期政权遗民对第四期政权毁墓行为的报复，也可能是新的外来族群征服的结果。两次毁墓行为和陶寺墓地的情况基本一样，不同的是，陶寺遗址从中期到晚期经历了政权的变更，但是都城的地位在一定时间段内是不变的，后来又迁往他处，清凉寺墓地的地位从第三期聚落群中心聚落的位置变为非聚落群中心聚落的位置。

分析了清凉寺墓地的毁墓现象和文化变迁问题，对人殉现象的理解就容易而且合理，就是人殉现象是异族统治的产物，并不是寻常的阶级分化和阶级矛盾积累所产生的。陶寺墓地的大型墓和龙山文化的西朱封大型墓都没有人殉现象也就可以理解了，而且异族统治并不一定就会产生人殉现象。

需要说明的是，第二期墓葬中也存在少量的人殉现象，可参照第三期人殉现象的情况理解，也不排除其他的可能。虽然，各期墓葬都存在再细分的可能，而且部分墓葬可能存在分期归属再讨论的可能，但是，并不影响对清凉寺墓地整体变迁过程的理解。

（三）花厅遗址的人殉

关于花厅遗址的基本情况，前文已有介绍。南区墓地的归属，学界无异议。关于花厅遗址墓葬的分期和反映的文化变迁情况，本文暂不讨论。针对北区墓地的性质归属、大量良渚文化的玉器、陶器等随葬品和人殉现象，进行分析和解读，以求对花厅遗址的相关研究有所进展。

北区墓地大墓同时含有大汶口文化因素和良渚文化因素，两种文化因素都非常鲜

① 闫付海：《论文化因素分析与文化变迁》，待刊。

明，讨论花厅遗址的问题必然会进行两者的仔细分析，这也是学界对北区大墓性质归属认识分歧的根源所在。笔者认同北区大墓的性质为大汶口文化墓葬，但并不认同学界对大墓中包含的良渚文化玉器、陶器和人殉现象等良渚文化因素的解释。

关于北区墓地的大型墓葬，不管认为是属于大汶口文化还是良渚文化，都认为只是两者之一，没有人会认为其一部分属于大汶口文化，另一部分属于良渚文化。不管怎么分期，推测10座大墓应该是花厅聚落的首领的墓葬，性质和后世的王陵和皇陵相同，其中可能包含一部分首领配偶的墓葬，因此，单就大墓来说，是有按男性墓葬前后相继的顺序的。

有学者认为，良渚文化一支武装力量北上远征，打败原住花厅村的大汶口文化居民并实行占领，作战中自己一方阵亡的战士不能运回老家，只有就地安葬，并随葬了最能反映本族特色的玉器和陶器等物品，同时也随葬了一些原属于大汶口文化的战利品，甚至把敌方未能逃走的妇女儿童同猪狗一起殉葬[①]。此种观点似不够合理：①忽视了大墓可能应该存在的历时性；②忽视了阵亡将士该有的待遇和具有如此规模崇高待遇的可能性；③忽视了埋葬习俗的巨大差异，包含随葬品和其他埋葬习俗。

关于“文化两合现象”，作者参照对苏埠屯商墓[②]内涵性质的分析，认为花厅大墓的墓主是土著大汶口人的上层，在面对来自南方的严重威胁时，选择向强大的征服者归顺图存，他们以接受良渚文化的“礼制”为荣，以拥有良渚文化精品为荣，所以才出现了这种在一定历史条件下才出现的新的历史现象——“文化两合现象”[③]。此种观点，似乎比较合理。

关于花厅遗址北区大墓中良渚文化玉器、陶器和人殉现象，笔者认为，在相当长的时间内，花厅的大汶口文化人群多次南下征服良渚文化的族群以后，俘虏了良渚文化族群，并将良渚文化玉器、陶器等带回花厅，因此产生了这种颇为特殊的文化现象，即首领墓葬中的良渚文化玉器、陶器和人殉现象，被殉者当是俘虏的良渚文化人。有几个点支持这种说法。

1）花厅遗址位于大汶口文化区的南部边界，其附近的刘林、大墩子等都属于单纯的大汶口文化遗址。而良渚文化通常分布在江苏南部和浙江北部，其中心在太湖周围的沪宁杭地区，北部边界不甚清楚，估计在苏北海安附近，距花厅村至少300千米[④]

---

① 严文明：《碰撞与征服——花厅墓地埋葬情况的思考》，《文物天地》1990年第6期。

② 山东省博物馆：《山东益都苏埠屯第一号奴隶殉葬墓》，《文物》1972年第8期。

③ 高广仁：《花厅墓地“文化两合现象”的分析》，《东南文化》2000年第9期。

④ 南京博物院：《江苏海安青墩遗址》，《考古学报》1983年第2期；盐城市博物馆、东台市博物馆：《江苏东台市开庄新石器时代遗址》，《考古》2005年第4期；南京博物院：《江苏兴化、东台市蒋庄遗址良渚文化遗存》，《考古》2016年第7期。

（图七）。

2）花厅遗址南部，仍然分布有大汶口文化的遗址。在江苏省阜宁县的东园遗址[①]和陆庄遗址[②]均发现有典型良渚文化和大汶口文化晚期共存的遗存。

3）对花厅遗址出土陶器进行的科学检测和分析。中国科技大学结构分析开放实验室等单位的学者利用岩相和X射线定量法对花厅遗址中的大汶口文化陶器、良渚文化陶器的残片进行了测试，25个样品中8个样品很可能为良渚文化分布区域的制品，14个样品为花厅村所属地区的制品，3个样品尚不能判明其原料产地，其结果表示不同风格的陶器产自不同地区[③]。其后，采用仪器中子活化和多元统计分析等方法对花厅遗址新石器时代的陶器残片进行测试分析，以探索它们的制作地区，结果显示，6个属于良渚文化的样品却属于两个良渚文化地区；而且，凡考古类型属良渚文化的陶器皆来自良渚文化地区，未发现用大汶口地区的陶土烧制良渚文化风格陶器，即未发现大汶口人学会良渚人的制陶工艺，或良渚制陶工匠流入花厅地区的证据，较大数量制作精良的良渚地区陶器直接流入花厅地区而未能影响该地区的制陶工艺，这一结果似有利于花厅遗址中良渚文化陶器来源于战利品的观点[④]。

4）10座大墓中，除M4和M23外，其余8座均有人殉或人祭现象，殉者多为青少年或幼儿，少数为成年。

5）10座大墓中，只有M50和M18随葬玉琮。

6）在蒋庄遗址清理了良渚文化墓葬284座[⑤]，其中M36出土一件刻划有“凸”字形祭坛符号，M45出土一件八节玉琮。另外，多座墓葬发现多个头骨，如M66、M158等，M158随葬6个头骨和一个无头女性骨架，墓主人头骨有创伤，头顶有愈合痕迹，非直接死亡原因，而且随葬头骨有拔牙习俗。这充分表明蒋庄遗址曾暴发了大汶口文化和良渚文化的冲突。

7）在几座大墓中发现了镶嵌绿松石的彩绘漆木器的痕迹，但在大汶口文化的腹地，尚未发现镶嵌绿松石的彩绘漆木器痕迹；在良渚文化的腹地，如上海福泉山、余

---

① 南京博物院、盐城市博物院、阜宁县文化局：《江苏阜宁县东园新石器时代遗址》，《考古》2004年第6期。

② 南京博物院考古研究所：《江苏阜宁陆庄遗址》，《东方文明之光——良渚文化发现60周年纪念文集》，海南国际新闻出版中心，1996年。

③ 池锦祺、王昌燧等：《中国新沂县新石器时期古陶器的产地分析研究》，《中国科学技术大学学报》1995年第3期。

④ 徐安武、王昌燧等：《新沂县花厅遗址出土古陶器产地的 INAA研究》，《核技术》1997年第12期。

⑤ 南京博物院：《江苏兴化、东台市蒋庄遗址良渚文化遗存》，《考古》2016年第7期。

杭瑶山，曾发现过镶嵌、彩绘并施的漆木器，但所镶嵌的却是细小玉粒，而不是绿松石。这是一件有着重要意义的事情。绿松石的利用及发达的绿松石镶嵌工艺是海岱玉系的传统特色[①]。用绿松石镶嵌彩绘漆木器在大汶口文化区域内发现较少，另外，在良渚文化区却发现用玉粒镶嵌彩绘漆木器。从绿松石、镶嵌工艺、彩绘漆木器、玉粒四个相关因素在两个文化区的分布异同情况，可以推测出两点：①镶嵌工艺从大汶口文化区传播至良渚文化区，绿松石未至，镶嵌工艺被利用在彩绘漆木器上，用玉粒代替绿松石；②带有镶嵌玉粒的彩绘漆木器传播至大汶口文化区的花厅聚落，或因为玉粒原料的缺乏，或因为更偏爱绿松石，故而用绿松石镶嵌彩绘漆木器。绿松石镶嵌彩绘漆木器，这是一个典型的征服和技术传播与借鉴案例，而且两次都体现了大汶口文化对良渚文化的征服，两次技术传播因主客体的异同表现了文化变迁的两种方式。

通过上述分析，对花厅遗址属于大汶口文化的大型墓葬中良渚文化的玉器、陶器是战利品的解释是更为合理的，殉人应是俘虏的良渚文化区域的人。

五、结　　语

通过对陶寺墓地的毁墓现象、清凉寺墓地的毁墓和人殉现象、花厅遗址的人殉现象的分析，我们对史前时期考古发现的毁墓和人殉现象有了新的更加合理的认识。毁墓和人殉现象更多地表现了异族征服统治，明确地体现了史前时期文化变迁、文明和国家起源的过程。

关于毁墓现象，除了文中提到的陶寺墓地、清凉寺墓地、下靳墓地之外，在山东焦家遗址2016年的发掘中，发现了6座被毁的大墓[②]。山东焦家遗址发现了毁墓现象，发生在文明核心区大型中心聚落的毁墓现象，对中国文明和国家起源的相关研究有着非常重要的价值。

关于人殉现象，清凉寺墓地和花厅遗址墓地表现的是两种情况，分别是异族征服统治和战俘。越早期，越以异族征服统治的人殉现象为主，聚落之间的独立性较强，单个聚落即是中心聚落。随着社会的发展，聚落间的关系产生了较大的变化，产生了中心聚落和非中心聚落的分化，中心聚落增加了战俘的人殉现象，减少了异族征服统治的人殉现象，非中心聚落作为文化边缘区的中心聚落，则多为异族征服统治的人殉

① 邵望平：《海岱系古玉略说》，《中国考古学论丛》，科学出版社，1993年。

② 苏锐：《山东焦家遗址考古发掘获重大进展》，《中国文化报》2017年6月26日第006版；山东大学考古学与博物馆学系、济南市章丘区城子崖遗址博物馆：《济南市章丘区焦家新石器时代遗址》，《考古》2018年第7期。

现象。

在史前时期，疑似人殉墓葬的墓地有甘肃武威黄娘娘台①、永靖秦魏家②的两处齐家文化墓地、内蒙古朱开沟文化墓地③，以及多处大汶口文化墓地④，多为男女合葬墓；良渚文化上海福泉山⑤、吴县张陵山⑥、昆山赵陵山⑦等多处墓地均见有人殉现象。良渚文化的人殉现象，对良渚文化起源和变迁问题的研究有重要的参考价值。在商代，人殉现象非常明显：郑州商城、小双桥遗址、殷墟遗址等都城表现的是对战俘的处理，用于人殉和人祭；在文化边缘区，山东青州苏埠屯、滕州前掌大⑧、章丘宁家埠⑨和河北定州⑩等地的商代方国殉人墓表现为异族征服统治的人殉。西周东周的人殉现象亦是如此，延续至战国，人殉现象逐渐进入衰亡阶段。

学界普遍认为毁墓和人殉现象是阶级分化和阶级矛盾积累的结果，而且对异文化因素的出现解释为吸收和交流，源于对最初的聚落形态的设想是存在偏差的。从一个人、一个家庭，到一个家族、一个族群，权力和私有制是必然出现的，动物祭祀和众多精致的随葬品都是合理的，夫妻合葬的殉葬已非正常情况，人殉现象的出现更是不可思议，只有一种解释：殉人和墓主人必然是异族的，异族征服统治或异族战俘。认识到毁墓和人殉现象主客体的异族性这一点，对认识史前时期考古发现中的毁墓现象、人殉、人祭、灰坑葬及其他非正常死亡的现象都有一定的指导和参考意义，为文化变迁、中国文明起源相关研究提供了一个新的视角。

---

① 甘肃省博物馆：《武威皇娘娘台遗址第四次发掘》，《考古学报》1978年第4期。

② 中国科学院考古研究所甘肃工作队：《甘肃永靖秦魏家齐家文化墓地》，《考古学报》1975年第2期。

③ 内蒙古文物考古研究所：《内蒙古朱开沟遗址》，《考古学报》1988年第3期。

④ 大汶口文化区出土有疑似殉人的男女合葬墓的墓地包括泰安大汶口墓地、兖州王因墓地、邹县野店墓地、广饶五村墓地、泗水尹家城墓地、邳州市刘林和大墩子墓地。

⑤ 上海市文物保管委员会：《上海福泉山良渚文化墓葬》，《文物》1984年第2期；《上海青浦福泉山良渚文化墓地》，《文物》1986年第10期。

⑥ 南京博物院：《江苏吴县张陵山遗址发掘简报》，《文物资料丛刊（6）》，文物出版社，1982年。

⑦ 南京博物院：《江苏昆山赵陵山遗址第　、二次发掘简报》，《东方文明之光——良渚文化发现60周年纪念文集（1936—1996）》，海南国际新闻出版中心，1996年。

⑧ 中国社会科学院考古研究所山东工作队：《滕州前掌大商代墓葬》，《考古学报》1992年第3期；中国社会科学院考古研究所：《滕州前掌大遗址有重要发现》，《中国文物报》1995年1月8日。

⑨ 山东省文物考古研究所：《济青高级公路章丘工段考古发掘报告集》，齐鲁书社，1993年，第44、45页。

⑩ 《定州发现商代大型方国贵族墓地》，《中国文物报》1991年12月15日。

陶寺天文观象台“天地之中”内涵及相关问题初步研究

顾万发

（郑州市文物考古研究院）

陶寺观象台是陶寺遗址近年来非常重要的考古发现[①]（图一），发掘者和其他天文历算学者都对其天文内涵予以了认真讨论。主持人何驽先生还非常难得地识别出其中心的基址形状与太极形相似，并判断其与天道、地器有关联[②]（图二）。这些观点精彩纷呈，堪称卓识。在探讨之余，我发现该基址的含义可能更为丰富，故于此观象台“天地之中”内涵及相关问题做以论证。

我们知道，随着北极的变动，逐渐产生新的北极星。当北极星位于所谓紫微垣中的情况下，中国古代的天文学家在长期观测积累的认知和总结认识的情况下，将天体的恒星分为三垣、二十八宿及其他星座。其中的三垣，即太微垣、紫微垣、天市垣。

---

① 中国社会科学院考古研究所山西队、山西省考古研究所、临汾市文物局：《山西襄汾陶寺城址祭祀区大型建筑基址 2003 年发掘简报》，《考古》2004年第7期；中国社会科学院考古研究所山西队等：《山西襄汾县陶寺中期城址大型建筑ⅡFJT1 基址 2004～2005 年发掘简报》，《考古》2007年第4期。

② 何驽：《试论都邑性聚落布局的宇宙观指导理论——以陶寺遗址为例》，中国考古网，2013-11-04。《周礼地官司徒》载“地中”曰：“天地之所合也，四时之所交也，风雨之所会也，阴阳之所和也。”即“天地之中”是当时宇宙和人文空间、精神空间的中心，是天地万物发生发展的根源之地。从这一点来看，何驽先生的有关陶寺天文观象台田野考古的细致发现和天道、地器、阴阳的观点殊为难得，与本文的观点整体也无互否。尤其是阴阳之气与天地的关联，值得高度重视。《易经》曰：“易有太极，是生两仪，两仪生四象，四象生八卦。”孔颖达疏：“太极谓天地未分之前，元气混而为一，即是太初、太一也。”陶寺观象台之太极可理解为是已有天地情况下的天地之中、天地合一，所以有阴阳，也可以理解为是太极形中心元气形成天地的过程表达。由于这一地点是天地相连的地方，正是太极之地，而天地相连的地方，即是天地之中。同时这一造型又恰与当时天中附近的造型相似，自然此地为天中的概念就更有依据了。当时的星空北极星在其中一个由个星组成的天龙座的旋臂上，而不在两个星组成的旋臂的中心，这也是为何观象台观测点不在太极的中心的缘故之一。

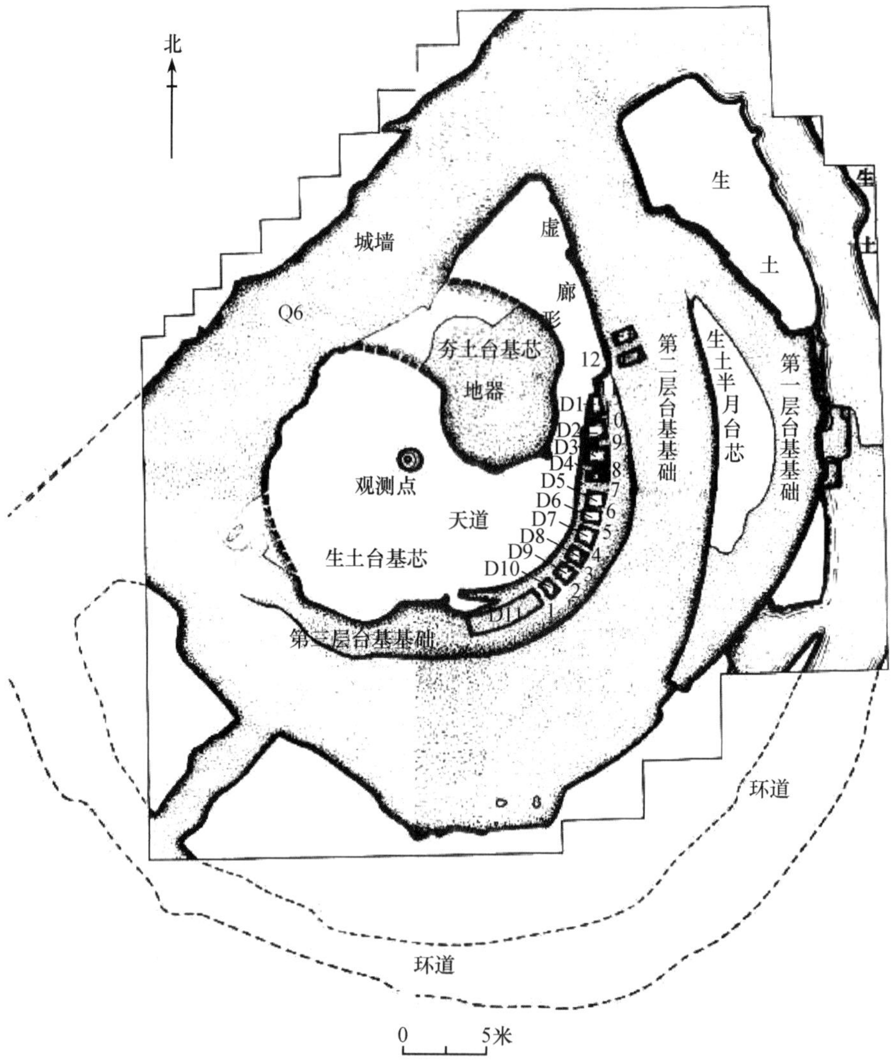

图一　陶寺遗址中期观象台基址平面图

宋王应麟《小学绀珠·天道·三垣》记载三垣曰："上垣太微十星，中垣紫微十五星，下垣天市二十二星，三垣，四十七星。"依照唐丹元子《步天歌》，紫微垣有十五星，为三垣的中垣，位于北天中央位置，故称中宫，以北极为中枢。《史记·天官书》中亦有与之相当的星官，唯名称、星数不同。《宋史·天文志二》："紫微垣东蕃八星，西蕃七星，在北斗北，左右环列，翊卫之象也。一曰大帝之坐，天子之常居也，主命、主度也。"（图三）

其中的东蕃、西蕃近似以北极为中心的旋臂形，与陶寺天文观测基址平面中心构图类似。于是，若当年陶寺天空的北极周围也有这类造型的话，则陶寺观象台基址中心观测点即可视为北极星。2100年前的北极在天龙座α附近，那时其周围是否会出现

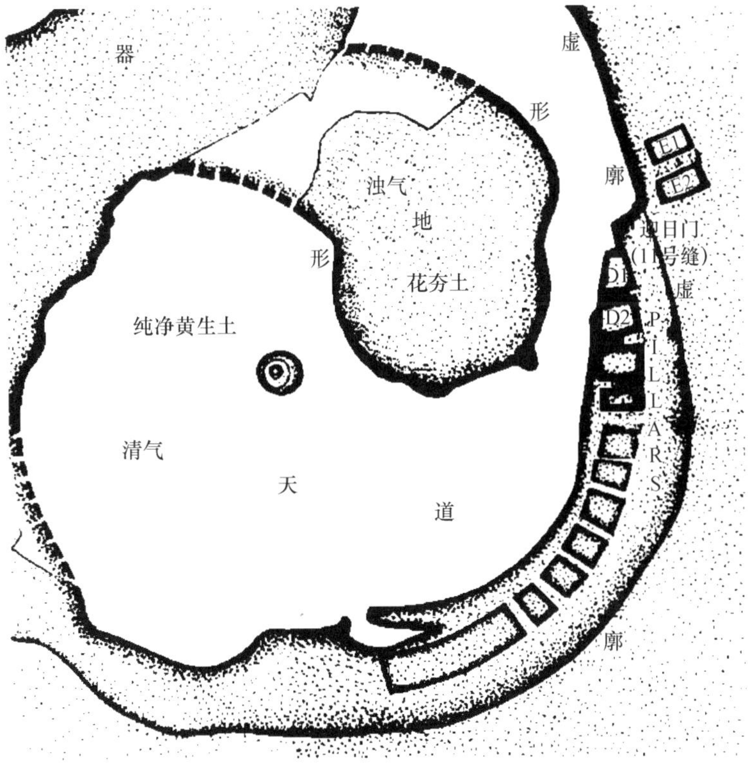

图二 陶寺观象台核心太极图解

类似太极形的旋臂造型呢？参照stellarium天文星空图看（图四），那时的天龙座及小熊座的有关星相及附近的其他星相似也可以构成与北极变动后星空晚期东蕃、西蕃近似的造型。并且由于那时的北极星位于其中一蕃上，所以呼应北极星的陶寺天文台观测基址的观测点并不在真正的北极，而在可以象征天道的纯净黄土之旋臂上。应该注意，天盖上的星空图表示法有仰望和俯视两类，从这一角度论，陶寺的天文观象台之S形应符合俯视，这与盖天论也相符，图四也是这样。这更利于说明陶寺观象台具有天地之中的内涵，其实也利于表明图四太谷白燕F504包含有天地之中的内容。自然，陶寺观象台图像与图三、图四只是都属于S形，但是并不拟合，只是帮助陶寺的人们更好地认识天的北极以及北极星的位置。

诚若是，则陶寺天文观测台基址中心就可以与北极相应，观测点则与北极星相应。之所以观测点不在呼应北极的地方而在呼应北极星的地方即呼应当年的天龙座α的地方，我们认为原因是这样的：是由于古人逐渐意识到北极星是在变化的，所以应该逐步知道真正的北极之所在。由于当年的北极位置没有可见亮星，所以为虚。呼应地面之昆仑则不是在绝对的中心，而在中心附近，即呼应北极星天龙座α的位置，中心则视为虚位。

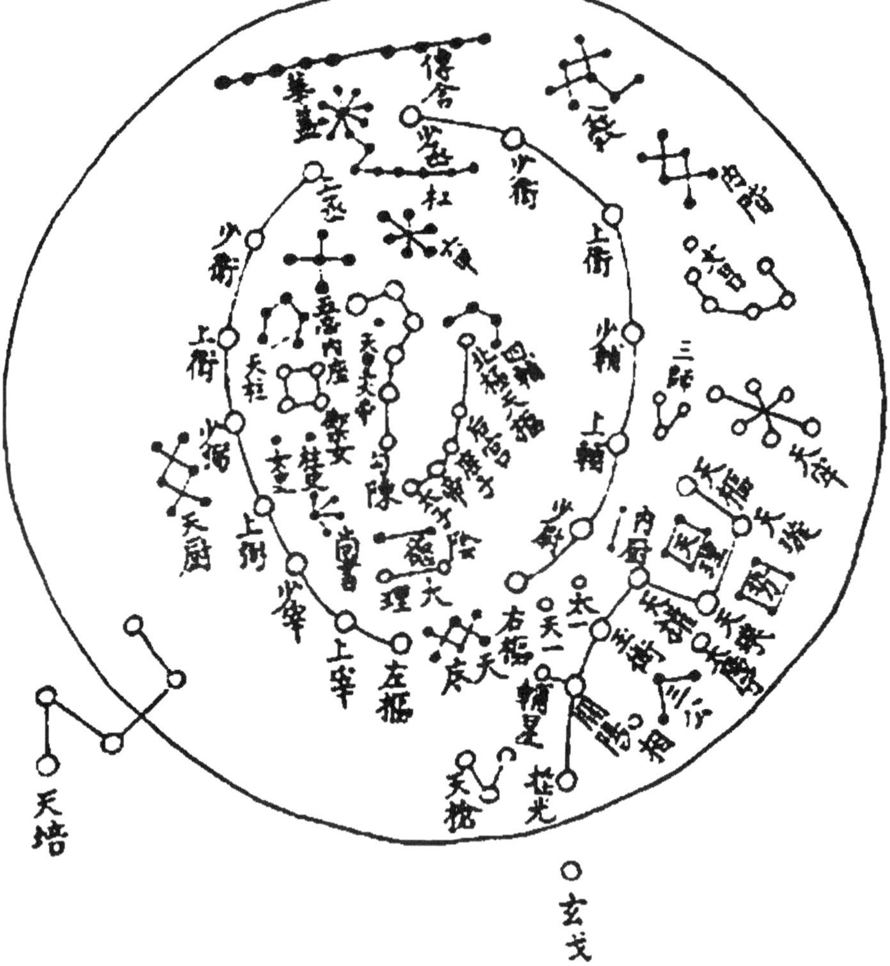

图三　紫微垣
（引自明顾锡畴《天文图》）

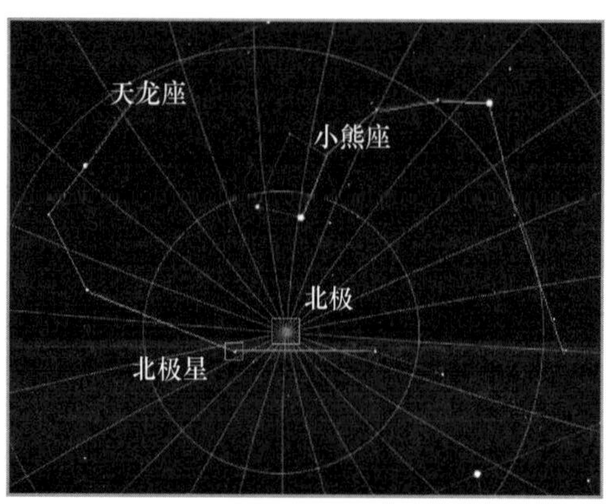

图四　stellarium天文星空图

其实中国古代虽然总体上王权人文地理、数术原则、空间精神思维多是遵守类似《清华简·保训》“求中”“得中”“归中”“执中”之理念的，但是从历代星图关于帝王、北极星的人文命名以及北极星与北极一般不相一致的情况看，古人的这类选择往往是呼应北极星的，换言之是呼应近似北极的中心的，除了北极位置经常没有可视的亮星原因外，还应有尊崇北极的意义。从周人测地中于登封却在洛阳立都之事也可以予以佐证。《史记·周本纪》载王曰：“定天保，依天室。”此“天室”理论和本质上应是天地之中的意思，从定国都的角度应为嵩山即天室山，但是“依天室”是傍依于天室山之义，而非是金文中多见的具体祭祀天神祖先的明堂，虽然两者意义上有联系。当然，国所都之地方由于位置呼应北极的地中附近，所以一般也可以称为天地之中，这也是《史记·周本纪》言洛邑时载“此天下之中，四方入贡道里均”及《逸周书·作雒》载“乃作大邑成周于土中”、《通鉴地理通释·历代都邑考》载“乃使召公卜居洛水之阳以即土中”、《尚书大传》言“于卜洛邑，营成周，改正朔，立宗庙，序祭祀，易牺牲，制礼作乐，一统天下，合和四海”的重要原因。王晖先生认为武王营建并迁九鼎于“雒”（洛）的地方应是“栎”即栎邑，因为只有这里才称得上是真正的天下之中①。这显然是没有意识到古人选择国都一般是近于地中而非以地中为国之中心的由尊崇北极、地中而形成的一种文化观之情况。

正像诸多天文学者所论述的那样，陶寺观象台的功能包括观测太阳定节气、祭祀太阳，这与陶寺观象台位于城市东南一隅并且面向东南的方向位置是相符的②，与古代于冬至祭祀太阳的习俗也是相符的③。同时基址中心的S形或被何驽先生在所属文章中认为是代表天道的单旋符单依造型论之还可以象征太阳，表示与太阳有关的有些S形或者单旋符文化符号在河姆渡文化（图五，1）、屈家岭文化（图五，2）、仰韶文化等之中均可以找到，不过陶寺S形彩陶（图五，3、4），有的是两种颜色，与观象台基址中心的S形为生黄土、灰土组合似乎有相似的逻辑。当然陶寺的团龙（图五，5），也有不少学者尤其是民俗学者认为其与太极有联系，我们认为尚待商榷，依照我们的认识，这类团龙实际具有苍龙特征，从唐尧的神诞神话看（《竹书记年》：“帝尧陶唐氏母，曰庆都。生于斗维之野，常有黄云覆其上。及长，观于三河，常有龙随之。一旦，龙负图而至，其文要曰：亦受天佑，眉八彩，须发长七尺二寸，面锐上丰下，足履翼宿。既而，阴风四合，赤龙感之孕。十四月而生尧于丹陵。”），也同时是图

① 王晖：《周武王东都选址考辨》，《中国史研究》1998年第1期。

② 武家璧：《陶寺观象台新论》，《帝尧之都中国之源——尧文化暨德廉思想研讨会文集》，中国社会科学出版社，2015年。

③ 详见《周礼》《左传》等文献及顾万发：《荥阳青苔遗址仰韶文化北斗、北极、土臼等一组遗迹及相关问题研究》，“兰轩谈古”新浪博客。

1

2

3

4

5

6

图五　太阳和苍龙图像

1. 田螺山　2. 屈家岭　3 ~ 5. 陶寺　6. 妇好墓

腾。这与易之震为龙、震为雷的拟物、雷泽归妹卦的义理都相符。商代（图五，6）至周代铜盘团龙的苍龙性质有助于理解这一问题。

同时，我们认为陶寺观象台还具有天地之中的性质。还可以同时视为三层圜丘，基址中心类似北京明清天坛中间的“天心石”①，因此其除了具有祭祀太阳②的功能之外，还应具有祭祀北辰等天神的功能，《周礼·春官·大司乐》云：“冬日至，于地上圜丘奏之。若乐六变，则天神皆降，可得而礼矣。”郑玄注“天神”为天皇大帝，即其时的北辰或曰北极星神。

我们注意到，陶寺观象台的环道（该环道何驽先生《山西襄汾县陶寺中期城址大型建筑ⅡFJT1基址2004～2005 年发掘简报》一文认为是出生土面夯土矮墙的样子），第二、第三层台基可以构成一组蕴含三层的文化结构（至于发掘简报中的第一层台基应该是帮扶第二层台基的）。二、三层台基与环道之三重又可视为三衡③及三重昆仑。该蕴含圆形的观象台还可以视为文献中密集记载的重要天文礼仪文化设施——圜丘，这也与冬至祭太阳于圜丘的古礼仪是相符的。另，陶寺天文观象台基址中心的观测位置也包括不同颜色的三重土（图六），周围还有一周作为三重土组成的观测点的基址土，整体造型也应视为与昆仑及其周边弱水组合相类似

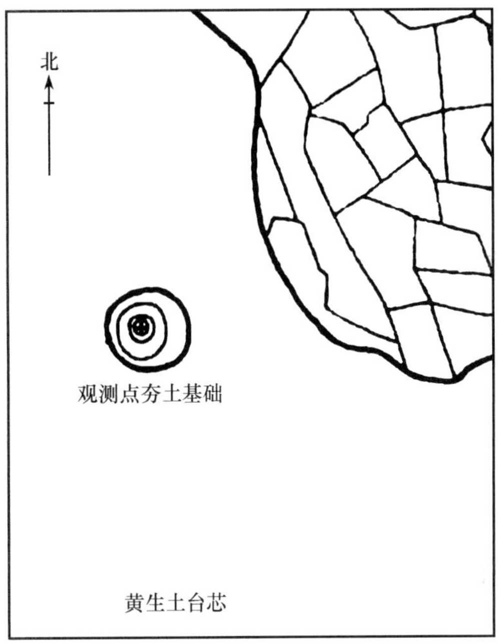

图六　陶寺观象台观测点

① 又名“太极石”，从陶寺观象台基址中心的太极造型看，这可能是早期天地之中坛内涵的一种传承。

② 学术界依据考古观测及《礼记·郊特牲》“郊之祭也，迎长日之至也，大报天而主日”之记载亦有相关讨论。晋王嘉《拾遗记·炎帝神农》记载曰：“筑圆丘以祀朝日。”

③ 由于地理地貌限制，陶寺观象台三衡与实际分至形成的三衡数值逻辑并不完全相符，象征意义明显。其中中期城墙方形象征方形地，环道及二、三层台基为三衡，象征天。晚期也有这样的融合方地的祭天坛台和墙。依冯时先生的认识（冯时：《河南濮阳西水坡45号墓的天文学研究》，《文物》1990年第3期；冯时：《中国天文考古学》，社会科学文献出版社，2001年），濮阳西水坡M45墓葬造型也是三衡天及方形地的组合。不过为何不直接以墓葬形制作为三衡形制呢？我们认为可能是为了拟合类似河姆渡文化一类太阳有关光象造型而省略之。

结构①。我们也曾从观测太阳及节气的角度论证过昆仑与陶寺观象台之间的联系②。其实这类天地之中相应的思维在古代很早就起源了，并且考古学也发现一些证据，像荥阳青台北斗九星等天文遗迹③中呼应天中和地中的黄土台（图七），太谷白燕F504中呼应北极、地中的位置相同④，造型同一（图八），等等。

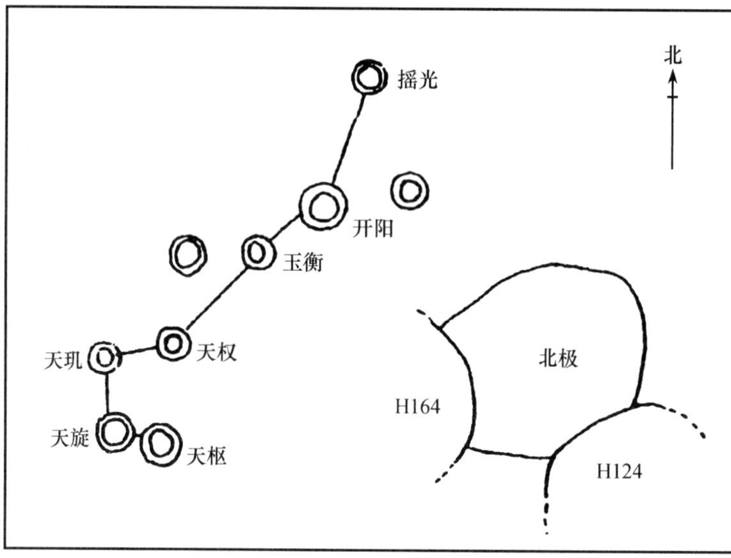

图七　青台遗址九星及北极星图

① 《山海经·大荒西经》中称："西海之南，流沙之滨，赤水之后，黑水之前，有大山，名曰昆仑之丘。有神，人面虎身，有文有尾，皆白，处之。其下有弱水之渊环之。"陶寺观象台观测点可以视为是三层昆仑与一周弱水之渊这一中国古代特殊的文化造型，与文献记载的西周时期的明堂辟雍造型内涵可能有关联。虽然关于明堂辟雍考古发现的文献最早只能到西周金文，但是传承古籍记载其历史久远，考古学中也发现其他一些早期遗迹或图像可能与其有联系。实际上中国新石器时代以来的单重或三重环壕聚落有的可能不但有防御之功能，还应或多或少地具有相关内涵。

② 顾万发：《论湖南澧县孙家岗遗址新出玉蛙》，《古代玉器研究通讯》2018年第2期。在通过柱子缝隙观测太阳的前提下，李勇先生对陶寺观象台计算过相关年代。不过其对于陶寺天文观象台通过柱子缝隙观测太阳也有异议（李勇：《世界最早的天文观象台——陶寺观象台及其可能的观测年代》，《自然科学史研究》2010年第3期）。从《山海经》关于昆仑的九门、开明兽、囿时记载看，具有昆仑结构特征的陶寺观象台的主要功能确实应包括通过柱子缝隙观测太阳以定历法节气。具体记载参阅《山海经·西次三经》曰："西南四百里曰昆仑之丘，神陆吾司之。其神，状虎身而九尾，人面而虎爪。是神也，司天之九部及帝之囿时。"《山海经·海内西经》曰："海内昆仑之虚，在西北，帝之下都。昆仑之虚，方八百里，高万仞。上有木禾，……面有九门，门有开明兽守之，百神之所在。"

③ 该黄土台呼应北天极。

④ 顾万发：《太谷白燕F504古天文学及古地理学内涵研究——并新论"亚形""九州""分野""明堂"等相关问题》，《田野考古与艺术史研究论文集》，科学出版社，2018年。

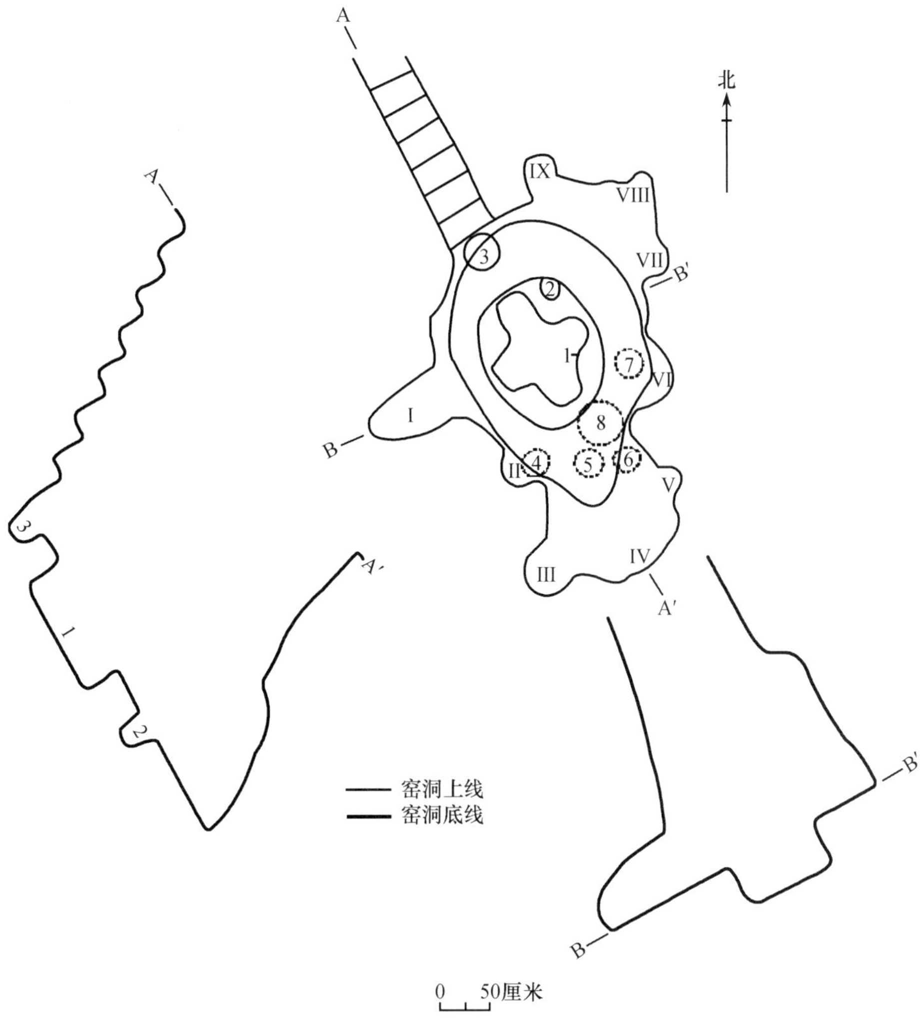

图八 太谷白燕F504平、剖面图
1～8. 底部小坑 Ⅰ～Ⅸ. 窑洞

从陶寺观象台观测点位于一个旋臂上而非位于两个旋臂中心的情况看，陶寺中期的天文贵族应该知道北极的位置，实际上简易的天文衡观测方法也可以发现这一问题。距今4100年左右的北极当时无可视星，天龙座α是当时的北极星，在北极虚并且古人能识别这一问题的情况下，古人由于北极地位之尊和无可视星，所以观测点不在北极位置和模型地中、天心位置。显然陶寺人是知道这一内容的。知道这一问题，则对于在其所理解的真正的天地之中观天文就会更为准确的问题他们显然也应该是明了的。这样的话他们可能就会对在实际观测点观测到的值与在模型中真正的天地中观测到的值的误差予以修正。略调整夯土柱可能是重要和首选方法。另外，也可以通过对有关数值予以调整来达到目的，具体可以通过在实际观测点附近的真正天地之中的观测数值来调整，形成熟悉的换算后，即可不需再到真正天地之中去观测。具体是哪一个方法，从发掘材料看，还是调整了夯土柱。从整个台基看，陶寺观象台的实际观测点与理论上的中心位置略偏，可能即是由我们讨论的有关文化情况使然，而不能只理解为有些许失误或有误差使然。

综合所述，陶寺观象台除了观测太阳、定节气、祭祀太阳之外，还应具有别的内涵和功能。承所述其功能内涵较为复杂，总体上可以视为是蕴含天地之中的模型，之所以这样设计，与古人认为于天地之中观测，于天文计算而言更为合理，历法更为准确。同时更为重要的是，古人认为于天地之中的模型之地观测天文，是表现王者居中呼应北极的表现。这一思维在当时出现并不奇怪，考古材料表明其在6000多年前已有萌芽。后冈一期文化的濮阳西水坡M45墓主位于冯时先生复原的三衡的中间[①]（图九），又处于相对于斗魁的位置，从stellarium天文星空图找到6400年前的天文图像看（图一〇），墓主所在位置宏观上即是北极位置[②]，这显然说明中国古代有的地方的人们早已有人间首领与天上北极相应的思维了[③]。同时我们也认为，于天地之中的模型之地[④]观测、祭祀北辰、太阳等重要天神，也是王者践行圣王之法、中正之道的数术和政治行为[⑤]！

---

① 冯时：《中国天文考古学》，社会科学文献出版社，2001年。

② 陆思贤先生认为濮阳西水坡M45墓主为位拟北极神，详论请见陆思贤：《濮阳西水坡45号墓主人的人格与神格》，《华夏考古》1999年第3期。另也有学者以为M45的北斗造型为数万年前的北斗造型，并以此来讨论该墓主位置，虽然其结论也认为其位于北极位置，但是其对于墓葬中北斗的造型判断过于机械。实际上北斗斗魁、斗柄的造型象征意义明显，并不严格。在此言明，本文中关于北极、地中的人文表现，多数是在近似区域，为行文简化，不在严格描述。当然古代也应存在北极、地中严格表现的思维和相关材料。

③ 当然这一现象也说明当时人间这一首领已有视自己为天下之主的愿望、思维或实践。于此也可以看到，中国古代天人合一、天中地中相应、君权北辰神授、大一统等思维或其雏形早已出现矣。

④ 其时的人们可能也有这样的观念，即类似具有以冀州为九州之中心的看法，这一看法估计还应与古老的天倾西北的宇宙观有联系。既然天倾西北，则位于天中的北极也应西北倾，于是则呼应天心、天中的人文地胆、地心也应往西北极倾斜，即地中也应在西方冀州之地矣。

⑤ 前文已述《周礼 · 地官司徒》所载“地中”的有关特征，其还记载该天地之中的地域“然百物阜安，乃建王国焉”。《荀子 · 大略篇》中也记载说：“欲近四旁，莫如中央，故王者必居天下之中。”这也说明中国传统文化中的“皇权中心”和正统正尊之地即是天地之中附近地域或象征性的天地之中。

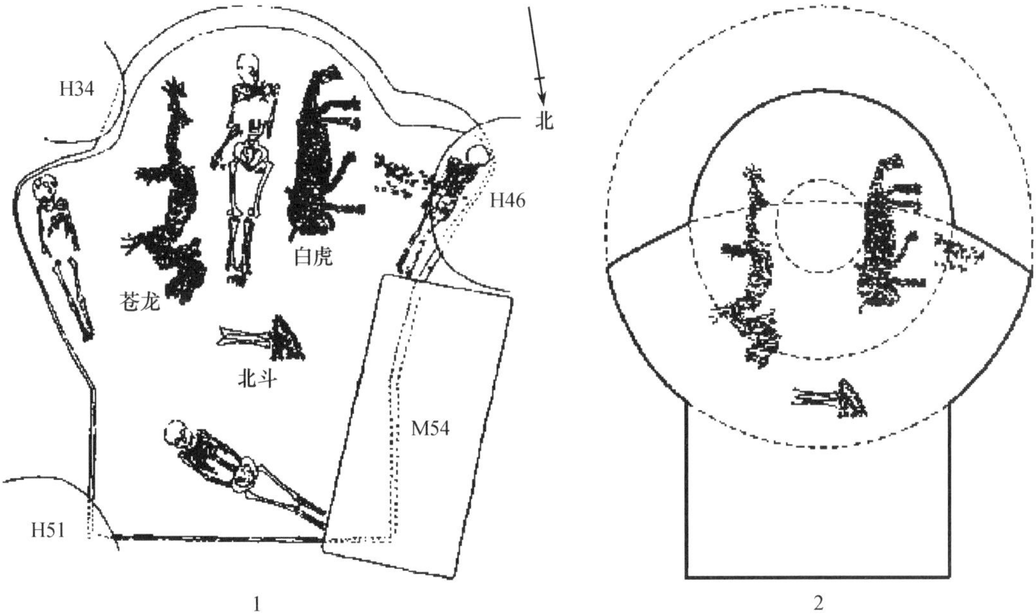

图九　濮阳西水坡M45墓葬与三衡图

1. 西水坡M45平面图　2. 西水坡M45三衡图解

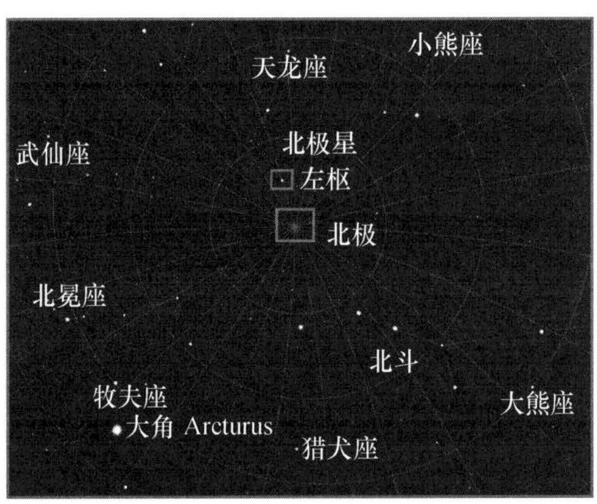

图一〇　6400年前的北斗、北极、北极星位置图

陶寺文化中、晚期遗址先民对木材的利用

王树芝　何　驽　高江涛　高　炜

（中国社会科学院考古研究所）

中国文明起源研究是学术界讨论的热点问题之一。山西襄汾陶寺遗址在探索我国古代文明起源这一学术课题中具有突出的地位①。在1978～1985年的第一阶段发掘中，限于当时条件，未能做树种鉴定，为弥补这种遗憾，当年发掘者高炜先生将尚存的M1451的木板、M2067填土和H2007填土中的木炭碎块送检②。而在2002～2007年的考古发掘中，综合应用了数种科技考古研究手段，其中就包括木炭分析方法。木炭是燃料、建筑、工具等木材经过不完全燃烧或高温热解所形成的。对考古遗址出土木炭的研究，可提供古代人类利用木材的信息，探索遗址的居民与自然界植物的相互关系。本文试图对陶寺不同功能区出土木炭及墓葬出土木炭遗存进行分析，鉴定植物种属，提取陶寺文化中、晚期古代先民利用木材的信息。

一、遗址概况

陶寺遗址位于山西省襄汾县城东北约6.5千米的汾河东岸，处于塔儿山（明清时称为崇山或崇峰）西麓，该遗址西北至东南最长2400米，东北至西南最宽1800米，面积约400万平方米③。陶寺遗址是20世纪50年代发现的，1978～1985年的第一阶段发掘中，揭露7000平方米，获得一系列基础性实物证据，据之确立了考古学上的陶寺文化，并分为早、中、晚三期。通过文化谱系研究，认为早期距今4300～4100年，中期

---

① 梁星彭、严志斌：《陶寺城址的发现及其对中国古代文明起源研究的学术意义》，《中国社会科学院古代文明研究中心通讯》2002年第3期。

② 相关考古背景资料详见中国社会科学院考古研究所、山西临汾市文物局：《襄汾陶寺——1978～1985年考古发掘报告》，文物出版社，2015年。

③ 梁星彭、严志斌：《陶寺城址的发现及其对中国古代文明起源研究的学术意义》，《中国社会科学院古代文明研究中心通讯》2002年第3期。

距今4100～4000年，晚期距今4000～3900年[①]。

第一阶段发掘中，在遗址东南隅的墓葬区曾发现墓葬1300余座，包括方国首领人物的大墓，不同等级贵族的中型墓以及占总数80%以上的平民小型墓。这些墓葬都是土坑竖穴墓，其中的60座墓内保存木质葬具或相关遗迹（木棺结构比较清楚的35座、墓底铺木板的1座、仅存板灰痕迹的24座）；还有数座骨殖严重缺失的墓，在墓底或棺内放置炭棒的例子；在早期大、中型墓中曾出土由树干掏成的鼍鼓鼓腔，还有案、俎、盘、豆、高柄豆、仓形器、桶形器、觚、杯等彩绘、朱绘漆木器，木胎多已朽没，依据保留下的彩绘、朱绘外皮仔细剔剥，尚隐约可见一些木质。

从1999年开始，以寻找大型建筑基址和城址为重点，又开始对陶寺遗址进行发掘。2002年春季至2007年春季为了完成国家科技攻关项目"中华文明探源工程"中承担的任务，中国社会科学院考古研究所山西队、山西省考古研究所和临汾市文物局合作，在陶寺城址Ⅰ、Ⅱ、Ⅳ区共发掘4000平方米，确定了陶寺早期小城、下层贵族居住区、大贵族宫殿区、东部大型仓储区、中期小城内大贵族墓地以及祭祀区内的观象台基址[②]等许多重要遗迹（图一）[③]，取得了很大的学术收获。

二、材料及研究方法

在2005～2007年[④]发掘中，我们采集了25份木炭样本，大于4毫米的木炭碎块共有773块。ⅠT2017位于大南沟南岸的普通居住区（没有发现高等级遗存），面积为100平方米，在ⅠT2017H6第4层采集了1份木炭样本；在紧邻ⅠT2017的ⅠT2117 H12第2层也采集了1份木炭样本。ⅠT5026和ⅠT5126位于小南沟北部，面积各为100平方米，在ⅠT5026的宫殿核心区采集了4份木炭样本；在ⅠT5126普通工匠居住区（出土大量手工业生产过程中的废料）采集了4份木炭样本，而在ⅠT5126宫殿区采集了7份木炭样本；ⅠT5114Y7位于中期宫殿大型夯土基址ⅠFJT3东南角外南侧约4米处的生土陡坎上，灰坑填土以灰烬为主，夹杂大量油黑的炭灰，中部有一堆卵石；坑底部出土较多的炭块，多为细树枝形成，在此处采集了1份木炭样本。此外，在位于普通工匠居住区

---

① 何驽：《陶寺文化谱系研究综述》，《考古学集刊（16）》，科学出版社，2006年。

② 何驽：《从陶寺遗址考古收获看中国早期国家特征》，《中国社会科学院古代文明研究中心通讯》2009年第18期。

③ 中国社会科学院考古研究所山西队、山西省考古研究所、临汾市文物局：《山西襄汾陶寺城址2002年发掘报告》，《考古学报》2005年第3期。

④ 中国社会科学院考古研究所山西队、山西省考古研究所、临汾市文物局：《山西襄汾县陶寺城址发现陶寺文化中期大型夯土建筑基址》，《考古》2008年第3期。

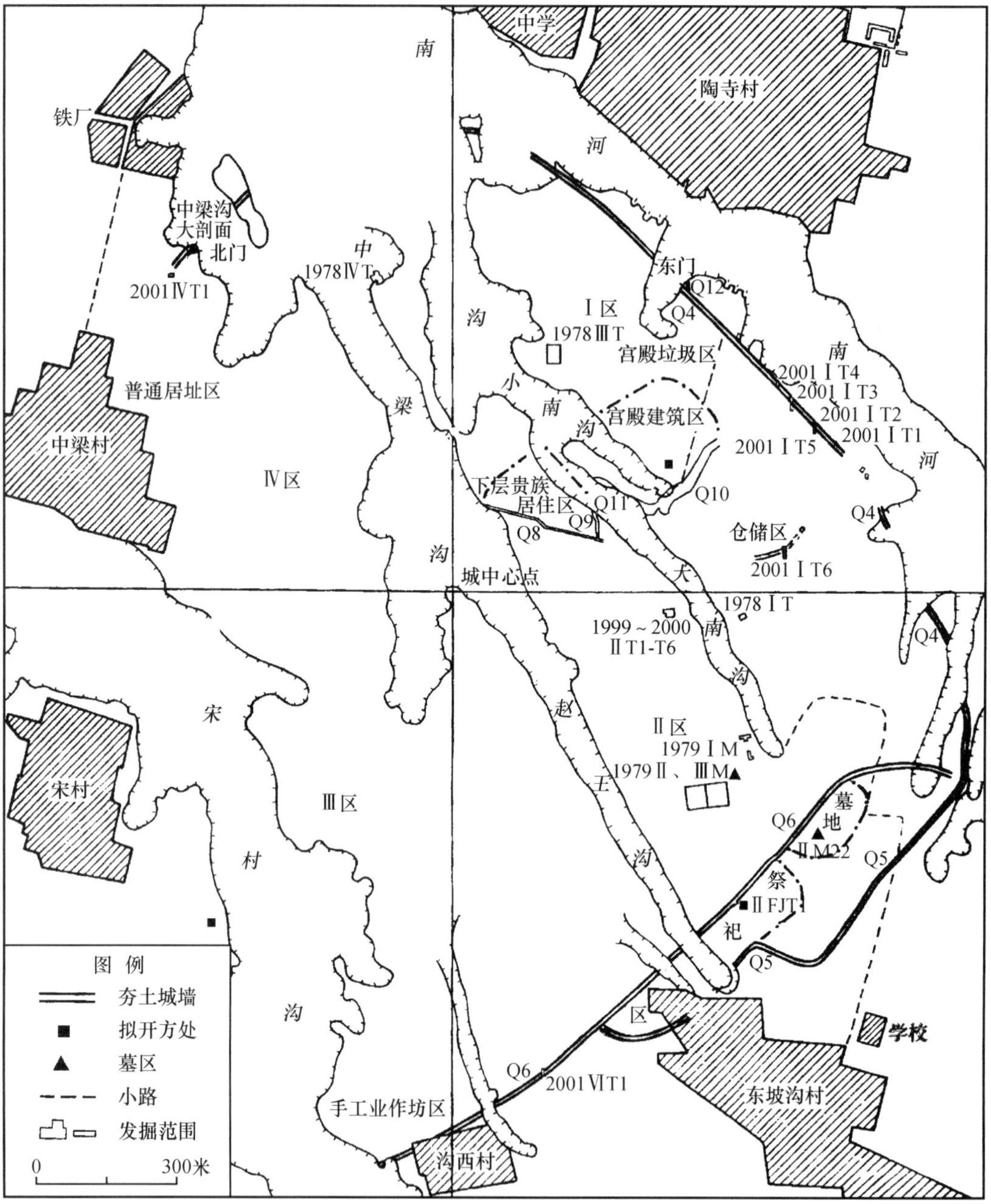

图一　陶寺遗址平面示意图

ⅠTG12H67第2层、ⅠTG12H68、ⅠTG26H84、属于普通堆积ⅠTG30第3B层、宫殿附属建筑ⅠTG25F15表面、ⅠTG25H88第4层和主殿柱洞ⅠTG29 ⅠFJT3D19各采集到1份木炭样本。另外，在2010年，高炜先生将1979年发掘尚存的M1451的木板、M2067填土和H2007填土中木炭碎块送检。

将取到的木炭用刀片按照横、径、弦三个方向分别切出三个面，在具有反射光源、明暗场、物镜放大倍数为5倍、10倍、20倍、50倍的Nikon LV150金相显微镜下观察、记载木炭特征，根据《中国木材志》①《中国主要木材构造》②等主要书籍对树种木材特征的描述和现代木材的构造特征进行树种的鉴定。然后将木炭样本粘在铝质样品台上，样品表面镀金，在金相显微镜和日立S-530扫描电子显微镜下进行拍照。

三、试验结果

对25份木炭样本共773块炭化碎块进行观察分析，结果显示，这些炭化碎块分别属于25个木本树种（其中7个阔叶树种未鉴定），被鉴定的树种包括侧柏（*Platycladus orientalis*）（图二～图四）、油松（*Pinus tabulaformis*）、子京属（*Madhuca* sp.）、柳属（*Salix* sp.）、枣树（*Zizyphus jujuba*）（图五～图七）、槭属（*Acer* sp.）的2个种、稠李（*Prunus padus*）、栎属（*Quercus* sp.）的4个种、木瓜红属（*Rehderodendron* sp.）、灯台树（*Cornus controversa*）、厚壳树属（*Ehretia thyrsiflora*）、榆属（*Ulmus* sp.）、朴属（*Celtis* sp.）、黄栌属（*Cotinus* sp.），另外有一种禾本科植物（表一）。

M1451木板，在显微镜下观察构造特征，有木纤维、单列和双列木射线及导管（图八）。根据构造特征，断定在墓底中部铺的东西的确为一层木板，M1451木板为阔叶树木材。

M2067中有68块4毫米以上的木炭碎块，H2007中有114块4毫米以上的木炭碎块，经过鉴定，都为侧柏（*Platycladus orientalis*）（图九～图一一）。

四、陶寺文化中期和晚期古代居民对木材的利用

根据样本中不同树种的出现次数，统计其出现的概率，出现的概率越高，说明古代居民利用这种木质材料的机会越大。结果显示，陶寺遗址中期宫殿区不同树种出现的概率分别为侧柏92.9%、栎属78.6%、油松64.3%、柳属28.6%、槭属28.6%、稠

① 成俊卿、杨家驹、刘鹏：《中国木材志》，中国林业出版社，1992年。

② 腰希申：《中国主要木材构造》，中国林业出版社，1988年。

表一　陶寺遗址木炭分析结果一览表

功能区	探方	遗迹或地层	时代	不同植物种属大于4毫米的木炭块数															
				侧柏	油松	栎属（4）	柳属	槭属（2）	枣树	榆属	朴属	灯台树	木瓜红属	厚壳树	稠李	黄栌属	子京属	未鉴定（7）	禾本科
宫殿核心区	I T5026	⑤	中	6		1													
宫殿核心区	I T5026	H42⑦	中	5	1														
宫殿核心区	I T5026	H38④	中	9	9	14	8	2										2	
宫殿核心区	I T5026	H38④	中	30	33	17													
宫殿核心区	I T5026	Y7	中													3			
宫殿区	I T5126	H38①	中	33	13	15												1	
宫殿区	I T5126	H38⑥	中	8	21	14			1									3	
宫殿区	I T5126	H38⑥	中	13	12	23	1	2									1		
宫殿区	I T5126	H38⑦	中	3	6	22	2		2										
宫殿区	I T5126	H42②	中	46	6	30	1	3										2	
宫殿区	I T5126	H42③	中	13															
宫殿区	I T5126	H42③	中	20	14	25		3	1						4			1	
宫殿附属建筑	I T G25	F15	中	2		9													
宫殿附属建筑	I T G25	H88④	中	3		3													
主殿柱洞	I T G29	I FJT3D19	中		2														
普通工匠居住区	I T2017	H6④	晚	10		4													
普通工匠居住区	I T2117	H12②							1										
普通工匠居住区	I T5126	HG8③	晚			7			1										
普通工匠居住区	I T5126	H36④	晚	19	5	29	1		2			2							
普通工匠居住区	I T5126	H39③	晚	14	13	34	2	1		2									1

续表

功能区	探方	遗迹或地层	时代	不同植物种属大于4毫米的木炭块数															
				侧柏	油松	栎属（4）	柳属	槭属（2）	枣树	榆属	朴属	灯台树	木瓜红属	厚壳树	稠李	黄栌属	子京属	未鉴定（7）	禾本科
普通工匠居住区	I T5126	H39④	晚	13	1	31	2	4					3					3	
普通工匠居住区	I T G12	H67②	晚	3		2					1								
普通工匠居住区	I T G12	H68	晚			5								2					
普通工匠堆积	I T G30	3B	晚		18														
普通工匠居住区	I T G26	H84	晚			13													

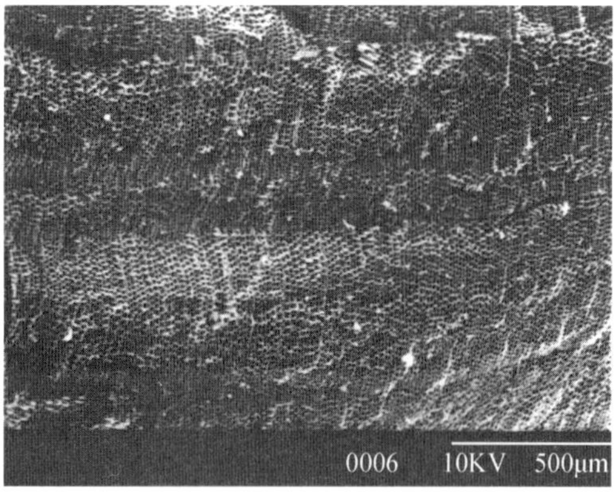

图二　侧柏木炭横切面

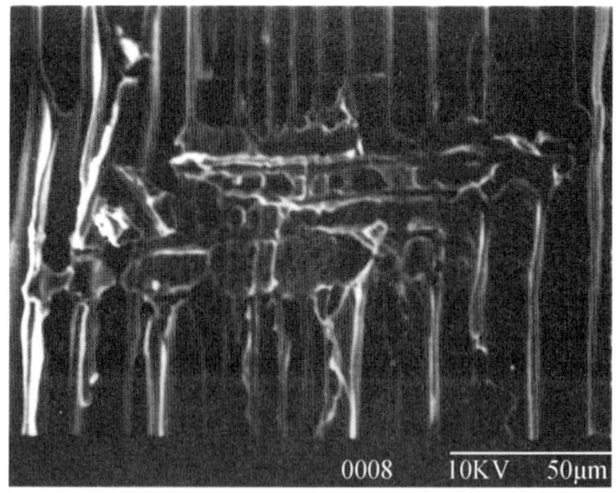

图三　侧柏木炭径切面

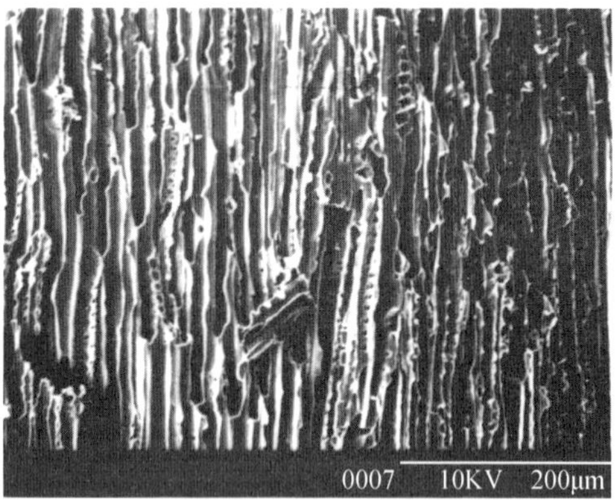

图四　侧柏木炭弦切面

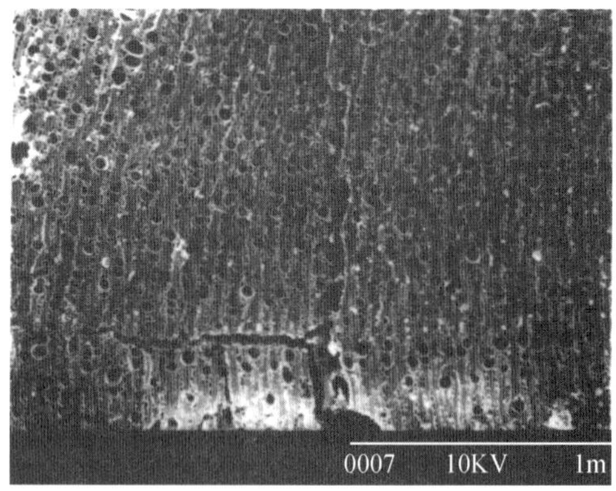

图五　枣木炭横切面

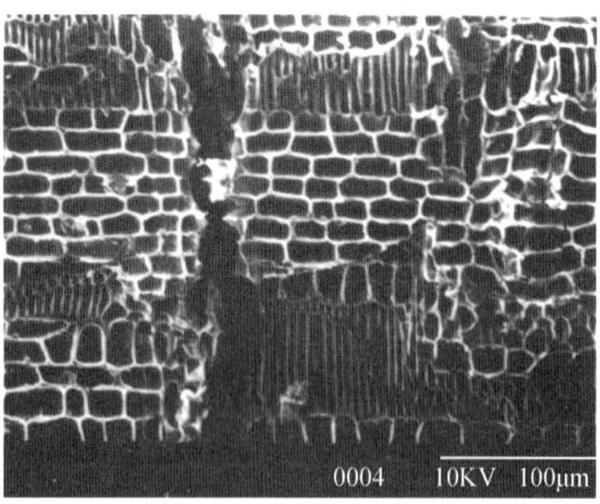

图六　枣木炭径切面

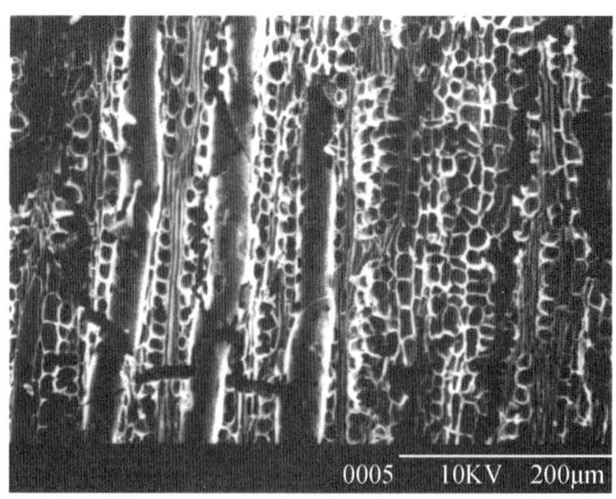

图七　枣木炭弦切面

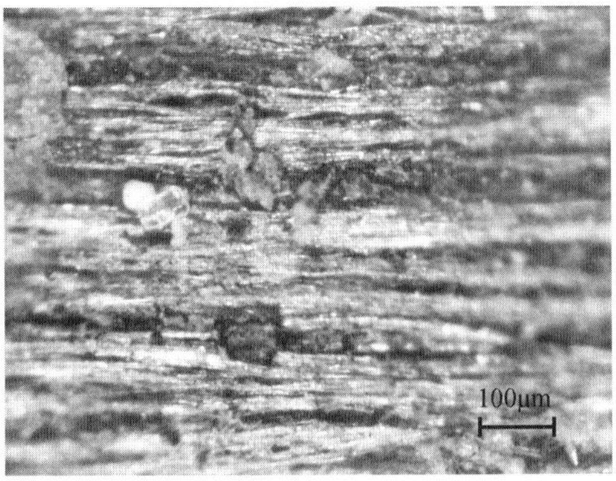

图八　样品在金相显微镜下的构造特征

图九　H2007填土中侧柏木炭横切面

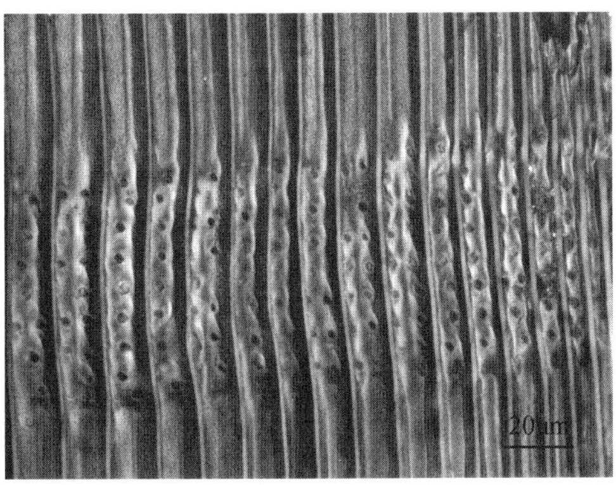

图一〇　H2007填土中侧柏木炭径切面

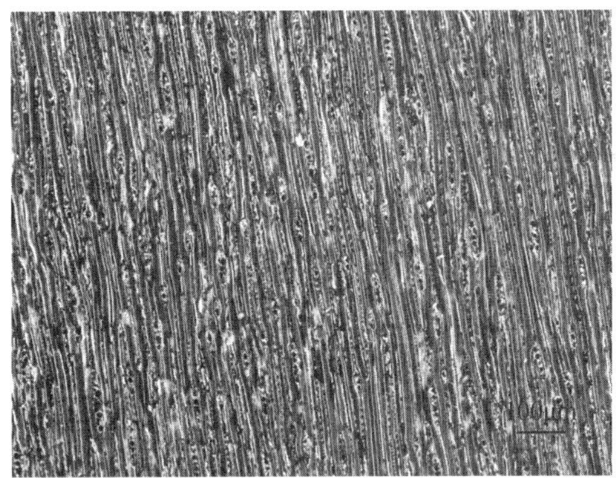

图一一　H2007填土中侧柏木炭弦切面

李28.6%、枣树21.4%、子京属7.1%。根据出土树种的块数，针、阔叶树种的比例为1.41∶1。可以看出，陶寺文化中期宫殿区利用最多的是侧柏，其次是栎木，再次是油松，利用最少的是其他杂木；针阔叶的比例大于1，即松柏类木材多于阔叶树材。

而在陶寺文化晚期，普通工匠居住区不同树种出现的概率分别为麻栎属80%、侧柏50%、油松40%、柳属30%、枣树30%、槭树属20%、榆属20%、朴树属10%、木瓜红属10%、灯台树10%、厚壳树10%，另外，禾本科植物10%。根据出土树种的块数，针、阔叶树种的比例为0.64∶1。可见，陶寺文化晚期普通工匠居住区利用最多的是栎木，其次是侧柏，再次是油松，利用最少的是其他杂木；针、阔叶的比例小于1，即利用阔叶树材多于松柏类木材。

众所周知，木质材料对人类的经济有着举足轻重的作用，自古木材就是人类生存所依赖的重要原材料。针叶树的树干高大、通直，是房屋建筑的良好材料；同时又富含松脂、油脂，也是良好的燃料。其中，侧柏耐腐性强、强度大，可用于建筑。油松的木材较坚硬、强度大，耐磨、纹理直，也适用于建筑。而且在陶寺遗址的宫殿附属建筑ⅠTG25F15中，采集的2块侧柏木炭重107克，木炭体积很大，可说明侧柏被用于房屋建筑。此外，在主殿柱洞ⅠFJT3D19发现了油松，可以肯定油松也被作为建筑材料。值得注意的是，在木炭样本中侧柏占的比例很大，而对陶寺遗址所做孢粉分析中发现了油松、桦、鹅耳枥、榛、椴、栗、榆、栎8种乔木，却未发现侧柏的花粉①。现今在临汾盆地分布有落叶阔叶林和次生落叶灌丛为主的林带，或针阔叶混交林，以辽东栎、栓皮栎、橿子栎、鹅耳枥、油松、白皮松、华山松等树种占优势；中山为山杨及其混交林②，也没有高大的侧柏。似乎可以推测，陶寺遗址的统治者为了彰显宫殿的豪华和政治地位，很有可能专门选用名贵木材松柏作为建筑材料，侧柏有可能从较远地方运来。至于陶寺文化晚期出现的侧柏，很有可能是在此时贵族居住区沦落为普通工匠居住区，晚期居民的活动将早、中期贵族使用侧柏形成的木炭扰动至晚期地层。在普通堆积ⅠTG30第3B层采集的样本中只有油松，木炭量也很大，共18块，而且孢粉分析结果有油松，因此可以推测油松属于遗址周围的自然植被。

通过分析M2067和H2007填土中的侧柏木炭碎块，都是扰自M2068炭化木棺或墓中炭棒（图一二）。柏科有三个亚科：侧柏亚科、柏木亚科和圆柏亚科。侧柏是侧柏亚科侧柏属。古代先人之所以从较远的地方取侧柏做棺木，可能因他们对侧柏的耐水湿、耐腐朽、有香气的木材性质有一定的认识。前面分析了侧柏有可能来自较远的地方，说明先民为了一定的目的会从较远的地方取木材。

栎木的强度大、耐冲击、有弹性、颇耐腐蚀，适用于制作屋架、枕木、坑木、篱柱、农具柄、木桶等。栎木木材较硬，可用作门框；发热量高，为优良的薪柴及烧炭用材。推测陶寺遗址出土的栎木有可能用于建筑，也可能作为薪柴。在陶寺文化晚期，栎木概率最高，在先民生活中占有重要的地位。

黄栌属材质硬，耐久性似柏，所以是薪柴、烧炭的优良材料，含单宁可供制栲胶，含芳香油。黄栌属的木炭样本采自窑址ⅠT5114Y7内油黑发亮的炭灰中，可以肯定，黄栌属在此是被用于薪柴的。在陶寺遗址2002年发掘的窑址中，火池浮选结果证明以谷草和野草为主要燃料③，而2006年发掘的ⅠT5114Y7的燃料以木材为主，而不是草灰，因此这座窑可能具有特殊的功能。发掘者认为它应该与铜器的冶铸生产有关④。

出土的果树有稠李和枣树，尤其枣树的发现非常重要，因为在黄河中、下游地区的大量遗址中都曾经发现枣的遗存。例如，河南灵宝西坡遗址属于仰韶文化时期的

---

① 孔昭宸、杜乃秋：《山西襄汾陶寺遗址孢粉分析》，《考古》1992年第2期。

② 《山西森林》编辑委员会：《山西森林》，中国林业出版社，1992年。

③ 赵志军、何驽：《陶寺城址2002年度浮选结果及分析》，《考古》2006年第5期。

④ 何驽：《从陶寺遗址考古收获看中国早期国家特征》，《中国社会科学院古代文明研究中心通讯》2009年第18期。

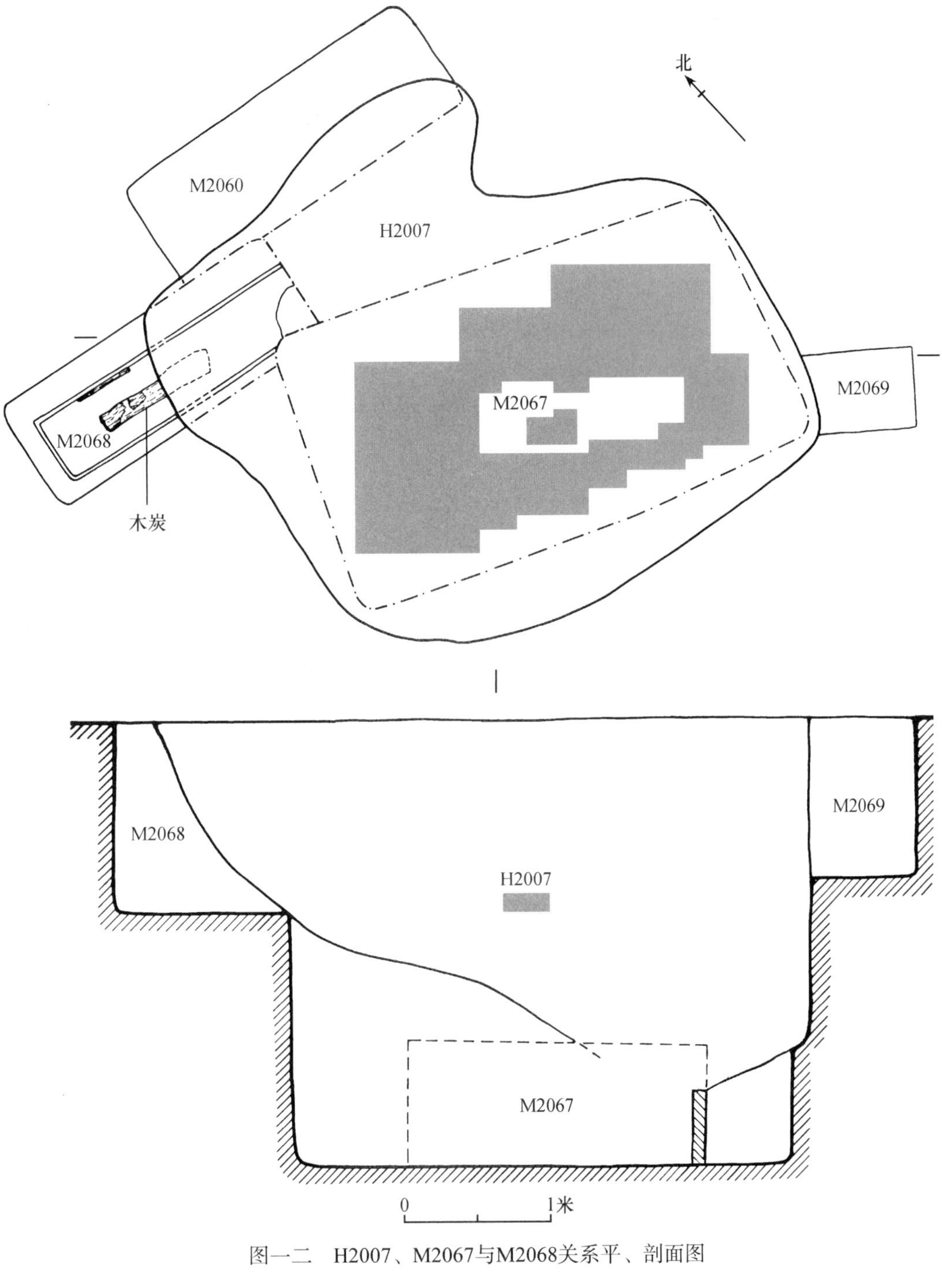

图一二　H2007、M2067与M2068关系平、剖面图

M27填土里有大量枣、酸枣吊和酸枣叶[①]；河南密县莪沟北岗新石器时代遗址中，发掘炭化酸枣核和干枣[②]；山东滕州市庄里西遗址中也发现了属于龙山文化中、晚期的酸枣果核[③]；河南王城岗遗址二里冈文化层和春秋时期的文化层出土了酸枣核[④]，龙山文化层出土了枣木炭[⑤]；河南禹州瓦店遗址出土了龙山文化时期的枣木炭和酸枣核[⑥]；山东教场铺遗址发现有龙山文化时期的枣木炭[⑦]。枣属为鼠李科，枣的果实由果皮、果肉、坚硬具蜡质的种皮和种子四部分组成，枣的种子包括胚芽、子叶和胚乳，胚乳发达。其中果肉是主要的食用部分。枣果含有丰富的营养物质，是上等的滋补食品，还可以酿酒[⑧]和赐赠[⑨]。《诗经·豳风》中就有“八月剥枣，十月获稻”的诗句。《史记》中也有这样的记载，“是岁大荒，百姓皆食枣菜”。《战国策》中记载“枣栗之实，足食于民”，杜甫的诗“庭前八月梨枣熟，一日上树能千回”也生动地描绘了上树摘枣吃的情形。枣果实药食同源，果实还具有很高的医疗价值，果实、种仁、叶片、木心、枝皮均可入药。《神农本草》《本草纲目》对其医疗价值均有记载，认为枣有健脾养胃、益血壮神之功效[⑩]。可见，我国古代先民利用枣树的历史源远流长，可以肯定，陶寺文化时期的居民也采集枣树果实作为食物。

此外，枣木心材呈红褐色，纹理细致，色泽美观，无特殊气味和滋味，耐腐且抗蚁蛀，旋切效果优良。枣木材坚实适宜作各种工具柄、家具腿、木梳等保健用品和雕

① 王树芝：《M27填泥中植物印痕分析》，《灵宝西坡墓地》，文物出版社，2010年。

② 河南省博物馆、密县文化馆：《河南密县莪沟北岗新石器时代遗址发掘简报》，《文物》1979年第5期。

③ 孔昭宸、刘长江、何德亮：《山东滕州市庄里西遗址植物遗存及其在环境考古学上的意义》，《考古》1999年第7期。

④ 赵志军：《浮选结果与分析》，《登封王城岗考古发现与研究（2002～2005）》，大象出版社，2007年。

⑤ 王树芝、王增林：《木炭碎块的研究》，《登封王城岗考古发现与研究（2002～2005）》，大象出版社，2007年。

⑥ 王树芝、方燕明、赵志军：《龙山时代的植被、古气候及植物利用——以河南瓦店遗址的木炭分析为例》，《第四纪研究》2012年第2期。

⑦ 王树芝、王增林、贾笑冰、梁中合：《山东聊城教场铺遗址出土炭化碎块的鉴定以及古代人类对木本植物利用的初步分析》，《新世纪的中国考古学——王仲殊先生八十华诞纪念论文集》，科学出版社，2005年。

⑧ 史树青：《谈“饮食考古”》，《考古与文物》1984年第6期。

⑨ 曹玮：《东周时期的赗赙制度》，《考古与文物》2002年第6期；（汉）郑玄注，（唐）陆德明音义：《周礼》，四部丛刊明翻宋岳氏本，第25页。

⑩ 曲泽洲、王永惠：《中国果树志·枣卷》，中国林业出版社，1993年。

刻。俗语云："枣木犁头硬如钢。"[①]。枣木木质比较密实，燃烧热值高，火力强，燃烧时间长，也是一种燧木[②]。

稠李为蔷薇科稠李属落叶乔木，核果近球形，黑紫红色，径约1厘米。稠李的果实药食同源，含有蛋白质和糖分等多种营养物质，果实酸甜可口，除了可以生食之外，还能制成果汁、果酱等。稠李的叶子入药后可以起到止咳化痰的作用，除此之外，还能够起到清虫的作用，把人体的寄生虫消灭掉。

五、结　　语

对2002年、2005～2007年陶寺发掘出土的25份、773块大于4毫米的木炭碎块进行鉴定，有25个木本树种（其中7个阔叶树种未鉴定），包括侧柏、油松、子京属、柳属、枣树、槭属的2个种、稠李、栎属的4个种、木瓜红属、灯台树、厚壳树属、榆属、朴属、黄栌属，另外有一种禾本科植物。在陶寺文化中期的宫殿区，古代先民利用最多的是侧柏，其次是栎木，再次是油松，而在陶寺文化晚期的普通工匠居住区，古代先民利用最多的是栎木。宫殿建筑用材是松柏。M2068炭化木棺或墓中炭棒是柏木。古代先民为了特殊目的去较远的地方砍伐认为优质、彰显地位的木材。栎木可适于制作屋架和农具，制作坑木、篱柱或薪柴，其果实也可以食用。陶寺遗址的先民可能采集稠李和枣作为食物，枣木也可能做工具和燃料，也曾使用黄栌木材作为烧窑的薪柴。

---

① 栾丰实、杨爱国：《山东省莒南县薛家窑村快轮制陶技术调查》，《东南文化》1991年第1期。

② （清）李光庭：《乡言解颐》卷四物部上，清道光刻本，第47页。

晋南新石器末期制陶黏土微量元素组成分析

王小娟

（山西大学）

古陶瓷的化学组成一般分为常量元素和微量元素。微量元素是指含量低于1%的元素，包括稀土元素。它们几乎不影响陶瓷的物理性质，但可以提供关于原料产地的信息①。考虑到微量元素对判断陶瓷产地信息的重要性，笔者将以往用激光剥蚀电感耦合等离子体发射光谱分析法（LA-ICP-OES）测量过的山西境内新石器陶片样品数据进行整理，以晋南新石器末期陶器为主要研究对象，对这些样品的微量元素含量进行综合分析。

一、实验样品

本文用来分析的ICP检测样品，主要包含临汾盆地、垣曲盆地和晋西地区三个区域，样品均为陶片②。陶片样品的种类有泥质陶也有夹砂陶，庙底沟二期和龙山时期以灰陶为主，少量黑皮陶，仰韶文化时期以红陶、褐陶为主。这些陶片样品均选自各遗址的典型单位，样品特征所体现出的文化分期相对明确。以日常用器为主，没有特殊器类，依据常量元素组成的分析，均属于普通易熔类黏土③。

---

① 陈铁梅：《科技考古学》，北京大学出版社，2008年，第160页。

② 临汾盆地和垣曲盆地的样品均取自山西省考古研究所南山库房，坪头遗址的样品取自忻州文物管理处。

③ 王小娟：《垣曲上亳遗址陶器研究》，山西大学硕士学位论文，2009年；王小娟、王晓毅：《山西襄汾陶寺遗址陶土成分分析》，《考古与文物》2013年第2期；王小娟、南普恒、郭银堂：《河曲坪头遗址龙山时期陶器及其制陶原料的化学成分分析》，《文物保护与考古科学》2015年第4期。

临汾盆地以陶寺遗址[①]为主，5个其他遗址[②]，126件样品；垣曲盆地以上亳遗址为主，另有2个其他遗址，115件样品[③]；晋西地区河曲坪头遗址26件样品[④]（表一）。

表一　ICP陶片检测样品数量统计表

临汾盆地	陶早	陶中	陶晚	庙二	仰中	合计
陶寺遗址	32	35	24			91
曲沃东许		1	5			6
翼城南石			6			6
洪洞侯村		4	6			10
侯马东呈王				5		5
翼城北橄					8	8
合计	32	40	41	5	8	126
垣曲盆地	龙山	庙二	仰晚	仰中	东周	合计
垣曲上亳	21	28	22	16	7	94
垣曲宁家坡		11				11
垣曲苗圃			6	4		10
合计	21	39	28	20	7	115
河曲坪头	26					26
总计						267

① 陶寺遗址样品选自2008年山西省考古研究所和中国社会科学院考古所山西工作队在陶寺遗址进行调查与试掘中相对年代较明确的灰坑、地层及调查点等。详见翟少东、王晓毅、高江涛：《山西陶寺遗址石制品及相关遗迹调查简报》，《考古学集刊（19）》，科学出版社，2013年。

② 临汾盆地其他5个遗址的考古发掘简报均已发表，样品的选择均出自典型单位。山西省考古研究所、曲沃县博物馆：《山西曲沃东许遗址调查、发掘报告》，《三晋考古（第二辑）》，山西人民出版社，1996年；山西省考古研究所：《山西翼城南石遗址调查、试掘报告》，《三晋考古（第二辑）》，山西人民出版社，1996年；山西省考古研究所、洪洞县博物馆：《洪洞侯村新石器时代遗址调查、试掘报告》，《三晋考古（第二辑）》，山西人民出版社，1996年；山西省考古研究所、山西大学历史系考古专业：《山西侯马东呈王新石器时代遗址》，《考古》1991年第2期；山西省考古研究所：《山西翼城北橄遗址发掘报告》，《文物季刊》1993年第4期。

③ 山西省考古研究所：《垣曲上亳》，科学出版社，2010年；薛新民、宋建忠：《山西垣曲县宁家坡遗址发掘纪要》，《华夏考古》2004年第2期；山西大学考古文博院、山西省考古研究所：《垣曲苗圃遗址发掘报告》，《而立集——山西大学考古专业成立30周年纪念文集》，科学出版社，2009年。

④ 山西大学历史文化学院考古系、山西省考古研究所、忻州市文物管理处：《山西河曲县坪头遗址新石器时代房址发掘简报》，《考古》2014年第10期。

已有的相关研究显示，同一遗址内不同陶质、不同时期、不同种类的日常生活用器的微量元素组成基本是相同的，均为本地生产①。笔者此文的目的在于探讨不同地理单元之间普通易熔类陶土原料产地是否存在差异，尤其是同属于晋南地区的北区临汾盆地和南区垣曲盆地之间的异同②，以及两者与相隔较远的晋西地区的差异。

二、实验仪器与分析方法

样品ICP测试在北京大学考古文博学院科技考古实验室完成。实验仪器由美国Leeman公司Prodigy型全谱直读发射光谱（ICP-OES）与美国New Wave公司UP266 Macro型Nd：YAG激光器（激光剥蚀进样系统）组成。

首先将美国国家标准局玻璃标准NIST610、Corning博物馆玻璃标准Corning-B与Corning-D共同上机测试，建立标准曲线（直线线性回归系数大于0.995）；之后测试样品，每个样品读数三次，求平均值。实验条件如下。

激光器：激发功率14MJ；能量输出100%；剥蚀直径515微米；氦气流量800ml/min。

ICP-OES：高频发生器功率1.1KW；雾化器压力25psi，拍照时间30s，每个样品读数三次。

样品所测部位为陶片的新断面，泥质陶因陶土细腻无夹杂物，用框选取测试范围，夹砂陶则以曲线方式选取，从而避开沙砾等夹杂物，因此，检测结果主要反映的是陶器中黏土的化学组成及其含量。

三、数据分析与讨论

此处用来分析的ICP检测样品，虽所用实验设备相同，但并不是同一批次测试的。临汾盆地和垣曲盆地的样品是2008年10月同一批次测量的，检测的微量元素有Cu、Co、Zn、Mn、Sr、Y、Ce、Yb、Sc、Gd、Dy、Zr等12个。坪头遗址的样品是在2011年11月进行测试的，检测的微量元素有P、Mn、Ba、Cu、Zn、Cr、Sr、Co、V、Eu、

① 王小娟：《垣曲上亳遗址陶器研究》，山西大学硕士学位论文，2009年；成小林、郝少康、戴向明等：《山西垣曲盆地新石器时代及早期青铜时代陶器的产地分析研究》，《中国历史文物》2009年第3期；王小娟、南普恒、郭银堂：《河曲坪头遗址龙山时期陶器及其制陶原料的化学成分分析》，《文物保护与考古科学》2015年第4期。

② 王小娟：《晋南地区新石器末期考古学文化》，《中原文物》2017年第2期。

Er、Nd、Sc、Ga、Dy、Li、B、Hf、Zr、Y等20个。两次测试结果中共有的元素有Cu、Co、Zn、Mn、Sr、Sc、Dy、Zr、Y等9个元素。各微量元素含量单位为μg/g。

对于区域内遗址间的比较分析，采用各自的测量元素，但对于3个区域之间的差异探讨，则选取共有的9个微量元素进行分析。

相对于常量元素含量的分析①，微量元素经降维处理后，采样适宜度KMO值以及各元素的反映像矩阵系数均大于0.5，满足进行主成分分析的条件。所以，此节的数据分析均运用多元统计分析软件SPSS18.0进行主成分分析。

主成分分析是因子分析的一种方法，其基本原理是利用降维（线性变换）的思想，在损失很少信息的前提下把多个指标转化为几个综合指标（主成分），即每个主成分都是原始变量的线性组合，且各个主成分之间互不相关，使得主成分比原始变量具有某些更优越的性能，从而达到简化系统结构，抓住问题实质的目的。该方法的应用目的主要为：数据的压缩和解释②。

（一）陶寺遗址三期陶片微量元素分析

1）91件样品，12个微量元素主成分分析。

KMO=0.602，降维后提取3个主成分，第一主成分解释的方差百分比是31.70%，第二主成分16.85%，第三主成分13.17%，前两个主成分能解释48.55%的总方差，三个主成分可解释61.72%的总方差。

分别利用第一、第二和第一、第三主成分做出二维散点图（图一，1、2），从中可以看出，样品L78离散较远，属于歧离点，应予排除。

2）去除L78之后，对90件样品，12个微量元素进行主成分分析。

KMO=0.58，MSA（反映像相关系数矩阵对角线上的元素）值小于0.5的有Y、Ce、Zr、Dy四个元素，表明其采样适宜度低，需删除这些元素，再进行降维分析。

3）去除L78和4个元素Y、Ce、Zr、Dy，对90件样品8个微量元素进行主成分分析。

KMO=0.743，所有元素的MSA均大于0.5，表明样本适合做主成分分析。

经降维处理后提取两个主成分，分别反映总体方差的39.40%和19.31%，两者共同解释58.71%的总方差。从散点图（图一，3）中可以看出早期和中、晚期之间是存在差

---

① 王小娟、何驽、戴向明：《晋南地区新石器末期制陶粘土原料EDXRF分析》，《中国国家博物馆馆刊》2020年第5期。

② 卢纹岱：《Spss for Windows统计分析（第3版）》，电子工业出版社，2006年，第477页；张文彤：《SPSS统计分析高级教程》，高等教育出版社，2004年，第213页；骆方、刘红云、黄崑：《SPSS数据统计与分析》，清华大学出版社，2011年，第152页。

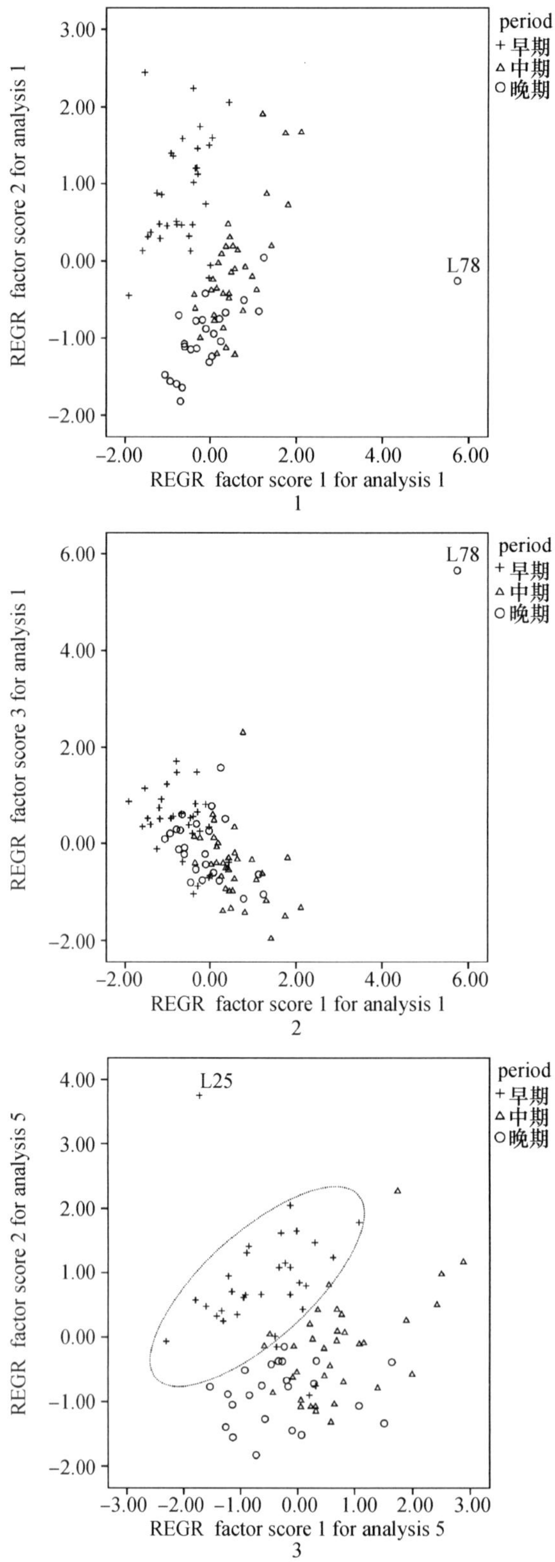

图一　陶寺遗址三期陶片微量元素主成分分析散点图

异的，中期和晚期样品交叉分布在一起，而早期样品则相对聚集于一侧。

主成分分析结果：SPSS共同度表可以看出共同度值高的前三个元素是Mn、Sc、Gd，分别为0.745、0.740、0.730，表明这三个元素在所进行的主成分分析中的作用较大。

从主成分矩阵表可以看出，第一主成分中Sc、Zn的负荷最大，分别为0.847、0.720；第二主成分中Mn、Gd的负荷较大，分别为0.863、–0.583。

通过共同度表和主成分矩阵表的分析，可以初步认为，Sc、Zn、Mn、Gd这四个元素是最有可能导致早期和中晚期样品产生差异的原因。以Sc为横坐标，分别与纵坐标Zn、Mn、Gd做出散点图（图二），从中可以直观地观察出，钆Gd是导致早期和中晚期样品差异的最主要元素，早期Gd含量主要小于40，而中晚期则均高于40。

对陶寺遗址90件陶片样品的钆Gd含量依据分期进行多元方差分析，满足样品方差齐性的前提（显著性为0.169），从表二结果可以看出，陶寺三期之间Gd含量存在明显差异，根据事后检验分析，可以明确，陶寺早期与中、晚期存在明显差异，陶寺中期与晚期之间没有差异。

表二　陶寺早、中、晚三期Gd含量一元方差分析表

期	N	均值	标准差	F	P
早期	32	31.76	6.71	174.165	0.000
中期	35	55.92	4.34		
晚期	23	53.93	6.00		

（二）临汾盆地不同遗址陶片微量元素含量分析

陶寺遗址样品除去L78，为90件，其他5个遗址样品量详见表一，总计125件样品。

首先对这125件样品的12个微量元素进行降维处理，采样适宜度KMO=0.606，但反映像矩阵取样足够度量MSA中Ce、Zr、Dy的值低于0.5，所以，排除这三个元素之后，再次进行主成分分析。KMO提升为0.685，但Y的MSA值为0.494。继续排除Y，对剩余的8个微量元素进行主成分分析，KMO=0.776，MSA值也均大于0.5，经降维处理后提取出两个主成分，分别反映总方差的42.90%和17.64%，二者可以解释总体方差的60.54%。

从提取的两个主成分后制作的散点图（图三，1）中可以看出，陶寺早期与陶寺中晚期以及其他遗址之间存在差异，陶寺早期的样品相对聚集于一侧。

从主成分分析结果的同度表和主成分矩阵表，可以提取出影响因素较大的元素有Gd、Sc、Mn、Cu。之后，以Gd作纵坐标，其他三类作横坐标分别制作出二维散点图，经观察分析，可以发现产生差异的最主要元素还是Gd，以含量40为界，可以明显

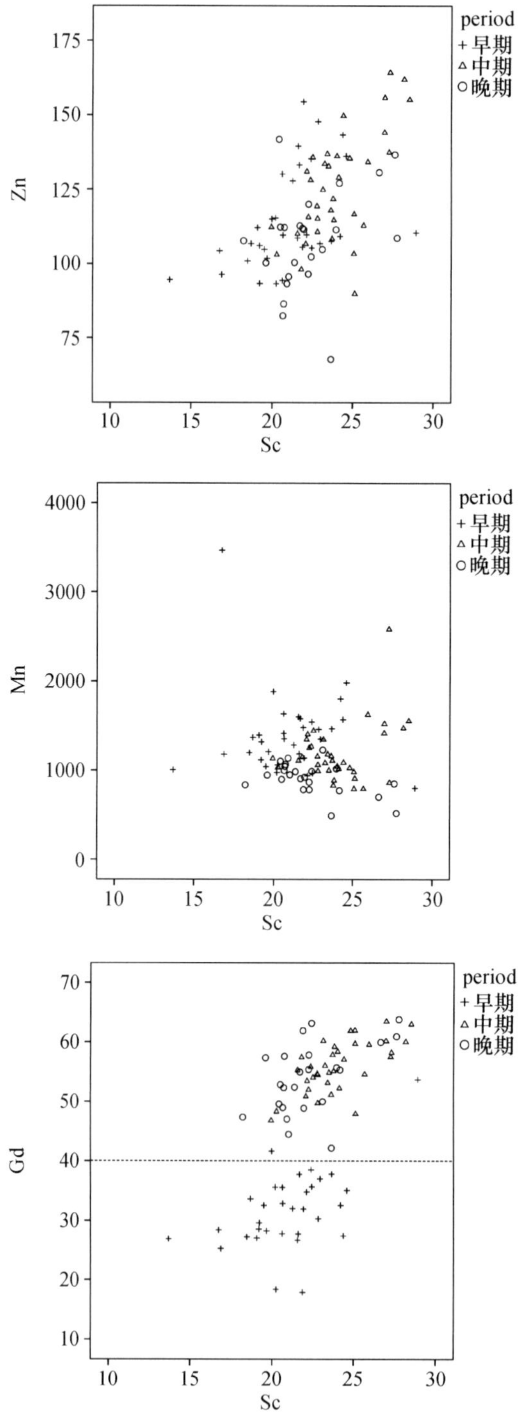

图二　陶寺遗址三期陶片贡献率较大的微量元素含量散点图

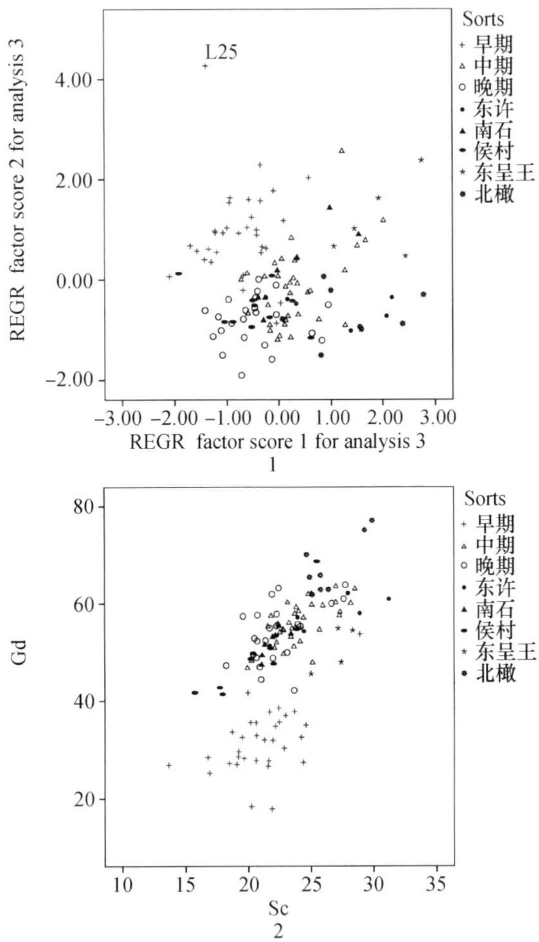

图三　临汾盆地不同遗址间陶片微量元素含量分析散点图

分成两组（图三，2）。这与上述对陶寺遗址微量元素的分析结果一致。

为了进一步观察陶寺中、晚期与其他遗址之间在微量元素方面是否存在细微差异，遂去除陶寺早期32件样品，对剩余的93件样品进行主成分分析。12个微量元素的主成分分析，MSA小于0.5的有两个元素Zy、Dy，去除这两个元素之后，对剩余的10个元素再次进行分析。KMO=0.749，MSA均大于0.5，经降维处理后得出3个主成分，分别解释总方差的42.40%、14.64%、11.16%，三者可解释68.20%的总方差。以第一主成分作横坐标，第二、三主成分作纵坐标，分别做出两个散点图（图四，1、2），均看不出差异来，即样品均相对集中交叉分布在一起。再以Sc和Gd作散点图，仍看不出差异（图四，3）。

所以，临汾盆地不同时期、不同遗址所用的陶土产地基本相同，但只有陶寺遗址早期的陶土比较独特，不同于陶寺遗址中、晚期，也不同于临汾盆地的其他遗址。

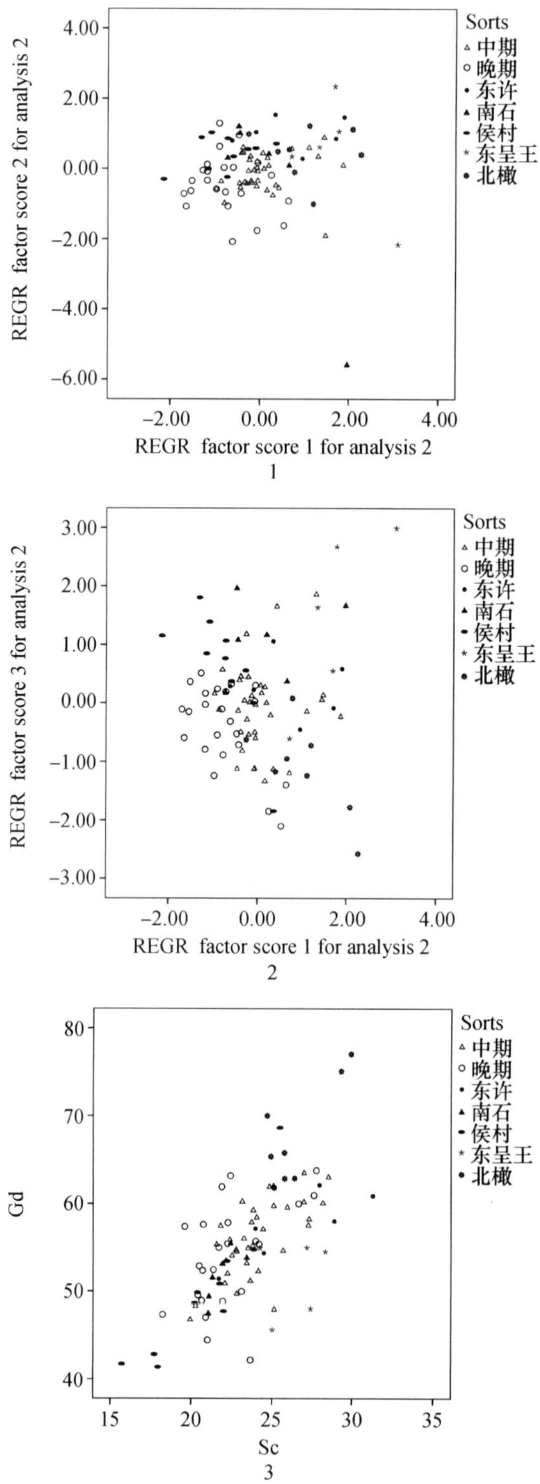

图四　临汾盆地除陶寺早期之外陶片微量元素含量分析散点图

（三）垣曲盆地陶片微量元素含量分析

垣曲盆地三个遗址的样品为115件，对12个微量元素进行主成分分析，KMO=0.572，但MSA小于0.5的元素有3个，分别为Mn、Co、Zr。去除这3个元素之后，对其余9个元素再进行主成分分析，KMO=0.629，各元素的MSA均大于0.5，降维后得出三个主成分，分别反映总方差的37.55%、18.29%、13.28%，总共解释69.12%的总方差。

以第一主成分为横坐标，第二、三主成分为纵坐标，分别制作出两个散点图（图五）。从中可以看出，除了极个别的样品离散略远外，这三个遗址的样品均集中交叉分布，表明垣曲盆地不同遗址的制陶黏土微量元素组成相同。

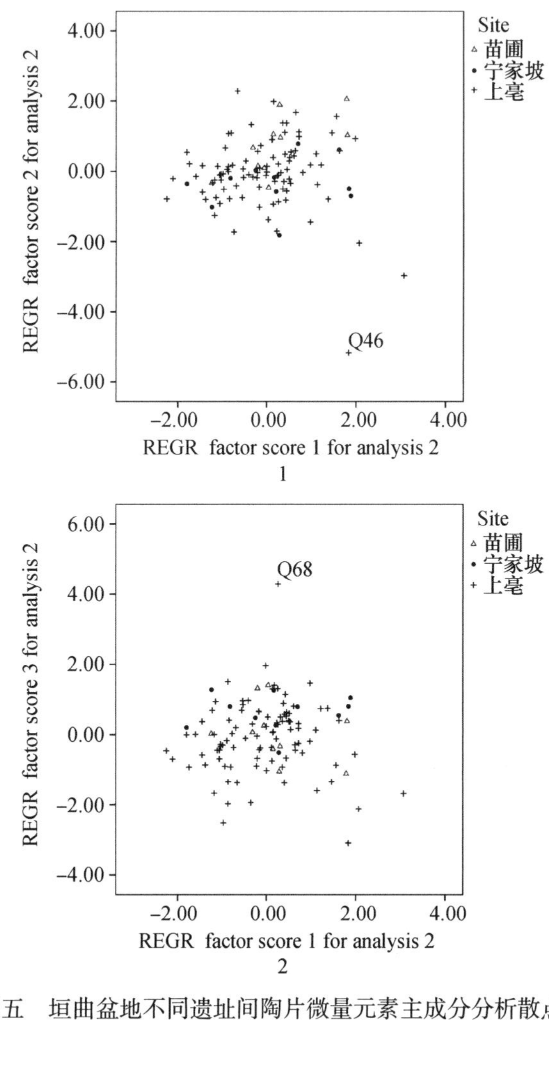

图五 垣曲盆地不同遗址间陶片微量元素主成分分析散点图

（四）临汾盆地与垣曲盆地陶片微量元素分析

临汾盆地125个、垣曲盆地115个，总计240个样品。

对12个微量元素进行主成分分析，KMO=0.583，MSA值小于0.5的元素是Y、Ce、Zr、Dy。去除这4个元素之后，对其余8个微量元素再进行主成分分析，KMO=0.726，MSA均大于0.5，经降维处理后提取两个主成分，分别解释总方差的38.44%和16.57%，总计55.01%。以这两个主成分为坐标做出散点图（图六），可以看出，陶寺早期样品相对集中，与其他样品分离开来，所以，除了陶寺早期样品较特殊之外，临汾盆地和垣曲盆地制陶黏土的微量元素没有明显差异。

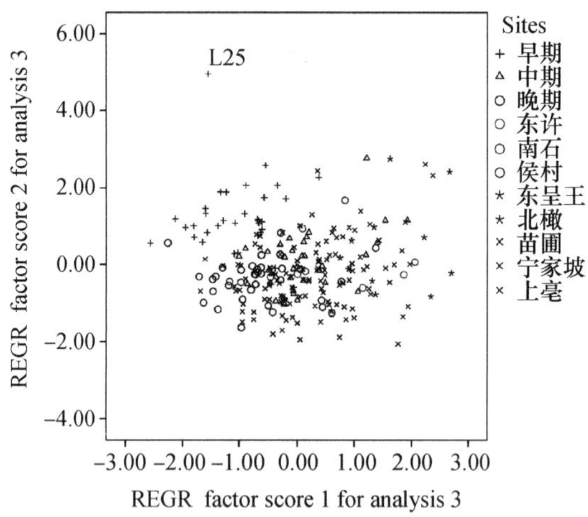

图六　临汾盆地与垣曲盆地陶片微量元素主成分分析散点图

（五）临汾盆地、垣曲盆地、晋西地区陶片微量元素含量分析

总计266件样品，其中，临汾盆地125件、垣曲盆地115件、忻州河曲坪头遗址26件。9个共有的微量元素Mn、Cu、Co、Sc、Sr、Zn、Dy、Zr、Y进行主成分分析。KMO=0.72，MSA除Co、Sr之外，其余元素均大于0.5。经降维后提取出3个主成分，分别解释总方差的39.18%、14.08%、12.24%，计65.50%。以第一主成分为横坐标，第二、三主成分为纵坐标分别做出二维散点图（图七），可以看出忻州坪头遗址明显区别于临汾盆地和垣曲盆地的样品而集中在一起，表明晋西地区与晋南地区的陶土产地不同。陶寺早期样品在一定程度上仍相对集中分布，但相对于忻州坪头遗址，则明显与晋南地区遗址样品更相近。

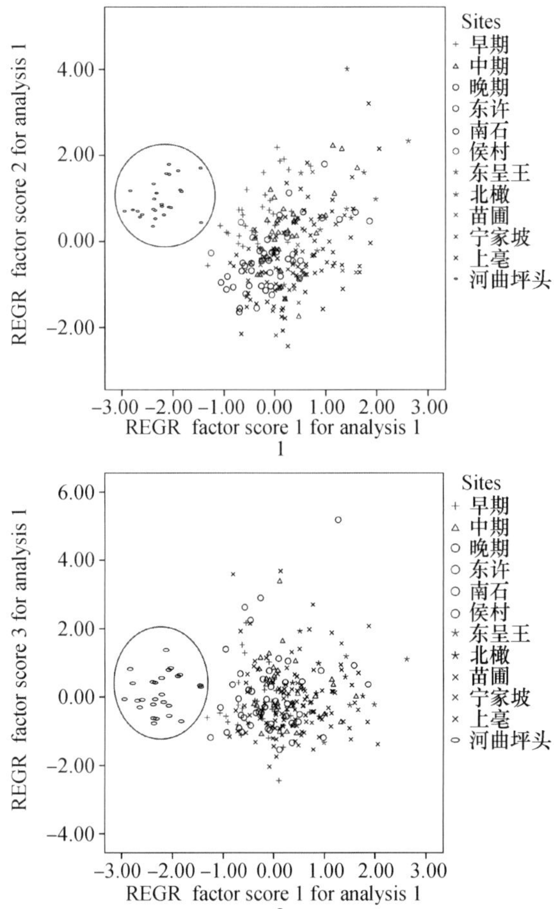

图七　三个区域不同遗址间陶片微量元素主成分分析散点图

四、结　　语

通过对山西境内三个地理单元内的10个新石器遗址出土的普通陶器样品微量元素含量的分析，可以得出一些初步的认识。

1. 陶寺文化早期制陶黏土的微量元素含量与中、晚期存在差异

陶寺遗址陶寺文化早期的制陶黏土的微量元素与中、晚期的差异，具体表现在元素钆（Gd）含量的不同。从陶寺遗址陶片Gd含量主体在60μg/g以内，陶寺文化早期Gd的均值是31.76μg/g，陶寺文化中期和晚期Gd均值都在50μg/g左右。虽然从直观数据上存在差异，但Gd作为微痕量元素，本身在陶土中的含量比例是百万分以内，含量微乎其微。此外，目前来看导致陶寺文化早期和中、晚期差异的微量元素分析中，只有Gd一个元素，其他微痕量元素差异并不明显。所以，目前还不足以说明陶寺文化早期和中晚期的黏土原料来源不同，具体原因还有待周边更多陶寺文化早期遗址出土陶片和有可能作为黏土原料土样的化学成分的检测分析。

至于Gd元素含量的差异，不排除陶寺文化早期与中、晚期气候环境的不同导致土壤成分中微痕量元素差异的可能性，该推断有待与当地土样成分做对比分析来进一步判断。

2. 晋南地区新石器陶土微量元素含量组成没有历时性变化

除了陶寺遗址陶寺文化早期陶片样品微量元素组成较特殊外，临汾盆地其他5个遗址和垣曲盆地3个遗址中包含有仰韶中期、仰韶晚期、庙底沟二期、陶寺文化中、晚期或者龙山时期的陶器微量元素组成基本相同。考虑到古代陶器生产一般采用就近取材的原则，也即通常为当地生产，这就说明了临汾盆地和垣曲盆地新石器时代先民所采用的制陶黏土原料从微量元素组成方面仍然无法判断具体的产地，原因应该与二者的地理位置相近，而且地理环境也基本相同有关。

3. 晋南地区与晋西地区新石器陶土微量元素含量存在明显差异

地理位置较远的晋西高原坪头遗址的制陶黏土微量元素组成不同于晋南地区的临汾盆地和垣曲盆地，这在一定程度上说明了用微量元素组成推断陶器产地的方法，可能不适用于地理位置相近或地理环境相近的区域，比较适合地理位置相距较远或者明显属于不同地理环境的区域。因为在同一地理单元或者地理位置相近的不同地理小单元的古土壤和沉积土的化学组成并没有太大差异，相应地，陶工所选用的黏土原料的化学组成自然也不会有太大差异。

所以，要想借用黏土原料中微量元素组成可提供产地信息的原理来探讨文化交流的相关问题，主要适用于对地理位置相隔较远，同时也属于不同的考古学文化的区域，或者地理环境相差较大的游牧民族所在区域[①]。

但是，要想从陶器技术的角度对区域之间的文化互动交流进行探讨，前提条件是在对单个考古学文化或者每个地理单元内的陶器技术特征有了明确认识的基础上，才能做区域之间的对比研究。同理，要想通过陶器原料，比如常量元素可反映原料种类，微量元素反映产地信息，掺合料种类和粒径的变化等，均需要先有每个区域或每个考古学文化的典型陶器样品的检测分析数据所组成的数据库，才能在此基础上，进一步对明显受到外来文化影响的特殊器物的产地做具体的探讨。

---

① 申静怡：《东天山地区青铜至早期铁器时代遗址陶器制作工艺与产地的相关研究》，西北大学硕士学位论文，2012年。

对陶寺观象台春秋分日出偏离观测缝的解释*

武家璧

（北京师范大学历史学院）

一、问题的提出

2000年春至2003年冬，中国社会科学院考古研究所在山西省襄汾县新石器时代晚期陶寺城址的考古过程中，在陶寺文化中期城址的城墙边上探明一座半圆形大型夯土基址，年代距今约4100年，建筑总面积1400余平方米。初步发掘清理600多平方米夯土基址，发现有三道圆弧状夯土挡土墙，外层的两道构成二层台护坡，里边一层包含由11个夯土台柱组成的弧段，形成10道间隔大致相等的狭缝[①]。2003年冬至，考古工作者站在中心圆心点上，从一条狭缝中恰好看到太阳从对面崇山山头上升起[②]。这条狭缝编号为东2号观测缝（E2），是一年中日出方位的最南点。后来又在外一侧发现第12和第13个夯土柱，两柱之间是夏至日出观测缝，中心观测点也被考古发现并准确定位[③]。2003～2005年考古队持续进行了两年的模拟观测，证实这处大型建筑基址具有观象授

---

* 基金项目：中央高校基本科研业务费专项资金资助（supported by “the Fundamental Research Funds for the Central Universities”），编号：310422128。

① 中国社会科学院考古研究所山西队、山西省考古研究所、临汾市文物局：《山西襄汾陶寺城址祭祀区大型建筑基址2003年发掘简报》，《考古》2004年第7期。

② 武家璧、何驽：《陶寺大型建筑ⅡFJT1的天文学年代》，《中国社会科学院古代文明研究中心通讯》2004年第8期。

③ 何驽：《2004～2005年山西襄汾陶寺遗址发掘新进展》，《中国社会科学院古代文明研究中心通讯》2005年第10期；何驽：《陶寺中期小城内大型建筑ⅡFJT1发掘心路历程杂谈》，《新世纪的中国考古学——王仲殊先生八十华诞纪念论文集》，科学出版社，2005年；中国社会科学院考古研究所山西队、山西省考古研究所、临汾市文物局：《山西襄汾陶寺中期城址大型建筑ⅡFJT1基址2004～2005年发掘简报》，《考古》2007年第4期。

时的功能[①]。至此陶寺古观象台的考古发现基本完成。

在模拟日出观测的过程中，曾经发现冬至和夏至日出偏离观测缝中线约0.5°，天文学者解释说这是由于黄赤交角古大今小引起的。因现代的黄赤交角已经变小约0.5°，故今冬至日出比陶寺观测缝向北偏0.5°，今夏至日出向南偏0.5°，偏离现象得到了很好的科学解释。然而模拟观测到春秋分观测缝中的日出在春分前2天、秋分后2天，这一偏离现象并未引起人们的注意。笔者曾经在2005年举行的讨论陶寺城址天文观测遗迹功能的学术论证会上提出这一问题[②]，10多年过去了，至今尚未给出合理的解释。特撰此文，以资讨论。

二、测量数据

陶寺观象台是一个将人类工程与自然背景融为一体的景观建筑，它以背景山峰为巨大的照准器，来标定冬夏至和春秋分的日出方位，以实现观象授时的功能。为了更准确明晰地判断节气的到来，陶寺人在城墙边上兴建了这座观象台，把日出山头的标志性位置定格在观测缝中。这种对应关系，在二分二至观测缝中看得十分明显（图一）。

考古队聘请专业科技公司测量了每一观测缝的方位角以及缝中所见背景山的高度角等数据，为了研究问题，我们将冬至、夏至和春秋分观测缝的测量数据列如下表（表一）。

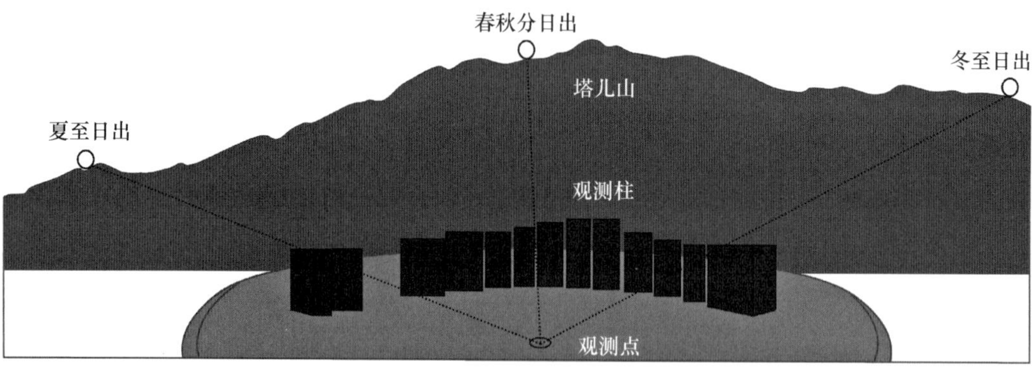

图一　陶寺观象台与背景山关系示意图

（背景山与观测缝的对应关系，在分至日出方位上十分明显）

① 何驽：《陶寺中期小城大型建筑基址ⅡFJT1实地模拟观测报告》，《古代文明研究通讯》2006年第29期；何驽：《陶寺中期观象台实地模拟观测资料初步分析》，《古代文明（第6卷）》，文物出版社，2007年。

② 江晓原、陈晓中、伊世同等：《山西襄汾陶寺城址天文观测遗迹功能讨论》，《考古》2006年第11期。

表一　陶寺观象台分至观测缝数据

节气	观测缝	方位/（°）	高度/（°）	视宽/（°）	二至间中线
夏至	E12	60.349	1.267	1.42	
春秋分	E7	94.464	4.266	0.76	92.7°
冬至	E2	125.046	5.809	1.23	

有关夯土台柱与观测缝的平面分布以及二分二至观测缝的关系，如图二所示。

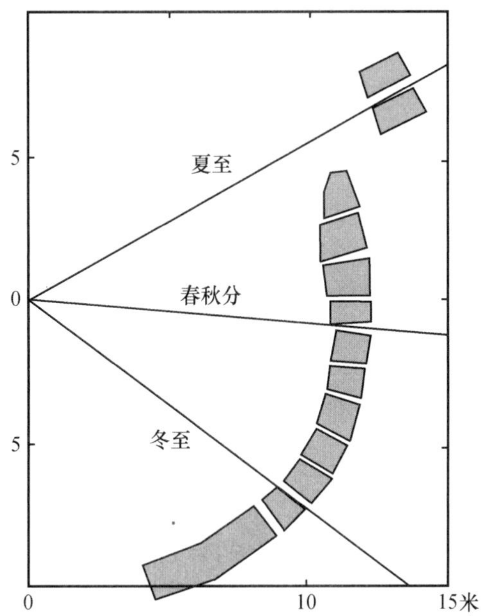

图二　陶寺观象台日出观测缝平面图
（春秋分观测缝，并不在冬、夏至观测缝的标准中线上）

观察数据及平面图，我们很容易发现春秋分观测缝只有一条，而且并不在冬至、夏至观测缝的标准中线上。冬至观测缝与夏至观测缝的标准中线约为92.7°，而实测春秋分观测缝方位是94.5°，两者相差约1.8°。

三、观测事实

日出入地平的方位，与太阳在黄道上的位置密切相关。太阳每年在黄道上运行一周，每天又沿着赤纬圈东升西落运转一周，这是地球公转和自转的反映。太阳的周年视运动和周日视运动相结合，就产生了日出入方位的周期性。如图三所示，人站在大地中央观看太阳在地平和天球上的运动：黄道与赤道相交，交角为23.5°，春分

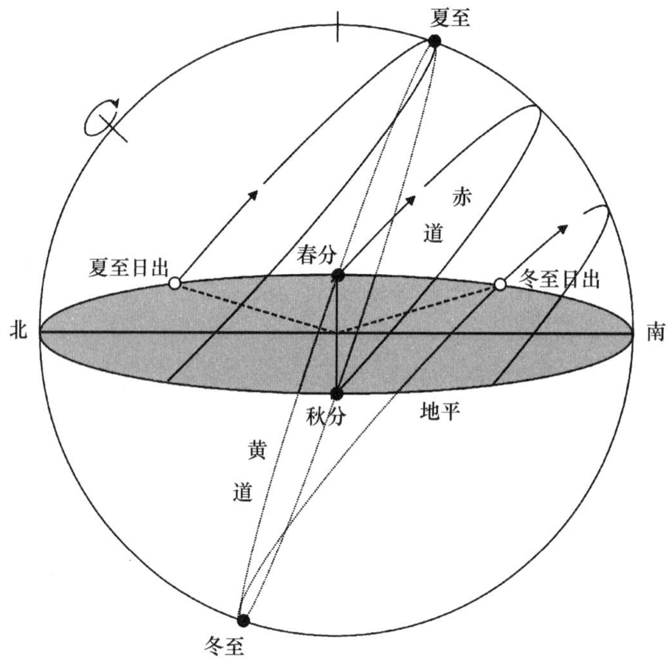

图三　太阳的黄道位置与日出方位示意图
（实心圆点表示太阳的黄道位置，空心圆点表示日出位置）

和秋分时，太阳位于黄赤交点上，春分点是升交点，秋分点是降交点，周日运动沿着赤道进行，太阳在正东方升出地面，在正西方没入地面，正午时的太阳高度适中。一年之中，太阳只有在这两天才达到赤道并沿赤道圈升降和出入地平，也只有这两天从正东西向日出、日落，昼弧和夜弧长度相等，昼夜平分，故此叫春分和秋分。夏至和冬至时，太阳分别到达天顶的最高和最低位置，与赤道的距离最大，称为黄赤大距（23.5°）。夏至正午时太阳位置最高，沿北纬23.5°赤纬圈升降，日出入方位到达最北点，白昼弧最长。冬至时，太阳位置最低，沿南纬23.5°赤纬圈升降，日出入方位到达最南点，白昼弧最短。

根据上述原理，日出入方位与昼夜长短一样，也是划分季节的客观依据。测定昼夜长短需要借助漏刻等测时仪器，而观测日出入方位比较简单容易，仅凭借在同一地点多次观看和标记日出方向，就足以建立一套观象授时的体系。当经验形成后，可以物化为自然景观，也可以兴建人工建筑，将所有特定的日出（入）方向予以照准。

如同春秋分节气点平分昼夜长短一样，春秋分的日出方向线也平分冬夏至日出方向线之间的夹角。但这一结论只有当地平面是平坦的时候才能成立。陶寺城址的东面是塔尔山，观象台位于东北城墙外、朝向塔尔山的一个倒栽坡上，塔尔山最高处在E5缝中（方位106°、高度7.2°），地平面隐没在巨大的山体下。这就使得陶寺观象台不可能利用二至日出方向的标准中线，来得到春秋分节气。

上文的测量数据表明春秋分观测缝的方向为94.5°，相比二至日出方向的标准中线（92.7°），向南偏离了1.8°。这一偏离现象，在日出模拟观测中得到进一步证实。我们将2005年连续观测的相关数据列如下表（表二）。

表二　春秋分前后的日出观测（2005年）

观测日期	日出狭缝	备 注
3月8日	E6号缝	
3月18日	E7号缝	春分前2天
3月28日	E8号缝	
9月14日	E8号缝	
9月25日	E7号缝	秋分后2天
10月6日	E6号缝	

观测显示陶寺人把E7号缝作为春秋分的观测缝。如果观测缝没有偏离，我们将看到在今《农历》的定春分（3月20日）和定秋分（9月23日）日期，太阳将在E7号缝中从塔尔山上升起。由于观测缝向南偏离，使得在E7号缝中出现的日出，比春分提前2天，比秋分推迟2天。这一观测事实可以图示如下（图四）。

春分前后，日出方位由南向北变小，与之相反秋分前后日出方位由北向南变大，其位移以春秋分日出方向为准线，往来对称。因此相对于陶寺春秋分的同一条观测缝，定春分和定秋分的日出方向也在同一条直线上。陶寺春秋分观测缝，相对于定春秋分日出准线有1.8°的向南偏离，这种偏离是怎样产生的？它能说明什么问题？它与传统历法有何关系？这是下面要讨论的问题。

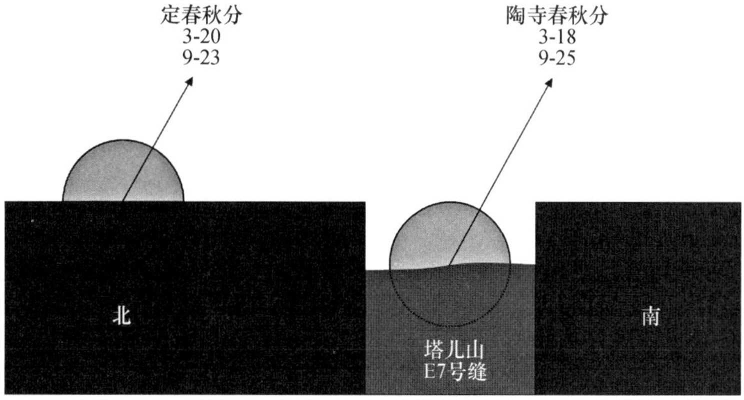

图四　陶寺春秋分观测缝日出示意图

（春分前2天、秋分后2天，日出在观测缝中）

四、传统历法中定气对平气的偏离

传统历法中的二十四节气，最早的完整记录见于战国末年的《吕氏春秋·十二纪》，《淮南子·天文训》记载它是平均长度相等的节气，后世称为平气。这相当于认定太阳的视运动速度是均匀相等的。东汉末年刘洪《乾象历》发现“日行迟速”现象，北齐张子信也发现了这一现象。隋刘焯《皇极历》提出以太阳的黄道位置（日躔）来平分二十四节气，由于日行有迟疾，每个节气的黄道度数虽然相等，但时间长度并不相等，称为定气。自刘焯以后历法皆用定气来计算日月躔离和交食等，但依然用平气来注明二十四节气，直至清朝《时宪历》才采用定气注历。

太阳的实际运动相对于平均运动存在偏离，太阳中心位置的实行度超过平行度称为盈分，落后于平行度称为缩分，这里“盈缩分”是单位时间内加快或减慢的距离，代表太阳视运动的加（减）速度。将“盈缩分”累积起来，称为“盈缩积”，又叫日躔差，现代天文学称为太阳中心差。以唐代僧一行《大衍历》的日躔表为例，如图五所示，在冬夏至有盈缩分（速度）的极值，在春秋分有日躔差（中心差）的极值。

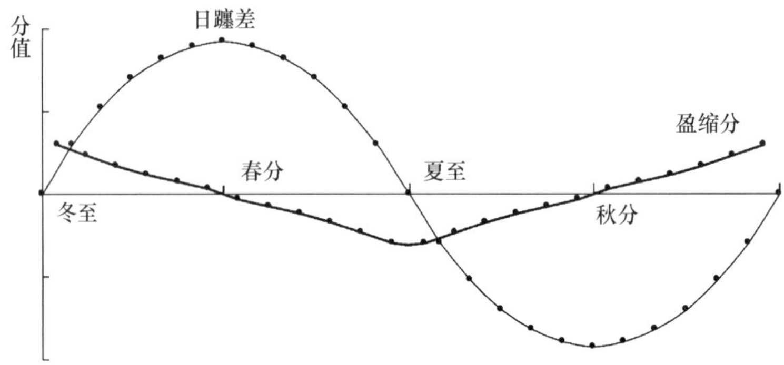

图五　《大衍历》的盈缩分与日躔差

（日躔差是盈缩分的积分，盈缩分是单位时间内的日躔差。在冬、夏至有盈缩分的极值，在春、秋分有日躔差的极值）

日躔差（中心差）的极值俗称“盈缩大分”，是非常重要的历法参数，是定气对平气的最大偏离值。《大衍历》日缠表中最大的盈缩积在春分时，有7366分，除日法3040，得其盈缩大分为

7366/3040=2.423度（化为360°制=2°23′.29）

此值偏大且与古希腊依巴谷所测日行盈缩大分2°23′极为接近，因而有学者推测一行或

有可能受到依巴谷的影响①。

中唐曹士蔿《符天历》提出一个日躔差算式，即太阳实行度（V）与平行度（M）之间的关系式②：

$$V-M=(182-M)M\div 3300$$

边冈《崇玄历》对这一公式进行高度概括曰："令半交度先相减、后相乘，三千四百三十五除，为度（$V-M$）。"半交度即交点月的半周长（a），边冈取$a=181.8682$，除数$k=3435$，据此列出下式③：

$$V-M=(181.8682-M)M\div 3435$$

后人按边冈的总结把这一方法叫作"相减相乘"法，即二次函数公式。我们可以将其代数化：令$y=k(V-M)$，于是有

$$y=(a-M)M$$

这是一个单纯的"相减相乘"式，因y是日躔差的放大倍数，故可反映日躔差的变化趋势。

二次函数式在几何上表示抛物线，抛物线的顶点就是其极值。为求日躔差的极值，可将上述代数函数转化为几何图像，"半交度"可表示为和数：$(a-M)+M=a$，该两数和是一个常数；k倍日躔差是一个积数：$y=(a-M)\times M$，可表示为两边相乘的矩形面积。于是日躔差的极值问题可表述为：周长相等时，矩形面积以正方形为最大，这是"等周问题"的一个特例，即当$(a-M)=M$，$M=a/2$时，日躔差有极值：

$$(V-M)_{极}=a^2\div 4k$$

由上式可算得曹士蔿的盈缩大分为

$$(V-M)_{极}=182^2\div(4\times 3300)=2.509度(2°.473)$$

边冈的盈缩大分为

$$(V-M)_{极}=181.8682^2\div(4\times 3435)=2.407度(2°.373)$$

此后中国的中心差算法由表格插值法进入公式计算的新时代，历家主要在半交周（a）和除数（k）等参数上略加调整而已，所得盈缩大分（$2e$值）均为2°多，与理论值的误差在24′.4～30′.1，最佳值出自北宋周琮的《明天历》（1064年）和皇居卿的《观天历》（1092年），盈缩大分均为2°.3655，与理论值仅差24′.4④。

---

① 陈美东：《中国科学技术史·天文学卷》，科学出版社，2003年，第379页。

② 〔日〕中山茂：《符天历の天文学史的位置》，《科学史研究》，1964年（71）；〔日〕薮内清著，柯士仁译：《关于唐曹士蔿的符天历》，《科学史译丛》1983年第1期；陈美东：《古历新探》，辽宁教育出版社，1995年，第332页。

③ 陈美东：《古历新探》，辽宁教育出版社，1995年，第346页、414页。

④ 陈美东：《古历新探》，辽宁教育出版社，1995年，第344、345页。

至元初王恂、郭守敬的《授时历》创立平、立、定三次“招差术”，创新中心差算法。三差术基于以下观测事实：太阳在第1象限（盈初限：冬至—春分）和第4象限（缩末限：秋分—冬至）运行快，各需88.909225日；在第2象限（盈末限：春分—夏至）和第3象限（缩初限：夏至—秋分）运行慢，各需93.712025日。因此盈缩大分（盈缩极差）为

$$(93.712025-88.909225)\div 2=2.4014\text{度}(2^\circ.3669)$$

《元史·历志》卷五十四《授时历经上·求盈缩差》载三差术曰：

> 其盈初缩末者，置立三十一……加平差二万四千六百……减定差五百一十三万三千二百……满亿为度。
>
> 缩初盈末者，置立差二十七……加平差二万二千一百……减定差四百八十七万六百……满亿为度。

其中定差、平差、立差分别指一次项、二次项、三次项的系数，据此可以写出公式：

$$10^8(V-M)=31M^3+24600M^2-5133200M\text{（第1、4象限）}$$

$$10^8(V-M)=27M^3+22100M^2-4870600M\text{（第2、3象限）}$$

将M=88.91代入上式、M=93.71代入下式，均得到盈缩极差：$(V-M)_{极}$=2.4度（2°.3656）。

由此可知其平、立、定三差的系数，是由赢缩大分（2.4度）决定的，这是一个实测数据。《元史·历志一》卷五十二《授时历议上·日行盈缩》载曰

> 当春分前三日，交在赤道……当秋分后三日，交在赤道……
>
> 盈初缩末，俱八十八日九十一分而行一象；缩初盈末，俱九十三日七十一分而行一象。
>
> 盈缩极差，皆二度四十分。由实测晷景而得，仍以算术推考，与所测允合。

至此，运用中国古代理论，解释了在春分前三日、秋分后三日，太阳才真正到达黄赤交点上。清朝《时宪历》以前颁行的历法都用平气，平春分、平秋分时太阳并不在黄赤交点上；而定春分、定秋分时太阳必在黄赤交点上。太阳走过赢缩大分2.4°在时间上需要两天多，才能由定气的春分到达平气的春分，或者由平气的秋分到达定气的秋分。依据《授时历》数据，假设在冬至日出方向和夏至日出方向之间选择中分线作为春秋分的日出观测缝，其日出之时就相当于历法的平气，必然在平春分前三天看到

观测缝日出，而在平秋分后三天看到观测缝日出。

元赵友钦《革象新书》曾提出用单表测“地中”（大地中央）的方法[①]，其中利用定气春秋分日影以测“正南北”（过地中的南北向），其术云：

> 于春分前二日或秋分后二日，日正当赤道之际，于卯酉中刻，视其表景，画地以定东西准绳。若卯酉两景相直而不偏，平衡成一字，则南北正中矣。两景或曲而向南，则其地偏南；或曲而向北，则其地向北矣。

太阳只有位于黄赤交点上，才可能在日出入地平时交于正东西（卯酉）向（图六）。赵友钦的测“地中”法，在地平盖天说的假设前提下是正确的，但与事实不符[②]。《授时历》取盈数，认为太阳在春秋分前后三日至赤道；赵友钦取约数，认为太阳在春秋分前后二日至赤道。谁的观点更接近事实呢?

中国古代的日躔差，是太阳实际行度与平均行度之间的差值，相当于现代天文学中的真近点角（V）与平近点角（M）之差。如图六所示：真太阳实际在椭圆轨道上运行，地球位于椭圆的焦点上，日地连线扫过的略面积扇形的夹角（V）就是真近点角；作辅助圆，其圆心与椭圆的圆心（O）重合，使假想的平太阳在圆上匀速运行，平太阳与圆心连线扫过的略面积扇形的夹角（M）就是平近点角。这时辅助圆上的扇形与椭圆上的扇形面积之比，等同于椭圆半长轴与半短轴的比。

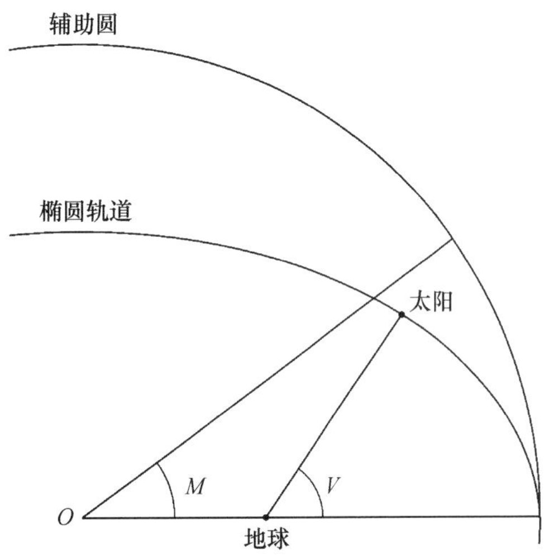

图六　平近点角（M）与真近点角（V）示意图
（辅助圆上的扇形与椭圆上的扇形面积比，等于椭圆半长轴与半短轴的比）

根据现代天文学理论，真近点角（V）与平近点角（M）之间，有如下关系[③]：

$$V=M+2e\sin M+\frac{5}{4}e^2\sin 2M+\cdots\cdots$$

这是开普勒定理关于真近点角的三角函数展开式，其高阶项是无穷小量，一般取到二

① （元）赵友钦：《革象新书》卷二《天地正中》，《续金华丛书》本。

② 关增建：《中国天文学史上的地中概念》，《自然科学史研究》2000年第3期。

③ 〔法〕A. 丹容著，李珩译：《球面天文学和天体力学引论》，科学出版社，1980年，第186页；陈美东：《古历新探》，辽宁教育出版社，1995年，第322～331页。

次项就足够了。式中e为黄道偏心率，等于椭圆半焦距与半长轴的比。

立刻观察到，当M= 90°时，日躔差（$V-M$）有最大值，且

$$(V-M)_{极}=2e$$

此即中国古代的“盈缩大分”。古希腊托勒密将$2e$值定为143′（约合中国古度2.42度），也许是从喜帕卡斯（又译“伊巴谷”）那里得来，哥白尼求得更确切的数值为111′（1.85°）[①]。

由此我们明白了日缠差“盈缩大分”的物理意义，即太阳视运动轨道偏心率的两倍值。它是一个随时间变化的量，有公式[②]：

$$e=0.01670862-0.00004204\,T-0.000000124\,T^2$$

式中T是从标准历元（J2000.0）算起的儒略世纪数。据此算得4000年以来的$2e$值（盈缩大分），约在1.7°～1.9°变化。中国古代历法的$2e$值都超过2°，普遍偏高。

我国现行的《农历》是清朝《时宪历》的延续，采用定气注历，现代$2e$值为1.9°，相当于日行两天的时间，因此现代定春分在平春分的前两天，而定秋分在平秋分的后两天。在古代这是平气和定气之间的最大差值。定春秋分的日出方向，与平春秋分的日出方向，在地平圈上保持约两天位移的地平经差。

五、问题讨论

陶寺观象台春秋分观测缝对定春秋分日出方位的偏离，与传统历法中平气对定气的偏离，在本质上是相同的。理想的状况都是要找到真正平分昼夜的那一天作为定春秋分，就是以太阳位于升交点的那天为春分，位于降交点的那天为秋分。如果太阳的视运动是匀速的，那么昼夜平分的那一天必定可见太阳从正东方升起、正西方落入地平面。然而太阳运动的不均匀性使得昼夜平分与日出入正东西发生了偏离，于是制定历法可以采用两种标准，一种以昼夜漏刻为标准，一种以日出（入）方位为标准，传统历法属于前者；陶寺地平历属于后者。

陶寺地平历无法找到真正平分昼夜的那一天作为春秋分，这是由于它的地平历性质决定的。隋唐以后的传统历法，能够计算定气时日，却仍然采用平气注历。在日出方位上，陶寺地平历的春秋分，向南偏离定春秋分2天；传统历法的春秋分，向北偏离定春秋分2天，如图七所示。

事实表明陶寺古历与传统历法相对定气的误差，具有相同的精度，最大误差均在

---

① 〔法〕A. 丹容著，李珩译：《球面天文学和天体力学引论》，科学出版社，1980年，第62页。

② 中国科学院紫金山天文台：《2000年中国天文年历》，科学出版社，1999年，第503页。

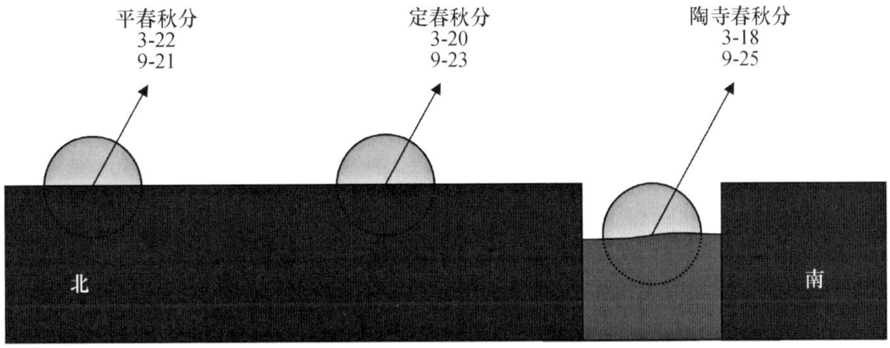

图七　陶寺春秋分日出与定气、平气的比较

两天左右，不超过三天。这就表明陶寺观象台春秋分观测缝的定位，并非随意所为，而是具有更深层次的原因。我们认为其根本原因就是地平历本身。

陶寺观象台能够测得真冬至和真夏至的日出方位，但不能测得定春秋分的日出方位。冬、夏至日出准线的中分线约92°，这是由于塔尔山遮挡了地平线上的日出造成的，如果没有塔尔山，二至准线的中分线必在90°。为什么陶寺人不利用92°方位制成春秋分观测缝，而要另求他值呢？因为当二至准线确定之后，这个92°中分线却不再受山高的影响，无论中分线所在的山有多高，都不能改变92°是中分线这一事实。然而山高对日出方位的影响非常明显，这就使得92°中分线对观测背景山上的日出失去了意义。必须寻找适当的位置来标定春秋分的日出方向，陶寺人找到的方位约为94°。

定春秋分是真正平分昼夜的那一天，由于太阳在近地点附近运行速度较快，从冬至0°到春分90°走完第一象限实际上只用了约88天，按平均速度计算我们记为太阳平位置M=88°，真位置V=90°，得到太阳的平位置与真位置相差约2°（取$2e\approx 2°$），即$V-M=2e$。由于涉及计算的角度较小（2°左右），下面我们忽略黄道坐标与地平坐标的差异，即认为盈缩大分对应的黄道宿度（$V-M$）与地平经差（$A_{\varDelta}$）近似相等，并略除相关数据的尾数进行估算，这样方便定性地讨论问题。

六、证明与结论

当地平线平坦时90°被认为是平春秋分日出位置，因塔尔山遮挡92°被陶寺人看作平春秋分日出位置。平气不是真正平分昼夜的那一天，经验告诉人们春秋分的太阳真位置比平位置要大约2°（即$V-M\approx 2°$）。同样采用平气注历，历法上有两种选择：求平太阳的真位置或者求真太阳的平位置，传统历法属于前者，陶寺地平历属于后者。举例证明如下：

1）求平太阳的真位置。例如，春分时有盈分大值，可利用$(V-M)_{极}=2e\ (\approx 2°)$

来估算春分平太阳与真太阳的位置。方位角（A）从北往南度量，近点角（M和V）从南往北度量，在90°时重合（陶寺受山高影响在约92°时重合），于是有：

平太阳M=90°，A=90°，对应于真太阳V=92°，A=88°；

当真太阳V=90°时，对应于平太阳M=88°，A=92°，即太阳约在88天内走过第一象限90°。

这就是隋唐至明代传统历法的安排。以平气注历，可知太阳位置如赵友钦《革象新书》所言："春分（平气A=90°）前二日（定气A=92°），日正当赤道（真位置V=90°）。"同理可证：秋分（平气）后二日（定气），日正当赤道（V=90°）。

2）求真太阳的平位置。一般情况下东方地平面无障碍物，那么春分时真太阳（V=90°、A=90°），对应平位置（A=92°、M=88°）。相对于陶寺有背景山的情况而言，真太阳V=92°，对应平位置M=90°，把平位置换算成日出方位，就是平气观测缝的位置。

陶寺地平历只能求得太阳的平均位置，确定这个平均位置的参照标准就是二至准线的92°中分线。假设定春分时，真太阳在中分线上（V=92°），那么平太阳必在此线之南（M=90°）。方位角（A）从北往南度量，近点角（M）从南往北度量，在塔尔山顶上以92°为参照标准（方位角、近点角重合），那么近点角90°（M），在92°往南减小2°，相当于方位角（A）从92°往南增加2°，即A=94°，这时的真太阳（V）在92°方位上。因此，对陶寺地平历的春分而言

真太阳的位置是：A=92°，V=92°，（相当于无障碍地平A=90°，V=90°）

平太阳的位置是：A=94°，M=90°。

近点角的减小与方位角的增加是同步进行的，减小与增加的幅度较小（$\approx 2e$），故我们认为近似相等，从而讨论了问题的性质，并得到基本结论。在陶寺人看来，太阳出现在春分的平均位置（M=90°）时，它的日出方位在94°。陶寺地平历的节气虽然不能等同于后世的二十四节气，但它不是定气而是平气的性质是可以肯定的。因此春分平太阳的方位角A=94°，就是陶寺观象台春秋分观测缝的必然选择。

总之，陶寺观象台制定的地平历，与秦汉以后包含二十四节气的阴阳合历，不属于同一个体系，但它们关于太阳平位置与真位置的误差，保持在大致相同的水平。地平历在中国文明起源和早期发展史上占有重要地位，这是值得我们认真思考和深入研究的。

陶寺玉钺8字形孔制作技术及含义管窥

邓　聪

（山东大学历史文化学院）

一、引　　言

2018年是陶寺遗址考古发掘40周年。是年9月由中国社会科学院考古研究所、中国考古学会、山西省文物局等主办，于山西临汾举行“早期都邑文明的发现研究与保护传承暨陶寺四十年发掘与研究国际论坛”。笔者有幸蒙何驽先生邀请参加此次盛会，亲临陶寺遗址现场，目睹近年发掘的最新成果。

会议期间，笔者曾就《陶寺遗址出土玉器钻孔初探》为题发表，从玉器穿孔技术透视陶寺文化在早期文明社会的新时代中，扮演着文化汇聚四方的角色。会议期间笔者所提交论文摘要指出：陶寺遗址出玉琮、璧、联璧、钺、箍形器及玉兽面存在着多姿多彩的旋转运动钻孔技术，其中包括正圆大孔、圆角方形孔、8字形孔和不规则开孔等多样的形态，值得深入分析[①]。据1978～1985年发掘报告，64座墓中随葬玉石璧有76件之多。有关加工技术方面，陶寺报告作者指出璧的制作，“用片切割或线切割法开料，用管钻法取出外周及中孔”[②]。据笔者所见，龙山文化阶段并无砂绳切割（线切割）作为软玉开料的技术。陶寺报告彩版载录，璧、复合璧及璜的表面，均是锯片切割（片切割）的痕迹。至于管钻方面，从陶寺出土一些大型接近正圆的玉璧形态判断，轮轴机械与管钻配合软玉大型开孔技术已存在。目前，陶寺遗址中尚未发现玉璧制作的作坊，轮轴机械的配件石质轴承也没有发现过，难以做深入的讨论。

本文仅集中在陶寺M3168：10玉钺连环双孔制作技术的探讨。所谓连环双孔。指玉钺上出现的两个圆孔，边沿相互打破的形状，外形上类似阿拉伯数字的“8”，简称

① 邓聪、邓学文：《陶寺遗址出土玉器钻孔初探》，《中国社会科学论坛·早期都邑文明的发现研究与保护传承暨陶寺四十年发掘与研究国际论坛》，2018年，第167页。

② 中国社会科学院考古研究所、山西省临汾市文物局：《襄汾陶寺——1978～1985年考古发掘报告（第二册）》，文物出版社，2015年，第694页。

为“8”字形孔。M3168：10玉钺8字形孔内，镶嵌入也是呈8字形的嵌片。众所周知，从山东龙山文化以来，一些贵重玉器在靠近器物边沿透穿开孔，再镶嵌入绿松石或天河石等圆形嵌片，很可能是玉器一种具有形而上学意义的设计。这些玉器上的开孔，毫无例外都是圆形的小孔。笔者浅学寡闻，目前所见在陶寺M3168：10玉钺8字形孔是仅见的。特别是此8字小孔内镶嵌8字形嵌片，接合得天衣无缝。这件8字形嵌片很可能也是软玉，颜色亮度、抛光与玉钺整体十分调和。这让人乍眼一看，会联想8字形嵌片是来自玉钺8字形孔套取的原件，并让人想象空心管钻的存在。然而，空心管钻旋转运动，不可能钻出一个8字形的芯片。考古学者看到这样不寻常的开孔现象，难免会莫名其妙，啧啧称奇。

为此，陶寺发掘者高炜先生曾先后两次特意详细考究M3168：10玉钺8字形孔的制作技术，最后在报告中他仍表示：“加工方法待究明。”[①]事实上，如果能够从玉器微痕分析深入研究，这种貌似管钻8字形嵌片的技术真相，必可大白于天下。目前，笔者尚未直接观察此件玉钺的实物。本文仅就报告所提供资料，就8字形开孔与嵌片结合技术的问题，做尝试性的解释。以下首先介绍M3168：10玉钺发现的背景。

二、陶寺M3168墓的发现

1978～1985年陶寺遗址共发掘1309座墓葬，M3168属于第三类墓。据发掘者的报告，M3168墓室形制、墓主人及共存随葬的遗物概况如下：“墓室平面呈不规则长方形，头端略宽于足端，左侧略长于右侧，墓口中线长2.75、头端宽1.25、足端宽1.15、墓底中线长2.8、头端宽1.25、足端宽1.14、存深1.05米。中线朝向126°。墓主原应为仰身直肢，因遍施朱砂，尸骨腐蚀极为严重，只下肢局部尚存原貌，现场鉴定为成年男性。尸骸上有近长方形的覆盖物灰痕。这座墓有较多的软玉和似玉美石随葬器物：头顶上方有3件作为装饰品的蛇纹石散件（1～3号），肩至胸部有一串由26枚大理石、蛇纹石管珠组成的项饰（4号），右腕至掌部有1件由大理石璧与5组牙片及90余枚绿松石饰片镶嵌而成的腕饰（6号），左手套置滑石琮1件（7号），右侧髋骨旁有软玉双孔刀1件（8号）、髋骨以下双腿间放玉钺2件（9、10号）（图一，a、b），另在右肩侧有一长方形不明炭化物（5号）。以上玉石礼器和装饰品合计9个编号、120多个单件。其中，钺、琮、双孔刀、项饰、腕饰都饶具特色，尤其10号玉钺表面光洁如镜，散孔中

---

① 中国社会科学院考古研究所、山西省临汾市文物局：《襄汾陶寺——1978～1985年考古发掘报告（第二册）》，文物出版社，2015年，第674页。

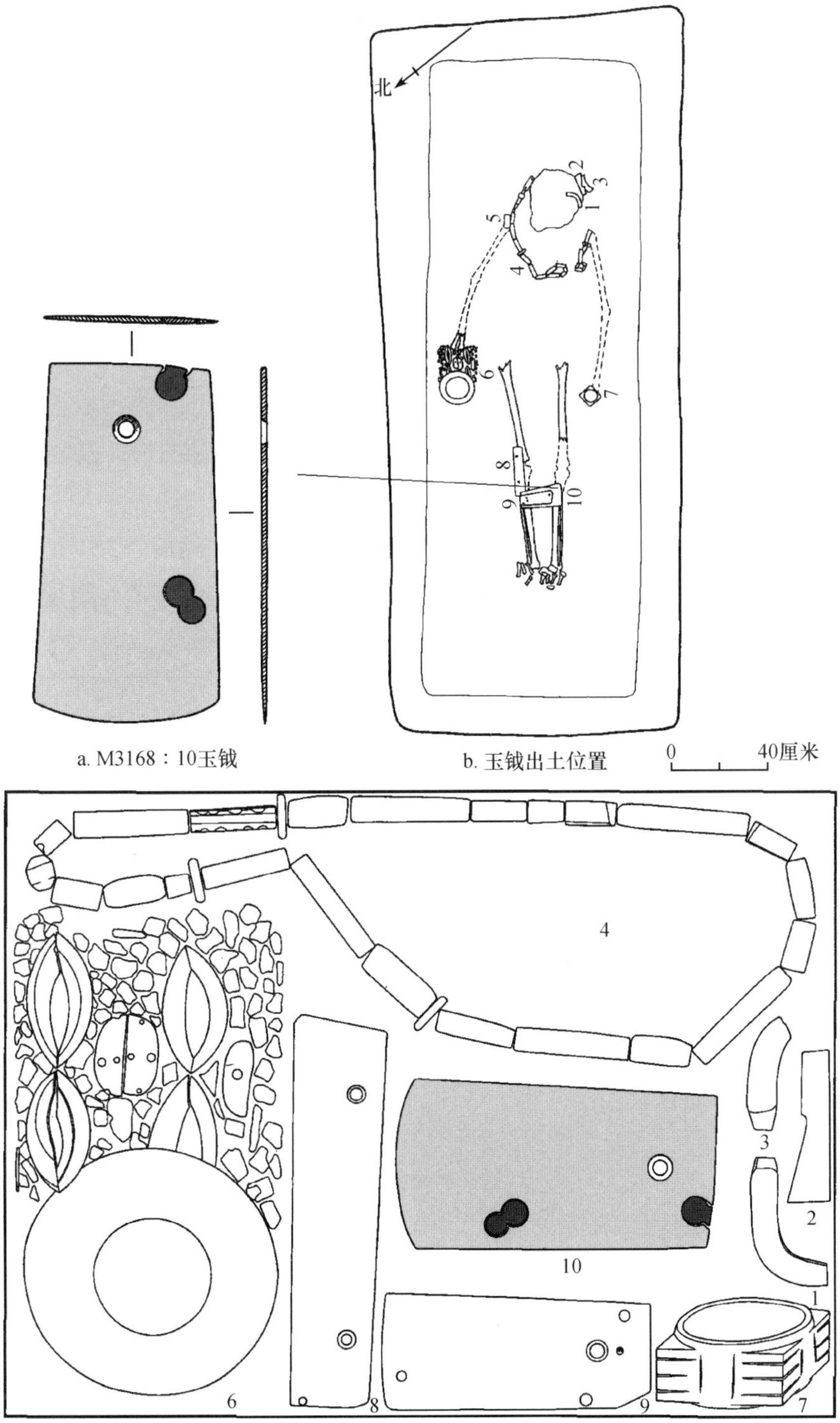

图一　陶寺M3168：10玉钺出土状况及同墓葬中玉石制品

（依《襄汾陶寺——1978～1985年考古发掘报告》，改订）

并嵌填玉片，是难得的精品。”（图一，c）[①]

以上从玉石器的组成来看，M3168男主人拥有较多的玉器，十分值得关注。这包括M3168：8豆青色玉刀，长19.2厘米，宽4.9厘米，M3168：9和M3168：10两件玉钺，分别长19.3、16.8厘米。就此三件软玉玉器来说，已经是相当贵重的器物。M3168：7滑石琮制作工整精美，显示典型龙山文化风格琮的形态。另外90余件绿松石饰片镶嵌成的腕饰，应当是很难得到的珍品。至于26枚蛇纹石和大理石组成的项饰、一件大理石璧等如锦上添花。M3168男主人拥有三件颇具规模的真玉玉器、两件玉钺和一件玉双孔刀，另有滑石制的礼器琮，色彩艳丽的绿松石腕饰等。我们肯定墓主人在陶寺社会中是贵族或巫师，可能具有较崇高的地位。他所拥有的玉钺上8字形穿孔方式，也是陶寺遗址甚至龙山文化中玉礼器所仅见的，可能反映个人的创造力，其特殊的风格当然值得重视。

三、M3168：10玉钺8字形孔技术两次的解释

高炜先生对M3168：10玉琮上8字形玉孔镶嵌嵌片现象，先后曾做过两次详细的解释。

1998年高先生参加香港中文大学的东亚玉器国际会议，提交论文《陶寺文化玉器及相关问题》中，特别关注玉钺上散孔的问题，尤其孔与镶嵌嵌片技术的关系。原文指出：“标本M3168：10，出晚期三类墓，软玉，灰色杂有黑色纹理，器表光洁如镜，长16.8、背端宽7.8、刃端宽9、厚0.34厘米，两侧磨成刃状薄边弧刃，共见四孔，主孔为桯钻，单面钻成，另在同一侧有三个散孔，一个在背沿，另两孔在近中部套合。有趣的是，出土时后三孔中都嵌补着特意加工的玉片（图20.1：7）。经仔细观察，背端一孔的嵌片呈墨绿或黑色，与孔周器表颜色不完全符合，说明它并非从原孔中切割下的钻芯；而另一处相套的两孔，嵌片也连在一起，合缝严密，且从白色纹理和表面纵向磨纹看，应是从原孔中切割下来的。因两片连在一起，又显然不是管钻取下的钻芯，究竟如何加工，颇耐思索。”[②]

从这段文字看来，高先生以M3168：10玉钺的8字形孔与嵌片既合缝严密，从质料纹理和加工磨痕看，应是原孔中切割下来的原件。但8字形嵌片又不可能是管钻钻芯的

---

① 中国社会科学院考古研究所、山西省临汾市文物局：《襄汾陶寺——1978～1985年考古发掘报告（第二册）》，文物出版社，2015年，第496、497页。

② 高炜：《陶寺文化玉器及相关问题》，《东亚玉器（第一册）》，香港中文大学、中国考古艺术研究中心，1998年，第192～200页。

产物。问题是既承认8字嵌片来源于原玉钺，但技术上旋转管钻不可能制作出8字形的芯片。这真是让人进退两难的局面。

从1998年往后17年，高先生在《襄汾陶寺——1978～1985年考古发掘报告》中把M3168：10玉钺8字形孔的旧事重提。这次高先生认为："IC型标本M3168：10，透闪石软玉，加工极精细，器面光亮鉴人，主孔为桯钻单面钻成，在同侧设三个散孔，一在顶沿，另二孔在近中部套合相连。有趣的是，出土时，三孔中都嵌补着与孔周钺体颜色相近的玉片，相套二孔中的玉片也连在一起，且合缝严密（图4-150，4；图版三〇五，2；彩版四一）。顶端一孔中的嵌片呈墨绿色或黑色，与孔周器表局部色调不完全符合，说明它并非原孔中的钻芯；而相套二孔中的嵌片，颜色与纹理等同孔周玉料均十分相像，甚至初看起来会认为是从原孔中取下的，后经高倍放大镜观察，看出二者间颜色与纹路存在微妙差异，证明嵌片不是从原孔中切下的，但确实取自同一块或相近的玉料。相套的二孔为先后二次钻成；相连嵌片形制特殊，加工方法待究明。"①

高先生据高倍放大镜观察，认为M3168：10玉钺8字形嵌片并不是属于同一器物的原件。这8字嵌片可能是来自外在同一块或相近的玉料。他所根据的理由是玉钺与嵌片二者颜色与纹路间存在微妙的差异。

以上论述，仍然欠缺令人信服的证据。首先，同一软玉矿物不同部位色调上变化是常有的现象。同样，玉钺的埋藏条件千变万化，局部颜色可能出现改变，难作为论断的根据。至于纹路上微妙差异，也非工艺学的问题。目前对M3168：10玉钺8字孔的解释，仍有待探索。

四、两个不同轴心旋转运动先后形成的8字形孔壁

M3168：10玉钺8字形孔的解释，笔者尝试从陶寺出土玉石钺及M3168：10玉钺自身穿孔的技术比较探索。

首先，1985年前陶寺80座墓中出土玉石钺共99件。报告没有公布发现过玉石钺孔芯的制品。据陶寺报告书中表4-22玉石钺的登记表，钻孔方法分实心钻（桯钻）和管钻两种，未有就两种技术判别的标准具体说明。目前只能以报告中为准，其中穿孔技术的分类，可能存在不确定的因素。上述陶寺报告4-22表列99件玉石钺的中孔，被鉴定为管钻的有6件，单面管钻（4件）、对向管钻（1件）及实心钻与管钻（1件）几种

① 中国社会科学院考古研究所、山西省临汾市文物局：《襄汾陶寺——1978～1985年考古发掘报告（第二册）》，文物出版社，2015年，第674页。

的组合。其余的大部分都是以实心钻为主。

从玉钺M3196：2中孔外围，可见一周圆圈刻划纹，可能是实心钻开孔时钻具前方旋转时形成的痕迹（图二，a）。M3224：9和M3168：9钻孔显示是很典型的实心钻痕（图二，b、c）。M3168墓葬另一件编9号的玉钺，中孔上方不足2厘米处有一小钻孔痕迹，很明显是实心钻初期定位的小孔，如果将此定位小孔扩孔，最后有可能与中孔交错形成8字形孔（图二，c）。以上分析不过是一个假设。因为也有可能这个实心钻痕是错误的定位，工匠没有再进行穿孔的加工。

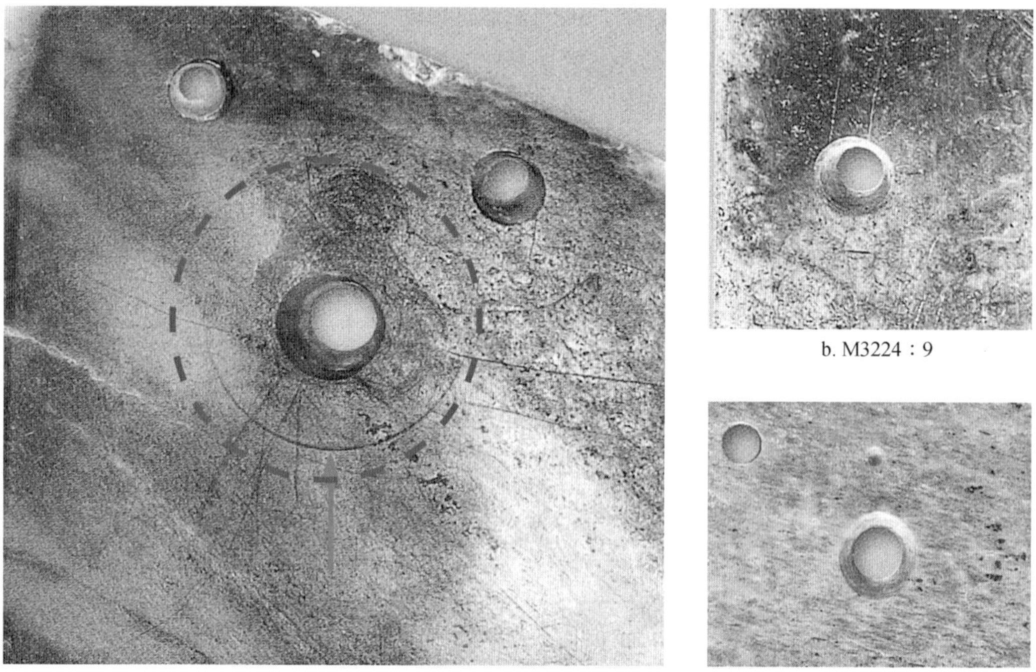

a. M3196：2　　b. M3224：9　　c. M3168：9

图二　陶寺玉钺上实心钻开孔a、b、c的中孔

（依《襄汾陶寺——1978～1985年考古发掘报告》，增订）

其次，就M3168：10玉钺本身来说，研究者指出中孔是实心钻的加工。这件玉钺顶沿的开孔，镶嵌有“凸”字状嵌片，嵌片并不完全符合顶沿开孔的形状（图三，a）。我们猜测，玉钺顶沿部分可能在装柄使用过程中，因破损曾被裁截平坦。如果是这样，原来M3168：10玉钺上沿，应有另一处8字形孔的构造。这一点日本京都大学冈村秀典教授也曾论述过①。M3168：10钺上沿8字形残孔和嵌片的颜色与形状，存在明显的差别，两者是否为同一材料有待日后鉴定。

① 冈村秀典：《中国沿海岸における龙山时代の地域间交流》，平成12年度～平成13年度科学研究费补助金基盘研究c（2）研究成果报告书，2002年，京都大学人文科学研究所，第20、21页。

8字形钻孔的孔壁及8字形嵌片周沿的微痕特征，是探索M3168：10开孔技术最关键的证据。以下论述M3168：10玉钺的8字形孔与嵌片，为先后分别制作，并非同时产生的。

第一点，陶寺报告彩版四一所展示M3168：10上、下两处8字形钻孔壁上的痕迹，显示是由旋转运动加工形成的（图三，b）。这就证实8字形的嵌片，必定是外来填充的物料。因为，玉钺8字形孔，有可能是由两次实心钻开孔形成的。实心钻会将孔内软玉磨成粉末，根本不可能产生芯，更毋论8字形嵌片的形成。还有如果是以管钻轴心移动两次开孔，则会出现一完整及一残缺的圆形芯，也不会产生8字形的芯。

第二点，据M3168：10玉钺的8字形孔与嵌片相套状况的分析，两者接合空间“合缝严密”（图三，c），也就是孔边与嵌片间没有形成研磨切割的沟槽，两者接触面不存在切割的关系。实验证实就算是一毫米厚度切割工具，也会在玉料上形成数毫米宽以上的沟槽。切割工具在被切割体上由于解玉砂研磨，必定会出现沟槽状痕迹。这说明制作者在M3168：10玉钺8字形孔形成后，精心计划量度，然后另取相似的玉料，细

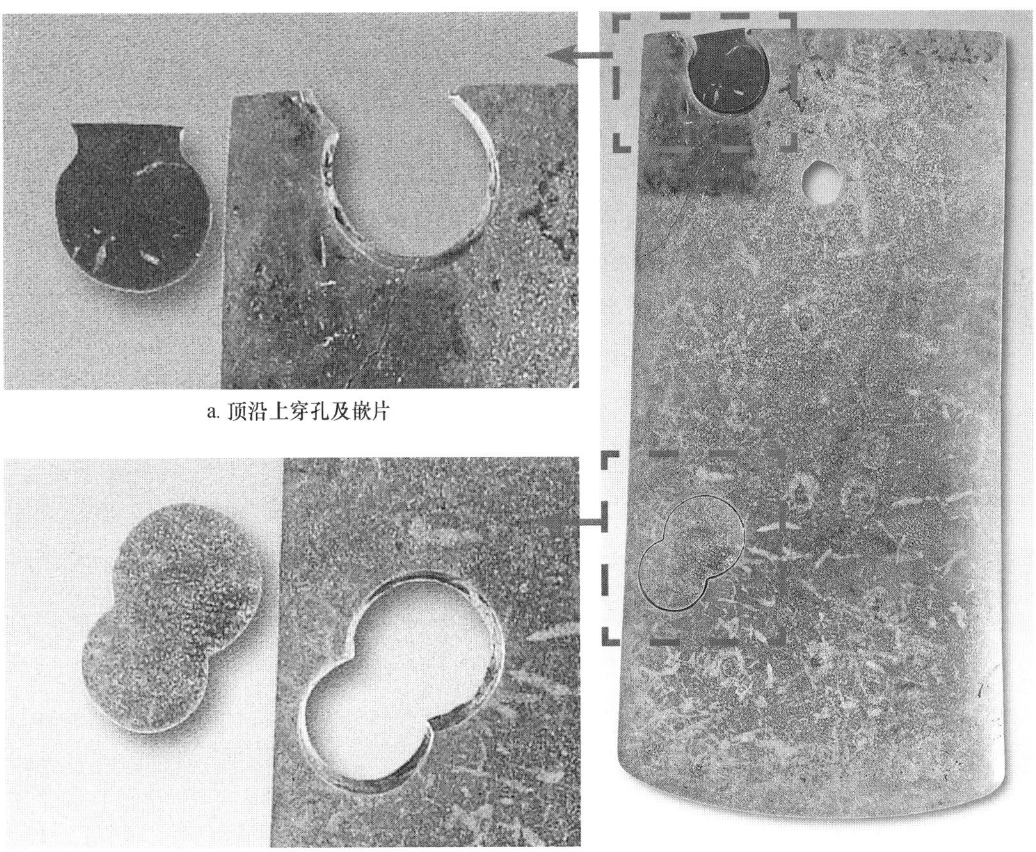

a. 顶沿上穿孔及嵌片　b. 测沿8字形孔及嵌片　c. 穿孔与嵌片汇合

图三　M3168：10玉钺a、b穿孔及嵌片分离与汇合

（依《襄汾陶寺——1978～1985年考古发掘报告》，改订）

致研磨出与8字形孔大小形制完全配合的嵌片，两者相套严密接合的设计，可能是为了防止嵌片从穿孔丢失。

以上两重证据，充分证明8字形孔及嵌片的关系及制作技术。微痕考古学在玉器工艺学研究上可以发挥重要的角色。微痕的观察必须配合拍摄清晰的照片，在有图有故事前提下，考古工作者抱着解决问题的态度，亲自操刀拍摄出有说服力的痕迹。

至于玉器上穿孔及镶嵌嵌片的意义，除传统工艺学考虑外，更可能具有较多社会文化人类学的意义。这方面虽然不是本文主旨，在此简略谈述做收笔。

从龙山文化开始，一些大型片状玉器上往往可见单个穿孔与嵌片的配套，从工艺学上考虑，这样的加工绝非轻而易举。有些玉器上穿孔与嵌片的配套，可能是在器物制作阶段完成，也有些却在器物使用一段时间后，才对器物形制进行改造。而改造意味着器物本身角色及功能上的变化等。

M3168：10玉钺上沿半截8字形穿孔及嵌片残缺，可能属于早期阶段的加工。同一玉钺侧沿上的8字形孔及嵌片，是后来追加的改订。这种在玉器上穿孔及嵌片密封的行为，可能是一气呵成的；从8字形嵌片的精确制作，显示这种穿孔嵌片行为背后的信仰，有着重大的意义，而并非拥有者个人随心所欲的行为，应该牵涉器物与社会关系等变化。

近来，西方学术界对考古学工艺学的探索，除了关注考古物质遗存作为最终制品所承载的内涵外，更关注其背后技术动作或行为本身的意义。器物的制作、使用、修复及改作等全部过程，表现出制作者的思想、技术、社会经验，以及其与人群、社会背景的互动，应扩大从人类学角度去分析①。陶寺玉钺上穿孔与镶嵌现象，也应该从单纯器物本身研究，深化将工艺技术作为动态过程，探索穿孔这一技术动作本身的物质载体、象征内涵、社会背景。

管中窥豹，陶寺玉钺上一个后加8字形小孔的技术，隐藏的技术上的意义是深远的。这个8字小孔，代表龙山文化以来对玉器功能传统某种改造或增添。正如马塞尔·莫斯（Marcel Mauss）把技术视为“有效的行为传统”，是社会中实践与传递的“惯习”（habitus）②。而且安德烈·勒鲁瓦-古朗（André Leroi-Gourhan）对操作链概

---

① Dobres, Marcia-Anne. Meaning in the Making: Agency and the Social Embodiment of Technology and Art. M. B. Schiffer edited. *Archaeological Perspectives on Technology*. Alburquerque: University of New Mexico Press, 2001: 47-76; Dobres, Marcia-Anne. Archaeologies of technology. *Cambridge Journal of Economics*, 2010, 34(1): 103-114. 2018～2019年温雅棣同学在哈佛大学学习中美洲古代玉器文化，常与笔者交流，并提供Marcia-Anne Dobres相关的论文，谨此致谢。

② Mauss, Marcel. *Body techniques. Sociology and Psychology Essays*. edited by B. B. [Translator]. London: Routledge & Kegan Paul, 1979[1936]: 97-123.

念诠释，技术系统一些规则，同样赋予操作者的动作次序以一定的确定与弹性①。8字形孔及8字形嵌片的奇特造型，置于龙山文化以及三代玉器中也是标新立异的，显示出制作者随机弹性的决策，但仍然与社会普遍流行单孔与嵌片组合“惯习”相关。笔者对玉钺上穿孔嵌片从操作链角度分析，让我们对古代玉器不仅停留在生产成品阶段的分析，而是把遗址中的发现静态玉钺，回归到动态古代过程中去探索，从而开拓出一系列对古代玉器研究的新方向。

① Leroi-Gourhan, A. *Gesture and Speech* (translated by Anna Bostock Berger). Cambridge: MIT Press, 1993.

牙璋探索——大汶口文化至二里头期

邓淑苹

（台北故宫博物院）

一、“牙璋”不是“璋”的一种

牙璋，是中国上古玉器研究的重要课题，公元前2400至前900年是牙璋的主要发展历程，可以公元前1520年二里头文化结束的时间点，划分为前、后两期。本文主要探讨牙璋的前期发展，研究牙璋可能的源起、广布与演变历程。

综合研究考古资料、玉料特征与牙璋形制，推测具有农具、工具性质的厚实牙璋最初可能源起自山东。拥有墨玉矿源的石峁文化先民将之转变为薄锐的兵器，有的上面还加雕特殊扉牙。石峁文化牙璋除了影响成都平原的月亮湾文化、三星堆文化等，也影响中原的二里头文化。中原缺乏优质闪玉，美石牙璋有形无神且易断裂，随着商族崛起，牙璋礼制在中原消失。陕北石峁的牙璋文化顺着“边地半月形传播带”南传至蜀地，甚至传抵越北。

“璋”字最早见于西周史料，包括《诗经》与金文。

《诗经·大雅·卷阿》用高贵的玉礼器“圭”“璋”歌颂君子品德纯洁，名声威望传四方：“颙颙昂昂，如圭如璋，令闻令望，岂弟君子，四方为纲。”在此，“璋”是排在“圭”的后面①。

逨盘、逨鼎与颂壶、颂鼎都是周宣王时的铜器，所铸铭文记载西周晚期册命礼的仪轨。作器者“逨”和“颂”接受了周王的册命与赏赐出门，然后对有司行纳觐之礼时，逨盘铭文所记为“返入觐圭”，颂壶铭文所记却为“返入觐璋”。或显示“逨”与“颂”在当时的身份位阶是有高低差别。

总之，史料证实西周（前1046～前771年）礼制中确实有一种名为“璋”的玉器。

---

① 《诗经·大雅·棫朴》：“济济辟王，左右奉璋，奉璋峨峨，髦士攸宜。”是赞美君王仪态端庄的诗歌。《大雅》共31篇，被认为是西周早期贵族作品，多歌颂王室祖先。

有学者考证西周时“璋”可能是扁平长条形的玉版[①]。芮国墓地中确实出土过这类玉器（图一），报告中也将之定名为“璋”[②]。

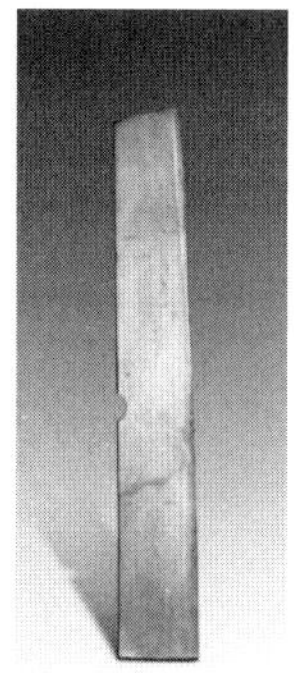

图一　玉璋
（西周，高21厘米，芮国墓地出土）

《周礼》可能写成于战国。《周礼·春官·宗伯》记录祭祀天地四方的六种玉器，即所谓的“六器”，其中“璋”是祭祀南方的玉礼器[③]。但是《周礼》书中并没有描述各种玉器的形状。直到东汉许慎（约30~124年）所撰《说文》，才对“六器”里的六种玉器都做了形制描述，“璋”也被定义为与圭有关的玉器：“剡上为圭，半圭为璋。从玉章声。”从联志村、芦家口等西汉祭祀遗址出土玉器可知，汉代的玉璋确实成“半圭”形（图二）[④]。

《周礼》书中还记载了“牙璋”“赤璋”“璋邸射”等器名。“牙璋”是“起军旅的玉礼器”[⑤]。但《说文》里没有关于“牙璋”形制的描述。

直到19世纪末，金石学者吴大澂在其《古玉图考》中[⑥]，根据东汉郑众（司农）、郑玄（康成）批注《周礼》，指称图三这件器身旁出有“牙”的玉器就是“牙璋”。自此，“牙璋”一名就和考古出土的一类玉器结了不解之缘。

熟悉考古资料的学者应可看出，图三很可能是一件19世纪晚期制作的仿古赝品。赝品的产生，意味着制作赝品的时代，收藏界正流行收藏造型相似的真品。笔者早年走访欧美各收藏中国古玉的博物馆，确知吴大澂收藏过赝品“牙璋”，也收藏真的“牙璋”。前者见于加拿大皇家安大略博物馆（Royal Ontario Museum）藏（图四）[⑦]。后者属美国哈佛大学温索普收藏（Winthrop Collection）（图五），该馆1975年

① 孙庆伟：《周代用玉制度研究》，上海古籍出版社，2008年。

② 陕西省考古研究院、渭南市文物保护考古研究所、韩城市景区管理委员会：《梁带村芮国墓地：二〇〇七年度发掘报告》，文物出版社，2010年。图一出自此报告。

③ 《周礼·春官·大宗伯》：“以玉作六器，以礼天地四方：以苍璧礼天，以黄琮礼地，以青圭礼东方，以赤璋礼南方，以白琥礼西方，以玄璜礼北方。”

④ 联志村资料较早出版于西安市文物保护考古所：《西安文物精华·玉器》，世界图书出版公司，2004年。当时被断代为秦代。也曾断代为战国时的秦国，但梁云考证认为是西汉。见梁云：《对鸾亭山祭祀遗址的初步认识》，《中国历史文物》2005年第5期。图二引自刘云辉：《陕西出土东周玉器》，文物出版社，2006年。

⑤ 《周礼·春官·典瑞》：“牙璋以起军旅，以治兵守。”

⑥ 吴大澂：《古玉图考》，上海同文书局石印本，光绪十五年（1889年）。

⑦ 图四引自沈辰：《故人似玉由来重——吴大澂旧藏玉璧流传轶事》，《美成在久》2015年9月总第7期。图四与图三比例与细部稍有异，但可能是同一件。苏州博物馆于2017年举办吴大澂及其孙吴湖帆藏品展并出版图录《梅景传家——清代苏州吴氏的收藏》，译林出版社，2017年。书中公布多件吴大澂藏玉，以图四这件最相似于图三。

图二　玉璋
（西汉，高8.2厘米，联志村出土）

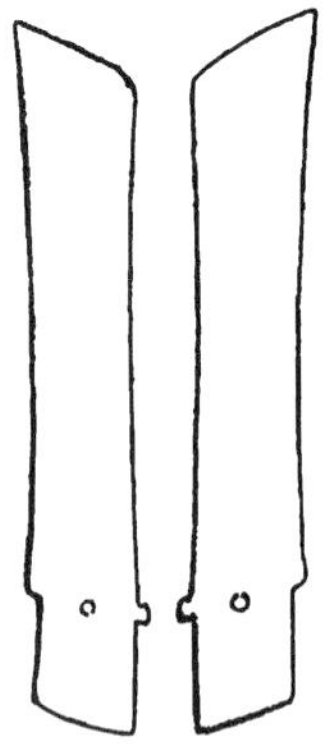

图三　《古玉图考》中的“牙璋”

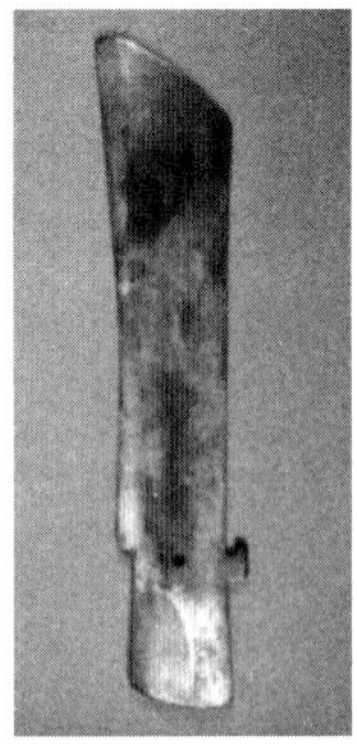

图四　清末“牙璋”
（高36厘米，皇家安大略博物馆藏）

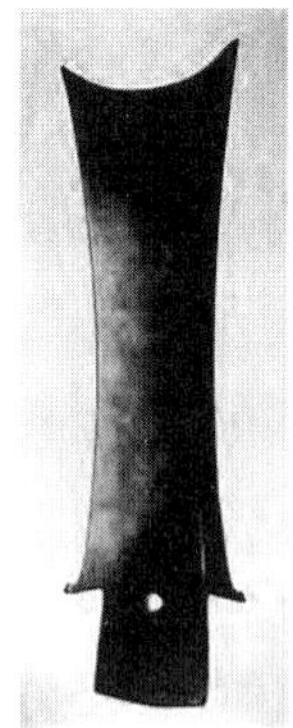

图五　石峁文化牙璋
（高38厘米，哈佛大学博物馆藏）

出版品上清楚注记“Formerly in the collection of Wu Ta-ch'eng”[①]。笔者于1979年在福格博物馆（Fogg Art Museum）库房检视过实物，虽然在那个年代，这类玉器多被定为“周代”，但在今日考古学数据显示，它是公元前2000年前后，陕北石峁文化的墨玉牙璋。

活跃于20世纪前半的古董商卢芹斋（C. T. Loo），在他与伯希和1925年合作出版的法文大书中[②]，就清楚地记录：“北京的古董商人声称这些玉器出自榆林府。”[③]卢芹斋又在他1950年出版的图录的前言中记录，吴大澂所藏“大型黑色长片状器 large and black tablets 卖给法国吉斯拉（G. Gieseler）和美国的匹尔斯白瑞（A. F. Pillsbury）”[④]。此二收藏后捐赠给巴黎吉美博物馆（Musee Guimet）、美国明尼阿波

① Loehr, Max (罗越). *Ancient Chinese jades from the Grenville L. Winthrop collection in the Fogg Art Museum*. Cambridge, Mass. Fogg Art Museum, Harvard University, 1975. Pl.220. 1985年哈佛大学萨克勒博物馆（the Arthur M. Sackler Museum）落成后，福格博物馆所藏亚洲文物拨交给萨克勒博物馆典藏。

② Pelliot, Paul (伯希和). *Jades archaïques de Chine appartenant à M. C. T. Loo*. Paris: Librairie Nationale d'Art et d'Histiore, 1925.

③ 张长寿：《论神木出土的刀形端刃器》，《南中国及邻近地区古文化研究》，中文大学出版社，1994年，第59页。榆林府在陕北，即今日榆林市，辖内神木市石峁遗址是龙山时期石峁文化主要所在地。

④ C. T. Loo. *An exhibition of Chinese archaic jades, arranged for Norton Gallery of Art*. West Palm Beach, Florida, January 20 to March 1, 1950.

里斯艺术研究院（Minneapolis Institute of Art）[①]。检视此二馆藏品，确实有数件石峁文化风格的墨玉牙璋与多孔长刀。

虽然吴大澂收藏过多件真正的石峁文化墨玉牙璋等，但光绪十五年（1889年）出版的《古玉图考》中，只用线绘图注录一件看似赝品的牙璋（图三）。笔者推测那些真品可能是《古玉图考》付梓后到吴大澂去世前（1889～1902年）购入的藏品。

由于吴大澂的收藏与《古玉图考》上的考证，今日考古学界多称如图三～图五这类玉器为“牙璋”。虽然夏鼐反对之，建议改称为“刀形端刃器”[②]，部分学者也曾引用夏鼐的定名[③]，但该器名未能普及开来。大家仍称图五及本文讨论的主题玉器为“牙璋”。事实上这只是约定俗成的称法，我们无法知道距今数千年前制作、使用这类玉石器的先民如何称它们，就只能暂时沿用大家“习用”的名词罢了。

不过笔者要强调的是，“璋”是周代、汉代的玉礼器（图一、图二）。本文所称的“牙璋”基本造型分为本体、扉牙、柄三个部分[④]。这种玉器不出现于周、汉时期的礼制中，所以千万不能误以为：“牙璋是璋的一种。”近日不少正式考古书籍中，误将“牙璋”直接称为“璋”或“玉璋”，更助长了玉器器名使用的混乱。

二、四十年笔者研究“牙璋”的回顾

笔者于1979～1980年曾在欧美地区连续参访多家收藏中国古玉的博物馆，得以在各库房内尽量检视那些在20世纪前半流散海外的中国古玉[⑤]。

---

① 吉美博物馆藏中国玉器，仅部分发表于：Sao, Huei-chung (曹慧中). directed, *Jade, from Emperors to Art Deco*. Co edition Musée national des arts asiatiques-Guimet. Paris: Somogy Art Publishers, 2016. 明尼阿波里斯艺术研究院在1977出版图录：Na Chia-liang and Peterson, Harold, *Chinese Jades, Archaic and Modern, from the Minneapolis Institute of Arts*. The Minneapolis Institute of Arts, 1977. 近年多件又发表于江伊莉、古方：《玉器时代：美国博物馆藏中国早期玉器》，科学出版社，2009年。

② 夏鼐：《商代玉器的分类、定名和用途》，《考古》1983 年第5 期。

③ 如本文引述的张长寿、王永波等学者论文，都依循夏鼐命名。

④ 林巳奈夫是较早研究牙璋的学者，他称为“骨铲形玉器”，称三个部位为“本体”“侧饰”“基部”。见氏著《中国古代の石庖丁形玉器と骨铲形玉器》，原发表于1982年《东方学报》第54期，修改后刊于1991年出版的《中国古玉の研究》，吉川弘文馆，1991年。但邓聪在其2014年论文中，称这三个部位为“本体”“扉牙”“柄部”，见邓聪、栾丰实、王强：《东亚最早的牙璋——山东龙山式牙璋初论》，《玉润东方：大汶口—龙山・良渚玉器文化展》，文物出版社，2014年。笔者认为后者较合乎中文称法，故采用之。

⑤ 在欧美博物馆多展出它们熟悉的古文明，如埃及、希腊、罗马等文化遗物。中国古物中以书画、佛像、铜器、瓷器较有机会展出。大部分的中国古玉是被冷藏于库的。

图六　刻纹玉刀

（长47.8、宽17、厚0.9厘米，华盛顿赛克勒博物馆藏，笔者近年论著中称这类闪玉为“第三类华西玉料”）①

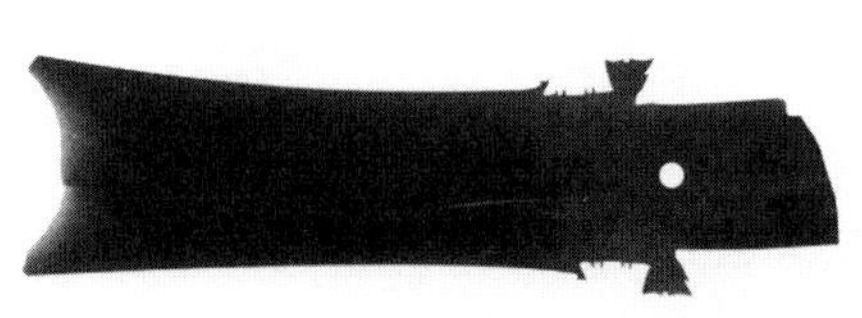

图七　牙璋

（长35.6、宽8.4、厚0.4厘米，明尼阿波利斯艺术研究院藏，笔者近年论著中称这类闪玉为“第五类华西玉料”）

欧美博物馆中收藏很多黄河上中游史前玉器，璧、琮、多璜联璧、各式带刃器等②。其中又有大量带刃器的玉料具有相似的特征。它们质感细腻、透明度低，多为灰青、墨绿、暗褐，常隐隐显出不规则团块或波浪式条斑（图六），也有的色深近乎黑色（图七）③，它们多用以制作多孔长刀或牙璋。从戴应新1977年、1988年发表论文可知④，它们应出自陕北神木石峁地区。

累积了在欧美地区检视近20家博物馆库藏中国古玉的经验，笔者于1989年前后为台北故宫博物院购藏了多件这类带有沉积岩文理的有刃器，选择其中三件委请“中央研究院”历史语言研究所的陈光祖先生，以X射线绕射仪分析测定质地，确定它们虽与一般人认知的莹秀美玉不类，但其质地确为闪玉nephrite⑤。检测结果发表于1990年与

① 邓淑苹：《万邦玉帛——夏王朝的文化底蕴》，《夏商都邑与文化（二）——“纪念二里头遗址发现55周年学术研讨会”论文集》，中国社会科学出版社，2014年。在该书彩版中刊出四种典型华西闪玉的彩图。但笔者2019年出版的《故宫玉器精选全集·I·玉之灵（上）》中，增加一种不透明牙黄色闪玉，墨玉改为第五种华西闪玉。

② 2012年以来，由于陕北石峁的考古受到重视，大陆媒体开始谣传海外流散（主要指20世纪流散至欧美）“四千件石峁玉器”。事实上，欧美各博物馆所藏中国黄河上中游的史前至龙山晚期玉器（包括仰韶文化至齐家文化、石峁文化等）可能都达不到4000件，更何况“石峁玉器”定义尚未厘清，真正无疑义的“石峁玉器”应只是墨玉制作的牙璋、多孔长刀、戈等。因为石峁文化时，陕北已是齐家文化传播的外缘地区，齐家风格玉器广布于黄河上中游的史前至龙山晚期遗存中。

③ 图六、图七引自江伊莉、古方：《玉器时代：美国博物馆藏中国早期玉器》，科学出版社，2009年，第182、261页。

④ 戴应新：《陕西神木石峁龙山文化遗址调查》，《考古》1977年第3期；戴应新：《神木石峁龙山文化玉器》，《考古与文物》1988年第5、6期。

⑤ nephrite的中文译名甚多，“闪玉”之外或可称为“透闪石软玉”“软玉”“透闪石玉”“和阗玉”等。闪玉是钙和镁的硅酸盐矿物，主要是透闪石（tremolite）和阳起石（actinolite）的固态溶体。

2007年的论文[①]。

1990年笔者赴西安访问戴应新先生，邀请他将征集的120多件玉器撰文《神木石峁龙山文化玉器探索》寄到台湾，笔者将之按内容分六期发表于1993年8月至1994年1月的《故宫文物月刊》[②]。为此，笔者亦撰写六篇《也谈华西系统的玉器》，配合刊出[③]。

这六篇是迄今唯一完整公布1976年戴应新征集石峁玉器的资料，弥足珍贵。但需补充说明，“文革”时大批比较厚实的石峁出土玉器，被收购当作玉料改制他物，出口创汇用。所以戴应新能征集到的，都是当初被淘汰的、比较薄而残的玉器[④]。

在《也谈华西系统的玉器（二）——牙璋》一文中[⑤]，笔者用地图配合说明当时出土牙璋情况，中、日学者研究情况，再根据自己在海外检视实物的经验，归纳流散日、美、加、英、法、德、南非等国的牙璋是以石峁文化为大宗，也有少数四川广汉月亮湾燕家院子的牙璋[⑥]。据此，在该文中笔者认为牙璋应是华西地区的玉礼器。文中指出戴应新征集的28件牙璋中，多数刃部做浅弯弧形，但有一件刃部做“V”形的细长型牙璋高达47厘米，可能是石峁牙璋中年代较晚者，它可能是四川广汉三星堆地区“V”形刃线牙璋的滥觞。

1994年2月邓聪先生在香港中文大学召开“南中国及邻近地区古文化研究国际会

① 邓淑苹：《故宫博物院所藏新石器时代玉器研究之三——工具、武器及相关的礼器》，《故宫学术季刊》八卷一期，1990年；邓淑苹：《“华西系统玉器”观点形成与研究展望》，《故宫学术季刊》25卷2期，2007年，第1～54页。亦出版于《玉魄国魂（三）——中国古代玉器与传统文化学术讨论会文集》，燕山出版社，2008年（《名家论玉（二）——2009年珠海“中国玉文化名家论坛”文集》，科学出版社，2009年）。

② 戴应新：《神木石峁龙山文化玉器探索（一至六）》，《故宫文物月刊》总号125～130，1993年8月至1994年1月。原本记录是127件，其中一件出自贺家川，故予以剔除。在台湾公布的资料中，有3件是半坡博物馆在石峁征集，有2件玉环是戴应新在石峁附近新华遗址征集的，连同数件未发表的残件，一共126件。

③ 当时《故宫文物月刊》的编辑小组向笔者反映，因戴应新的报道主要为器物尺寸与保存情况，器物形制多相似，既无纹饰，色泽又不美，打算不予刊登。笔者为了将这批重要玉器以彩图公之于世，就答应配合戴文内容撰写六篇，好令戴文得以近乎全彩发表。

④ 此是戴应新先生亲自告诉笔者的史实。

⑤ 邓淑苹：《也谈华西系统的玉器（二）——牙璋》，《故宫文物月刊》11卷6期，总号126，1993年。

⑥ 月亮湾与三星堆以马牧河相隔，本非同一地点，但都属于广汉市。约1927年（或说1929年、1931年）月亮湾北端燕道诚家院子出土大坑玉石器，多已流散，目前在四川省博物院、四川大学博物馆保留一些。该批年代应与二里头文化三、四期相当。1927年的说法依据许杰：《四川广汉月亮湾出土玉石器探析》，《四川文物》2006年第5期。至于1986年在三星堆发掘到两个大埋玉坑，年代约在商代中晚期，可能跨至西周早期。

议”，会议前即出版论文集《南中国及邻近地区古文化研究》[①]。在该书中笔者发表《“牙璋”研究》一文，文中依循林巳奈夫对牙璋形制的编年原则[②]，归纳当时公布的14个地点出土或征集的82件牙璋的形制分类与发展顺序。除了分析考古资料外，该文普查西文及日文出版品，结合笔者1979～1980年旅行笔记，将当时已查知的、分散于世界各地的22处约54件牙璋做了综合整理与描述。其中数件还因造型特征，可核对最初是由卢芹斋或黄浚出售[③]。从笔者的统计归纳可知，石峁文化牙璋不但是海外流散牙璋的大宗，且早在1925年已进入国际古物市场[④]。

同年，笔者撰《扑朔迷离话牙璋》一文[⑤]，将香港中文大学重要的牙璋会议及出版品讯息介绍给全球华文读者。

同一期月刊也刊登山东省文物局王永波先生的论文《关于刀形端刃器的几个问题》。在当时，该文最先发表山东三个地点：临沂大范庄、五莲上万家沟、海阳司马台所出土4件牙璋的多面彩图与线绘图。更重要的是，该文公布各遗址在当时的地貌图景，报道了历次发现与征集经过[⑥]。此外，该文可能是迄今唯一一篇，公布了司马台出土的一件墨玉有领璧与一件灰黄玉石牙璧，当初出土时二者套叠时的两面图片的论文[⑦]。

值得注意的是，1998年山东省博物馆于秋伟先生将沂南出土牙璋发表于《故宫文

---

① 香港中文大学中国考古艺术研究中心：《南中国及邻近地区古文化研究》，中文大学出版社，1994年。

② 林巳奈夫：《中国古代の石庖丁形玉器と骨铲形玉器》，《中国古玉の研究》，吉川弘文馆，1991年。

③ 此二位古董商各有两本重要出版品。卢芹斋（C. T. Loo）于1925年与伯希和（Paul Pelliot）联合出版法文大书：Pelliot, Paul. *Jades archaïques de Chine appartenant à M. C. T. Loo*. Paris: Librairie Nationale d'Art et d'Histiore, 1925. 1950年又于C. T. Loo. *An exhibition of Chinese archaic jades, arranged for Norton Gallery of Art*. West Palm Beach, Florida, January 20 to March 1, 1950. 黄浚分别在1935年、1939年出版《衡斋藏见古玉图》《古玉图录初集》，北平尊古斋印制。

④ 1994年拙文中统计，流散海外54件牙璋中，约40件是典型石峁文化风格。1925年海外牙璋资料见上注伯希和的法文大书。

⑤ 邓淑苹：《扑朔迷离话牙璋》，《故宫文物月刊》12卷3期，总号135，1994年。

⑥ 大范庄、司马台的考古报告为冯沂：《山东临沂市大范庄调查》，《华夏考古》2004年第1期；临沂文物组：《山东临沂大范庄新石器时代墓葬的发掘》，《考古》1975年第1期；烟台市文管会等：《山东海阳司马台遗址清理简报》，《海岱考古（第1辑）》，山东大学出版社，1989年。

⑦ 近年出版品多改称海阳司马台遗址为“海阳市行村镇杜格庄村”。本文依旧沿用最初报道时的地名“司马台”。

物月刊》[①]。文中报道了1988年在山东沂南县中高湖乡罗圈峪村，因乡民为了替儿子建筑新房，用炸药爆破山脚的岩石地，意外发现土石间宽约20厘米的天然缝隙中埋有多件玉石器。其中有3件可用断块拼成尚称完整的牙璋[②]。

总之，在20世纪最后十年内，台北故宫博物院提供出版园地，令大陆学者将陕北神木石峁出土28件牙璋，以及山东四个地点出土7件牙璋的相关资料[③]，进行了发表。笔者也配合这些来稿与香港学术会议发表个人的论述。

也在这期间，笔者为台北故宫博物院购入2件牙璋，其一属龙山期，另一属四川广汉月亮湾文化[④]。后者还曾获四川大学林向先生的检视与肯定，发表于1999年5月的《故宫文物月刊》[⑤]。文中除了说明1927年燕家院子出土三四百件玉石器的经过[⑥]，还推测牙璋可能起源于龙山时期的陕北地区，经由征伐或交易，流传至东夷的地盘。

进入21世纪，笔者得有机会分批检视出土于河南、陕西、甘肃、湖北的牙璋。2008年，笔者检视了山东境内的四批共7件牙璋，认为罗圈峪、大范庄各有一件相当古拙的牙璋，年代应较早。但海阳司马台、五莲上万家沟出土的2件，从质地、造型可知，应是直接来自石峁的成品。笔者在2014年、2018年发表的论文中，牙璋都占一定的篇幅。

2014年，拙作《万邦玉帛——夏王朝的文化底蕴》中[⑦]，笔者接续1994年“海外流散”石峁风格牙璋统计工作，除了增加《玉器时代：美国博物馆藏中国早期玉器》一

---

① 于秋伟：《山东沂南新发现的牙璋和玉器》，《故宫文物月刊》15卷11期，总号179，1998年。

② 这份资料在大陆也简要发表于秋伟、赵文俊：《山东沂南县发现一组玉、石器》，《考古》1998年第3期。

③ 沂南罗圈峪出土品中还有一个残块，被部分学者释为牙璋的局部，而认为罗圈峪出4件牙璋。

④ “月亮湾文化”是笔者所创的名词。主要指1927年（或说1929年或1931年）在马牧河之北的月亮湾出土约属夏时期晚段的玉器。它们与1986年在马牧河以南三星堆出土两坑商代中晚期玉器，可能并非属于先后承袭连续的文化产物，至少目前存在明显的缺环。四川考古单位将其全都编成“三星堆文化”，有待商榷。

⑤ 邓淑苹：《由院藏三星堆文化牙璋谈起》，《故宫文物月刊》17卷2期，总号194，1999年。本文第四节发表此件线图与低倍显微照。

⑥ 燕家院子发现成坑玉石器的年份，有多家说法。许杰的考证是1927年。见氏著：《四川广汉月亮湾出土玉石器探析》，《四川文物》2006年第5期。

⑦ 邓淑苹：《万邦玉帛——夏王朝的文化底蕴》，《夏商都邑与文化》，中国社会科学出版社，2014年。此文最前面部分，另发表为拙作：《龙山时期四类玉礼器的检视与省思》，《玉魄国魂——中国古代玉器与传统文化学术讨论会文集（六）》，浙江古籍出版社，2014年。

书公布五家美国博物馆藏品[①]，再增加中国国家博物馆、（北京）故宫博物院、上海博物馆、广东博物馆、旅顺博物馆所藏牙璋[②]，以及台湾公私收藏资料[③]，加总起来共有70件；合并戴应新研究员所征集，共98件相当明确的石峁文化牙璋。

但事实上，所谓“考古出土”或“有明确地点征集”的数据中，非出土于陕北的，仍有不少属石峁风格牙璋，除了前述的山东海阳司马台、五莲上万家沟二地外，陕南的东龙山、甘肃清水县连珠村、甘肃定西静宁、河南新郑望京楼、河南郑州杨庄等地出土的牙璋，从玉质、造型观察，极有可能都是石峁文化先民制作，不过因埋藏环境而有不同的沁色。所以，虽经历代浩劫，石峁牙璋应尚有百余件存世。

在2014年拙文里，笔者强调以大兴安岭、太行山、巫山、雪峰山连成的，自东北向西南的山脉链，区隔了高亢干燥的华西与低平湿润的华东。华西、华东各蕴藏数种外观明显有别的闪玉（nephrite），基本上在史前至历史早期，闪玉是贵重稀有资源，易被交通近便的强势政权垄断，所以虽然龙山文化至夏时期（约前2300～前1520年）[④]，华夏大地上很多地方都有用玉器祭祀神明祖先的传统，但因为“地区性玉料特征”差异，发展出“地区性玉器文化”差异，形成“万国玉帛”的多元场景[⑤]。

闻广先生曾研究美国华盛顿弗利尔博物馆（Freer Gallery of Art）藏多件牙璋与长刀，将之做了切片扫描电镜显微结构研究，确知它们无论颜色从浅至深，常保留变质前沉积岩文理，诸如不规则团块、波浪般的韵律条纹等。但虽然看起来“疙疙瘩瘩”，事实上是以极细小的“雏晶”构成，也因此质地致密，剖成长刀、牙璋之类大薄片的带刃器而不会崩破[⑥]。陈东和先生利用拉曼光谱及加速器PIXE（粒子诱导激发X

---

① 江伊莉、古方：《玉器时代：美国博物馆藏中国早期玉器》，科学出版社，2009年。

② 中国国家博物馆：《中国古代玉器艺术》，中国社会科学出版社，2011年；故宫博物院：《故宫博物院藏玉珍品大系》，2011年；张尉：《上海博物馆藏品研究大系中国古代玉器》，上海人民出版社，2009年；广东省博物馆：《广东省博物馆藏品选》，文物出版社，1999年；孙传波：《旅顺博物馆藏刀形端刃器及分期研究》，《中原文物》2008年第1期。此外，北京故宫、南阳博物馆、三星堆博物馆、金沙博物馆还藏有属于月亮湾风格的牙璋。

③ 台北故宫博物院藏2件，尚未发表。震旦博物馆藏2件（其中一件造型特殊）。见拙作：《群玉别藏续集》，1999年。

④ 笔者接受以二里头文化为夏代晚期的论点。以公元前1520年作为二里头文化第四期的结束年份，系根据仇士华：《碳14测年与中国考古年代学研究》，中国社会科学出版社，2015年。

⑤ “万国玉帛”典出：《左传·哀公七年》：“禹会诸侯于涂山，执玉帛者万国。”少数版本作“执玉帛者万邦”。

⑥ 闻广先生多次口头告知笔者他的研究心得，“疙疙瘩瘩”是闻先生对典型华西玉料最常用的形容词，即是如图六玉刀那样，有时闻先生会用“布丁石结构”描述。他交给弗利尔博物馆的报告迄今尚未出版，部分成果发表于氏著：《中国大陆史前古玉若干特征》，《东亚玉器》，香港中文大学中国考古艺术研究中心，1998年。

射线荧光光谱）分析技术，研究巴黎吉美博物馆所藏早年流散的石峁墨玉牙璋、长刀等，确知其中铁离子含量5wt%～12wt%，锰与镍的含量也较高。这可能是玉色深沉近黑之故①。

笔者观察四川广汉月亮湾出土的牙璋（图八），除了造型、扉牙、器表刻纹等与石峁牙璋相似外，深褐近乎黑的色泽也很相似（图九）②。但因为四川温暖潮湿，所以器表多分布蛛网般的白色沁斑。换言之，约与中原地区二里头文化第三、四期同时的月亮湾文化，还可获取深色近黑的闪玉料③，但时代稍晚的三星堆文化（约商中晚期）出土的牙璋，内部原来多为白色闪玉，但表面加涂由蓝、灰等多种颜料配成的一种黑里透红的颜色，出土时器表已产生严重次生变化④。是否三星堆文化先民无法如月亮湾文化先民一样取得近乎黑色的闪玉，但因为要追求特殊神秘的“玄”色效果，而将牙璋染成黑色呢？值得追踪研究。

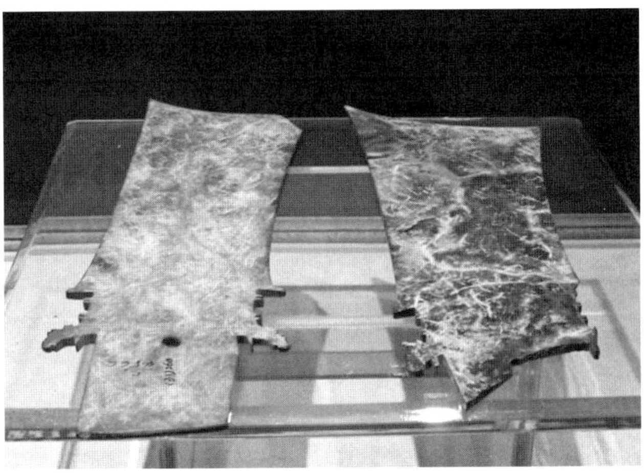

图八　月亮湾文化牙璋二件

（笔者2006年摄于四川大学博物馆）

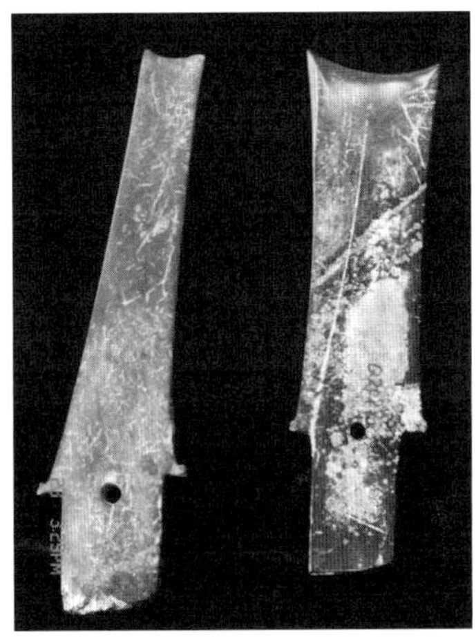

图九　石峁文化牙璋

（笔者2006年摄于陕西历史博物馆）

① 陈东和研究成果发表于其法国凡尔赛大学博士论文中，CHEN, Tung-Ho. Etudes physico-chimiques des jades chinois, Centre de Recherche et de Restauration des Musées de France），2005. 本文图七就是这种玉料。

② 笔者于2006年向陕西历史博物馆申请检视戴应新征集牙璋，并蒙准发表所拍摄图片（本文图九、图一六、图二〇），特此感谢。

③ 留在四川博物院、四川大学博物馆的月亮湾文化牙璋并未被检测质地。但是台北“故宫”藏一件月亮湾文化牙璋，经陈东和检测，确知属以阳起石为主的闪玉，含铁量高达9.3wt%。与石峁墨玉相似。本文第四节会再论及。

④ 苏永江：《广汉三星堆出土玉器考古地质学研究》，《四川考古论文集》，文物出版社，1996年，第85页；苏永江：《三星堆一号祭祀坑出土玉器残片鉴定报告》，《三星堆祭祀坑》，文物出版社，1999年。

除了牙璋外，有领璧也是值得注意的器类。前文提及王永波1994年论文发表了海阳司马台遗址里，与墨玉牙璋（图一〇）共出的一组，由墨玉有领璧与牙黄色牙璧套叠的腕饰（图一一、图一二）。图一一有领璧的墨玉质感与图一〇墨玉牙璋极相似，很可能也来自石峁[①]。

近年考古数据显示，用两件或多件玉、铜等质地的腕饰套叠佩戴的习俗，主要出现于陕北石峁文化，如图一三玉牙璧与铜齿轮环套叠，图一四用两个玉璧中间套叠多个铜齿轮形器、一个铜箍，虽然这二组件都是盗掘品，但已得到考古学家的鉴定与肯定[②]。图一五是出自陶寺文化晚期小墓的一组腕饰，由一件玉璧与一件铜齿轮形器套叠而成[③]。由于陶寺文化晚期遗存中，确有残暴的外来侵略现象，不排除图一五腕饰来自石峁文化[④]。

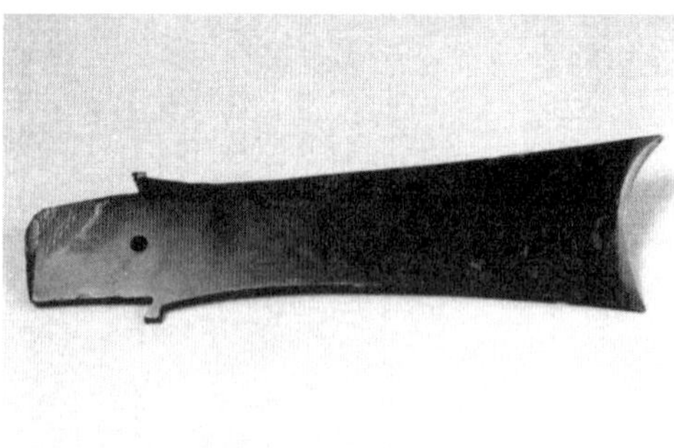

图一〇　石峁文化牙璋
（长27.5厘米，司马台出土）

图一一　石峁文化（？）墨玉有领璧
（外径11.7、孔径6.6厘米，司马台出土）

① 图一〇引自林仙庭主编、烟台市博物馆编：《考古烟台》，齐鲁书社，2006年。图九为笔者2008年摄于海阳博物馆陈列室。图一二引自王永波：《关于刀形端刃器的几个问题》，《故宫文物月刊》12卷3期，总号135，1994年6月。

② 图一一引自孙周勇等：《石峁遗址的考古发现及有关石峁玉器的几个问题》，《玉成中国——玉石之路与玉兵文化探源》，中华书局，2015年。图一二引自孙周勇、邵晶、邸楠：《石峁遗址的考古发现与研究综述》，《中原文物》2020年第1期。

③ 梁星彭、严志斌：《山西襄汾陶寺文化城址》，《2001年中国重要考古发现》，文物出版社，2002年。图引自中华玉文化中心等：《玉魂国魄——玉器·玉文化·夏代中国文明展》，浙江古籍出版社，2013年。

④ 陶寺文化发掘者何驽研究员曾口头表示确有这种可能，尚待发掘来证实。

图一二　石峁文化（？）有领璧与牙璧套叠出土
（司马台出土）

图一三　石峁文化一组套叠的牙璧与铜齿轮环

图一四　石峁文化用两个玉璧中间套叠多个铜齿轮形器、一个铜箍作为墓主腕饰

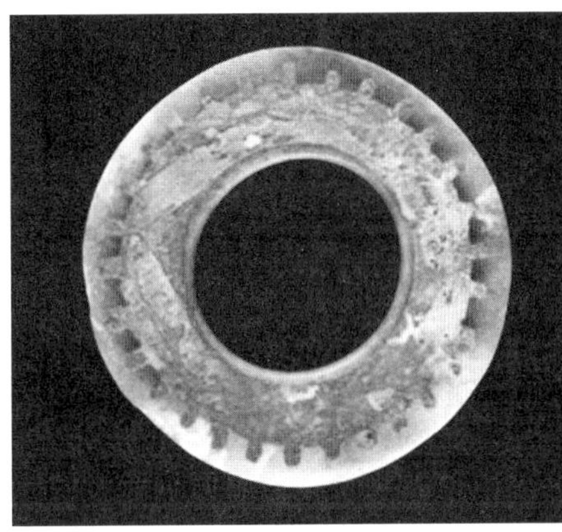

图一五　陶寺墓11出土玉璧与齿轮铜环
（玉璧径12.4厘米）

由于有领璧与牙璋时有共出现象①，笔者怀疑二者具有特殊的神秘内在联系，可能二者从陕北沿着“边地半月形文化传播带”②，经甘肃传播至川西平原，再或分或合地

① 黄翠梅：《殷墟出土的有领玉环及其相关问题》，《纪念殷墟发掘八十周年学术研讨会论文集》，“中央研究院”历史语言研究所，2015年。

② 童恩正于1986年发表《试论我国从东北至西南的边地半月形文化传播带》（《文物考古论集》，1986年），认为在这个半月形地带上，地貌、降雨量、日照等因素的相似，导致新石器时代后期至青铜时代时，文化面貌有很多相似处。

经云贵高原传到了越南。而有领璧甚至传播至马来半岛①。

在2014年的论文里，笔者还分析了牙璋柄部的圆孔部位透露出该件牙璋的使用方式。如果圆孔位于左右两扉牙所连成直线的中央下方（图一六）②，当是如图一七般绑缚木柄使用，此时刃线多为圆弧形，也常看到刃部带使用痕。

但若圆孔位置上移，离开了柄部，进入扉牙的区块时，那就无法绑缚木柄，而只能以刃端向上的方式，用手捧执。据笔者统计，此时刃线常做“V”形，且多无使用痕。图一八是戴应新征集牙璋中唯一具有前述特征的一件，编号SSY17，也是该批28件牙璋中特别高长的一件③，应是如三星堆文化中用手捧执。图一九则是三星堆出土捧着似牙璋形器的小铜人④。

笔者在2014年论文中对牙璋提出的看法甚多，虽隔了五年，上述观点应仍具可信性。2017年秋，笔者参加成都金沙博物馆举办会议，发表有关晋陕高原在龙山晚期至夏时期玉器文化的论文⑤。笔者提出的新观点为：推测海岱地区的牙璋，与该处流行的、从河姆渡文化“‘介’字冠顶”发展的“华东式扉牙”均向西传播，因为陕北石峁地区蕴藏含铁量高的墨玉矿，石峁文化先民用墨玉制作具杀伐力的薄锐型牙璋，用

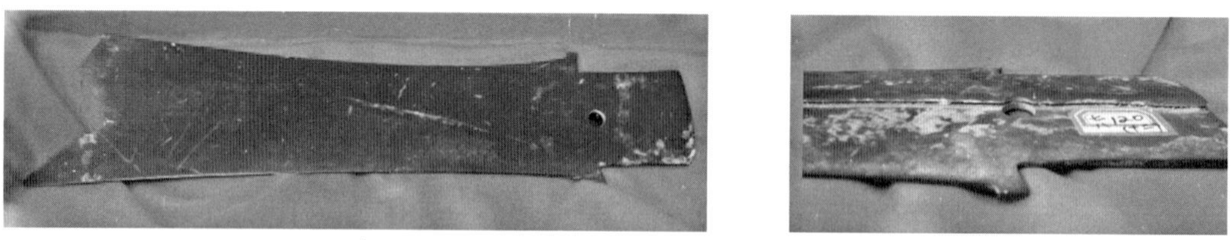

1　　2

图一六　石峁文化牙璋

（石峁征集，长32、宽7.5、厚0.3厘米，摄于陕西历史博物馆）

1. 全器　2. 反面的局部

① 吉开将人：《论“T字玉环”》，《南中国及邻近地区古文化研究》，中文大学出版社，1994年。马来半岛Gua Cha出土2件有领璧藏于英国剑桥大学人类学博物馆。笔者1980年、2012年两度检视，资料发表于拙著：《璧与有领璧——乾隆皇帝的笃信与困惑》，《故宫文物月刊》，总号384，2015年3月号。

② 所谓“左右两扉牙所连成直线”是观者目睹实物时想象的“直线”。器表并未刻画这条线。所谓“下方”，是指向着器柄底端的方向。

③ 从海外流散可靠的资料可知，德国科隆远东美术馆还藏有长达53.3厘米石峁牙璋。将于本文第四节讨论。

④ 图一八引自戴应新：《神木石峁龙山文化玉器探索（二）》，《故宫文物月刊》总号126，1993年9月。图一九引自四川文物考古研究所、三星堆博物馆、三星堆研究院：《三星堆出土文物全记录——青铜器》，天地出版社，2009年。

⑤ 邓淑苹：《交融与创新——夏时期晋陕高原玉器文化的特殊性》，《玉汇金沙——夏商时期玉文化国际学术研讨会论文集》，科学出版社，2018年。

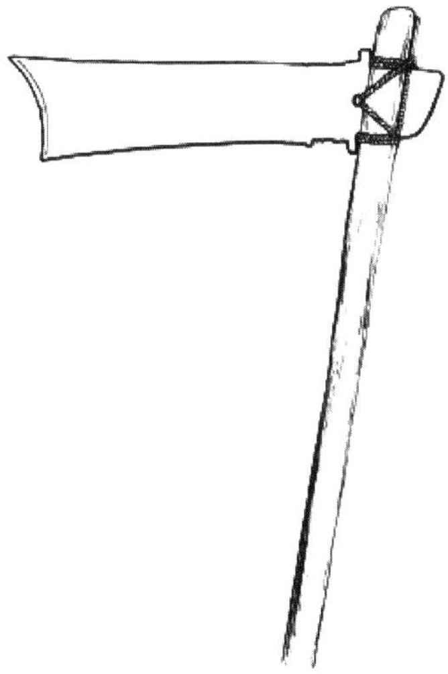

图一七　牙璋加装木柄想象图
（邓淑苹复原图）

图一八　石峁文化晚期牙璋
［石峁征集　长49、宽7.8、厚1厘米
编号SSY17（戴应新1993-94（二）第二十六号璋）］

作兵器，并装饰源自“华东式扉牙”的“对称多尖式扉牙”（图二〇）[①]。这种神秘的扉牙也偶见于石峁墨玉长刀（图二一、图二二）[②]。

三、近年学界牙璋研究概略

21世纪有两次与牙璋有关的学术会议。2013年在余杭召开“玉器·玉文化·夏代中国文明”学术研讨会，同年出版的《玉器考古通讯（二）》发表会议纪要，对几篇牙璋方面论文做了特别报道[③]。次年亦出版论文集[④]。

2016年10月底至11月初，香港中文大学、北京大学、郑州市文物考古研究院，在郑州联合举办“东亚牙璋学术研讨会”，40余位学者与会。会议纪要发表于《玉器考

① 图二〇引自中华玉文化中心、中华玉文化工作委员会：《玉魂国魄——玉器·玉文化·夏代中国文明展》，浙江古籍出版社，2013年。

② 图二一引自江伊莉、古方：《玉器时代：美国博物馆藏中国早期玉器》，科学出版社，2009年。

③ 许国栋：《“玉器·玉文化·夏代中国文明”学术研讨会暨中华玉文化中心第四届年会纪要》，北京大学文博学院，《玉器考古通讯（二）》，2013年12月。

④ 杨晶、蒋卫东执行主编：《玉魂国魄——中国古代玉器与传统文化学术讨论会文集（六）》，浙江古籍出版社，2014年。

图一九　三星堆文化执牙璋（？）铜人

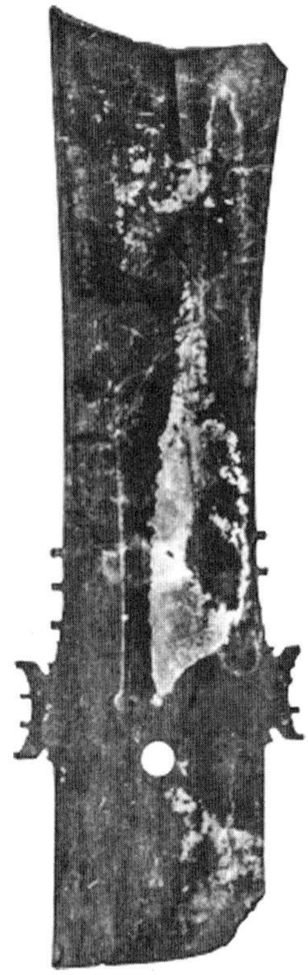

图二〇　石峁文化牙璋
（长30厘米，1976年戴应新征集编号SSY18）

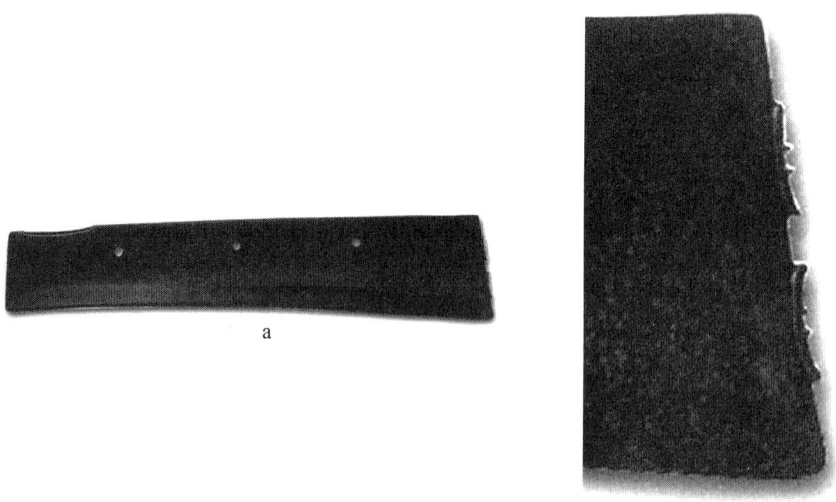

a　b

图二一　石峁文化玉刀
a. 全器　b. 局部
（长45.87厘米，匹尔斯白瑞收藏）

a　b

图二二　石峁文化玉刀

a. 宽端上的扉牙　b. 全器

（断为二，分别长11.6、40.4厘米　1976年戴应新征集）

古通讯（八）》上①。次年李伯谦先生以《再识牙璋》一文，对该次会议做了纲要性综论，也述及作者个人对牙璋萌芽、传播路径的观点，相当具有启发性②。

郑州牙璋会议上，除提供简要的会议资料外，还出版《东亚牙璋图展2016—2017》一书③，相同的内容亦于2017年春在香港中文大学“牙璋与最早中国图展”中展出。在此基础上，邓聪于2018年出版大型专刊《牙璋与国家起源：牙璋图录及论集》④。

牙璋造型奇特，所以它的出现与变化颇受关注。从目前较可靠的年代数据可知，牙璋的历史大约从公元前2400年发展至公元前900年，长达1500年左右。最早约为大汶口文化晚期，以罗圈峪遗址为代表⑤，最晚约为金沙遗址的高峰期⑥。

综览各种资料，笔者认为可以公元前1520年二里头文化结束⑦，作为时间节点，将1500年的牙璋历史分为前、后二期。各有近900年与600余年之久。前期从萌芽至发展

① 曹芳芳：《“东亚牙璋学术研讨会”会议纪要》，《玉器考古通讯》2016年第8期。

② 李伯谦：《再识牙璋》，《华夏文明》2017年第2期。

③ 邓聪、顾万发主编，香港中文大学中国考古艺术研究中心、北京大学中国考古学研究中心合办，郑州市文物考古研究院承办，《东亚牙璋图展2016—2017》，香港中文大学，2016年。

④ 郑州市文物考古研究院、香港中文大学中国考古艺术研究中心：《牙璋与国家起源：牙璋图录及论集》，科学出版社，2018年。

⑤ 栾丰实：《大汶口和良渚》，《玉润东方：大汶口—龙山·良渚玉器文化展》，文物出版社，2014年。

⑥ 王方：《金沙遗址出土玉器综述》：“从目前玉器的出土情况看，其埋藏年代集中于商代晚期至西周早期。少量玉器埋藏的下限约当西周晚期至春秋时期。”张擎《金沙遗址出土牙璋的初步研究》：“大型牙璋……的时代大体在殷墟二、三期之际至西周早期之时。……小型玉璋……埋藏时代大体在殷墟二期至西周初期。”以上二文原发表于2004年，2006年后局部修改收入王毅、邓聪主编，成都金沙遗址博物馆、香港中文大学中国考古艺术研究中心编：《金沙玉工Ⅰ——金沙遗址出土玉石璋研究》，四川人民出版社，2017年。

⑦ 根据仇士华：《碳14测年与中国考古年代学研究》，中国社会科学出版社，2015年。

高峰，以山东、陕北、河南、川西平原为主要发展地区。本文第四节将讨论之。

可能属夏王朝晚期的二里头文化结束后，牙璋与多孔长刀基本退出中原，主因是商族发迹自华东，在华东崇尚动物精灵崇拜的传统里，雕琢动物形纹的玉器是主要的玉礼器[①]。过去，因为二里头考古发掘开始得早，当1986年成都平原广汉三星堆发掘了两个大埋玉坑，出土96件牙璋和所谓“璋形器”时[②]，学界多认为那是二里头文化向西传播的结果。

笔者认为这种“想当然耳”的推论，是因为当时多数学者一直未能认识石峁文化牙璋的真面目，石峁文化牙璋具有极优质的质地，实用性强，制作量大，时代跨度七八百年或更长，它可能是四川、河南这两区域牙璋的主要源头，不过河南地区的牙璋可能同时受陕北和山东两个方向的影响（详后）。

如前所述，石峁牙璋的文化传统极可能顺着“边地半月形传播带”[③]，经由甘肃、传播至川西平原，再传播至越南北部。前节已说明月亮湾文化牙璋和石峁文化牙璋在玉质与沁色方面的相似性（图八、图九），下一节笔者还会论证二文化牙璋在形制上的类同。

月亮湾遗址与三星堆遗址虽仅一河之隔，但并非直接先后衔接的两个考古学文化。金沙遗址属十二桥文化，也邻近三星堆。金沙出土牙璋与“璋形器”共300余件，金沙遗址第一阶段约相当于中原的殷墟一、二期（约公元前1320～前1200年）[④]，多使用石质牙璋，当时正是三星堆文化强盛时期。约商晚期后段至西周早期（约公元前1200～前977年）[⑤]，三星堆遗址已经消亡或式微，金沙遗址先民才大量使用玉质牙璋。种种现象说明三星堆、金沙之间的权势兴衰更替与政权中心转移[⑥]。

月亮湾文化、三星堆文化、金沙遗址均在川西的成都平原，三者相距不远，关系密切。三星堆、金沙各出土96件与300余件牙璋（包括少量璋形器），可说是后期牙璋史（公元前1520～前900年）中最精彩的部分。而月亮湾文化时代与二里头文化第三、

---

① 邓淑苹：《玉礼器与玉礼制初探》，《南方文物》2017年第1期。

② 96件数据引自张擎：《金沙遗址出土牙璋的初步研究》，《王润东方：大汶口—龙山·良渚玉器文化展》，文物出版社，2014年。所谓“璋形器”多指平行四边形器、直角梯形器等。

③ 童恩正：《试论我国从东北至西南的边地半月形文化传播带》，《文物与考古论集》，1986年。提出“边地半月形文化传播带”概念。认为在此半月形地带上，地貌、降雨量、日照等因素的相似，导致新石器时代后期至青铜时代时，文化面貌有很多相似处。

④ 殷墟一期属商中期的最后阶段，殷墟二期属商晚期的第一阶段。此处年代数据依据仇士华：《碳14测年与中国考古年代学研究》，中国社会科学出版社，2015年。

⑤ 根据“夏商周断代工程”，公元前977年约是西周昭王、穆王之交。

⑥ 王方：《金沙遗址出土石璋及初步认识》，《东亚牙璋学术研讨会会议纪要》，《玉器考古通讯》2016年第8期。

四期相当，应属牙璋历史的前期晚段[①]。

越南北部红河流域冯原文化遗存也陆续发掘出牙璋。1994年邓聪召开第一次牙璋会议时，何文瑨公布当时出土了4件牙璋，也公布了冯原文化的^{14}C数据，早中晚期约介于公元前1800～前1050年[②]。2002年以后邓聪与越南学者继续发掘，又出土3件牙璋[③]。

越南考古研究院的Trinh Hoang Hiep 参加2016年在郑州召开的第二次牙璋会议时，作了口头报告。迄今越南共出土8件牙璋，其中7件闪玉质、1件石质。出土牙璋的墓葬不但为非典型冯原文化，且多随葬其他贵重物品，所以推测是与中国人交流时制作。他推测该批牙璋绝对年代在公元前2000～前1500年[④]。

笔者未曾亲眼检视越南北部的牙璋，但从已公布的图档看来，其中有2件确实具有石峁文化晚期或月亮湾文化的牙璋风格[⑤]，邓聪于2007年论文中亦指明："现今所知最具代表蜀地风格的因素，在红河流域一带却未见明显的踪迹。"[⑥]此处所指"蜀地风格"是指左右对称，刃线做"V"字形三星堆文化牙璋。换言之，越南北部出土牙璋中，有2件不具典型三星堆风格，反而出现更早的石峁文化晚期至月亮湾文化风格，是否意味着它们可能由远程的移民直接携入，再影响当地的仿制？这是值得研究的课题。

多数学者认为在两湖、闽、粤、桂、香港出现的牙璋，均来自中原地区二里头文化。年代多介于公元前1500～前1000年[⑦]，但它们的质地多非真正闪玉，石质为多，甚

---

① 林巳奈夫称月亮湾出土牙璋为"二里头并行期"，见氏著：《中国古代の石庖丁形玉器と骨铲形玉器》，《中国古玉の研究》，吉川弘文馆，1991年。

② Ha Van Tan, *Yazhang* in Viet Nam（何文瑨：《越南出土牙璋》）、邓聪：《越南冯原遗址与香港大湾遗址玉石器对比是释》，二文均发表于邓聪主编，香港中文大学中国考古艺术研究中心编：《南中国及邻近地区古文化研究》，中文大学出版社，1994年。

③ 邓聪：《中越牙璋竖向刻纹辨识》，《三星闪烁·金沙流采——神秘的古蜀文明》，香港文化博物馆，2007年。

④ 此位越南学者的报告未刊于会议所发的数据，但记录于曹芳芳：《"东亚牙璋学术研讨会"会议纪要》，《玉器考古通讯》2016年第8期。

⑤ 1994年牙璋会议出版的《南中国及邻近地区古文化研究》彩版5公布4件中，最右和最左各一件。

⑥ 邓聪：《中越牙璋竖向刻纹辨识》，《三星闪烁·金沙流采——神秘的古蜀文明》，香港文化博物馆，2007年。

⑦ 邓聪：《牙璋与初期中国世界秩序的雏形》，《盱古衡今》，香港中文大学中国考古艺术研究中心，2017年。早年香港南丫岛大湾遗址出土的牙璋，曾被断代于战国至西汉，邓聪先生告知，近年已按照陶器编年改定商早期偏晚。

至有骨质者，数量少，形制简化，分散出现，实际意义并不大[①]。由于闽粤地区牙璋多出现于沿海地区，是否沿着海岸线受到越北牙璋文化影响？亦是值得思考的方向。

四、探索牙璋的前期发展

公元前2400～前1520年为牙璋史的前期，此阶段约始自大汶口文化晚末期[②]，主要则在龙山时期至夏时期，牙璋从萌芽发展到高峰。或因气候巨变等因素[③]，考古学资料显示此时有较多的暴力侵略[④]、人口迁徙与文化交流融合。锋利薄锐的牙璋，尤其是含铁量高的墨玉牙璋，很可能正是青铜兵器出现前最具杀伤力的兵器。

但考古学界相当忽略出土玉器质地的研究，更常以为玉器的出土地点就是该玉器的制作地点，导致一些错误说法长期存在。前文已分散地叙述五则有关牙璋的质地鉴定，除第1则是检测考古出土器，其余第2至第5共四则都是检测可靠的流散品：

1）苏永江曾检测三星堆埋玉坑出土牙璋多为白色闪玉，表面加涂由蓝、灰等多种颜料配成的一种黑里透红的颜色，出土时器表已产生严重次生变化。

2）陈光祖检测台北故宫博物院藏华西风格玉器，确定是闪玉。此为笔者于20世纪90年代初提出“华西系统玉器”观点的依据。

3）闻广研究弗利尔博物馆藏多件石峁风格牙璋与长刀，确知它们无论颜色从浅至深，常保留变质前沉积岩文理，是以极细小的“雏晶”构成，也因此质地致密，剖成长刀、牙璋之类大薄片的带刃器而不会崩破。（图六、图七）

4）陈东和检测吉美博物馆藏石峁墨玉牙璋、长刀等，确知其中铁离子含量高达5wt%～12wt%，锰与镍的含量也较高（可参考图七、图一六、图一八、图二〇、图二一、图二二、图二九）。

5）陈东和检测台北故宫博物院藏月亮湾文化牙璋，确定其质为含铁量高达

---

① 谌小灵、李岩、王亮：《关于岭南所见牙璋的分布及相关认识——从东莞村头谈起》，2016年第二次牙璋会议所发资料中有简单提要，曹芳芳的会议纪要亦有登录。见《玉器考古通讯》2016年第8期。骨质牙璋出于村头遗址。

② 按照文明探源工程结案后发表的年表，龙山时期大约在公元前2300年。该表发表于常怀颖：《早期中国视野中的夏王朝》，《三联生活周刊》2018年第23期。因为罗圈峪遗址中出现大汶口文化晚期遗物，故笔者将牙璋历史提早至公元前2400年。

③ 王巍：《公元前2000年前后我国大范围文化变化原因探讨》，《考古》2004年第1期；吴文祥、刘东生：《4000a B. P. 前后东亚季风变迁与中原周围地区新石器文化的衰落》，《第四纪研究》2004年第3期。

④ 如陶寺文化中、晚期之交，清凉寺墓地第二、三期之交，都在遗存中出现残酷的凶杀凌虐现象。

9.3wt%的阳起石（Actinolite）。陈东和有丰富的检测石峁文化牙璋经验，他认为不排除月亮湾文化牙璋与石峁文化牙璋玉料相同，但需对考古出土（包括征集）器再做科学分析。

目前确知在公元前2400～前1520年，牙璋主要出现于四个地区：山东、陕北、成都平原、河南。山东境内无优质闪玉，出土5件大汶口文化晚期至山东龙山文化早、中期的牙璋，其中只一件是闪玉质。在此区牙璋可能主要用作农具、工具。陕北石峁附近应蕴藏含铁量高的墨玉矿（如图七），石峁先民也可获得其他地区蕴藏的灰青色系的闪玉料（如图六），所以用这两种闪玉制作大量牙璋、长刀，可能用作兵器。从造型推测，石峁牙璋的制作历史相当长，扉牙的造型从简到繁，器身长度也从20～30厘米的实用型，发展到长达53.5厘米的非实用巨大型。前文已说明，石峁牙璋传统可能传播至川西成都平原，发展出月亮湾文化牙璋。当然也可能是三星堆文化、金沙遗址牙璋文化的源头。中原地区的牙璋制作，受到山东、陕北的影响，但是此地无闪玉矿，所以从新砦遗址到二里头遗址，出土的牙璋可能都非闪玉，且所用的石料亦非同属一种。

以上是以玉石质地为切入点，提要性勾勒四个地区出土牙璋的特点。再分区详述于下。

（一）山东地区牙璋

王强先生用拉曼光谱仪及静水密度法检测山东境内牙璋。确定沂南罗圈峪3件牙璋均为蛇纹石（图二三）[①]。临沂大范庄出土2件牙璋，检测了一件，确知为闪玉（图二四，1）[②]；另一件未检测（图二四，2）[③]。笔者曾目验，后者是某种质地松而轻的矿物[④]。这5件应是山东史前先民所制作。但基本上呈现两个阶段的造型，第一阶段2件，第二阶段3件。

由于与罗圈峪牙璋共出的其他玉石镯等呈现大汶口文化风格，栾丰实先生认为罗

---

① 2008年夏，承蒙山东大学栾丰实教授协助，以及沂南文管所高本同所长与临沂博物馆王宝安馆长的同意，得以检视实物，特此申谢。又承蒙沂南文管所准予发表图片，特此申谢。线图引自于秋伟、赵文俊：《山东沂南县发现一组玉、石器》，《考古》1998年第3期。

② 王强等：《海岱地区史前时期牙璋的材质和制作工艺初探》，宣读于2016年郑州的牙璋会议，重点发表于曹芳芳：《“东亚牙璋学术研讨会”会议纪要》，《玉器考古通讯》2016年第8期。

③ 王強先生告知笔者，特此申谢。

④ 图二四-1及图二四-2a、2b引自王永波：《关于刀形端刃器的几个问题》，《故宫文物月刊》12卷3期，总号135，1994年6月。图二四-2c为笔者助理根据所拍图档绘制。

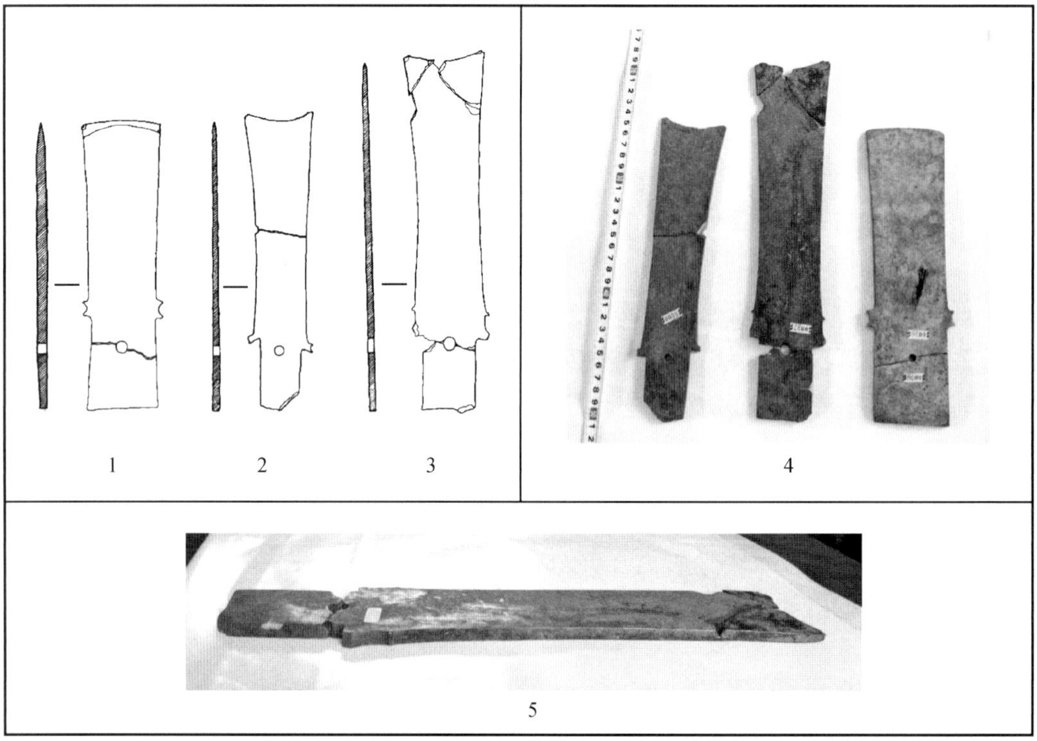

图二三　大汶口晚期至山东龙山文化早期牙璋（3件）

1. 罗圈峪1号牙璋（YL10），长24.8厘米　2. 罗圈峪2号牙璋（YL11），长25.8厘米　3. 罗圈峪3号牙璋（YL12），长30.8厘米　4. 笔者拍摄三件在未修补前彩图　5. 笔者拍摄3号平置桌面

（沂南罗圈峪出土）

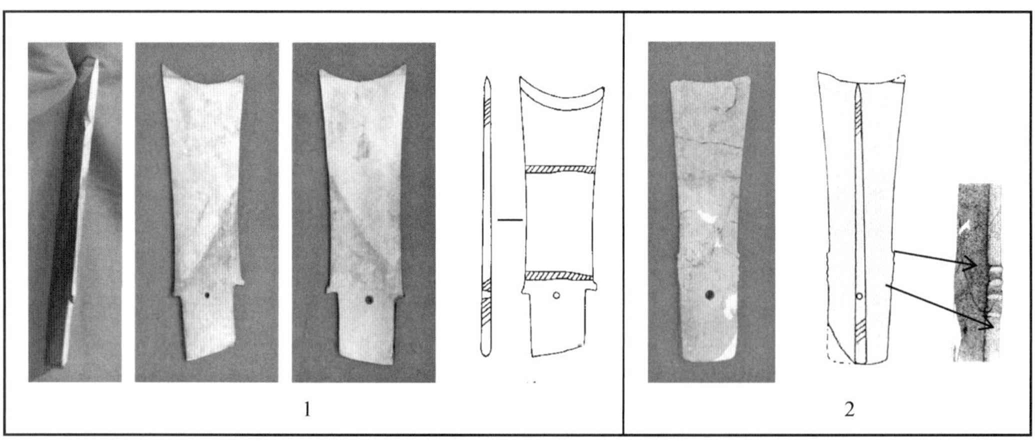

图二四　山东龙山文化牙璋（2件）

1. 大范庄1号牙璋，长32.8、厚0.6～1.1厘米　2. 大范庄2号牙璋，长27.5、厚0.6～1厘米

（临沂大范庄出土）

圈峪1号牙璋（图二三，1），可定为大汶口文化晚期[①]。该器颇厚实，器身大致左右对称，扉牙做双并齿形，双面对磨中锋的刃线呈微凸弧形，有因使用而造成的破碴。柄孔钻于柄部的中央偏高位置。

大范庄2号牙璋基本也属这类古拙风格（图二四，2），器身大致左右对称，双面对磨中锋的刃线呈微凹弧形，有使用造成的破碴。扉牙切割成约四等分，夹出三条凹槽。邓聪先生认为，大范庄2号牙璋的扉牙造型，可能被河南境内新砦遗存先民所承袭[②]。

罗圈峪1号、大范庄2号两件石质端刃器，都是器身厚实，本体与柄部约等宽，二者之间琢有可供绑缚绳索的简单扉牙，可供用作铲或耒耜（图二五、图二六）[③]，属山东第一阶段牙璋。

罗圈峪2号、3号牙璋，与大范庄1号牙璋基本造型相似。属山东第二阶段牙璋。它们有下列几个共通点：

1）都已发展出些许左右不对称的器身，左右二刃尖稍不等高，浅凹弧刃可为中锋，亦可为偏锋[④]。刃部都有使用痕。

2）本体与柄部之间的扉牙也不对称，上端刃尖高的一边，扉牙位置常比较低。

3）扉牙之下的柄部宽度比本体的宽度窄，因此扉牙可简化成一个单牙，就可牢固地绑稳木柄。这种单扉牙，流传至石峁文化时非常流行。林巳奈夫用日文字母称之为“ク”形，邓聪用英文字母称之为“D”形[⑤]。

4）若以直线连接左右扉牙，柄孔位于此一直线的正中央下方。

5）本体器表出现浅浅的磨凹现象（图二三，5）。

此时，木柄是如图二五般与器身同向，还是如图一七般与器身呈近90°交角？还有待仔细观察刃部使用痕的方向，再做判断。

---

① 栾丰实：《大汶口与良渚》，《玉润东方：大汶口—龙山·良渚玉器文化展》，文物出版社，2014年。

② 邓聪等：《东亚最早的牙璋——山东龙山式牙璋初论》，《玉润东方：大汶口—龙山·良渚玉器文化展》，文物出版社，2014年。

③ 图二五引自李仰松：《中国原始社会生产工具试探》，《考古》1980年第6期。图二六引自林巳奈夫：《中国古代の祭玉、瑞玉》，《东方学报》京都第40册，1969年，收入《中国古玉の研究》，吉川弘文馆，1991年。图为江村治树拍摄。

④ 所谓“中锋刃”，就是由正反两面对磨出尖锐的刃部。所谓“偏锋刃”，就是由一面磨出尖锐刃部，另一面保持平直光素器表。

⑤ 林巳奈夫：《中国古代の石庖丁形玉器と骨铲形玉器》，《中国古玉の研究》，吉川弘文馆，1991年；郑州市文物考古研究院、香港中文大学中国考古艺术研究中心：《牙璋与国家起源：牙璋图录及论集》，科学出版社，2018年。

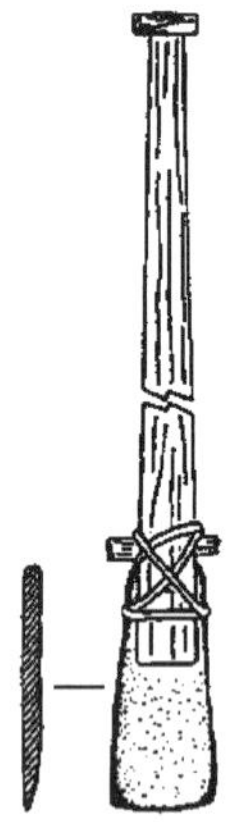

图二五　石铲接柄示意图

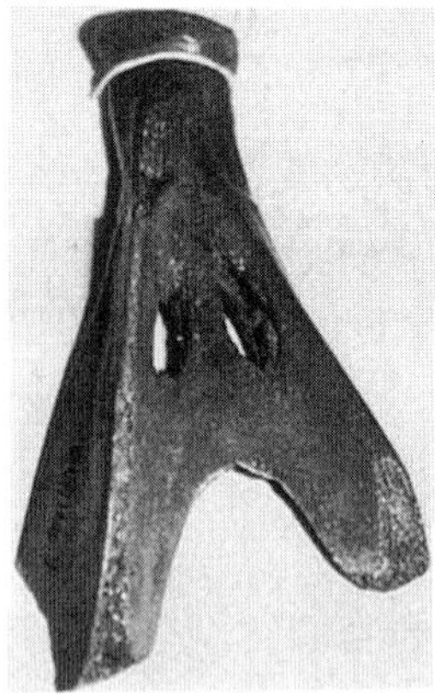

图二六　河姆渡文化骨耜

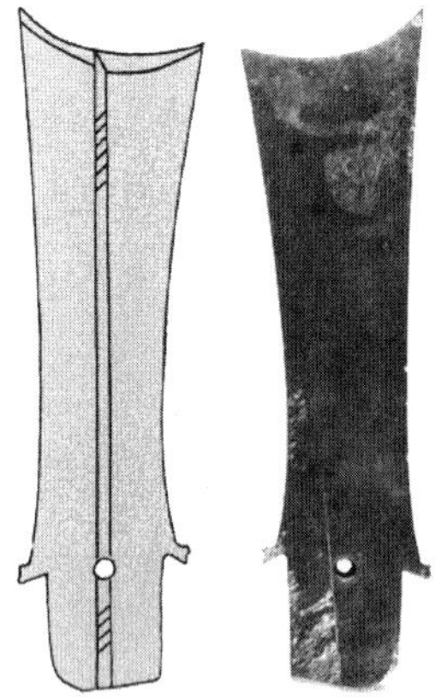

图二七　石峁文化牙璋
（长27.5、厚0.4～0.5厘米，司马台出土）

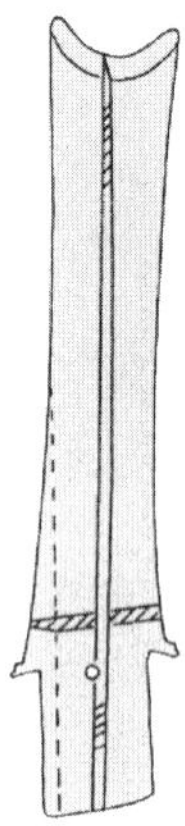

图二八　石峁文化牙璋
（长33.5、厚0.4～0.6厘米，五莲上万家沟出土）

海阳司马台与五莲上万家沟的牙璋（图二七、图二八）[①]，虽颇早出土且公之于世，但过去多以为出土于山东就是山东史前玉器。这两件经检测确知均为闪玉质，图二七是几乎未受沁的墨玉，透光时呈现墨绿色，属典型石峁墨玉。图二八全器受沁颇深，偏棕褐色。检测者认为是所谓“甘肃料”[②]。其实就是笔者所称的“华西玉料”（图六、图七）。

除了玉料特征外，这两件器身相当扁薄，厚度均0.5厘米左右。器表均略呈微凹，刃部均磨成偏锋，本体左右轮廓线呈修长的凹弧，这些都是石峁牙璋的特点，读者可将之与图二九的1～4石峁牙璋对比观察[③]。

（二）陕北地区牙璋

本文第二节已说明笔者于2018年论文推论：海岱地区牙璋与“华东式扉牙”向西传播，石峁先民用墨玉制作具杀伐力的薄锐型牙璋，用作兵器，有的装饰由“华东式

① 图二七a、图二八，引自王永波：《关于刀形端刃器的几个问题》，《故宫文物月刊》12卷3期，总号135，1994年6月。图二七，b引自山东博物馆、良渚博物院：《玉润东方：大汶口—龙山·良渚玉器文化展》，文物出版社，2014年。

② 王强等：《海岱地区史前时期牙璋的材质和制作工艺初探》，宣读于2016年郑州牙璋会议，曹芳芳所作会议纪要有纲要性记录（在《玉器考古通讯》2016年第8期）。

③ 图二七的单牙是标准的所谓“ク”形或“D”形扉牙。有学者因图二七的单牙上有一伤凹，另称之为“马鞍”形扉牙，实属多余。

扉牙”发展的“对称多尖式扉牙”，先民或认为这种扉牙具通神的神秘内涵。

事实上，除了墨玉外，石峁先民显然也可向西南方向的邻居获取如本文图六那种灰青色调的闪玉，所以石峁文化也有用灰青色闪玉制作的牙璋，或类似的带刃器[①]。图二九共有9件牙璋，图二九-4即为灰青色闪玉，其余均为石峁墨玉。

石峁牙璋不但存世者数量可观，且从造型可知，石峁文化可能长达九百年，约公元前2300～前1400年。但公元前2100～前1500年，可能是石峁文化最强盛且具侵略性的阶段。笔者根据牙璋对石峁文化所做的年代估算，与发掘者公布的年代下限不同[②]，有待日后继续发掘与研究。

戴应新征集的28件牙璋中，有23件是单扉牙牙璋[③]，图二九-1～4这四件均属之。图二九-5是德国科隆远东美术馆藏品。根据萨尔摩尼（A. Salmony）1931年论文记录可知，它是1929年萨氏在北京附近从来自榆林府的农民手中购得的，在科隆远东美术馆中编号为H30.7，清楚注记长达53.4厘米[④]。这是目前查得石峁文化单扉牙牙璋资料中，尺寸最大的一件[⑤]。

图二九-1单扉牙有如斜坡，并未形成明显的疙瘩，这种款式也确实存在。但图

---

① 目前用带沉积岩文理灰青闪玉制作的有刃器，最大的一件出自陕西陇县王马嘴，长77.2、宽32.5、最厚1厘米。现藏陕西历史博物馆，线图发表于肖琦：《陇县博物馆收藏的玉璋》，《文博》1993年增刊第二号，彩图发表于王长启主编：《中华国宝——陕西珍贵文物集成·玉器卷》，陕西人民教育出版社，1999年。据笔者探访玉器资料的经验，陇山周围陇县、静宁、会宁、固原、隆德等地，多出体积大的齐家系璧、琮、带刃器等。显示这种灰青色闪玉可能蕴藏于陇山地区。近年石峁遗址也发掘出用这种浅青灰色闪玉料制作长50多厘米的端刃器；也出土这种玉料制作的牙璋的扉牙部位残片。

② 孙周勇：《公元前第三千纪北方地区社会复杂化过程考察——以榆林地区考古资料为中心》，《考古与文物》2016年第4期。文中认为年代下限为公元前1800年。

③ 完整发表于戴应新：《神木石峁龙山文化玉器探索（二）》，《故宫文物月刊》总号126，1993年9月，总号126。

④ 张长寿：《论神木出土的刀形端刃器》，《南中国及邻近地区古文化研究》，中文大学出版社，1994年。文中记载非常重要：“萨氏于1929年深秋作为德国科隆远东美术馆的代表到达北京，年底，一位中国古董商人建议他租一辆汽车到一个几小时路程远的农村，去会见正在来北京途中的几个榆林府的农民。它们在自己的田地里发现了玉器。萨氏听从了并会见了这些农民。他们出示36件黑玉和6件绿玉，都是刀形端刃器和刀形器，大小不等，完好的程度也各异。结果他选购了一件最大的黑玉端刃器（Invt. No. H30.7，长53.4厘米）、一件最大的绿玉刀形器（Invt. No. H30.1，长34.5厘米），和另外两件较小的标本，由科隆远东美术馆收藏。……至于其他的38件玉器就在古董商人的手中转来转去，最后通过各种途径流入欧洲和美国。”根据张文附注可知，是魏沙彬（Sabine Werner）教授提供萨氏1931年论文，并查阅科隆远东艺术馆对四件石峁玉器的入藏底册。

⑤ 图二九-5引自林巳奈夫：《中国古代の石庖丁形玉器と骨铲形玉器》，《中国古玉の研究》，吉川弘文馆，1991年。

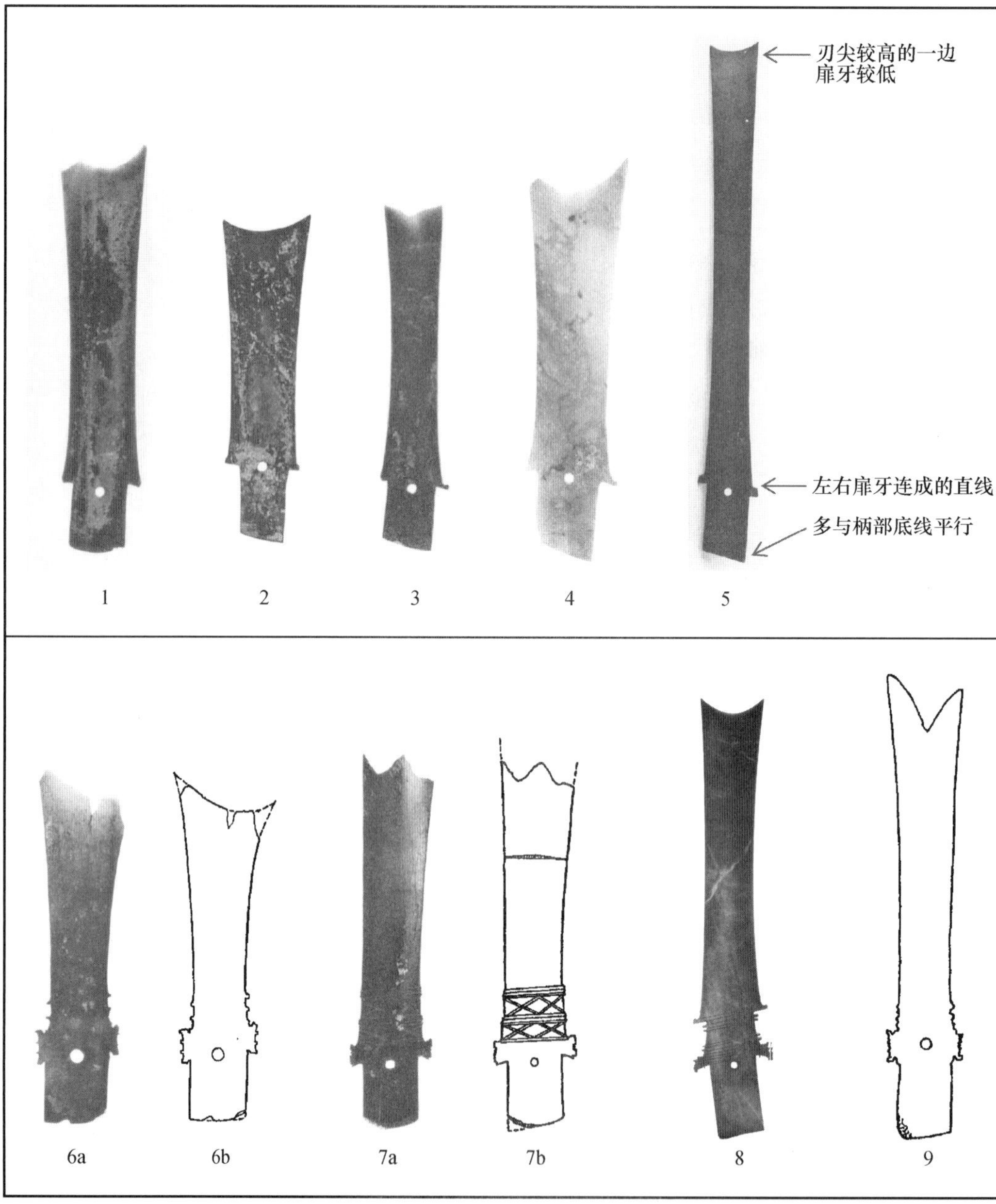

图二九　石峁牙璋

1. 长35.6、厚0.8厘米　2. 长26.5、厚0.6厘米　3. 长27、厚0.3厘米　4. 长32.9、厚0.15厘米　5. 长53.4厘米　6. 长30、厚0.4厘米　7. 长34.5、厚0.3厘米　8. 长43.5、厚0.64厘米　9. 长49、厚1厘米

（5号藏于德国科隆远东美术馆，8号藏于美国明尼阿波里斯艺术研究院，其余均1976年戴应新征集）

二九-2～5，都有清晰凸起的单扉牙。典型石峁单扉牙牙璋的特点是：用墨玉或灰青玉制作，本体薄锐，器表多磨作浅微凹（如图九左），具浅凹弧刃线，且多为偏锋[①]，两个刃尖高低不一致。两个单扉牙也高低不一，但刃尖高的一侧，扉牙的位置常较低。连接二扉牙的直线常与柄部的底线平行。柄孔必钻于连接二扉牙直线的中央正下方。以便如图一七般绑缚木柄。因实际使用，故有的刃部残缺甚。但此时牙璋的柄部的宽度，不一定较本体的宽度窄。

虽然上述某些特点也隐然见于山东大范庄1号牙璋（图二四，1），该件质地亦是闪玉，但非石峁先民所用的墨玉或青灰闪玉。也可能山东先民主要用之为翻土农具，不追求薄锐锋利，所以它的厚度达0.6～1.1厘米。

图二九-6、7、9三件也是当年戴应新征集的。图二九-8则是美国明尼阿波里斯艺术研究院藏品。前文第一节已说明，卢芹斋1925年书中已注记这类玉器多来自榆林府。卢芹斋1950年书中记录：吴大澂所藏大型黑色长片状器卖给美国的匹尔斯白瑞，而后者又捐赠给明尼阿波里斯艺术研究院。很可能图二九-8即是吴大澂藏玉、被卢芹斋所卖出者。

从图二九-6、7两件，以及前文图二〇可知，即或长度30多厘米，本体薄锐可用以砍杀的牙璋，但扉牙也雕琢得颇繁复，甚至器表刻交叉网格线纹。图二〇及图二九-6两件颇相似，多雕琢“对称多尖式扉牙”。这种扉牙造型，林巳奈夫称之为“业字形侧饰”[②]，邓聪曾仔细检视图二九-6、图二〇、图二九-9三件实物[③]，做了细致的记录，释其扉牙为“兽头与兽身组合成兽的整体，兽头分前后头”。邓聪认为采集自甘肃清水连珠村者，也是同类型扉牙[④]。

图二九-8这件在20世纪即流散至明尼阿波里斯艺术研究院的牙璋，已发表两次[⑤]，但图片均不甚清晰。结合月亮湾文化、二里头文化牙璋资料可知，图二九-8这件的扉牙相当华丽，器表刻画多条平行直线，最上方有“D”形单扉牙，中段二组“双并齿”，最下方琢出向左右斜下方伸出的“兽头”。笔者称此一结构为“典型兽首式扉牙”。

---

① 据笔者初步统计，单扉牙牙璋偏锋刃的磨法多为将刃尖放成“左高右低”时为正面，再从正面向下磨薄，背面不磨而保持平直器表。所以图二九-1～5五个图，都显示牙璋的背面。

② 林巳奈夫：《中国古玉の鉏牙》，《中国古玉の研究》，吉川弘文馆，1991年。

③ 戴应新征集这批玉器均典藏于陕西历史博物馆，这三件的典藏号为SSY18、SSY15、SSY17。

④ 邓聪：《牙璋在中国西北的扩散——甘肃牙璋》，《华夏文明》2017年第12期。收入邓聪主编：《牙璋与国家起源》，科学出版社，2018年。

⑤ 林巳奈夫：《中国古代の石庖丁形玉器と骨铲形玉器》，《中国古玉の研究》，吉川弘文馆，1991年；江伊莉、古方：《玉器时代：美国博物馆藏中国早期玉器》，科学出版社，2009年。本文图引自后者。

图二九-6～8以及图二〇，这四件扉牙雕琢华丽的石峁文化牙璋，柄部与本体的宽度相差不多，但均维持一个重要特征：柄孔的位置落在连接扉牙下缘直线的正中央下方，意味着它们可以如图一七般绑缚木柄，这四件中有三件的刃部残断，也说明即或雕琢华丽的扉牙，依旧用来砍杀。是否在石峁文化中，单扉牙牙璋单纯用作兵器，只有雕琢复杂扉牙的牙璋，既可用作兵器也可在祭典中用作敬神的礼器？有待继续探索。

图二九-9这件牙璋就不一样了，它与前文第二节图一八是同一件，笔者已说明，若牙璋圆孔位于左右两侧宽扉牙所连成的宽横带上（可称为“宽扉牙区块”），那就无法绑缚木柄，而只能以刃端向上的方式用手捧执。这件牙璋除了此一特点相似于三星堆文化牙璋外，刃线做“V”形，无使用痕，也是三星堆文化牙璋的主要特征。因此，笔者推测石峁文化一直延续至公元前1400年左右。但晚期国势已弱，所以如图二九-9的墨玉牙璋，存世不多。

（三）月亮湾文化牙璋

1927年意外出土于四川广汉月亮湾燕家院子的玉器多已分散，目前留在四川的5件牙璋，典藏于四川省博物馆3件[①]、四川大学博物馆2件（图八）。苏永江检测了1986年在广汉三星堆出土两坑玉器的质地，但是月亮湾的牙璋的质地始终未检测。

台北故宫博物院所藏月亮湾文化牙璋（图三〇），经陈东和鉴定，质地是含铁量高达9.3wt%的以阳起石为主的闪玉。这个数据相似于陈东和在巴黎检测的石峁文化牙璋的墨玉，所以不排除月亮湾文化牙璋质地与石峁文化牙璋相同，但有待更深入研究。

图三一为燕家院子出土牙璋（与前文图八左侧为同一件）。它与图三〇牙璋均为偏锋刃，从刃部、本体、扉牙到柄部，甚至沁色都很相似。扉牙下端向左右斜向伸出兽首，是典型“兽首式扉牙”。

图三二也是当年燕家院子出土牙璋，亦雕琢华丽的“兽首式扉牙”。全器长达61厘米，比例窄长，扉牙左右端高低差距大，导致器身具有较明显的弯度，此一特征相似于图二九-8，唯后者墨绿玉干爽少沁，属陕北风格，前文已说明，图二九-8可能是早年经卢芹斋出售的吴大澂旧藏。所以图二九-8与图三二的对比，也证实石峁文化与月亮湾文化间密切关系。笔者甚至怀疑，是否月亮湾文化牙璋直接来自石峁文化先民的馈赠？[②]

---

① 邓聪主编：《东亚玉器》，香港中文大学中国考古艺术研究中心，1998年。

② 燕家院子资料四散，很难具体研究。但确知出土时有从大到小堆栈的很多石璧，也见零散存在玉琮。石峁文化基本不见璧与琮（可能有与铜箍组合当作腕饰的大孔璧）。

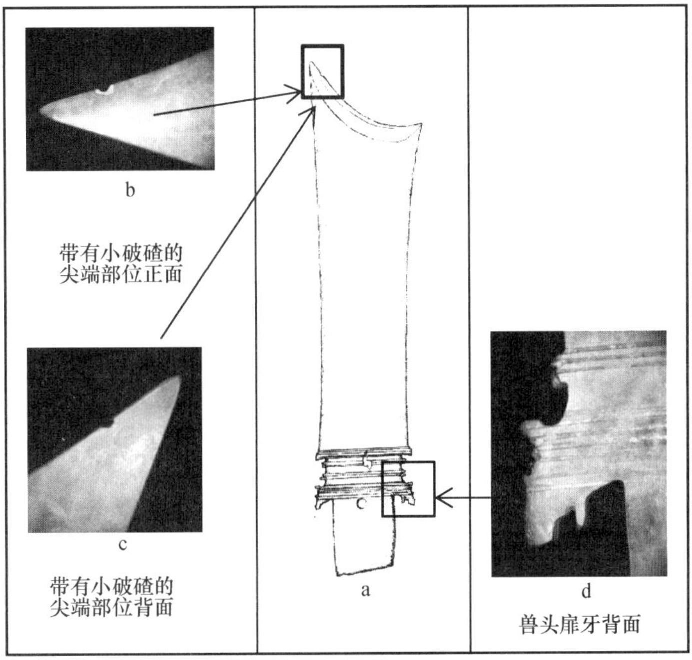

图三〇　月亮湾文化牙璋

a. 线图　b～d. 笔者所拍摄低倍显微照

（长36.7、宽8、最厚0.56厘米，台北故宫博物院藏）

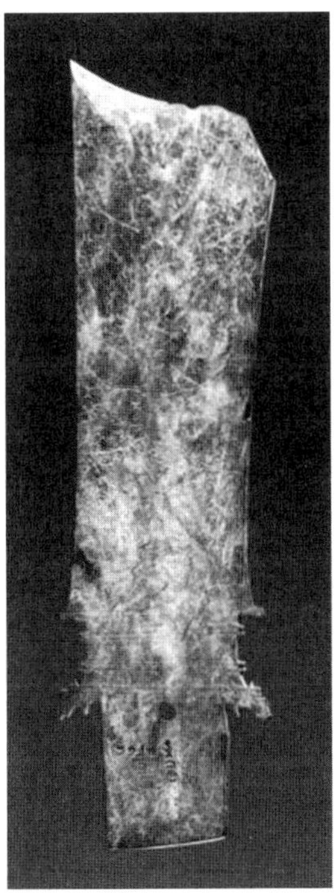

图三一　月亮湾文化牙璋

（长36.7、宽8、最厚0.56厘米，四川大学博物馆藏）

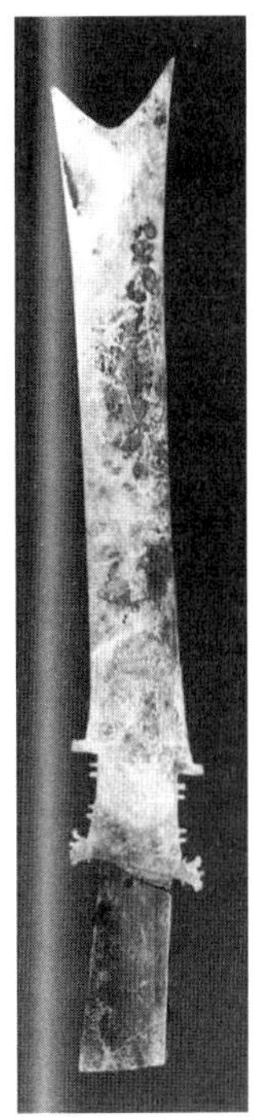

图三二　月亮湾文化牙璋

（长61、宽8.1、最厚0.6厘米，四川省博物馆藏）

图三二牙璋的刃部已呈现从浅凹弧刃发展至“V”字形刃线的过渡中间形态，也暗示了月亮湾文化与三星堆文化之间的关系①。

（四）河南地区牙璋

虽然玉质鉴定非常重要，但河南境内出土的多件牙璋，几乎都未经质地检测②。从新砦期至所谓“商早期”遗址③，共出土或征集8件完整牙璋与一件疑似牙璋扉牙部分的残块。

8件完整牙璋分别出自：新砦1件、偃师二里头4件、大路陈村1件、新郑望京楼1件、郑州杨庄1件④。笔者均仔细观察过，可说它们在质地、造型、纹饰上，风格变化甚大。图三三是大致依照实物尺寸比例所排列⑤。但因印刷关系，颜色不一定正确。

这8件牙璋都未检测质地，但笔者均仔细观察过实物。初步推测只有望京楼、杨庄两件的质地是闪玉，前者边缘有一截裂缝，后者基本没有断裂。其余6件质地可能均非闪玉。除了新砦牙璋器身厚实，似无伤断之外，其余5件均有严重断裂。

望京楼牙璋曾到台北历史博物馆展出，其质地与本文图六相似，是带有不规则团块的浅灰青色闪玉，几乎未受沁，浅凹弧刃线上使用痕不明显。图三三-7b是此件局部特写，可清楚看到色泽文理，更可看清扉牙至柄部的结构与图二九-8石峁文化牙璋，以及图三〇～图三二共3件月亮湾文化牙璋相同，都是“典型兽首式扉牙”，从上到下有三单元：“D形凸起”“两组双并齿”“向左右斜出的兽首”，器表刻多条颇宽深的平行直线，直线的布局与左右轮廓的凹凸切割相呼应，但直线不会刻到兽的口鼻部位⑥。

杨庄牙璋特别长、大，展出于河南博物院，图三三-8b是此件局部特写，可看出

① 图三一、图三二均引自邓聪主编：《东亚玉器》，香港中文大学中国考古艺术研究中心，1998年。

② 笔者查得关于河南出土早期玉器质地检测数据为董俊卿、干福熹、承焕生等：《河南境内出土早期玉器初步研究》，《华夏考古》2011年第3期。其中无牙璋。

③ 大路陈村牙璋、杨庄牙璋的考古报告中都说明是采集品，见河南省文物研究所：《许昌县大路陈村发现商代墓》，《华夏考古》1988年第1期；赵新来：《郑州二里岗新发现的商代玉璋》，《文物》1966年第1期。望京楼牙璋也是征集品。直到2005年《中国出土玉器全集》里还定望京楼、杨庄牙璋为商代。但从形制纹饰可确知应属夏时期玉器。至于河南桐柏县月河镇春秋时期遗址出土牙璋，虽也是早期遗物，但本文不收入讨论。

④ 王永波认为淅川下王岗出土一个只剩简单的扉牙与柄部部分的残件亦是牙璋，笔者认为该件本体部分所余甚短，不排除是本体短，且上端平刃的工具。不宜列为牙璋。

⑤ 图引自邓聪、顾万发：《东亚牙璋图展》，香港中文大学，2016年。

⑥ 图三三-7b、8b均为黄翠梅拍摄。

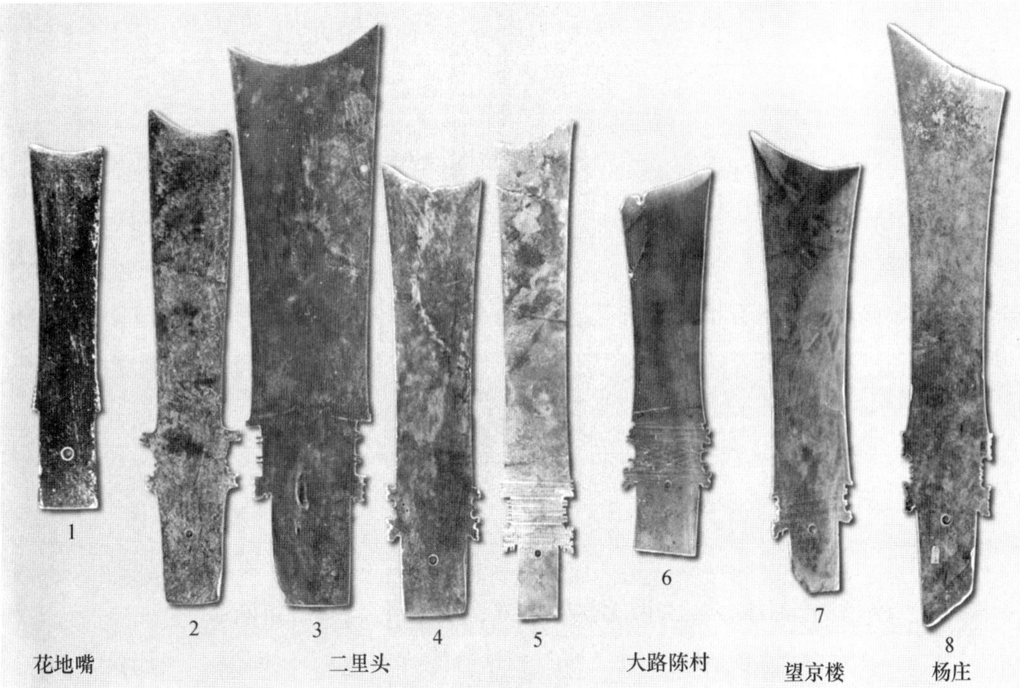

图三三　河南境内出土与征集新砦期至二里头文化期牙璋（8件）

1. 花地嘴：长30、厚1.01厘米　2. 二里头1号（73YLⅢKM6：8）：长49.5、厚0.9厘米　3. 二里头2号（80YLVM3：5）：长54、厚0.55厘米　4. 二里头3号（80YLVM3：4）：长48.1、厚0.8～1.1厘米　5. 二里头4号（75YLVⅡKM：5）：长48、厚0.4～0.5厘米　6. 大路陈村：长37.5、厚0.45厘米　7. 望京楼：长39.2厘米　8. 杨庄：长66厘米

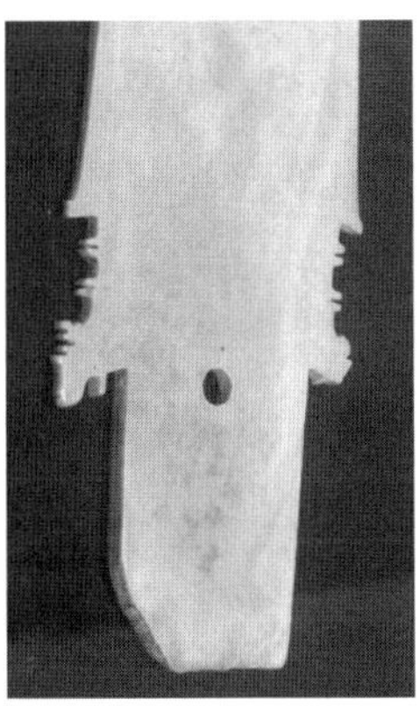

图三三-7b　望京楼牙璋扉牙及柄部（约二里头三期）

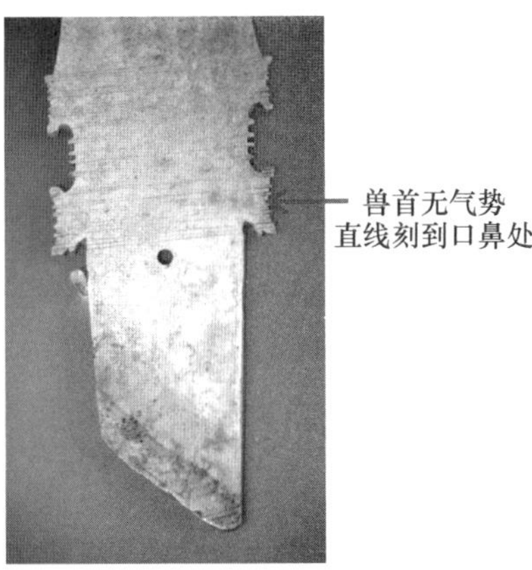

图三三-8b　杨庄牙璋扉牙及柄部（约二里头四期）

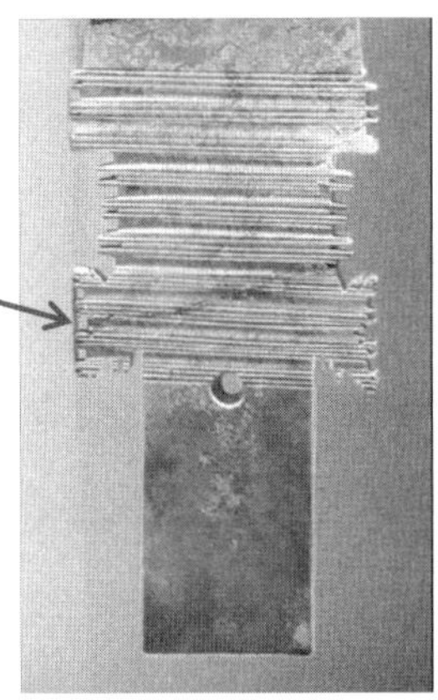

图三三-5b　二里头4号牙璋扉牙及柄部

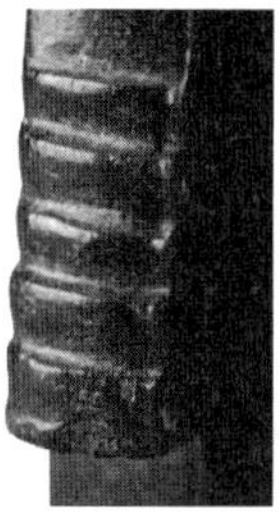
图三三-1b　新砦牙璋的扉牙部分

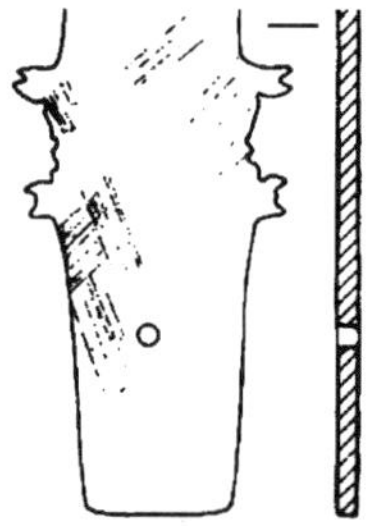
图三三-2b　二里头1号牙璋扉牙及柄孔

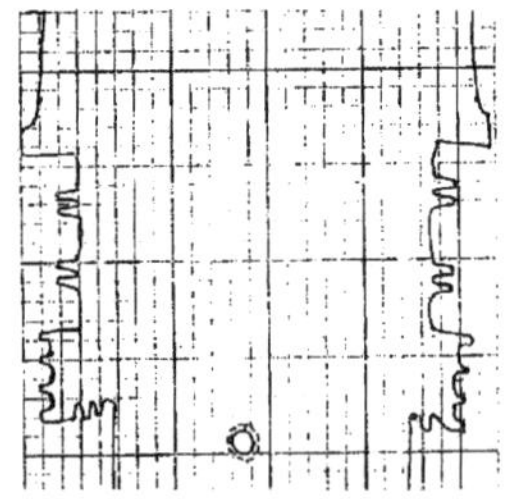
图三三-4b　二里头3号牙璋扉牙及柄孔

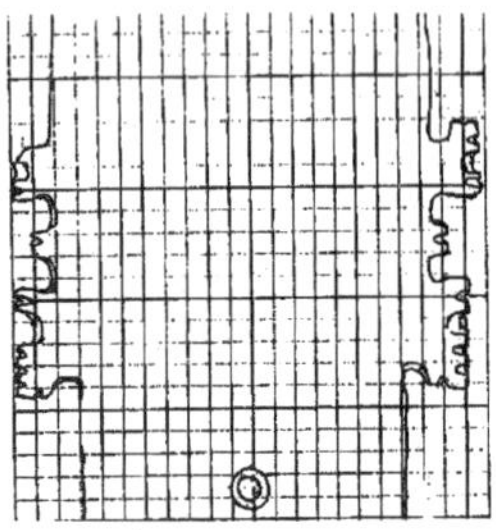
图三三-3b　二里头2号牙璋扉牙及柄孔

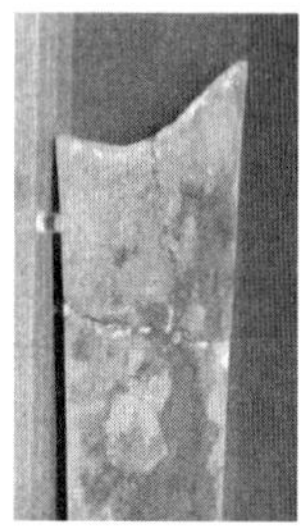
图三三-5c　二里头4号牙璋刃端部分
攝於洛陽博物館陳列室

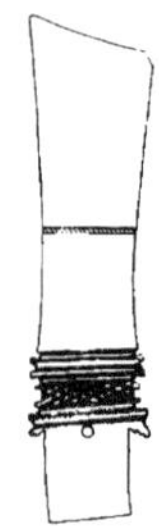
图三三-6　大路陈村牙璋线图

虽全沁为深浅交杂的棕褐色，仍隐然有沉积岩文理的不规则团块，散布细粒深灰色杂质。此件刃线已接近斜直线，使用痕相当明显。从局部特写可看出扉牙结构是将“典型兽首式扉牙”再复杂化，器表平行深刻直线更多，原本有定制的左右轮廓组合也变复杂了，“D形凸起”变成“对称多尖式扉牙”，“两组双并齿”变成“四条平行宽带”，原本“向左右斜出的兽首”部分变得软绵，失去“兽首”该有的张口勇猛气势，横条平行线也布满至兽的口部位。

望京楼、杨庄两件，从扉牙的结构解析，与图三三-3、5，分别出自二里头三期、四期的牙璋很相似。但望京楼、杨庄两件都是闪玉制作，两件的本体左右轮廓线均略带束腰般地优雅修长，还承袭石峁文化牙璋的帅气风格。它们应该不是二里头文化先民的作品。

图三三-1～6共六件非闪玉制品，可能是中原地区新砦至二里头文化先民的作品。

图三三-1牙璋黑色石质，厚达1.01厘米，出自新砦遗址祭祀坑中[①]。新砦遗址约公元前1850～前1750年。图三三-2牙璋灰色石质有细微黑点，虽器身较长，厚度亦达0.9

① 郑州市文物考古研究所、北京大学考古文博学院：《河南巩义市花地嘴遗址“新砦期”遗存》，《考古》2005年第6期。

厘米。出自二里头三期墓葬，曾断为三截[①]。二里头三期约公元前1610～前1560年[②]。

图三三-1、2二件器形特征甚为古拙，与罗圈峪1号石牙璋（图二三，1）、大范庄2号石牙璋（图二四，2）颇多相似处。新砦牙璋的扉牙切割成约五等分，夹出四条凹槽（图三三，1b）[③]，相似于大范庄1号牙璋的扉牙（图二四，2c）。二里头1号牙璋的双并齿扉牙（图三三，2b）相似于罗圈峪1号牙璋（图二三，1）。最值得注意的是它们的柄孔钻于整个柄部的中央，而不在左右扉牙连线的正中央下方。这种柄孔位置显示器物很可能像图二五般绑缚木柄，如铲子、耒耜般的操作。

事实上二里头3号牙璋的柄孔位置虽稍提高，也未贴近扉牙底部连线，而这件的扉牙似乎是二里头先民尝试模仿石峁文化的"典型兽首式扉牙"的失败作品（图三三，4b）。倒是二里头2号牙璋（图三三，3），这个长54厘米的大个子，柄孔已上移到正确的位置——在左右扉牙连线的正中央下方（图三三，3b）[④]。它的扉牙结构合乎"典型兽首式扉牙"，只是器表未刻出多条平行直线，兽首也不外侈，而朝向正下方[⑤]。二里头2、3号两件牙璋均各断为二截，它们的器表多沾满红色粉末，可能是朱砂之类的矿物。只2号牙璋还保持一面呈深灰色。

图三三-5是一件采集品，出自二里头四期的地层[⑥]。它的光泽柔和，断成六七截，推估质地甚软，笔者疑其为滑石、蛇纹石与绿泥石的共生矿[⑦]。它与杨庄牙璋的相似之处为本体与柄部之间，雕琢了"复杂化兽首式扉牙"。兽首僵化无气势，密密的直线刻到兽首的口鼻处（图三三，5b）[⑧]。令人不解的是，既然扉牙制作得如此复杂费工，为何刃部却伤痕累累，显然时常用以砍凿（图三三，5c）[⑨]。

---

① 二里头1号牙璋见中国社会科学院考古研究所：《偃师二里头——1859年～1978年考古发掘报告》，中国大百科全书出版社，1999年，第255页。

② 新砦遗址及二里头三期年代依据仇士华：《碳14测年与中国考古年代学研究》，中国社会科学出版社，2015年。

③ 引自中国玉文化中心、中华玉文化工作委员会：《玉魂国魄——玉器玉文化夏代中国文明展》，浙江古籍出版社，2013年，第100页。

④ 图三三-4b、3b均引自林巳奈夫：《中国古玉器总说》，及川弘文馆，1999年，第283页。

⑤ 二里头2号、3号牙璋出自同一座墓葬，报告见中国社会科学院考古研究所二里头队：《1980年秋河南偃师二里头遗址发掘简报》，《考古》1983年第3期。

⑥ 偃师县文化馆：《二里头遗址出土的铜器和玉器》，《考古》1978年第4期。

⑦ 台北故宫博物院有一件新石器时代晚末期龙山文化风格玉石钺，色泽质感与二里头4号牙璋相似。笔者测其比重硬度，日本地质学家茅原一也教授曾目验推测为滑石、蛇纹石、绿泥石共生矿。发表于拙作：《"故宫博物院"藏新石器时代玉器研究之三——工具、武器及相关的礼器》，《故宫学术季刊》8卷1期，1990年，图九三。

⑧ 图引自周剑曙等：《偃师文物精粹》，北京图书馆出版社，2007年。

⑨ 江美英摄于洛阳博物馆展场。

图三三-2～5，是出土于二里头第三、第四期的四把牙璋，它们都是微凹弧、中锋刃，都有颇重的使用痕。本体的左右轮廓线比较平直，配合柄部底线平直，左右扉牙对称，致使整个器形也相当"端正直立"，缺乏石峁牙璋特有的帅气，后者是结合了本体的刃尖、扉牙、柄部底线，三者间适度的高低变化所营造的特殊风格。

大路陈村虽曾发掘到商代墓葬，但图三三-6这件牙璋是当地的采集品①。笔者于2014年初冬检视了实物②。它可能是蛇纹石质，深褐绿色夹杂很多黑点。刃部及本体下部均曾断裂，近乎平直的中锋刃线上布满使用痕。扉牙部分仍属"典型兽首式扉牙"的变体，左右下方的兽首已退化，右侧尚看出张口兽头，左侧已伤缺不全。扉牙区块的中段刻画交叉的格线，这种在整个装饰面积上不分区地满部格线纹的装饰手法，也见于二里头文化四期的玉刀上（图三四）。

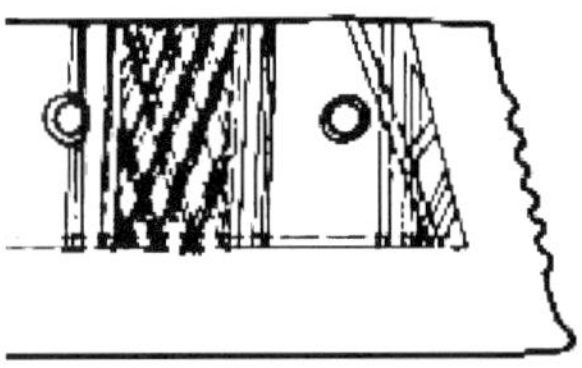

图三四　二里头文化四期七孔大玉刀（线图局部）

笔者曾论证这样的格线纹或可能源自石峁文化③，图二九-7石峁牙璋上也刻画格线纹，但那是将扉牙区块分为上下两份，每份上各刻画两个交叉。

所以图三三所排列的八件中，1号出于新砦遗址，2号虽出自二里头三期遗址，但呈现较古拙风格。3～8号共六件基本都可算二里头三、四期（公元前1610～前1520年）④。只是7号望京楼、8号杨庄很可能是石峁文化牙璋，因战争或其他因素传至中原，它们或是二里头先民仿制石质牙璋的母型。

五、结　　语

本文第二、三两节分别回顾笔者个人40年研究牙璋的历程，以及21世纪以来学术界研究牙璋的活动。第四节则专注在公元前1520年牙璋的方方面面。综合质地与形制纹饰特征考量，提出几点研究心得。

1）玉石器研究当首重认识质地特点。没有丰富稳定的优质闪玉矿，就难以发展真正深厚的玉器文化。在史前至历史早期，闪玉是贵重稀有资源，易被交通近便的强势政权垄断，笔者观察与统计考古资料，肯定墨玉是石峁文化统治者垄断的资源，连其芳邻齐家文化先民都难以获得。玉器珍贵且体小易携带，研究龙山时期的玉器，必须

① 河南省文物研究所：《许昌县大路陈村发现商代墓》，《华夏考古》1988年第1期。

② 承蒙许昌博物馆张松莉馆长许可，检视该馆库藏大路陈村出土玉器，特此申谢。

③ 邓淑苹：《万邦玉帛——夏王朝的文化底蕴》，《夏商都邑与文化（二）——"纪念二里头遗址发现55周年学术研讨会"论文集》，中国社会科学出版社，2014年。

④ 仇士华：《碳14测年与中国考古年代学研究》，中国社会科学出版社，2015年。

考虑玉质与风格特征，而非只以出土地为该玉器的制作地。至于近世在陕西、甘肃等地征集到石峁风格牙璋，多为石峁文化牙璋的流散品①。

2）陕北、川西都因为蕴藏闪玉，所以可高度发展牙璋文化。山东与中原地区缺乏优质闪玉，前者制作少量农具、工具性质的厚实牙璋。后者在特殊时空条件下，用美石习做牙璋，却相当的“有形无神”。所以“牙璋源自中原”的说法必须放弃。

3）观察牙璋的穿孔部位及左右扉牙的高低落差，可推测它们绑缚绳索的方式，当圆孔钻凿于宽扉牙的区块内，则只能用手捧执。这样的牙璋的刃部也多无使用痕，甚至呈“V”字形。

4）石峁牙璋薄锐、杀气重。当时尚无青铜兵器，但考古现象已确知当时杀戮之风已兴。石峁出土成坑女性头颅，如何杀殉？或可从研究牙璋弧刃砍凿痕迹入手。图二九-6、7这样既雕琢华丽扉牙，又劈砍到刃部全毁的墨玉牙璋，或说明礼神时的礼器也是生活实用器。或许，杀戮就在祭典的祭坛上执行。

5）目前资料显示有的牙璋出于祭祀坑，有的出于墓葬。是否具不同意义？值得探索。

6）牙璋的古代器名究竟为何？闻广和孙庆伟两位教授都认为很可能即是古文献中的“玄圭”。闻教授手写资料经笔者转述发表，孙教授则撰文详论之②。

特以表一陈述石峁、月亮湾、二里头三个文化中，牙璋的“典型兽首式扉牙”，经过“复杂化兽首式扉牙”，发展出“变形化兽首式扉牙”及“变形无兽首式扉牙”的历程。又在表二中，以箭头线段标示四个地区牙璋流行的时间段：

---

① 近年台北故宫博物院蒙民间人士捐赠2件墨玉石峁风格牙璋，就是得自甘肃。

② 地质学家闻广教授前往美国研究流散石峁玉器，再赴甘肃临洮考察玉矿，更搜罗《尚书·禹贡》《史记·秦本纪》《礼记·檀弓上》《水经注·洮水》《博物要览》《北堂书钞》等资料，考证文献中的“玄圭”可能即是“墨玉牙璋”。约2010年，他手写其观点交付笔者。笔者于2014年论文《万邦玉帛——夏王朝的文化底蕴》第245页中详载之。孙庆伟：《礼失求诸野——试论“牙璋”的源流与名称》，“中研院”历史语言研究所：《金玉交辉——商周考古、艺术与文化国际研讨会论文集》，2013年。孙庆伟：《再论“牙璋”为夏代的“玄圭”》，《玉魂国魄——中国古代玉器与传统文化学术讨论会文集（六）》，浙江古籍出版社，2014年。

表一　牙璋“兽首式扉牙”的演变

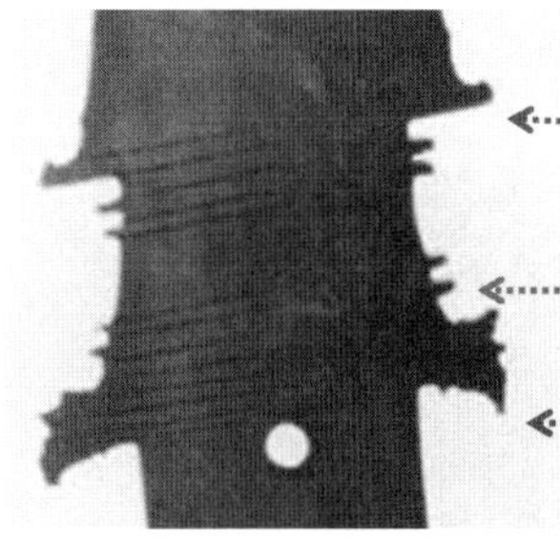 1. 可能为石峁牙璋 明尼阿波里斯艺术研究院藏	上段“D”形单扉牙 中段二组“双并齿” 下段琢向左右斜出的“兽头”	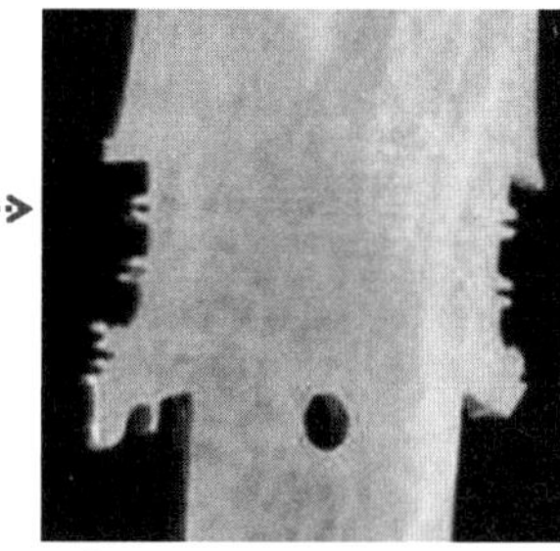 2. 望京楼出土 “典型兽首式扉牙”
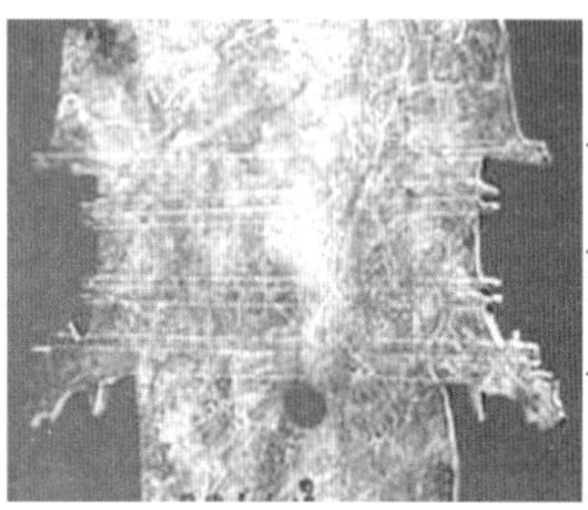 3. 月亮湾出土 “典型兽首式扉牙”	上段“D”形单扉牙 中段二组“双并齿” 下段琢向左右斜出的“兽头”	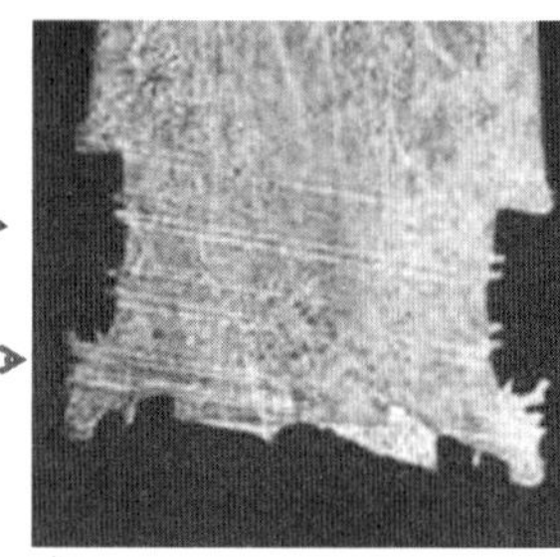 4. 月亮湾出土 “典型兽首式扉牙”
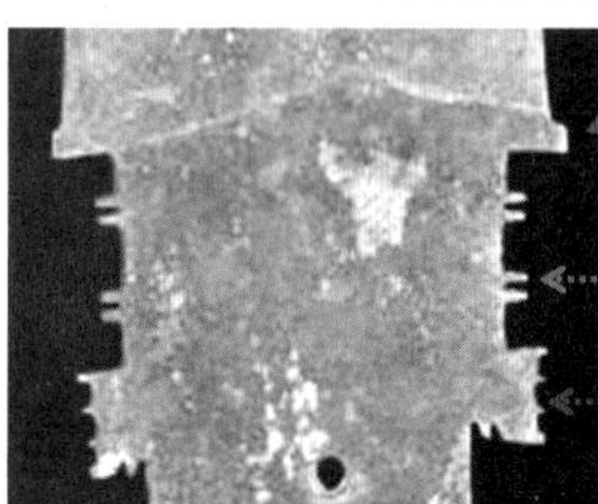 5. 二里头三期出土 “典型兽首式扉牙”	上段“D”形单扉牙 上段三组“双并齿” 中段二或三组“双并齿” 下段琢向下方的“兽头”	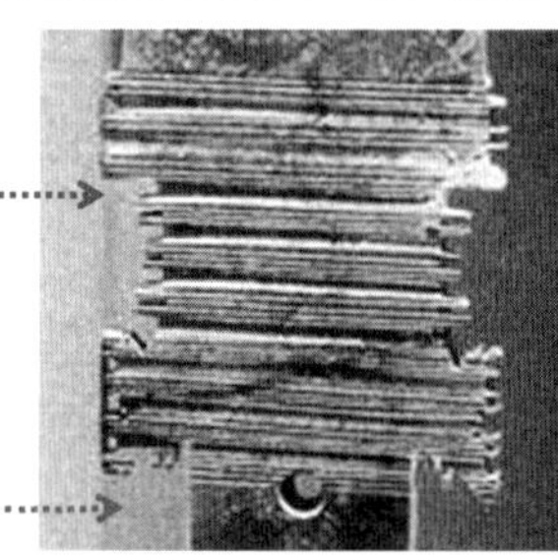 6. 二里头四期出土 “复杂化兽首式扉牙”

续表

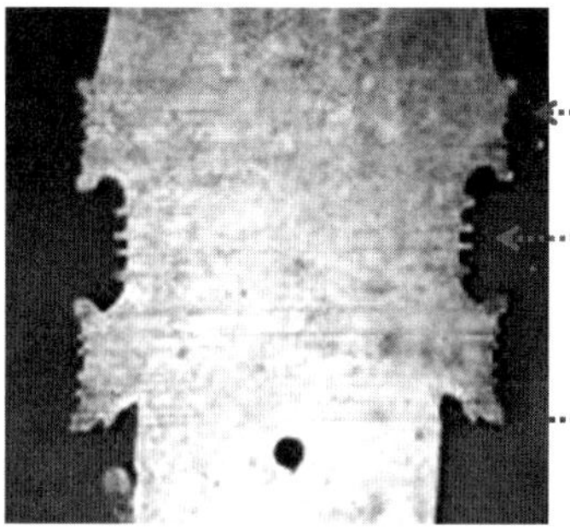 7. 杨庄出土 “变形化兽首式扉牙”	上段变形复杂扉牙 中段变形“双并齿” 下段琢向下方的“兽头”	 8. 大路陈村出土 “变形化兽首式扉牙”
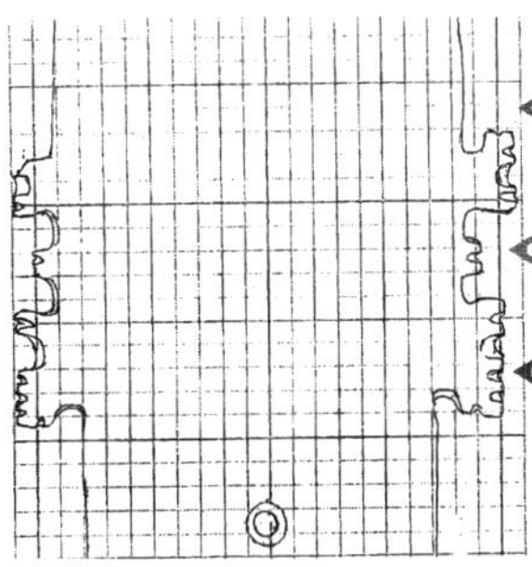 9. 二里头三期出土 “变形无兽首式扉牙”	上段变形复杂扉牙 中段变形“双并齿” 下方已无明显“兽头”	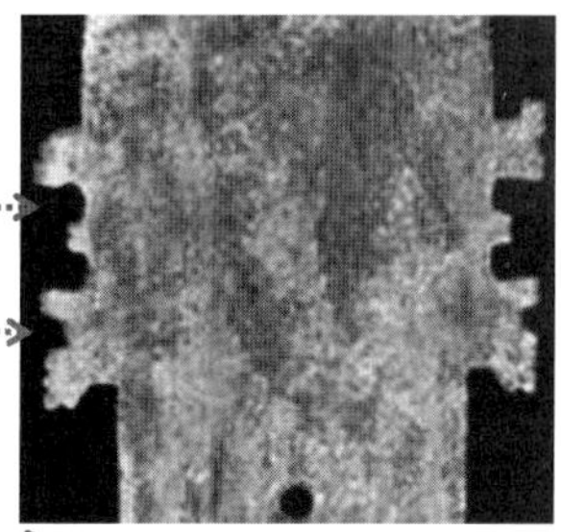 10. 二里头三期出土 “变形无兽首式扉牙”

表二　四个地区牙璋流行时间段[①]

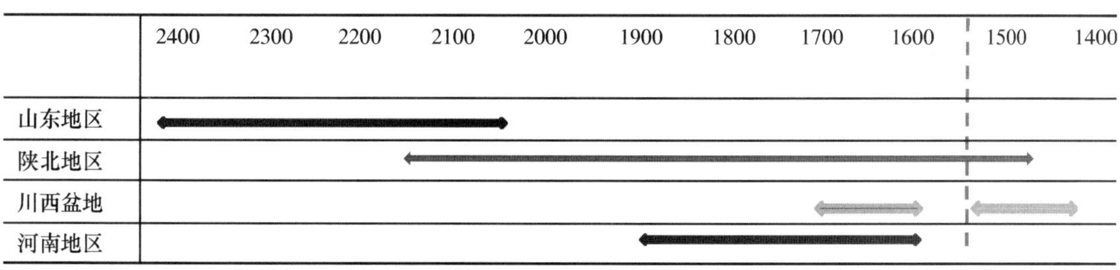

① 川西地区以两个分离绿色段，显示同一地区月专文化与三星堆文化并非先后密切衔接的两个文化。

中国古代陶垫的初步研究

大贯静夫

（东京大学）

一

因我早就对中国古代的陶垫很感兴趣，从而陆续收集过一些发掘资料。不过之前的资料少，研究得不清楚。几年前，一套四册、很厚的陶寺遗址报告出版了[①]。翻开这本报告，我注意到有很多的陶垫出土，还看到了李文杰先生和田建文先生关于制陶的研究论文[②]，我在他们的论文中得到了很多启发。利用这次参会的机会，我把中国古代陶垫又做了一番研究。

在南方地区，包括东南亚泰国，到现在还在用木拍子和陶垫来制作陶器。南方的圆底陶器的传统特点是最后拍打而作圜底部。现在，有些北方民间制陶厂中，作平底陶器时先作平底部，然后用泥条筑成器壁，最后用木拍子和陶垫拍打整形。

从这些例子中可以看出，现在我们看到的陶垫呈蘑菇形，拍面中部凸鼓呈弧面，柄呈圆柱形。我将蘑菇形陶垫归类为Ⅰ类（图一）。

不过，在陶寺遗址被发现的陶垫中，没有典型的蘑菇形Ⅰ类陶垫。陶寺遗址出土陶垫的特点是垫面一般呈弧形，并设有手握的鋬或穿入手指的銎。报告书里把这些陶垫分成很多类。在这里，为了简化说明，我将与蘑菇形不同的分类为一个类，并称之为Ⅱ类（图二、图三）。

其中有一些圆锥形的陶垫，用于制作鬲足的尖端部分。在陶寺遗址，还发现了圆锥形的陶内模（图四）。它们的器形很相似，区别在于是否有圆孔开在锥体内侧中部。苏秉琦《瓦鬲的研究》发表以后，学界一般认为用模制法来作袋足，但却很少发

---

① 中国社会科学院考古研究所等：《襄汾陶寺——1978～1985年考古发掘报告》，文物出版社，2015年。

② 李文杰：《山西襄汾陶寺遗址制陶工艺》，《中国古代制陶工艺研究》，科学出版社，1996年。田建文：《晋中及陕晋豫地区的陶鬲》，《中国陶鬲谱系研究》，故宫出版社，2014年。

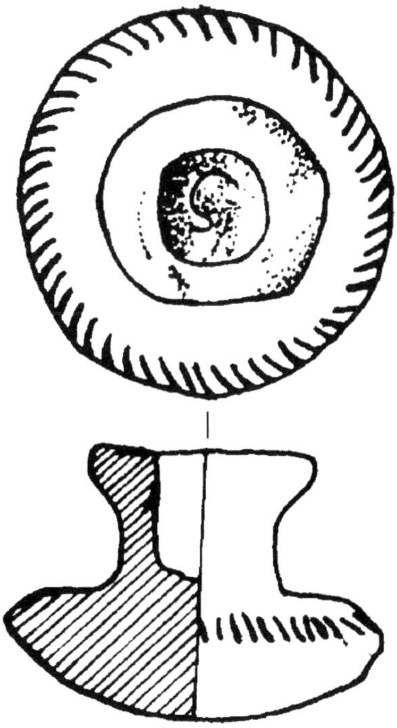

图一　Ⅰ类陶垫（大河村）

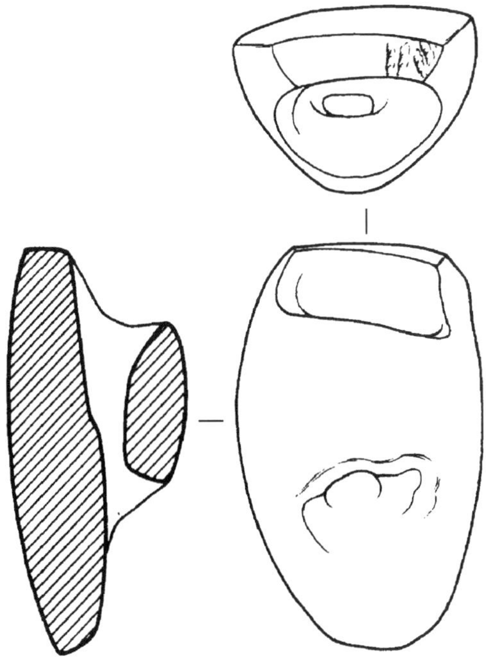

图二　Ⅱ类陶垫（陶寺）

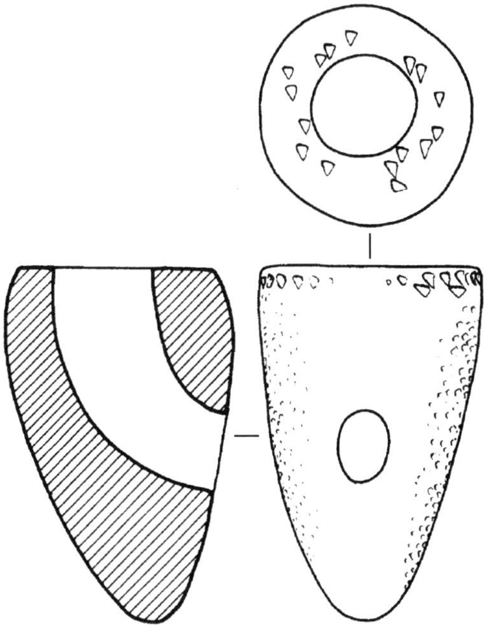

图三　Ⅱ类陶垫（陶寺）

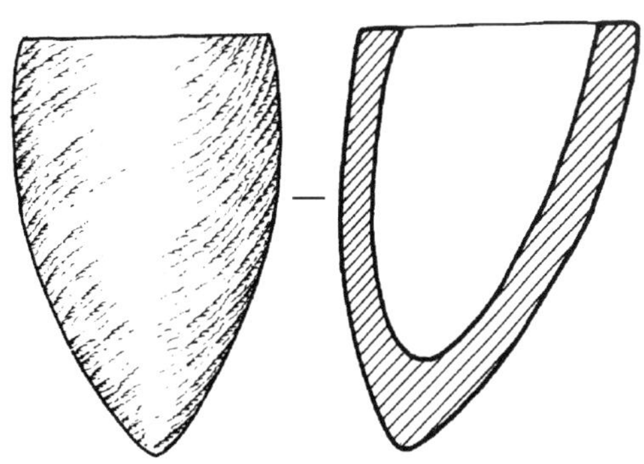

图四　鬲足内模（陶寺）

现陶模。虽然不能排除用木头的模，也应考虑为什么发现陶模这么少。我认为用陶垫的制法和用陶模的制法区别也不大。

从现在开始，我想讨论中国古代历史上陶垫何时出现以及分布如何变化。在各个遗址里两种都发现或者只发现一种，或两种都没发现，当然应该考虑是偶然。但如果同样的例子在同一个地区多的话,可以说是历史上很有意思的事情。

当然，Ⅰ类陶垫出现之前，已有用拍打方法制作陶器的技术。在那种情况下，是使用圆盘形的石头。所以，不言而喻，虽然没有这类陶垫，可是不能就说没有这个技术。然而，Ⅱ类陶垫具有更复杂的形状并且不能由石头制成，所以找不到该工具这件事情非常重要。

二

Ⅰ类陶垫的出现比Ⅱ类早而且分布范围也大。据我所知，Ⅰ类陶垫出现在仰韶文化晚期阶段。Ⅰ类最早阶段的圆柱形的柄厚而短，不太像蘑菇，有空芯的柄。

据李文杰先生的研究[①]，快轮技术开始于黄河下游大汶口中期偏晚阶段。而在长江中游开始于大溪文化，在长江下游开始于崧泽文化。也就是说，在黄河中游地区，快轮技术出现的时间稍晚。相反，黄河中游地区的制陶技术上有了另外的改进，那就是陶垫。

三

在随后的庙底沟二期阶段中，在黄河中游，Ⅰ类陶垫的出土地点增加一些又扩展到黄河北侧。东部，传播到淮河流域的大汶口文化。在这个大汶口文化中，细而长柄的、典型的蘑菇形陶垫出现了，可以说这类陶垫的出现为大汶口文化陶器生产的发展做出了重大贡献。但是，在山东地区没有发现陶垫，这是山东地区的特点。

在西部地区，随着斝的出现，Ⅱ类陶垫也出现了。因为在鬶比较发达的大汶口文化遗址没有发现Ⅱ类陶垫，所以Ⅱ类陶垫和鬶没有关系而和斝有密切的关系。

Ⅱ类陶垫促进了陶寺文化陶器群的出现和发展。新的制陶技术有可能满足了大的聚落出现而产生的大量陶器需求。

---

① 李文杰：《评〈中国考古学·新石器时代卷〉——兼谈考古学研究中的三个问题》，《文物春秋》2012年第1期。

四

之后，新的制陶技术促进了袋足鬲出现于龙山时代。在使用鬲的龙山诸文化中，Ⅱ类陶垫广泛使用而Ⅰ类陶垫差不多不用了。

西边，两种陶垫传播到齐家文化。一般认为齐家文化的年代下限晚到二里头阶段。因为这些陶垫属于齐家文化的哪个阶段不太清楚，不能否定晚到二里头阶段。不过，从周围的分布情况来看，有可能在龙山时代跟着袋足鬲传播到齐家文化。

然而，在没有鬲的以王湾三期文化为代表的龙山诸文化中，不使用Ⅱ类陶垫而继续使用Ⅰ类陶垫。Ⅰ类陶垫的分布范围扩大了。

鬲没有或稀少的后冈二期文化和河北的龙山时代遗址中也只有Ⅰ类。虽然发现过为了制作袋足的模，但没有Ⅱ类陶垫。另外，甗的分布范围也和Ⅱ类的分布范围不一致，由此推测两者不相关。

五

二里头文化继承本地王湾三期文化本来就没有鬲。陶垫也只使用继承王湾三期文化的Ⅰ类陶垫而不使用Ⅱ类陶垫。有意思的是，襄汾大柴遗址的简报[①]看不出和陶寺文化的陶器关系，认为虽处于同一地域，但并非同一文化的自然延续，制陶技术也不继承陶寺文化的技术。在二里头文化以北，太行山东麓和西麓，鬲还继续发展而继续用Ⅱ类陶垫。

尹家城[②]的Ⅱ类陶垫属于岳石文化。但是，尹家城岳石文化的持续年代很长。这件陶垫属于哪个阶段，有没有晚到二里冈时期的可能性？我还不清楚。在尹家城发现的袋足器中，鬲和斝稀少而甗多。虽然鬲稀少，但Ⅱ类陶垫有可能从所谓的先商文化传播过来的。

更南边，在安徽大城墩遗址发现过的“陶圆锥器”[③]很像Ⅱ类陶垫。但是，一期没有鬲。如果出土地层可靠的话，属于年代上相当于二里头文化的斗鸡台文化（三

① 中国社会科学院考古研究所山西工作队：《山西襄汾县大柴遗址发掘简报》，《考古》1987年第7期。

② 山东大学历史系考古专业教研室：《泗水尹家城》，文物出版社，1990年。

③ 安徽省文物考古研究所：《安徽含山大城墩遗址发掘报告》，《考古学集刊（6）》，1989年，图五-8。

期），而当时除了受二里头文化影响以外还受岳石文化的影响。从以上例子，得出如下解释：Ⅱ类陶垫是从岳石文化传过来的。这两个例子，是否真早到二里头阶段，我不太清楚，还需更多类似例子出现。

六

到了商代早期，Ⅱ类陶垫的分布向南方扩大了。而且在黄河流域，Ⅰ类和Ⅱ类陶垫一起出土的例子有所增多。这表明两种制陶技术在黄河流域相结合了。其中很多资料属于商代早期，包括殷墟的晚商资料很少的原因之一，有可能是由于晚商发生的陶鬲生产方法的变化[①]。

在南方吴城文化中，Ⅱ类陶垫首次出现。吴城文化与商文化发生接触。鬲是主要炊具之一。

在长江中游中堡岛遗址商代文化层中，除了Ⅰ类陶垫以外，还发现Ⅱ类陶垫[②]。学者认为属二里头末段或二里冈初期阶段。我怀疑有可能晚到商代二里冈阶段。但是，不包括鬲。这是否不一定是说明Ⅱ类陶垫和鬲没有密切关系的例子，想等以后的研究。

在长江下游，鬲发展的湖熟文化中有Ⅰ类、Ⅱ类两种陶垫出现。不过，更南边的没有鬲的马桥文化只有Ⅰ类陶垫。

我现在知道的最北边的Ⅱ类陶垫是辽西夏家店下层文化药王庙遗址的[③]。这个资料是采集品，所以很难知道它的年代。有可能属于夏家店下层文化晚期而晚到商代二里冈阶段，也想等发现新资料以便进一步研究。

七

虽然应该考虑周代遗址的发掘不多，报告也当然不多的原因，看样子，到了周代，南方的分布范围缩小了一些。Ⅱ类陶垫的主要用途是制以鬲为代表的袋足器。因为南方的主食是大米，鬲是炊器不合适，而鬲及Ⅱ类陶垫在南方不普及了。

一般的趋向是战国时代以后，鬲全面衰退。随着鬲的衰退，Ⅱ类陶垫也衰退。虽

① 黄川田修：《殷墟陶鬲制法考》，《三代考古（六）》，科学出版社，2019年。

② 国家文物局三峡考古队：《湖北宜昌中堡岛新石器时代遗址》，《三峡考古之发现》，湖北科学技术出版社，1998年，图三二-5。

③ 中国科学院考古研究所内蒙古工作队：《赤峰药王庙、夏家店遗址试掘报告》，《考古学报》1974年第1期，图八-5。

然Ⅰ类陶垫继续使用到现在，但是也逐渐衰落了。而且在中原和南方地区极少发现两类陶垫。这种分布情况有可能反映包括快轮的某些陶器做法的变化。

虽然我尽量查了报告和简报，由于查得不充分，应该有漏掉的。尽管我们发掘中没有发现制作陶器的地方，找不到陶垫，但是不能说它不存在。此外，年代越晚，遗址的发掘越少。将来可能会略有改变，但我认为大趋势不会变。

谈谈良渚文化遗址出土的“漆觚”及有关问题

付　强

（上海三唐美术馆）

2003～2005年，浙江省文物考古研究所对余杭良渚遗址群南侧的卞家山遗址进行了三次发掘，该遗址是一处年代在良渚文化中晚期的聚落墓葬遗存。考古人员在遗址内共提取出30件漆器，这些漆器绝大部分出自两条叠压的大型灰沟G1、G2中。G1出土漆觚7件，墓葬出土明确的漆觚5件（图一、图二）。这些漆觚是良渚文化考古史上新确认的器种，发掘主持者赵晔先生在《良渚文化漆觚的发现和研究》一文中对这些漆觚进行了初步的研究[①]，最近我们又读到方向明先生的《好川和良渚文化的漆觚棍状物及玉锥形器》一文[②]，下面我们在他们文章的基础上谈一下我们对于这些“漆

图一　卞家山遗址出土的漆觚

① 赵晔：《良渚文化漆觚的发现和研究》，《中国考古学会第十四次年会论文集》，文物出版社，2012年，第99～112页，以下引用赵先生的观点，都出自此文，为了方便不再出注。

② 方向明：《好川和良渚文化的漆觚棍状物及玉锥形器》，《华夏文明》2018年第3期。以下引用方先生的观点，都出自此文，为了方便不再出注。

觚”的看法。

发掘者赵晔先生在《良渚文化漆觚的发现与研究》中指出，这些漆觚内底都残存木塞子的痕迹，尤其是G2②B：70的底部还留有长3厘米，直径2厘米的木塞子实物（图三）。

图二　卞家山遗址G1出土的漆觚

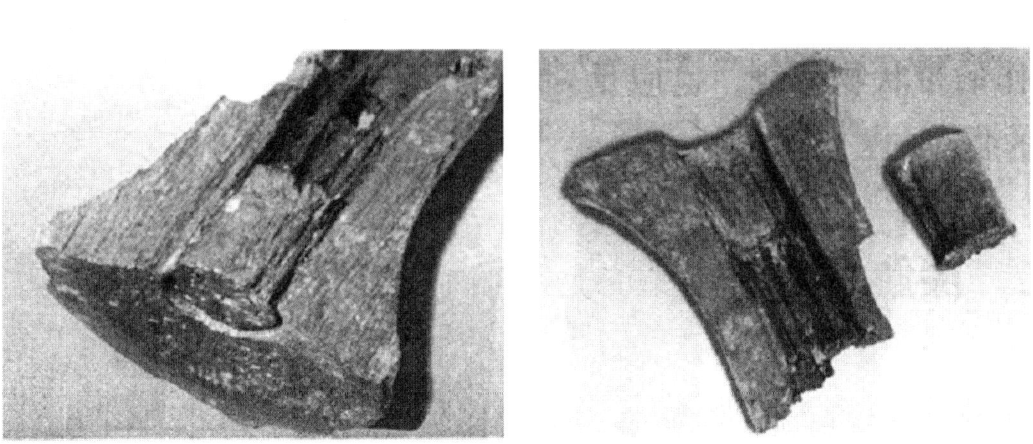

图三　漆觚（G2②B：70）

方向明先生指出与良渚文化晚期相当的好川文化遗址，出土的漆觚里面也有木棍。如好川M8：2漆觚的上部，箍状镶嵌如果是在上下贯穿的木棍上，那么它应该是与漆觚配套的器件。亚腰形漆器内似乎插有圆棍状物，这个圆棍状物就是与漆觚配套使用的对象，可能因为挤压，贯穿了漆觚内体（图四、图五）。

类似好川M1：1以及M29：30一端有小玉箍的漆器，很可能是漆觚的配套工具漆棍状物，它们有些镶嵌或黏附玉片，有些如M47：13，仅是漆棍状物，室内清剔发现漆痕中间有木棍状有机质痕，木棍痕直径2.5厘米（图六）。

赵晔先生和方向明先生指出，良渚文化中的锥形器也和漆觚有固定的组合关系，如桐庐小青龙墓葬是又一处出土漆觚的良渚文化墓地。小青龙遗址远离太湖流域，是浙西良渚文化山地丘陵类型的代表之一，清理的44座良渚文化墓葬分别位于遗址的北区和南区，其中北区西部墓葬23座，出土琮、璧、钺和漆觚，等级明显较高。M6、M9、M10、M14、M33五座墓葬出土漆觚，均随葬玉钺。

小青龙M6：5漆觚，M6：3锥形器位于漆觚西侧。小青龙M9：6漆觚，现高28.4厘米，口15厘米，底8.8厘米。从小青龙按柄玉钺的柄部均朝向墓主来看，M9：10锥

图四　好川M8：2漆觚和棍状物

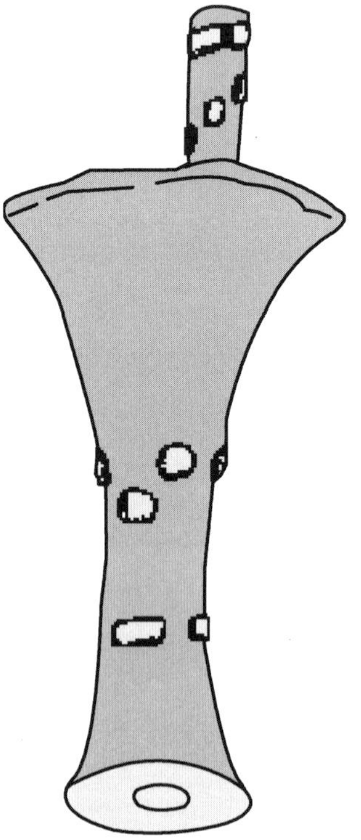

图五　好川M8：2漆觚和棍状物复原

形器位于脚端部位，与漆觚有一定距离。小青龙M10：6漆觚，现高32厘米，口径13.5厘米，底径11.2厘米。按柲玉钺出土时玉钺体朝东，墓主头向也应该朝东（图七），M10：5锥形器位于漆觚口上方。小青龙M14：15漆觚，高约30厘米，口径约14厘米。M14：13锥形器位于漆觚口上方约10厘米处。小青龙M33：8漆觚，高28.4厘米，口径11.4厘米，底径7.2厘米。M33：9锥形器位于漆觚口的上方约10厘米处。桐庐小青龙5件漆觚出土时，均有锥形器在相邻部位，也可能不是巧合。

对于这些良渚文化遗址中出土的漆觚里面带个小木棍的器物，赵晔先生认为可能与漆觚的制作有关系。方向明先生在文章说2018年1月4日，“在观看好川M8：2漆器时，笔者发现M8：2漆器上部的饰片可以围拢一周，说明棍状物和漆觚是一组彼此配套的器件”。在朋友圈的交流中，河南安阳工作站何毓灵先生热心回应，告知笔者商周铜觚与“棒状器”同出，并马上发给笔者相关的论文和资料，使笔者受益匪浅。觚，青铜器自铭为“同”，据相关研究，“同”的功能主要用作祼祭，用作祼祭的“同”在使用时有组件，包括盖、塞、管状或柱状物和木桶，盖上带柄，以便取出和盖上，盖的形状不一，球形、半球形或圆锥形。商周那些复合式的柄形器，很可能就是所谓的玉瓒，祼祭时浇灌鬯酒于瓒上，瓒往往高出“同”口，“同”的大侈口以免

图六　好川M47漆觚和棍状物提取后

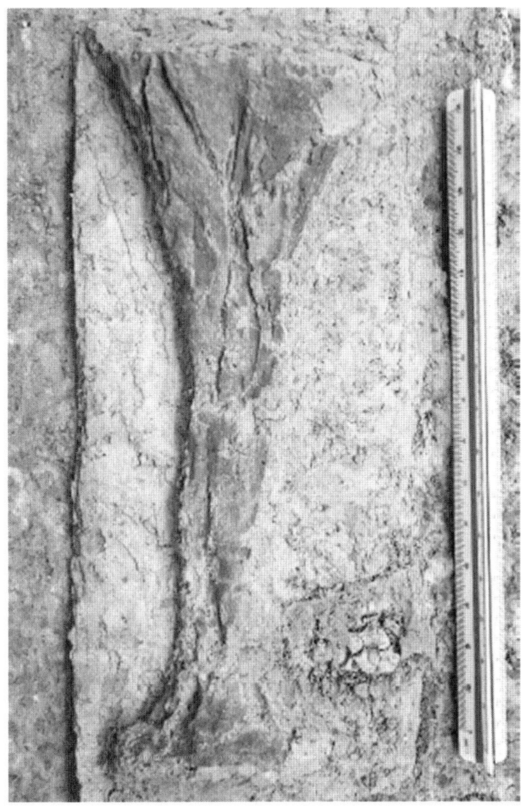

图七　小青龙M10：6漆觚提取后

啚酒外洒。祼祭是象征性的，酒不会太多，“同”腔不用做得太大。何毓灵受张光裕关于《仪礼》饮酒礼中的醴柶所用青铜器问题的启发，梳理了妇好墓“铜尺形器”，认为就是与爵、觚配套使用的“匕”或“柶”，并以小屯M232、台西M35佐证。

对于觚里面带个小木棍的器物，我们在《谈谈青铜器中的“爵”与“瓒”》[①]《从大河口墓地M1017出土的所谓“铜木觚”谈商周时期的“瓒”》[②]《谈谈青铜器中判断“瓒”的一种方法》[③]《再谈两例西周考古发现中的“瓒”》[④]《谈谈商周墓葬中“一瓒二卣”的组合现象》[⑤]这些文章中进行过系统的研究，认为就是“瓒”。这种器物在商周考古发现中已经非常多了，漆觚里面带个小木棍的器物在山西的霸国墓地就有（图八）[⑥]，叶家山曾国墓地也有。

河北藁城台西商代遗址M35，在墓主人的脚下出土一件铜觚和一件被称为铜笄形器的器物（图九）。

这种笄形器因为和觚组合在一起，所以我们认为它也是“瓒”。笄形器在妇好墓和商代墓葬中发现很多，何毓灵、马春梅先生在《试论妇好墓“铜尺形器”的功用——兼谈商周青铜爵、觚的使用》一文中进行过专门的研究，他们认为笄形器是“柶”，与爵、觚配合使用，爵、觚里面的半固态的酒渣可以用“柶”食之，防止溅出，笄形器也是一种高等级的礼器[⑦]。

笄形器也有与爵组合在一起的，见于张光裕先生的《从新见材料谈〈仪礼〉饮酒礼中之醴柶及所用酒器问题》一文（图一〇、图一一）。

张光裕先生认为这种笄形器是“醴柶”之属，是青铜爵“柶”的组合。酌醴用柶醴，《说文》云：“酒一宿熟也。”“醴”有因酿制材料不同，可分稻醴、黍醴、粱醴及酏醴，且有“清、白（浊）”之别（见《礼记·内则》）。由于“醴”只经一夜浸酿，酒精成分甚低，且仍带酒滓，故酌醴酒以柶扱用，《周礼·浆人》：“清醴医酏糟而奉之。”郑玄注：“饮醴用柶者，糟也；不用柶者，清也。”主人及宾受酌

① 付强：《谈谈青铜器中的“爵”与“瓒”》，武汉大学简帛网，http://www.bsm.org.cn/show_article.php?id=3131，2018年5月25日。

② 付强：《从大河口墓地 M1017出土的所谓“铜木觚”谈商周时期的“瓒”》，《先秦秦汉史》2018年5月28日。

③ 付强：《谈谈青铜器中判断“瓒”的一种方法》，《沮诵微刊》2018年5月30日。

④ 付强：《再谈两例西周考古发现中的“瓒”》，《沮诵微刊》2018年6月3日。

⑤ 付强：《谈谈商周墓葬中“一瓒二卣”的组合现象》，《先秦秦汉史》2018年6月3日。

⑥ 山西博物馆、山西省考古研究所：《发现霸国——讲述大河口墓地考古发掘的故事》，山西人民出版社，2012年，第31页。

⑦ 何毓灵、马春梅：《试论妇好墓“铜尺形器”的功用——兼谈商周青铜爵、觚的使用》，《文物》2016年第12期。

图八　霸国墓地出土漆觚和内壁残留的木棍

醴则“加柶，面枋”（《士昏礼》《士冠礼》），赞者酌醴则“加柶面叶”（《士昏礼》），而酌醴者“兴”之前皆“建柶”于觯（《士冠礼》），《士丧礼》所用“角柶”则“建于米”（《士丧礼》：“宰洗柶，建于米，执以从。”）。经传所见酌醴之“柶”，多与觯相配使用，他如爵、觚、角、散，皆未见有“柶”相配，盖因所酌乃清醴，或礼用之异使然[①]。

我们认为由河北藁城台西商代遗址M35觚和铜笄形器组合，就是“瓒”。张光裕先生和何毓灵、马春梅先生认为铜笄形器是“醴柶”之属，可能是错误的。

下面我们再来看看这些“瓒”出土时在墓主人身边的位置，河北藁城台西商代遗址M35，“瓒”在墓主人的脚下。卞家山遗址出土的“瓒”，据发掘者统计大部分在墓主人的腿部（表一）。

① 张光裕：《从新见材料谈〈仪礼〉饮酒礼中之醴柶及所用酒器问题》，《文物》2013年第12期。

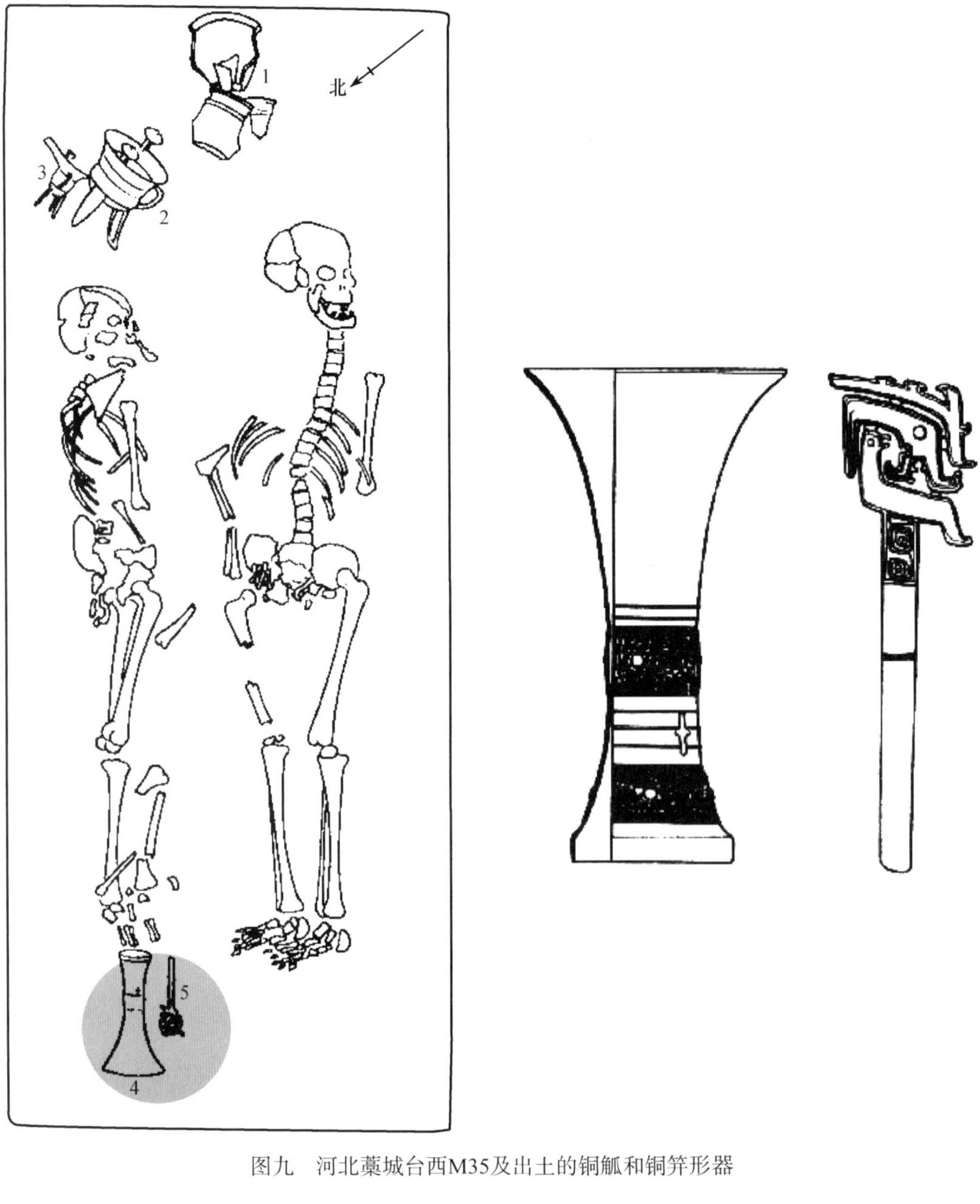

图九　河北藁城台西M35及出土的铜觚和铜笄形器

图一〇 爵里面的笄形器

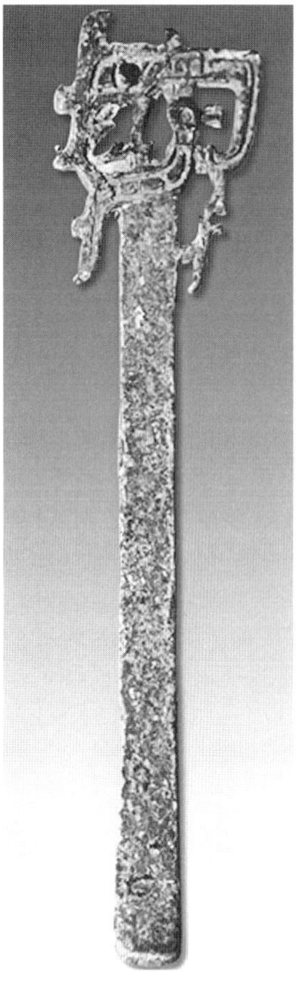

图一一 笄形器

表一 "瓒"出土位置

墓号	残长/厘米	位置	朝向（头为上）
M12	25	腿部	上
M21	20	左手部	上
M56	28	腿部	上
M61	26	腿部	上
M63	39	腿部	上

"瓒"常常放在墓主人的腿部，这对于我们理解瓒的功能具有重大的指示作用，有待我们进一步研究。

良渚文化遗址出土的"瓒"，使我们弄清楚了商周时期的"瓒"的来源问题，具有重大的学术价值。同时也说明商周文明有很大一部分是直接继承南方的良渚文明而来，像以前大家都熟悉的商周时期青铜器上装饰的饕餮纹饰，就是来自良渚文化玉器上的纹饰[①]。这些巧合或许在暗示着什么，希望大家以后多多留心良渚文明与中原夏商周文明的继承关系，或许会有重大的发现。

附记：文章在写作过程中得到陕西省考古研究院张天恩先生的帮助，谨致谢忱。

① 李学勤：《良渚文化玉器与饕餮纹的演变》，《东南文化》1991年第5期。

“虞舜南巡狩、夏禹东巡狩”与太湖东南部平原

赵东升

（南京大学历史学院考古文物系）

一

《史记·五帝本纪》曰：“舜……践帝位三十九年，南巡狩，崩于苍梧之野。葬于江南九嶷，是为零陵。”《史记·夏本纪》曰：“十年，帝禹东巡狩，至于会稽而崩。”

中国古代文献记载中，关于尧舜禹的记载颇多，但对于他们的起源、传布、性质甚至是有无等却众说纷纭。很显然，仅依靠历史学的研究，已无法进一步廓清他们的历史真实。近些年的考古发现，使我们可以更好地通过实物的证据，利用两重证据法和夷夏东西说的观点进行更深入的分析探讨。

对于尧舜禹其人其事，学术界虽然有较大的分歧，但对于他们所处的时代的认识基本趋同，即都认为他们处于新石器时代末期，处于由古国时代向国家阶段过渡的关键时期。这一时期，是社会大变革、大动荡的时期，各个势力集团之间战争、迁徙、扶持、控制、制衡等现象极其普遍。另外，尧、舜、禹应该都不是一个具体的人物，而更应该是一个部族，或势力集团。

考古学上的龙山时代，正是文明曙光冉冉升起的英雄时代，“一切文化民族都在这个时期经历了自己的英雄时代”[①]，有虞氏部族和夏后氏部族的首领虞舜和夏禹，正是英雄时代的杰出代表，他们分别代表东夷集团和华夏集团的利益。两个集团的势力中心和最主要的战场都在中原，他们在中原地区的活动是国家最早产生于中原的基础。除了中原之外，他们也在周边其他地区展开了长期的斗争，最终以夏后氏的胜利而告终。

---

① 恩格斯：《家庭、私有制和国家的起源》，《马克思恩格斯选集（第四卷）》，人民出版社，1972年。

太湖东南部地区是新石器时代晚期良渚文化的中心分布区域，但是在良渚文化消亡之后，这一地区群雄纷争，有主要为本地起源、继承良渚文化的钱山漾文化。有明显具有北来因素的广富林文化和稍后来源于南方却具有明显二里头文化因素的马桥文化。最后由马桥文化完成了对前两者的取代。不同文化来源的人群在这一地区的出现说明了此地区在良渚文化之后的势力真空，以及此地区的纷争对于国家起源的重要意义。

二

关于有虞氏的地望，史书大致有四种记载。

《孟子·离娄》下篇：孟子曰，“舜生于诸冯，迁于负夏，卒于鸣条，东夷之人也。”

《史记·五帝本纪》：“舜，冀州之人也。”

《史记正义》所引《孝经援神契》：“帝舜生于姚墟。”

《帝王世纪》：“瞽叟妻曰握登，陶唐之世，握登见大虹，意感而生舜于姚墟，故姓姚氏。”

这几种记载中提到舜帝的出生地有3个，即“诸冯”“冀州”“姚墟”。关于这3种说法历代有多种解说①。

近年来的考古发现，为有虞氏地望问题的讨论增加了新的契机。李伯谦先生、田昌五先生、张敏先生等曾先后指出，分布于鲁西、豫东地区的王油坊类型即是有虞氏

---

① 唐张守节《史记正义》于《五帝本纪》“冀州之人也”句下注云：“蒲州河东县本属冀州。《宋永初山川记》云：‘蒲坂城中有舜庙，城外有舜宅及二妃坛。’”《史记正义》又于“舜耕历山”句下引《括地志》云，越州余姚县、濮州雷泽县，“二所又有姚墟，云生舜处也”。宋代孙奭《孟子疏》认为《孟子》与《史记》的记载一致，故谓“今云舜生于诸冯，则诸冯在冀州之分”，即认为举方域是为冀州，论具体地名则为诸冯。宋代金履祥《孟子集注考证》谓：“诸冯，在河中府河东县，其地有姚墟。”清代焦循《孟子正义》谓：“青州府有诸城县，大海环其东北，说者以为即《春秋》书城诸者，其地有所谓冯山、冯村，盖相传自古，就疑近是。”乃谓诸冯在山东之诸城县。杨伯峻《孟子译注卷八·离娄章句下》谓：“诸冯，传说在今山东菏泽县南五十里。”徐旭生明确指出：“今河南极东与山东交界处有虞城县，秦与两汉时全叫作虞县，自来也认为是虞国旧地，这与《孟子》所说相合……虞城为有虞氏的旧地。”见徐旭生：《中国古史的传说时代（增订本）》，文物出版社，1985年，第88页脚注。郭沫若认为有虞氏的活动中心在豫东的夏邑，见郭沫若主编：《中国史稿（第一册）》，人民出版社，1976年，第116页。

文化[①]。

笔者认为，鲁西、豫东说既有丰富的典籍文献作为支撑，又有较多的考古发现佐证，应该符合有虞氏地望的实际情况。

关于虞舜去向历来就有不同的说法，归纳诸说，主要有几种观点：①陕南汉中地区；②湖南零陵（今湖南永州市零陵区）；③浙江会稽（今浙江杭嘉湖地区）；④江淮东部地区。

“汉中说”因只见于《世本》，为孤证，故暂置不论。

虽然有学者对湖南地区与二里头文化有关的文化因素进行了分析总结[②]，但包括零陵区在内的整个湘江流域并未见到与二里头文化有密切关系的文化遗存。多数学者认为，湖南地区相当于二里头文化时期的文化遗存应该是石家河文化的延续。而相当于龙山时期的遗存多与江汉地区有密切的联系，与赣江流域、粤北地区甚至太湖地区也有一定的联系，但与中原地区的联系并不明显[③]。比如湘乡岱子坪遗址第一、二期文化遗存分别被称为“岱子坪一期遗存”和“石家河文化岱子坪类型”，前者与良渚文化、屈家岭文化、樊城堆文化和石峡文化较为接近，但为一支独特的地方文化类型；后者则成为石家河文化的地方类型[④]。另外，靖州新厂斗篷坡遗址被划分为三个阶段，一期年代为屈家岭文化时期，二期年代为石家河文化时期，三期年代相当夏商时期。这类遗存与珠江三角洲地区所见同时期遗存有密切的联系，也不同于中原同时期遗

① 李伯谦依《左传》哀公元年少康“逃奔有虞”及杜注“有虞，梁国虞县”之史料，指出“有虞即秦汉时的虞县”。从（河南龙山文化造律台类型，笔者注）年代、分布地域和文化特征分析，造律台类型可能就是传说中的有虞氏文化，见李伯谦：《论造律台类型》，《文物》1983年第4期。田昌五认为：“帝舜有虞氏姚姓，在今天豫东地区。古代在今晋南地区确实有一个有虞氏，只不过是姬姓有虞氏，可能就是后来被晋国灭掉的虞国之先”，“把姚姓有虞氏如实地恢复起来，它只活动于今豫东地区”，“帝舜部的文化即王油坊类型的中原龙山文化”，“舜在夏代之前，这和王油坊类型的年代是相当的”，淮阳平粮台古城遗址，“反映了这种类型的文化面貌和发展水平”，田昌五：《对中国文明起源的探索》，《中国古代社会发展史论》，齐鲁书社，1992年，第123～146页。张敏在归纳诸说的基础上认为：“分布于豫东皖西北的颍水、涡水、西淝水、浍水流域的王油坊类型龙山文化，即有虞氏部族所创造的物质文化遗存，这一地区亦即有虞氏的地望。”见张敏、韩明芳：《虞舜南巡狩与勾吴的发端》，《南京大学学报（哲社版）》1999年第3期。

② 向桃初：《二里头文化向南方的传播》，《考古》2011年第10期。

③ 何介钧：《长江中游新石器时代文化研究》，湖北教育出版社，2004年。

④ 湖南省博物馆：《湘乡岱子坪新石器时代遗址》，《湖南考古辑刊（第二集）》，岳麓书社，1984年，第1～25页；何介钧：《湖南新石器时代文化的分区研究》，《考古学文化论集（1）》，文物出版社，1987年，第181～198页。

存[①]。2008～2009年在潇湘上游地区的发掘和调查，为较全面地认识零陵地区的新石器时代晚期至夏商时期的文化面貌提供了很好的契机，但结果仍然表明与中原文化的差距较大[②]。因而有虞氏部族迁徙湖南零陵之说，从考古学上目前无法予以证实。

江淮东部说以张敏先生为代表，他从文献和考古两方面都进行了深入的探讨，不仅分析了当时的社会背景、虞舜迁徙的原因、虞舜迁徙的路线，甚至虞舜具体的生活场景，而且对与当地文化交往之后形成的新的文化也进行了深入的研究，这为有虞氏的研究打开了新的视野[③]。

邹衡先生、李伯谦先生曾经对有虞氏的去向提出了自己的看法。在《论造律台类型》一文中，李先生指出："比较大的可能是，造律台类型一直延续下来，直到二里头三期文化开始出现为止。"[④]邹先生则认为，豫东的商丘地区，"未必是二里头文化的分布区，由于同鲁西南地区接壤，也有可能是岳石文化的分布范围"[⑤]。然而不论是二里头文化，还是岳石文化，都不是王油坊类型龙山文化的后继文化，它们之间的关系，正如李伯谦先生所指出的"是取代，不是继承"。

江淮东部兴化南荡和高邮周邶墩遗址的发掘以及点将台文化的提出为解决有虞氏的去向问题提出了新的方向。南荡遗存的文化内涵与王油坊类型晚期文化遗存基本一致，从陶器来看，有的还有继承和发展演变关系。因此我们认为，有虞氏部族曾经迁徙到了江淮东部地区。

近年来在太湖东南部地区发现的王油坊类型的文化因素又为我们提出了新的课题，它可能证明虞舜部族迁徙到了更远的太湖东南部地区，此地的广富林文化就是以他们为主建立的遗存（图一）。

关于舜的族属，学者们的意见大体可以分为两种：一种认为舜属于黄帝族，一

---

① 贺刚：《南岭南北地区新石器时代中晚期文化的关系》，《中国考古学会第九次年会论文集》，文物出版社，1993年，第175～194页。

② 湖南省文物考古研究所：《坐果山与望子岗——潇湘上游商周遗址发掘报告》，科学出版社，2010年。

③ 张敏：《华夏文明起源的假说》，《东南文化》1990年第4期；张敏、韩明芳：《江淮东部地区原始文化的初步认识》，《中国考古学会第九次年会论文集》，文物出版社，1997年，第108～124页；张敏：《试论点将台文化》，《东南文化》1989年第3期；张敏：《宁镇地区青铜文化谱系与族属研究》，《南京博物院建院60周年纪念文集》，1993年，第119～177页；张敏：《南荡遗存的发现及其意义》，《华夏文明的形成与发展——河南省文物考古研究所建所五十周年庆祝会暨华夏文明的形成与发展学术讨论会论文集》，大象出版社，2003年。

④ 李伯谦：《论造律台类型》，《文物》1983年第4期。

⑤ 邹衡：《论菏泽（曹州）地区的岳石文化》，《文物与考古论集》，文物出版社，1986年，第114～136页。

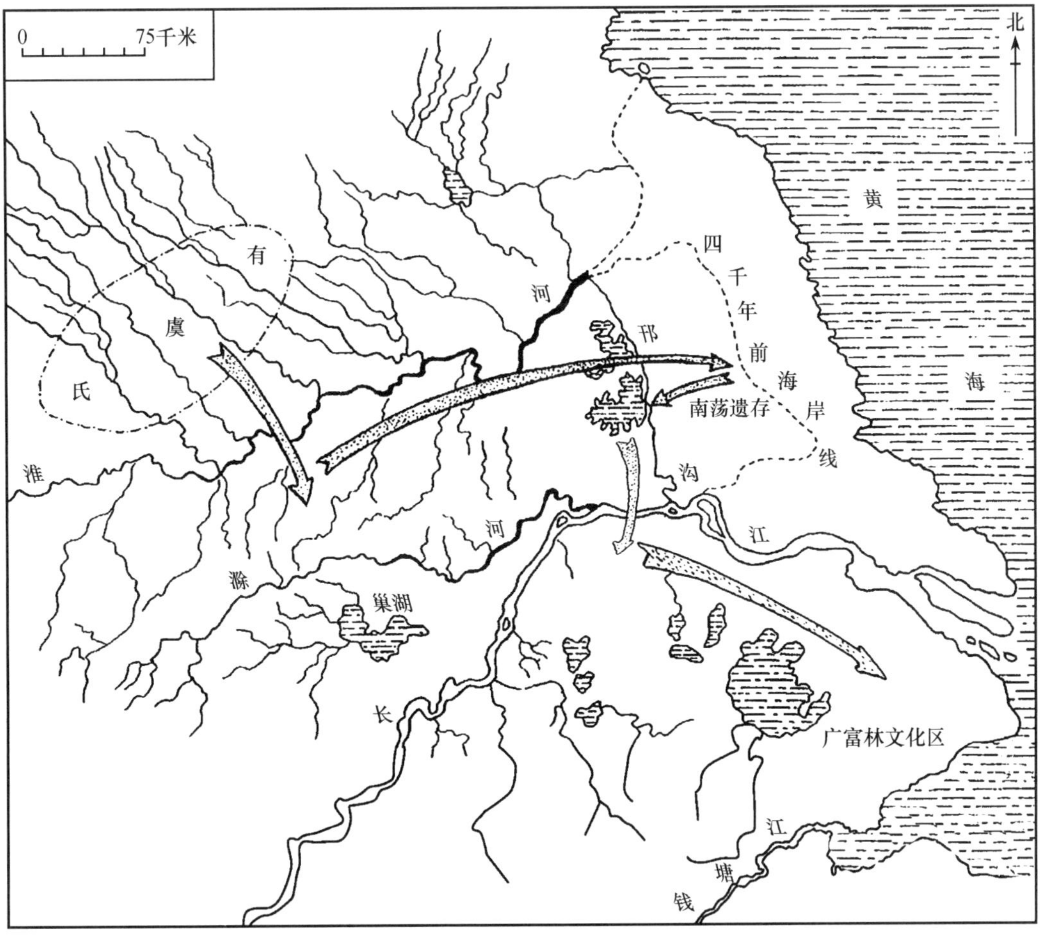

图一 河南龙山文化晚期有虞氏部族迁徙路线示意图

（据张敏：《吴越文化比较研究》第110页图一一改，南京出版社，2018年）

种认为舜属于东夷族。持黄帝族说的学者最为有力的证据是文献中记载的有虞氏的世系，认为有虞氏既然“禘黄帝而郊喾，祖颛顼而宗尧”，那么舜出身于黄帝族无可置疑，更有学者从图腾角度加以佐证，认为有虞氏以仁兽驺虞为图腾，与黄帝族以兽为图腾的特征相符。此外，持这一观点者还对东夷族说所坚持的《孟子》中记载的舜为“东夷之人”的说法予以反驳，认为“东夷”的方位在古代是相对而言的，孟子所说东夷应指山西永济。

坚持东夷族说的学者也不在少数，但对于“东夷”的确切地望却又持不同的观点，王晖认为“东夷”当指浙北上虞一带，何峭认为指今鲁西南和豫东北一带，还有学者从论证黄河以东都可称“东夷”出发，确定“东夷”应在今山西西南部一带[①]。田

① 周惊涛：《全国虞舜文化研讨会暨中国先秦史学会第八届年会综述》，《中国史研究动态》2006年第2期。

昌五认为有虞氏就是居于豫东的东夷族[①]。通过上文对虞舜的地望和去向的分析，我们基本可以确定有虞氏属东夷族，并且是居于鲁西南和豫东北的东夷族[②]。

在太湖东南部的一些地方，至今仍流传着虞舜传说，这是一种和文本传统同时存在的口头传统，造成这种口头传统绵延不绝的一个重要原因，是这些地方至今依旧存在着与舜相关的“纪念物”或遗迹。

说到浙江境内有关虞舜的遗迹，最引人注目的自然是东南沿海两个古老的县名——上虞、余姚。上虞与舜的关系十分密切。据郭沫若考证，殷商甲骨文中已有“上虞”地名[③]。《水经注》卷四十引《晋太康三年地记》云：“舜避丹朱于此，故以名县。百官从之，故县北有百官桥。”《会稽旧记》云：“舜，上虞人，去虞三十里，有姚丘，即舜所生也。”《路史》称：“舜之支庶或食上虞。”《越中杂识》又说：“虞舜支庶封于余姚，又封于上虞，以虞称国，故曰上虞……而其地有历山、舜井、象田、陶灶，皆其子孙象舜所居而名之者。旧以为舜生长于是，则附会矣。”

关于余姚，张守节《史记正义》引《括地志》云：“越州余姚县有历山、舜井。”《元和郡县志》卷二十八又云：“舜支庶所封之地，舜姚姓，故曰余姚。”顾颉刚先生说过：“余姚、上虞二县名及百官地名，在西汉时已成立，它们何以名姚？又何以名虞？这里面当然有许多的原因。”[④]关于为什么会在许多地方出现舜的传说，孔君诒曾经提出过一种观点：尧舜禹故事的原始地应该在江浙皖一带。因为舜是殷族，他的传说随着殷族的向北迁徙，所以才到了山东、山西一带[⑤]。这个观点值得商榷，但至少说明了尧舜禹的故事在此地的延续性和广泛性。

在上虞、余姚一带，除了县名之外，与虞舜相关的地名还有很多。姚江，又称舜江和舜水。宋代王十朋《会稽风俗赋》所云：“水有渔浦、三抚，地有姚邱、百官，里焉有粟，陶焉有灶，汲焉有井，祀焉有庙，皆其遗迹也。”据方志记载和民间传闻：握登山，是舜母的出生地；虹漾村、谷林，是舜的出生地；历山，是舜耕种之地；渔浦湖（今白马湖），是舜捕鱼处；陶灶，是舜制陶处；粟里，是舜储粮处；舜

① “平粮台一期为大汶口文化，更能证明虞舜为东夷之人”，“众所周知，大汶口文化为古夷人的文化，这和孟子所说的‘东夷之人也’不期而合”。田昌五：《对中国文明起源的探索》，《中国古代社会发展史论》，齐鲁书社，1992年，第123～146页。

② 吴国武：《帝舜姓氏考辨——兼谈先秦姓氏礼俗的几个问题》，《中国典籍与文化》2005年第2期。

③ 郭沫若：《卜辞通纂》第595～602片甲骨，科学出版社，1983年，第475～480页。

④ 顾颉刚：《虞初小说回目考释》，《顾颉刚古史论文集（卷二）》，中华书局，2011年，第9页。

⑤ 孔君诒：《虞舜耕地葬地的探讨》，《吴越文化论丛》，上海文艺出版社，1990年，第172～194页。

井，是舜避父母迫害处；百官桥（又名舜桥）、百官里、百官镇，是舜率百官避丹朱处；指石山，是舜登山处；姚邱，是舜葬处；象田山、象田岭，是舜死后象为之耕田处；虞舜巡狩台，是舜巡狩处；舜王庙，是祭祀舜的地方；还有舜王山、舜江，也都是用来纪念虞舜的。特别要提到的是舜王庙，比起其他纪念物来，它对传说的影响就要大得多。据乾隆《浙江通志》，虞舜庙在绍兴府境内有四座，一在余姚历山，一在上虞百官，一在上虞梁湖北，此三座如今都已不复存在；另有一处，在会稽东南百里，即今绍兴市王坛镇。历史上，以这座舜王庙为中心，每年农历九月二十七日“舜王诞辰”前后的几天里，绍兴南部山区和与其毗邻的上虞、嵊州、诸暨等地民众十多万人，常在此举行盛大的庙会活动。除此之外，在嵊州市北部，距县城13千米处有舜皇山村，旧时有舜皇庙、舜井。后因建造龙皇水库，庙、井均已为水淹没。在萧山的南部桃源乡有舜湖，所在地的村落称为“舜湖村”。在永康市南部，有一处釜历山，山巅有舜田、舜井、舜潭。正是以上这样一大批与舜相关的纪念物（遗迹）的长期存在，为太湖东南部地区虞舜传说圈的形成及其绵延不绝奠定了基础，也成为我们研究虞舜文化的要考虑的地区[①]。

三

太湖东南部除了虞舜的传说之外，还有关于大禹和防风氏的传说。防风氏神话传说处在华夏集团大举南侵，武力征服与文化融合百越民族这一历史时刻[②]。

有关防风氏的记载古籍中并不多，散见于《国语》《史记》《越绝书》《述异记》等，其中以《国语·鲁语下》交代得较细。

《国语·鲁语下第五》云：“昔禹致群神于会稽之山，防风后至，禹杀而戮之。”仲尼曰：“（防风氏），注芒氏之君也；守封、嵎之山者也，为漆姓。”韦昭注曰：“群神，谓主山川之君，为群神之主，故谓之神也。”

《史记·孔子世家》客曰：“防风何守？”仲尼曰：“汪罔氏之君守封、禺之山，《集解》韦昭曰：‘封，封山。禺，禺山：在吴郡永安县。’骃案：晋太康元年改永安为武康县，今属吴兴郡。为釐姓（《索隐》釐音僖）。《家语》云姓漆，盖误。《系本》无漆姓。在虞、夏、商为汪罔，于周为长翟，今谓之大人。”《集解》王肃曰：“周之初及当孔子之时，其名异也。”

---

① 顾希佳：《虞舜传说与吴越文化》，《杭州师范学院学报（人文社会科学版）》2001年第3期。

② 钟伟今、钟铭：《“防风故土”考察报告》，《湖州师专学报》1992年第3期。

《后汉书·张衡列传》：朝吾行于汤谷兮，从伯禹于稽山。汤谷，日所出也。孔安国注《尚书》："禹代鲧为崇伯，故称伯。"《吴越春秋》："禹登茅山，大会计理国之道，故更名其山曰会稽也。"集群神之执玉兮，疾防风之食言。《左传》曰："禹合诸侯于涂山，执玉帛者万国。"《国语》仲尼曰："昔禹致群神于会稽之山，防风氏后至，禹杀而戮之。"客曰："敢问谁为神？"仲尼曰："山川之守，足以纪纲天下者，其守为神。食言谓后至也。"

《晋书》卷十五志第五：乌程、临安、余杭、武康，故防风氏国。

《通典》："湖州，春秋时属吴，吴灭属越，越灭属楚，古之防国焉。"《太平寰宇记》："湖州武康县，古防风氏之国，防风氏在县东一十八里，先名封山，唐天宝六年敕改焉。"《路史·国名纪乙》载："防风，厘姓，守封、禺之间，二山在今湖州之武康。"罗苹注："《吴兴记》云：吴兴西有风渚山，一曰风山，有风公庙，古防风国也。下有风渚，在今武康东十八里，天宝改曰防风山。禺山在其东二百步，《说文》作禺山，禹十二代孙帝禺所居，皆妄。今钱塘之金鹅山，《郡国志》云：防风氏封此，山下有风渚。然谓古即瞒国者，又缪。"《国名纪乙》并列有汪芒，"即汪罔，《说苑》云：汪芒，厘姓。《说文》云：封山在吴楚间，汪芒之国，历代故以为防风也"。

到目前为止，浙江省各地已经采录的防风氏口承资料有21则，防风祠遗迹5处，基本都分布在杭嘉湖平原和宁绍平原的范围内。其中以德清县封山南麓的防风祠最著名，它始建于西晋元康初年，距今1700多年，五代时吴越国王钱镠加以扩建，今已废圮，仅存殿基，可看出规模极大。湖州市三合乡还有与防风有关的封山、禺山、风诸湖（又称下渚湖）、防风洞、防风井等遗迹①。

通过以上文献和口承资料，我们或许可以得出结论，防风氏分布的中心地在浙江省湖州市，而其活动地域涉及宁绍平原、上海和苏南等太湖东南部广大地区②。

关于防风氏的族属问题，学者多有论述。较有代表性的包括董楚平的东夷说③，方酉生的古越先祖说④和何光岳的先黄帝后东夷说⑤。根据目前所见考古资料，我们倾向

① 董楚平：《防风氏神话的新发现》，《浙江社会科学》1993年第1期。

② 钟伟今：《防风神话研究现状概述》，《中国民间文化》，1994年第3集，学林出版社，1994年，第122～127页。

③ 董楚平：《防风氏的历史与神话》，浙江古籍出版社，1996年。

④ 方酉生：《从良渚文化的衰落说到防风国及与夏王朝的关系》，《良渚文化探秘》，人民出版社，2006年，第225～239页。

⑤ 刘城淮：《防风与夏禹》，《湖南教育学院学报》1994年第6期。

其为当地固有支系的意见[①]。

研究防风氏的学者基本都认为防风氏部族在夏代以前已经形成。但是在防风氏与具体考古学文化的指认上却仁智互见，有的认为防风氏就是良渚文化的主体[②]；有的认为其产生于良渚文化鼎盛时期（或晚期），是良渚先民中一个大部族的首领[③]；有的认为防风氏自河姆渡文化始就已在太湖东南部繁衍生息，直到良渚文化末期被华夏族所灭[④]；还有的学者论证防风氏本居山东，商周时才迁居到吴越地[⑤]。我们认为防风氏应该是在良渚文化末期开始成为中国历史上一支活跃的力量的[⑥]。

太湖东南部还有夏禹的传说。夏禹属于华夏族系已多无异议。其在中原地区的起源与发展因为与本文主旨相背，故在此从略。《越绝书》卷八：“禹始也，忧民救水，到大越，上茅山，大会计，爵有德，封有功，更名茅山曰会稽。”《史记·夏本纪》：“禹东巡守，至于会稽而崩。”《墨子·节葬下》：“葬于会稽之山。”《史记·越王勾践世家》：“越王勾践，其先禹之苗裔，而夏后帝少康之庶子也。封于会稽，以奉守禹之祀。文身断发，披草莱而邑焉。后二十余世，至于允常。”

在现存的先秦古籍中，绝大部分明确认定会稽位于江南。到了秦代，秦始皇“至钱唐，临浙江”，“上会稽，祭大禹”。到了西汉，司马迁年“二十而南游江、淮，

---

① 目前我们已经可以从众多的考古学遗存中分辨出华夏、东夷和苗蛮的因素。目前在太湖东南部发现的考古学文化遗存，除了广富林确定为虞舜部族的以外，其他均是混合文化，并没有再发现独立于当地土著文化的华夏、东夷或者苗蛮的文化因素。因此我们偏向防风氏是根源于本地传统的一支部族。

② 方酉生：《试论良渚文化与防风国》，《百越文化研究》，厦门大学出版社，2005年，第47~54页。

③ 张长工：《从良渚文化的断代释神话“大禹杀防风”》，《中国民间文化》1994年第3集，学林出版社，1994年，第123~124页。

④ 董楚平：《防风氏神话的新发现》，《浙江社会科学》1993年第1期。

⑤ 董楚平：《吴越文化新探》第三章第一节《越文化与东夷文化融合》，浙江人民出版社，1998年，第185页。

⑥ 良渚文化因洪水或海侵而消亡已经有不少学者论证过，新石器时代末期到马桥文化时期遗址数量的大量减少和文化层之间的广泛分布的淤泥层可以表明或许当时确实发生了大洪水。可以参见王海明：《浙江史前考古学文化之环境观》，《良渚文化探秘》，人民出版社，2006年，以及此书的其他相关文章，兹不赘述。重要的是谁来治水，而最终良渚文化又被谁所取代。结合最近钱山漾遗存新石器时代末期文化的发现和传说中关于防风氏为治水之神的记载，我们认为，防风氏即是应治水的需要而壮大的一支部族，并最终取代了良渚文化。其创造的文化即是钱山漾一、二段的遗存。参见丁品：《浙江湖州钱山漾遗址进行第三次发掘》，《中国文物报》2005年8月5日第1版；丁品：《浙江湖州钱山漾遗址第三次发掘带来的新思考》，《南方文物》2006年第4期；浙江省文物考古研究所、湖州市博物馆：《钱山漾——第三、四次发掘报告》，文物出版社，2014年。

上会稽，探禹穴”。直到东汉，高诱注《淮南子·汜论训》才提出会稽在他的家乡辽西的观点，同时又并提“一说会稽山在太山下”的观点。20世纪初杨向奎先生提出会稽本在山东的观点后[①]，才又陆续出现了一些赞同者。

关于大禹和越的关系。有的学者认为越为禹后，夏族是在夏末商初随着夏朝的败亡而迁徙此地的。只是禹在此治水和归葬此地的传说不符合实际[②]。也有学者持相反的观点，反对越为禹后说[③]。笔者认为，华夏族和越族本没有直接的关系，在新石器时代末期，华夏部族为了彻底消灭各地的抵抗力量才来到了越地，也就把中原的文化因素带到了越地，或许还开始联合了古越地，这从稍后的马桥文化中含有较多的二里头文化因素就可以看出。通过考古学的复原，以二里头文化为代表的夏部族向南和东南迁徙活动的路线也基本可以复原出来，即皖北—江淮之间中部—宁镇山脉西侧—太湖东南部（图二）。

需要指出的是：以上所述各传说与实际地望的耦合上可能有所偏差，我们只能指定一个大致的位置。因为古代部族的生活区域经常变动。尤其是在社会大重组的原始社会末期，再加上不同地域的人们对新生事物的接受能力有所不同，也会成为传说丰富与否的关键因素之一。但可以肯定的是，实际生活区域当不会超过这一大致位置。

四

在太湖东南部平原上存在的最大的三个传说是关于有虞氏、防风氏和夏禹氏的。那么为什么不同族属的三个部族会同时出现于这个地区呢？我们认为：华夏族侵占了有虞氏在豫东南的居地后迫使有虞氏南迁，有虞氏先后到达了江淮平原东部和太湖东南部。在太湖东南部与本地固有的防风氏集团联合形成了一股反抗夏族的强大力量，从而招致了夏族统治者的诛杀。我们从以下几个方面论述这种观点的合理性。

（1）虞舜为五帝之末，夏禹开三王之先，从尧、舜、禹三代权力的更替来看，其实质应为夷代夏、夏代夷，即夷、夏集团之间的倾轧和权力争夺。

① 杨向奎：《夏本纪越王勾践世家地理考实》，《禹贡》1994年第3期；杨向奎：《夏代地理小记》，《禹贡》1994年第3期。

② 林华东：《绍兴会稽与禹无涉——兼论於越源流》，《浙江学刊》1985年第2期；林华东、何春慰：《再论绍兴会稽与大禹》，《浙江学刊》1995年第4期。近年来的考古发现表明林文中所提的夏末商初夏族开始南迁吴越地的观点有出入，因为马桥文化的年代已经提前至二里头文化一期，它与二里头文化的关系自这个时期就已经开始。见中国社会科学院考古研究所：《中国考古学·夏商卷》中有关马桥文化的论述，中国社会科学出版社，2003年，第463～467页。

③ 蒋炳钊：《“越为禹后说”质疑——兼论越族的来源》，《民族研究》1981年第3期。

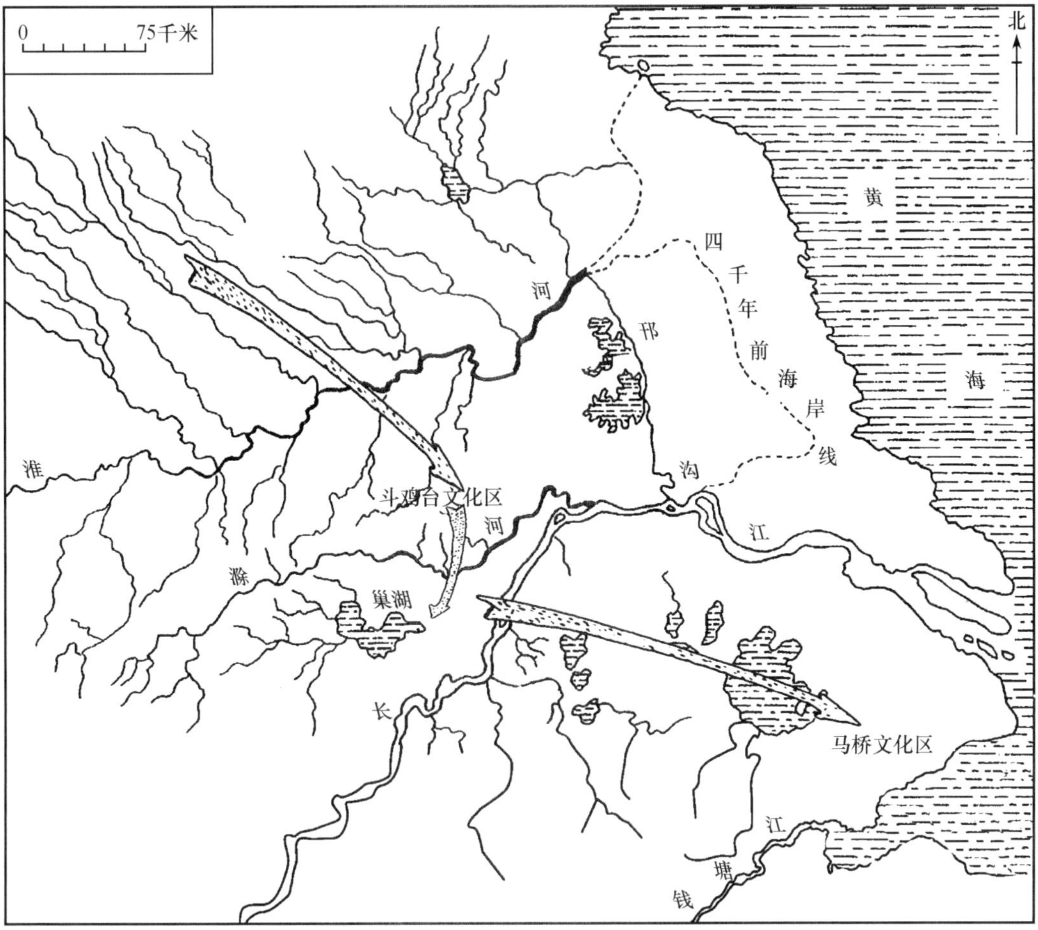

图二 河南龙山文化晚期——二里头文化时期夏后氏迁徙路线示意图

（据张敏：《吴越文化比较研究》第110页图一一改，南京出版社，2018年）

尧、舜、禹所处的时代，正是我国历史上一个经过反复争夺而最终确立世袭制的时代，"世袭继承制凡是在最初出现的地方，都是暴力篡夺的结果，而不是人民的自由许可"[①]。有虞氏部族的迁徙，显然是"禹逼舜"的结果，是失败后的大逃亡。马桥文化中二里头文化因素的出现，是夏禹部族联合越族人群清剿反对势力的结果。这也是为何越国王族视夏禹部族为其来源的原因。

（2）良渚文化的灭亡与防风氏的关系。

良渚文化是我国新石器时代最具影响力的古文化之一。然而，就其年代下限和消亡的真正原因多年来一直众说纷纭。最近在湖州钱山漾遗址的发掘表明，良渚文化晚

① 马克思：《摩尔根〈古代社会〉一书摘要》，人民出版社，1978年。

期之后，大致距今4300～4000年[①]，分布在太湖地区的是钱山漾类型文化遗存。它上承良渚文化晚期，是良渚文化的延续或后续。这样，环太湖地区新石器时代末期文化就可以分为良渚文化晚期、以鱼鳍足鼎及细颈鬶为代表的文化遗存（即钱山漾类型文化遗存）和广富林文化三种时代先后的文化遗存[②]。良渚文化的消亡原因，以前学术界先后出现了海侵说、特大洪水灾害说、对外战争说和统治集团内讧说等多种观点。目前，学者多认为良渚文化末期的洪水事件更有可能是良渚文化衰亡的导火索。在良渚社会鼎盛期之后，面对矛盾重重的社会现实，只要一点燃这根导火索，这个社会就会四分五裂，无法挽回[③]。考虑到防风氏治理洪水的神话传说，笔者认为，点燃这根导火索的正是防风氏。而钱山漾类型文化遗存可能正是防风氏所创立的文化。此文化根基于良渚文化，很可能是良渚古国中固有的一支力量。近些年的考古发现证实，钱山漾类型文化北及皖南、东至宁绍平原以至大海、西至新安江上游黄山地区，分布范围大致与良渚文化一致，但边缘地带（即良渚文化势力相对较弱的地带）却是钱山漾文化势力相对明显的地区，比如宁波大榭遗址的制盐遗存在钱山漾时期达到鼎盛[④]，可能表明钱山漾部族本身就属于良渚部族集体内与生产经济有关的势力存在。

（3）有虞氏与防风氏的关系。

上文已经提到，有虞氏文化在太湖地区表现为广富林文化，那么广富林文化和与以钱山漾类型文化遗存为代表的防风氏文化的关系如何呢？钱山漾类型文化遗存被分为两期，第一期早于广富林文化，而第二期大致与广富林文化同时[⑤]。依据出土的材料，钱山漾类型文化遗存的两期之间是一个连续发展的过程，在第二期时不光继承了第一期的文化内涵，同时渗入的黄河中下游龙山文化的因素更多，在本地也就是广富林文化的因素。而广富林遗址中第一段大致与钱山漾类型文化遗存的第一期时代相当，当归为钱山漾类型文化遗存，而第二段则被认为与第一段无源流关系，是截然不同的两类遗存[⑥]。第二段应该就是有虞氏的文化遗存。笔者认为：防风氏部族创造的

---

① 关于良渚文化的下限年代，可以参见蒋卫东：《良渚文化下限年代的探讨》，《良渚文化探秘》，人民出版社，2006年，第21～46页。

② 宋建：《环太湖地区新石器时代末期考古学研究的新进展》，《南方文物》2006年第4期。

③ 赵辉：《良渚文化的若干特殊性——论一处中国史前文明的衰落原因》，《良渚文化研究——纪念良渚文化发现六十周年国际学术讨论会文集》，科学出版社，1999年。

④ 雷少、梅术文：《宁波首次发掘海岛史前文化遗址——大榭遗址Ⅰ期考古发掘的主要收获》，《中国文物报》2016年12月30日第5版；雷少、梅术文：《浙江宁波大榭史前制盐遗址》，《中国文物报》2018年1月23日第5版。

⑤ 丁品：《浙江湖州钱山漾遗址第三次发掘带来的新思考》，《南方文物》2006年第4期。

⑥ 张忠培：《解惑与求真——在“环太湖地区新石器时代末期文化暨广富林遗存学术研讨会”的讲话》，《南方文物》2006年第4期。

文化在4300年左右取代了良渚文化，而表现为钱山漾类型文化遗存，分布范围遍及苏南、上海和宁绍平原，远及皖南和黄山地区。4200年左右有虞氏部族的到来打破了这样的格局，取代了防风氏在上海地区的统治区域，在广富林遗址我们也可以看到这种不同文化相互取代的情况[①]。这样在太湖东南部地区就形成了两种文化交流联合的态势。它们在新石器时代末期共同分布于太湖东南部地区。

（4）夏族与防风氏的关系。

龙山文化中晚期，整个社会正处于大迁徙、大动荡、大变革的时期。在战争契机、治水契机、海侵契机和以中为尊契机的影响下[②]，华夏族势力向外扩张，并且参与到边远地区文化的重建当中。太湖东南部地区也不例外。从考古学文化遗存的特征来看，无论是钱山漾类型文化遗存，还是广富林文化遗存都远没有二里头文化及其前身发达，如果单是势单力薄的防风氏，断不为夏所惧的，但是被华夏族逼迫南迁的有虞氏部族的介入，无疑将会成为夏族的心头大患。防风氏与有虞氏的联合无疑会成为华夏族扩张的障碍。大禹诛防风的故事也就发生在这一时期。而在这一过程中，有虞氏成为实际上的领导者[③]。大禹诛防风，是夏族与有虞氏和防风氏矛盾尖锐化的一个重要标志。

（5）舜禹传说共同出现于太湖东南部。

在传说中，禹的帝位或是舜禅让给他的，或是禹用暴力夺取并将大舜流放的。不管禹是以哪种方式获得帝位，禹总是与舜联系在一起。可是在巴蜀故地、湖南、西羌、匈奴等与禹或舜传说相关的地区或民族中却找不出一点舜禹相连的传说和遗迹。然而在古越国之地的浙江宁绍平原和杭嘉湖平原就不同了，那里至今存有大量的舜禹相连的遗迹。陈桥驿先生的一个研究生曾经在宁绍平原的绍兴、余姚、上虞三县查得舜禹故迹18处[④]。此外，在中原腹地也能发现舜禹相关的证据，如在今河南省境内就有虞城县和禹县（今禹州市），舜禹曾经共同存在于中原地区自是毋庸置疑。那么这种舜禹共同出现于一地的情况，恰恰说明了此地的传说可能更接近于实际情况。不像其

① 广富林文化遗存的地点主要有江阴花山、昆山绰墩、上海广富林、湖州钱山漾、宁波慈城小东门、绍兴马鞍、绍兴仙人山等。关于广富林遗存的年代可以参见翟杨：《广富林遗址广富林文化的分期和年代》，《南方文物》2006年第4期；上海博物馆：《广富林——考古发掘与学术研究论文》，上海古籍出版社，2014年。

② 张敏：《华夏文明起源的假说》，《东南文化》1990年第4期。

③ 张敏、韩明芳：《虞舜南巡狩与勾吴的发端》，《南京大学学报（哲社版）》1999年第3期。

④ 乐祖谋：《历史时期宁绍平原的城市起源》，《中国历史地理论丛（3）》，陕西人民出版社，1988年；陈桥驿：《吴越文化和中日两国的史前交流》，《浙江学刊》1990年第4期。

他地区只肖编造某一个人物就够了[①]。从舜禹传说的共同存在可以看出，很可能舜和禹部族确实在太湖东南部地区共同出现过，并且也很可能是因为它们将在中原地区的利益冲突带入了宁绍平原地区。

（6）有虞氏在江淮地区东部和太湖东南部特点的对比。

相对于在江淮东部地区的存在时间来说，太湖东南部的虞舜文化生存的时间非常短，并没有像在江淮东部地区与当地土著文化融合形成点将台文化那样发展，此地后来兴起的马桥文化中也主要包含的是当地文化因素和二里头文化因素[②]。江淮东部地区地势低洼，生存比较艰难，发展的空间很小，并没有引起夏族的注意。而太湖东南部古文化发展基础好，发展势头猛，所以有虞氏在此地的生存就以在极短的时间内被夏族注意而导致毁灭为结局。

五

以上的分析可以得出以下结论。

1）在龙山时代晚期到夏代初年，太湖东南部地区先后分布着防风氏、有虞氏和夏禹氏部族的文化。防风氏本属于良渚古国的一支力量，它最终取代了良渚文化。有虞氏是在华夏部族的逼迫之下由中原经由江淮平原东部而最终迁居此地的，在此地与防风氏联合的基础上创造了广富林文化遗存。有虞氏和防风氏均属于东夷集团，他们的联合导致了华夏集团对此地的军事行动。

2）马桥文化形成时期，是中国历史由野蛮步入国家文明的关键时期，中原势力集团在中原地区的对峙和消长也延伸到环太湖地区，使得太湖地区的考古学文化打上了它们的烙印，最终以代表夏后氏利益的马桥文化取得了最终的胜利，并演化成为后来的于越文化，于越国也就具有了夏后氏的族属基础。这一点在中国古代史籍中被确切地记录了下来。

但我们也应注意到，马桥文化—越文化发展的整个阶段，主要是自身完成的，它们只是被华夏集团所拉拢和利用，并没有被华夏集团所取代，再加上商时期东夷集团力量的强大，使得此地域的华夏因素消失殆尽，这也就是为什么我们在越国文化中很少看到华夏因素的原因之一。

因此，我们同意夏禹部族曾经到过太湖地区，并参与了先越文化的发展，即先越

① 罗漫：《峡川地区的夏、越民族考》，《中央民族大学学报》1995年第3期。

② 邹衡：《江南地区诸印纹陶遗址与夏商周文化的关系》，《文物集刊（3）》，文物出版社，1981年，第46～51页。

酋长很可能与中原夏族有密切的联系，甚至可能有过联姻和亲缘关系，而先越治下的民众却一定是越人或夷人的后裔，与夏人的关系不大。

3）龙山时代中晚期是个大动荡的时期。太湖东南部地区由于某种尚无法确定的原因，经历了发展史上少有的低潮期。该地区古文化发展中原来相对单一的清晰稳定的继承模式被颠覆，古文化发展轨迹出现了新的变化和特点。其中一个重要的方面就是外来文化参与了古文化的重建。从南荡、广富林、钱山漾，再到点将台、马桥，我们可以清晰地看到北方龙山文化因素和中原二里头文化因素南渐甚至是部族南迁的进程。

以上这些就是中国古籍中所记载的虞舜南巡狩、夏禹东巡狩的实质，以及广泛流传于此地的防风氏、有虞氏和夏禹氏的神话传说的本源所在。需要指出的是：本文是在考古材料不甚系统，历史文献相对缺乏的条件下形成的认识，尤其是其中关于防风氏的材料大部分都是传说，难以考实。这些都需要在以后的研究中加以补充和修正。

钱山漾文化的发现、命名与思考

郭梦雨　赵　杰

（山西大学历史文化学院）

20世纪50年代，浙江湖州钱山漾遗址第一、二次发掘即已发现了与钱山漾文化相关的遗存。随着田野技术的进步、新材料的增加以及科研人员的长期努力，至21世纪初得以将这类遗存从良渚文化中辨识出来，确定其为继良渚文化之后一支新的考古学文化。目前，关于后良渚时期考古学文化的研究已逐渐展开。本文通过回顾钱山漾文化发现、命名的大致历程，尝试从典型器物入手，将以侧扁足、弧背鱼鳍形足、细长颈鬶为代表的遗存均归入钱山漾文化，并对它们之间的年代关系进行简要分析。

一、钱山漾文化的发现与命名

1956年、1958年，浙江省文物管理会对湖州钱山漾遗址进行了两次发掘[①]。简报将遗址划分为上、下两个文化层，其中下文化层中出土有弧背鱼鳍形足鼎（Ⅰ、Ⅱ式鼎）、细长颈鬶、尖底缸等钱山漾文化遗物。在当时的历史背景下，发掘者视其为“龙山文化向东南沿海地区发展的有力证据”，并对其年代做出初步判断，认为属于新石器时代晚期。这一时期正逢良渚文化的提出和确立[②]，钱山漾下层也被纳入良渚文化的范畴[③]。

20世纪60年代以后，上海马桥遗址第5层[④]、亭林遗址下层[⑤]、江苏吴江龙南遗址

① 浙江省文物管理委员会：《吴兴钱山漾遗址第一、二次发掘报告》，《考古学报》1960年第2期。

② 夏鼐：《长江流域考古问题——1959年12月26日在长办文物考古队队长会议上的发言》，《考古》1960年第2期。

③ 代表性的文章有曾昭燏、尹焕章：《江苏古代历史上的两个问题》，《江海学刊》1961年第12期；尹焕章、张正祥：《对江苏太湖地区新石器时代文化的一些认识》，《考古》1962年第3期。

④ 上海市文物保管委员会：《上海马桥遗址第一、二次发掘》，《考古学报》1978年第1期。

⑤ 孙维昌：《上海市金山县查山和亭林遗址试掘》，《南方文物》1997年第3期。

88H1[①]中都发现有垂腹弧背鱼鳍形足鼎、细长颈捏口鬶等钱山漾文化的典型遗物。作为20世纪钱山漾文化的主要发现，由于缺乏系统的层位基础，学者均将其视作良渚文化遗存进行分期讨论，但对其相对年代的认识并不一致。

1. 细长颈鬶的年代问题

20世纪70年代，良渚文化分期的条件尚不成熟，但从发表的材料中能看出早晚之别，一些学者将良渚文化分为两期，钱山漾下层等单位通常被划入早期阶段，细长颈鬶至晚期发展为肥袋足的形制[②]。高广仁先生将钱山漾下层出土的细长颈鬶划分为ⅡE型，良渚文化典型的短颈肥袋足鬶分为ⅡA′型，同时也认为前者出现年代较早[③]。

张之恒先生提出良渚文化中期阶段“袋足鬶有两种形制，一种颈部较细长，另一种颈部粗短”，至晚期，“袋足鬶的袋足较前期肥大”[④]。

陈国庆先生在对良渚文化分期的论文中指出长颈鬶“颈部越来越长”，“最后变成管状流”，将钱山漾遗址出土的细长颈鬶明确为良渚文化晚期阶段的遗物[⑤]。

以上三家观点分别将细长颈陶鬶划分为良渚早期、与肥袋足鬶并行、良渚晚期，反映出当时学界对细长颈陶鬶年代认识的分歧。其中陈国庆先生已经将其年代定为良渚文化晚期阶段，此后学者也多持此说[⑥]。不过，仍有学者存在不同观点。黄宣佩先生仍认为陶鬶颈部由长变短[⑦]，李新伟先生将良渚文化划分为五期[⑧]，五种类型的陶鬶分别对应良渚第二至五期。B型鬶即为出土于钱山漾、亭林等遗址的细长颈鬶。根据与北阴阳营H2、安徽肥西古埂等发表陶鬶的对比，作者将其划入良渚文化第三期。

---

① 苏州博物馆、吴江县文物管理委员会：《江苏吴江龙南新石器时代村落遗址第一、二次发掘简报》，《文物》1990年第7期。

② 黄宣佩：《关于良渚文化若干问题的认识》，《中国考古学会第一次年会论文集（1979）》，文物出版社，1980年；蒋赞初：《对长江下游新石器时代文化几个问题的再认识》，《文物集刊（1）》，文物出版社，1980年。

③ 高广仁、邵望平：《史前陶鬶初论》，《考古学报》1981年第4期。

④ 张之恒：《略论良渚文化的分期》，《良渚文化——余杭文史资料（第三辑）》，1987年。

⑤ 陈国庆：《良渚文化分期及相关问题》，《东南文化》1989年第6期。

⑥ 栾丰实：《良渚文化的分期与年代》，《中原文物》1992年第3期；栾丰实：《良渚文化的分期与分区》，《东方文明之光——良渚文化发现60周年纪念文集（1936—1996）》，海南国际新闻出版中心，1996年；朱乃诚：《关于良渚文化研究的若干问题》，《四川大学考古专业创建三十五周年纪念文集》，四川大学出版社，1998年。

⑦ 黄宣佩：《陶鬶起源探讨》，《东南文化》1997年第2期。

⑧ 李新伟：《良渚文化的分期研究》，《考古学集刊（12）》，中国大百科全书出版社，1999年。

2. 弧背鱼鳍形足的年代问题

杨晶先生将良渚文化划分为四期。文章注意到龙南88H1出土陶器形制的特殊性，并认为“和马桥第⑤层及福泉山3组的同类器相似”[①]，确定其年代为良渚文化第三期。据此，作者将这类垂腹鼎划为良渚文化陶鼎的一类，贯穿良渚一至三期。

芮国耀先生根据“鱼鳍形足鼎与T型足鼎存在发展上的承继关系”的认识，在年代上，将弧背鱼鳍形足置于T型足之前[②]。朱乃诚先生也将龙南遗址中弧背鱼鳍形足鼎置于良渚早期，并认为“具有开良渚文化陶器风格的特点”[③]。

李新伟先生梳理了龙南遗址第一、二次发掘简报对遗迹单位年代划分的问题，同时，也指出钱山漾遗址中Ⅰ、Ⅱ式鼎与龙南88H1出土陶鼎的相似性，认为它们年代大致相当，均处于良渚文化第二期。

朔知先生依据对部分良渚文化典型器物的型式划分，结合地层关系，将良渚文化分为三期7段，龙南遗址以88H1为代表的单位仍属于良渚文化第二期[④]。

可见，弧背鱼鳍形足长期被视作良渚文化鱼鳍形足的一类，学者一般都认为其处于良渚文化偏早阶段。

2000年以后，广富林、钱山漾、葡萄畈等遗址先后发掘。在材料发表之前，已有学者进行了热烈讨论。葡萄畈遗址出土有弧背鱼鳍形足，其发掘者赵晔先生在遗址总体年代判断的基础上认为这类鼎足“出现于良渚文化末期有了确凿证据，也使钱山漾一期遗存与良渚遗址群晚期后段遗存的年代变得近乎同时”[⑤]，并提出“良渚文化末期遗存”的划分，它的器物组群即包含弧背鱼鳍形足鼎。广富林遗址的发掘者周丽娟先生将广富林遗址第13～7层及相关单位均归入良渚文化，以上单位分为两段，称为“良渚文化末期阶段”。其中第一段即包含弧背鱼鳍形足、细长颈鬶等钱山漾文化遗物[⑥]。钱山漾遗址发掘者丁品先生将钱山漾遗址新石器时代堆积统称为“钱山漾类型文化遗存”，并分二期，第一期以弧背鱼鳍形足鼎最具代表性。钱山漾类型文化遗存“晚于

① 杨晶：《论良渚文化分期》，《东南文化》1991年第6期。

② 芮国耀：《良渚文化时空论》，《文明的曙光——良渚文化》，浙江人民出版社，1996年。

③ 朱乃诚：《关于良渚文化研究的若干问题》，《四川大学考古专业创建三十五周年纪念文集》，四川大学出版社，1998年。

④ 朔知：《良渚文化的初步分析》，《考古学报》2000年第4期。

⑤ 赵晔：《良渚遗址群的时空观察》，《浙江省文物考古研究所学刊（第八辑）——纪念良渚遗址发现七十周年学术研讨会文集》，科学出版社，2006年。

⑥ 周丽娟：《广富林遗址良渚文化末期遗存》，《浙江省文物考古研究所学刊（第八辑）——纪念良渚遗址发现七十周年学术研讨会文集》，科学出版社，2006年；周丽娟：《广富林遗址良渚文化遗存》，《南方文物》2006年第3期。

良渚文化而早于马桥文化”，“暂时将钱山漾类型一、二期文化遗存视为同一考古学文化遗存发展过程中的两个阶段”，是“介于良渚文化和马桥文化之间的一支过渡性考古学文化”①。

显然，这一时期学者对于以弧背鱼鳍形足鼎年代的认识已经相对一致，肯定其处于良渚文化末期或晚于良渚文化，不过其性质仍存在争议。

3. 钱山漾文化命名的确立

2006年6月，“环太湖地区新石器时代末期文化暨广富林遗存学术研讨会”在上海召开②。除广富林遗存外，以弧背鱼鳍形足鼎、细长颈鬶等为典型内涵的钱山漾一期遗存也引起了学者的高度关注，它的年代晚于良渚文化而早于广富林遗存。就其性质问题，张忠培先生指出“鱼鳍形足垂腹釜形鼎这一重要文化因素，却又将它和良渚文化之间构筑起一堵墙，将两者严格区隔开来，且良渚文化晚期丁字形鼎足发展为一段的鱼鳍形鼎足，不符合器物形态的演变逻辑，所以把这类遗存视为良渚文化中的一个较晚的阶段，似乎难以成立。鱼鳍形足垂腹釜形鼎或许另有渊源”，“如果这一认识能够成立，可以命名为一个某某文化，我认为可以命名为‘钱山漾文化’”③。

以钱山漾一期为代表的遗存文化面貌不同于良渚文化，张忠培先生着重强调这类遗存中典型器类的形成发展问题，并前瞻性地提出“钱山漾文化”的命名，这是钱山漾文化确立过程中的重要节点，此后逐渐被认可和使用。

2008年，广富林遗址2001～2005年的发掘材料发表，简报中将以弧背鱼鳍形足、细颈鬶等遗物为代表的遗存划分为第二阶段，层位上晚于良渚文化而早于广富林文化，发掘者认为“与其仓促作为新的考古学文化，不如暂时将其看作是良渚文化的延续或后续”④。同年发表的《杭州市余杭区良渚古城遗址2006～2007年的发掘》⑤中

---

① 丁品：《浙江湖州钱山漾遗址第三次发掘带来的新思考》，《南方文物》2006年第4期；丁品：《钱山漾遗址第三次发掘与“钱山漾类型文化遗存”》，《浙江省文物考古研究所学刊（第八辑）——纪念良渚遗址发现七十周年学术研讨会文集》，科学出版社，2006年。

② 沪文：《“环太湖地区新石器时代末期文化暨广富林遗存学术研讨会”会议纪要》，《中国文物报》2006年7月14日第7版。

③ 张忠培：《解惑与求真——在“环太湖地区新石器时代末期文化暨广富林遗存学术研讨会”的讲话》，《南方文物》2006年第4期。

④ 宋建：《环太湖地区新石器时代末期考古学研究的新进展》，《南方文物》2006年第4期；上海博物馆考古研究部：《上海松江区广富林遗址2001～2005年发掘简报》，《考古》2008年第8期。

⑤ 浙江省文物考古研究所：《杭州市余杭区良渚古城遗址2006～2007年的发掘》，《考古》2008年第7期。

位于古城西城墙段的葡萄畈遗址晚期出土弧背鱼鳍形足，简报已将其归入“钱山漾文化”。钱山漾遗址的第三次发掘简报中明确“钱山漾一期文化应是太湖地区一支崭新的新石器时代晚期文化遗存，根据现有材料，从苏南、上海、浙北到宁绍地区，均发现有该类遗存”，因此，赞成将其称为“钱山漾文化”[①]。

2010年以后，随着钱山漾遗址第三、四次发掘材料的公布[②]和“环太湖地区新石器时代晚期文化暨钱山漾遗址学术研讨会”的成功举办[③]，以钱山漾遗址第一期遗存为代表的“钱山漾文化”的命名正式确立。

二、钱山漾文化研究的深入

钱山漾文化命名之后，与其相关的讨论也逐渐展开[④]。张忠培先生曾提出在钱山漾文化命名问题上，有必要首先探讨鱼鳍形足垂腹鼎的渊源，厘清其与良渚文化晚期遗存的关系。因此，仍需对这类器物的演变序列进行分析。近年，已有材料和文章涉及这一环节，即在弧背鱼鳍形足大量发现之前，学者对多处遗址出土侧扁足的讨论。

2000年，浙江杭州萧山区茅草山遗址发掘出土的新石器时代遗存分为早、晚两期。早期是以鱼鳍形足为代表的良渚文化遗存，晚期“扁圆形足大量出现，在数量上甚至超过鱼鳍形足成为最主要的鼎足形式”，发掘者提出“以扁圆形足与T字形足鼎为代表的晚期文化面貌，既不同于良渚文化，也不同于浙江历史时期文化，是一种全新的文化，它在年代上应介于良渚文化与历史时期文化之间，可能是浙江目前所知最晚的史前文化”[⑤]。

浙江余杭文家山遗址以开口于第3、2层下的良渚文化墓葬为主要堆积，而在第2层中出土大量素面侧扁足。发掘者将以侧扁足、少量弧背鱼鳍形足为代表的遗存称为

---

① 浙江省文物考古研究所、湖州市博物馆：《浙江湖州钱山漾遗址第三次发掘简报》，《文物》2010年第7期。

② 浙江省文物考古研究所、湖州市博物馆：《钱山漾——第三、四次发掘报告》，文物出版社，2014年。

③ 李政：《环太湖地区新石器时代晚期文化暨钱山漾遗址学术研讨会在湖州召开——“钱山漾文化”正式命名》，《中国文物报》2014年11月18日第1版。

④ 栾丰实：《试论广富林文化》，《徐苹芳先生纪念文集》，上海古籍出版社，2012年；许鹏飞：《试论良渚文化的去向——从良渚文化末期遗存的面貌谈起》，《东南文化》2015年第5期；曹峻：《钱山漾文化因素初析》，《东南文化》2015年第5期；侯宁宁：《钱山漾文化研究》，吉林大学硕士学位论文，2016年。

⑤ 浙江省文物考古研究所、萧山区文物管理委员会：《杭州市萧山区茅草山遗址发掘报告》，《东南文化》2003年第9期。

“良渚末期遗存”，并认为侧扁足与广富林文化三角形足存在一定关联[①]。诸暨尖山湾遗址的发掘者进一步根据鼎足的对比，推测该遗址的年代相当于钱山漾二期[②]。

《文家山》报告出版后，发掘者对其意见做出了补充和修改。文中将以侧扁足鼎为代表的文化因素视为“良渚遗址群内较晚时期的固有文化因素，属于良渚文化共同体当中的有机组成部分”。同时，文中指出文家山遗址第2层侧扁足数量共有183个，占所有鼎足的80%，表明墓地停止使用后文家山遗址开始流行侧扁鼎足。其他遗址如天打网、横圩里、卞家山、良渚古城壕沟、茅庵里、庙前、石前圩等遗址中，素面侧扁足都占有一定比例，由此判断在良渚晚期，侧扁足鼎在整个良渚遗址群是一种主流陶鼎[③]。

三亩里遗址位于浙江余杭，2004年，相关单位对遗址进行了发掘。出土遗存被分为早、晚两期，前者属于良渚文化。晚期遗存以侧扁足鼎、细颈鬶为代表，年代晚于良渚文化。发掘者认为后者面貌与浙江诸暨尖山湾早期、余杭文家山第2层、葡萄畈晚期、扁担山等遗址出土遗存较为一致，因而它们的年代与性质也相同，并将其统一称为钱山漾文化[④]。

2010年以后，余杭美人地、扁担山遗址也都出土了侧扁鼎足，美人地第二期“鱼鳍形足、T型足等已经不见，侧扁足成为主要的鼎足形式……其年代可能与钱山漾文化相当”。扁担山发表的遗物不多，“土台上及南侧边缘的地层年代约当钱山漾文化时期，但文化面貌似乎和钱山漾文化有所区别，暂称之为良渚文化晚期后段”[⑤]。

此外，也多有学者将这类以侧扁足鼎为代表的遗存归入良渚文化，称之为良渚文化末期遗存[⑥]、良渚文化第四期六段[⑦]或良渚文化晚期后段[⑧]等。

---

① 赵晔：《良渚遗址群的时空观察》，《浙江省文物考古研究所学刊（第八辑）——纪念良渚遗址发现七十周年学术研讨会文集》，科学出版社，2006年。

② 浙江省文物考古研究所、诸暨博物馆、浦江博物馆：《楼家桥·查塘山背·尖山湾》，文物出版社，2010年。

③ 浙江省文物考古研究所：《文家山》，文物出版社，2011年。

④ 浙江省文物考古研究所、杭州余杭区中国江南水乡博物馆：《浙江余杭三亩里遗址发掘简报》，《浙江省文物考古研究所学刊（第十辑）》，文物出版社，2015年。

⑤ 浙江省文物考古研究所：《杭州市良渚古城外郭的探查与美人地和扁担山的发掘》，《考古》2015年第1期。

⑥ 许鹏飞：《试论良渚文化的去向——从良渚文化末期遗存的面貌谈起》，《东南文化》2015年第5期。

⑦ 宋建：《“钱山漾文化”的提出与思考》，《中国文物报》2015年2月13日第6版。

⑧ 陈明辉、刘斌：《关于“良渚文化晚期后段”的考古学思考》，《禹会村遗址研究——禹会村遗址与淮河流域文明研讨会论文集》，科学出版社，2014年。

总体来看，各家对于以侧扁足为代表的遗存的性质问题认识不一，多将其归入良渚文化的最晚阶段，同时也有人根据文化面貌的差异，视其为钱山漾文化或钱山漾文化阶段的遗存。详细梳理以上各遗址的出土材料可知，在茅草山、美人地、文家山、广富林等遗址中存在出土侧扁足鼎的单位叠压在出土T型足鼎、卷沿口鬶的良渚文化晚期单位之上的层位关系，葡萄畈、钱山漾遗址中则见有出土典型弧背鱼鳍形足的单位叠压出土侧扁足陶鼎的单位的层位关系。三亩里遗址中还发现侧扁足与细长颈鬶共出。茅草山遗址也见有陶鬶残件，颈部近直，应为长颈鬶。故而，笔者认为侧扁足是弧背鱼鳍形足演变序列的始点，二者具有更为明显的亲缘关系，其与细颈鬶的器物组合构成良渚文化之后一支新的考古学文化的标志。因此，将侧扁足为代表的遗存纳入钱山漾文化的范畴更为妥当。

基于以上认识，本文将浙江湖州钱山漾、萧山茅草山、余杭美人地、三亩里、葡萄畈、文家山、扁担山、仲家山、卞家山、庙前、诸暨尖山湾、宁波慈湖、上海马桥、松江广富林、金山亭林、江苏吴江龙南等遗址的部分单位或遗物均纳入钱山漾文化当中。

三、钱山漾文化的分期

葡萄畈遗址出土遗存被划分为早、晚两个阶段[①]，早段以第9、8层为代表，属于良渚文化晚期遗存，遗址晚段以第4层为代表，“开始出现钱山漾文化的反鱼鳍形鼎足”（图二，7），无疑，该单位已属于钱山漾文化。另外，第7B层介于早、晚段之间，出土有T0405⑦B：30鼎（图一，1），敞口浅腹，装侧扁足，从出土陶器来看，该层也应属于钱山漾文化，且侧扁足的年代要早于弧背鱼鳍形足。

上文已经提及三亩里遗址晚期遗存中也见有大量侧扁足鼎[②]，如T0509④B：47（图一，2），形态与葡萄畈T0405⑦B：30鼎相近，故认为葡萄畈第7B层与三亩里晚期的年代相去不远，且均早于葡萄畈第4层。除陶鼎及侧扁足外，三亩里晚期还见有弧背侧扁足（图一，17～19），这类鼎足足面不饰纹或饰纵向刻划纹的风格与侧扁足相同，但足背呈弧形隆起。根据弧背、饰刻划纹等特征来判断，其应为成熟弧背鱼鳍形足的原始形态。

---

① 浙江省文物考古研究所：《杭州市余杭区良渚古城遗址2006～2007年的发掘》，《考古》2008年第7期。

② 浙江省文物考古研究所、杭州余杭区中国江南水乡博物馆：《浙江余杭三亩里遗址发掘简报》，《浙江省文物考古研究所学刊（第十辑）》，文物出版社，2015年。

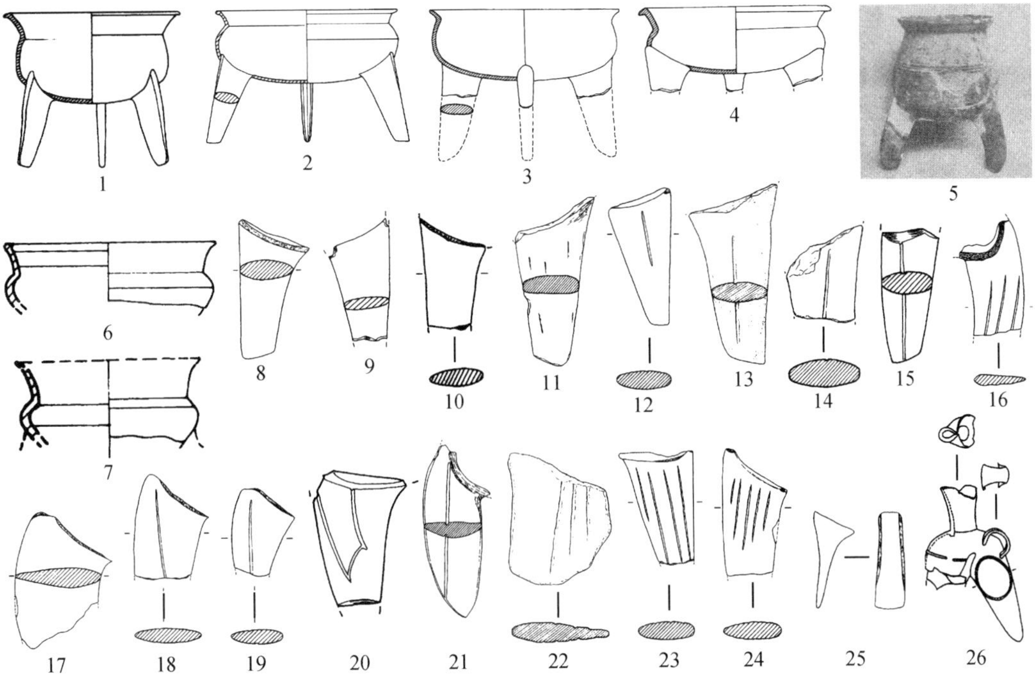

图一　钱山漾文化早期器物

葡萄畈：1. 鼎（T0405⑦B：30）　三亩里：2. 鼎（T0509④B：47）　8、12、17～19、23～25. 鼎足（简报图四八，5、4、10、9、11、1、12、17）　卞家山：3、4. 鼎（T1⑪：15、T4⑩：13）　钱山漾：5. 鼎（56图版一，4）　16、21. 鼎足（T01⑫：64、T0802⑬：36）　慈湖：6、7. 鼎（T402上：20、T303上：33）　尖山湾：9. 鼎足（T26⑥：12）　广富林：10. 鼎足（TJ12：70）　26. 鬶（TJ12：6）　仲家山：11、14. 鼎足（T4②：3、2）　文家山：13、22. 鼎足（T0402②：32、T0303②：6）　茅草山：15、20. 鼎足（T3⑤：7、T2⑤：16）

钱山漾遗址第三、四次发掘的第14～7层属于钱山漾文化[①]，报告将其堆积形成过程分为三段：第一段包括第14、13层及相关遗迹，第二段包括第12～9层及相关遗迹，第三段包括第8、7层及相关遗迹。从其中出土遗物来看，T0802⑬：36、T01⑫：64鼎足（图一，21、16）背部略弧，前者足面饰一条纵向刻划纹，二者形态相对原始，与三亩里晚期同类鼎足（图一，19、24）的造型一致。从第11层开始，流行装弧背鱼鳍形足的垂腹鼎（图二，1），足面饰刻划纹，有的足背呈锯齿状（图二，6），整体形制同于葡萄畈遗址第4层出土的鼎足（图二，7）。

经过以上分析，可明显将钱山漾文化区分为早、晚两期，早期以侧扁足、弧背侧扁足为代表性器物，典型单位包括葡萄畈第7B层、三亩里晚期、钱山漾遗址第14～12层及相关遗迹，晚期以弧背鱼鳍形足为代表性器物，典型单位包括葡萄畈第4层、钱山

① 浙江省文物考古研究所、湖州市博物馆：《钱山漾——第三、四次发掘报告》，文物出版社，2014年。

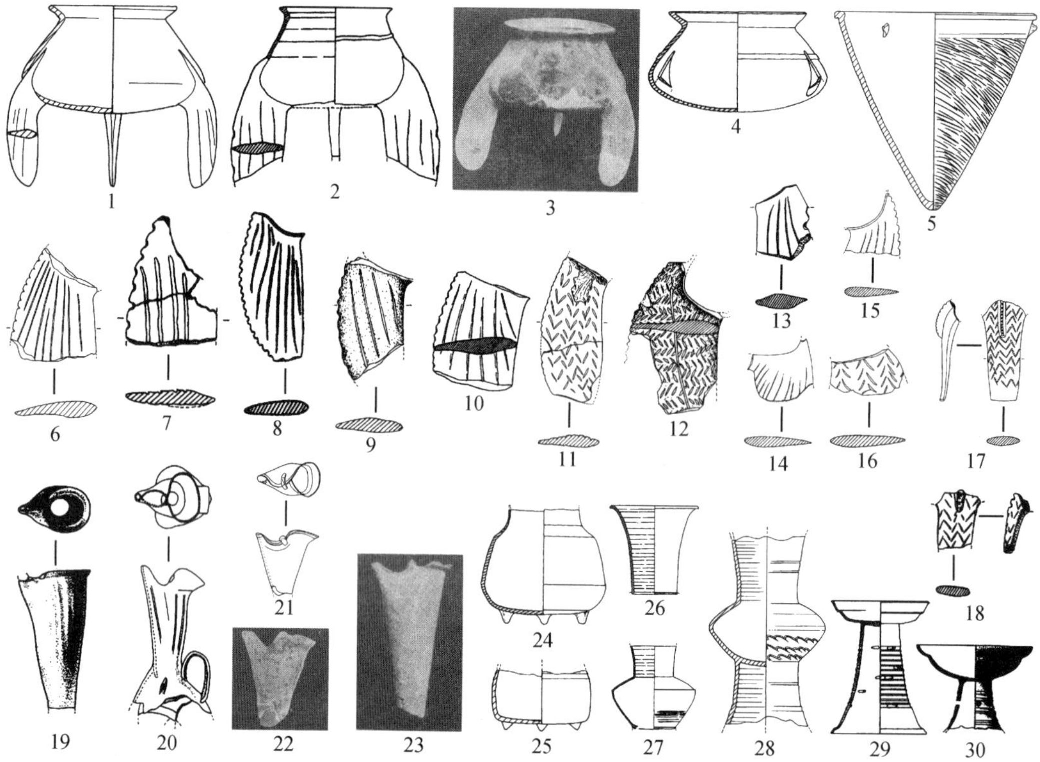

图二　钱山漾文化晚期器物

钱山漾：1、3. 鼎（H152：2、56图版一，3）　5. 大口缸（T1101⑦A：14）　6、11、17. 鼎足（T02⑨A：62、T0902⑩：45、T03⑦B：111）　21～23. 鬶（T1001⑦B：37、56图版四，1、56图版三，6）　25. 壶（T1103⑦B：9）　28. 尊（T03⑨A：13）　广富林：2、4. 鼎（H128：3、J14：2）　8、13、18. 鼎足（H128：24、ⅠT1239⑪：106、ⅠT1239⑦：25）　20. 鬶（H128：76）　24. 壶（J14：3）　26、27. 尊（H128：5、4）　葡萄畈：7. 鼎足（T0304④）　29. 豆（T0404④：3）　龙南：9、10、12. 鼎足（88H1：23、91T3④：14、88H1：18）　尖山湾：14～16. 鼎足（T24④：44、T14④：45、T45⑤：48）　亭林：19. 鬶（T4：29）　30. 豆（T4：30）

漾第11～7层及各层下开口的遗迹。以此为参照，其他遗址也可分别归入以上两期。

浙江余杭文家山遗址主发掘区第2层①，美人地遗址第二期遗存②，卞家山遗址南区第11、10层③，仲家山遗址第2层④，扁担山遗址第7～4层⑤，萧山茅草山遗址第5、

① 浙江省文物考古研究所：《文家山》，文物出版社，2011年。

② 浙江省文物考古研究所：《杭州市良渚古城外郭的探查与美人地和扁担山的发掘》，《考古》2015年第1期。

③ 浙江省文物考古研究所：《卞家山》，文物出版社，2014年。

④ 浙江省文物考古研究所：《文家山》，文物出版社，2011年。

⑤ 浙江省文物考古研究所：《杭州市良渚古城外郭的探查与美人地和扁担山的发掘》，《考古》2015年第1期。

4层[①]，诸暨尖山湾遗址第6层[②]，上海松江广富林遗址TJ12[③]等出土遗物均以侧扁足为主，文化面貌同于钱山漾文化早期。

浙江湖州钱山漾遗址第一、二次发掘下文化层中56Ⅱ式鼎（图一，5）[④]，深腹釜形，鱼鳍形足上无划纹，背部略弧，形态稍显刻板，与钱山漾文化早期的特征相符，因此，这类器物也可归入早期阶段。

上海松江广富林遗址第11～7层及H128[⑤]、J14[⑥]，浙江诸暨尖山湾遗址第5、4层，江苏吴江龙南遗址88H1[⑦]、91④、97④[⑧]等单位出土遗物以弧背鱼鳍形足为代表，应属于钱山漾文化晚期。

钱山漾遗址第一、二次发掘下文化层中56Ⅰ式鼎（图二，3）为钱山漾文化晚期的典型遗物。其他器物，如56图版四-1、56图版三-6鬶（图二，22、23）均为细长颈，口部对捏成流，二者造型相差无几。比较钱山漾文化中的陶鬶可知，早期的广富林TJ12：6鬶（图一，26）口沿对捏但未重叠，仍保留有良渚文化晚期的特征；发展到钱山漾文化晚期，钱山漾T1001⑦B：37鬶（图二，21）口沿内卷交叠后贴附泥条加固，广富林H128：76鬶（图二，20）口部亦为交叠的形制。显然，这两件陶鬶与晚期同类器更为接近，其年代也应属于晚期。亭林遗址的文化堆积被划分为上、中、下三层[⑨]，从现在的认识来看，下文化层的内涵并不单纯，其中84采M1：6双鼻壶、T4：8实足鬶、T4M1：2袋足鬶等属于典型的良渚文化遗物，而T4：29鬶、T4：30豆的年代应已晚至钱山漾文化晚期，T4：29鬶（图二，19）细长颈，口部捏合，T4：30豆（图二，30）豆盘内折下收，喇叭形圈足，分别与广富林H128：76鬶、葡萄畈T0404④：3豆相

① 浙江省文物考古研究所、萧山区文物管理委员会：《杭州市萧山区茅草山遗址发掘报告》，《东南文化》2003年第9期。

② 浙江省文物考古研究所、诸暨博物馆、浦江博物馆：《楼家桥·䂭塘山背·尖山湾》，文物出版社，2010年。

③ 上海博物馆考古研究部：《上海松江区广富林遗址2001～2005年发掘简报》，《考古》2008年第8期。

④ 浙江省文物管理委员会：《吴兴钱山漾遗址第一、二次发掘报告》，《考古学报》1960年第2期。

⑤ 上海博物馆考古研究部：《上海松江区广富林遗址2001～2005年发掘简报》，《考古》2008年第8期。

⑥ 周丽娟：《广富林遗址良渚文化墓葬与水井的发掘》，《东南文化》2003年第11期。

⑦ 苏州博物馆、吴江县文物管理委员会：《江苏吴江龙南新石器时代村落遗址第一、二次发掘简报》，《文物》1990年第7期。

⑧ 苏州博物馆、吴江市文物管理委员会：《吴江梅堰龙南新石器时代村落遗址第三、四次发掘简报》，《东南文化》1999年第3期。

⑨ 孙维昌：《上海市金山县查山和亭林遗址试掘》，《南方文物》1997年第3期。

类（图二，20、29）。

另外，余杭庙前遗址堆积复杂，年代跨度长，第五、六次发掘将遗址堆积分为七个阶段[①]，从出土遗物来看，各阶段之间并非绝对的先后关系。自第三阶段开始遗址见有贯耳壶、陶鬶、宽把杯、矮圈足豆、细长柄陶豆、三足盘等良渚文化晚期遗物，在第五、六阶段中出现侧扁足、长颈鬶等钱山漾文化遗物。由于器物破损严重，暂难以确定其具体年代。马桥遗址第5层中见有一件垂腹陶鼎D7：4[②]，亦可能是钱山漾文化的遗物。杭州湾南岸的宁波地区也见有钱山漾文化遗存，年代特征比较明显的材料主要见于慈湖遗址上文化层[③]。该单位内涵复杂，主体遗存属于良渚文化，而T303上：33、T402上：20鼎（图一，7、6）器身为浅腹釜形，同于钱山漾文化三亩里、卞家山等遗址中的陶鼎，T402上：44长颈鬶为钱山漾文化的典型造型，由于口部残损，还难以确定其具体期段。但可以确定，慈湖上层应是从良渚文化时期延续到了钱山漾文化阶段。

以上早、晚期遗物的对比可整理为图一、图二。由图可知，钱山漾文化早期多见侧扁足鼎，鼎足出现背部略弧的形制，有的足面饰若干条纵向刻划纹，成为晚期流行的弧背鱼鳍形足的祖型。鸭嘴形扁凿足也具有明显特征。除陶鼎外，长袋足、细长颈的陶鬶，口部两侧捏合，已明显不同于良渚文化陶鬶短颈、肥袋足的作风。钱山漾文化晚期遗物的特点主要表现在两方面：第一，承继本地文化传统，典型器物进一步发展，如弧背鱼鳍形足鼎形制成熟，陶鬶口部发展为两侧交叠的形态。第二，融合周边考古学文化的因素，其中以北方龙山时代诸考古学文化为主，器物造型和纹饰更为多样。这一现象标明以太湖地区为中心的钱塘江南北两岸开始从一个地域文明逐渐融入以中原为核心的中华文明多元一统进程当中。

---

① 浙江省文物考古研究所：《庙前》，文物出版社，2005年。

② 上海市文物保管委员会：《上海马桥遗址第一、二次发掘》，《考古学报》1978年第1期。

③ 浙江省文物考古研究所、宁波市文物考古研究所：《宁波慈湖遗址发掘简报》，《浙江省文物考古研究所学刊——建所十周年纪念（1980—1990）》，科学出版社，1993年。

后　　记

2018年9月14～16日，由中国社会科学院学部主席团主办，中国社会科学院考古研究所、中国考古学会、山西临汾市政府、山西省文物局承办，山西省考古研究所、山西省襄汾县政府协办的“中国社会科学论坛·早期都邑文明的发现研究与保护传承暨陶寺四十年发掘与研究国际论坛”，在山西临汾市举办。中国社会科学院为本次“中国社会科学论坛”提供了部分经费，临汾市政府则承担了本次论坛会务等大量经费，并负责了全部的会务工作。中国社会科学院考古研究所、山西省考古研究所负责学者邀请、联络、会议论文编排、学术活动谋划等。来自国内外高校和考古机构的近百位专家学者，参加了这次盛会。

本次论坛收到论文或论文提要38篇，其中比较成熟的论文12篇、提要26篇，论文质量较高，另有论文题目5篇。两天半的学术研讨，共有32名学者发表了论文讲演，异彩纷呈，观点切磋碰撞。点评人点评精彩，讨论热烈，收获颇丰。15日下午，与会专家参观了陶寺遗址宫城内宫殿建筑基址发掘现场，加深了对陶寺都城遗址宫城及宫殿基址直观的感性认识。

本次论坛学术论文内容，虽是围绕着早期都邑文明的发现研究与保护传承、陶寺四十年发掘与研究这两大主题，但是论文讲演与讨论的内容广泛、深入而丰富。陶寺遗址与陶寺文化研究，是本次论坛的重要话题之一，讨论的论文也最多。学者们从文化谱系、生业、天文历法、玉器、精神文化、历史话语体系等方面，对陶寺遗址与陶寺文化进行了比较全面的讨论，各抒己见，百花齐放。中国学者对中国都城考古理论标准的判定形成了一定的共识。本次论坛还有部分论文涉及良渚、石家河、石峁研究，对编织陶寺都城与文明兴衰成长的大背景很有裨益。本次论坛科技考古的论文，在宏观上从人地关系的角度，微观上从生业、手工业的角度，为我们进一步打开了视野，非常有趣，令人兴奋。

本次论坛特别设置了“早期都邑遗产保护与利用对谈会”，中日学者对这一问题进行了沙龙式的研讨，日本学者介绍了日本在都城遗址遗产保护方面的经验，大家基本形成共识，认为保护与利用不能分开，考古研究是基础，考古学家应当全过程参与都邑考古遗址公园规划的制定。然而，土遗址保护与展示，仍是世界性难题。对谈的内容，对包括陶寺、石峁等遗址在内的大型都邑遗产保护和利用，对当地政府的经济转型、旅游开发、周边产品研创、改善民生很有启发意义，让当地人民从都邑遗产中得到切切实实的福祉，必定会产生积极的意义。

为了总结陶寺遗址考古发掘团队的构建经验，本次论坛利用晚上休会时间，还特别组织了“忆往昔考古岁月”分享会，老、中、青陶寺考古人及部分媒体、部分感兴趣的学者旁听，畅谈陶寺考古往事，共叙山西队亲情，共话山西队的优良传统。这一传统即薪火相传，感恩团结，平等相待，铭记前辈的功勋，执着坚忍，刻苦努力。这一传统经过四十年的发展，已经形成了山西队的“陶寺精神”，不仅成为山西队的宝贵精神遗产，也可以说是一个成功的“都邑考古队”应当和必须具备的思想灵魂。

论坛圆满结束后，会务组发出了出版论坛论文集的约稿通知。截至2019年7月，共收到完善后的论文25篇。何驽作为主编，高江涛作为副主编对这些论文进行编排。除了根据李伯谦先生在本次论坛上主旨讲演录音整理的《陶寺遗址考古引发的几点思考》代序之外， 其余24篇论文，根据相关内容分为四大版块。第一版块早期都邑与文明，收录了钱耀鹏、宫本一夫、王妙发、张国硕、何驽、徐昭峰先生的论文，重点讨论早期都邑与文明的相关认识。第二版块为陶寺遗址与陶寺文化，收录了王巍、闫付海、信应君、方新园、郑先兴、刘合心、张建、靳松安先生的论文，他们从各自不同的角度论述对陶寺文化的性质与意义的认识。第三版块为陶寺遗迹遗物研究，收录了罗运兵、久保田慎二、闫付海、顾万发、王树芝、王小娟、武家璧、邓聪、邓淑苹、大贯静夫先生的论文，主要讨论陶寺遗址的遗迹或遗物，涉及陶器、玉器、天文、动物考古、植物考古等灼见。第四版块为环太湖地区遗址研究，收录了付强、赵东升先生关于环太湖地区相关研究论文和郭梦雨、赵杰关于钱山漾文化的发现、命名与思考的研究。

山西省临汾市文物局为本论文集提供了出版经费，文物局的各级领导为此付出许多努力。科学出版社文物考古分社李茜女士，作为本论文集的出版编辑，付出了大量心血，才使得本论文集付梓。在此表示衷心鸣谢！

编　者